走近北京

——北京100讲

北京市社会科学院／编
主　编／梅松
副主编／周航　牛金莉

ZOUJIN
BEIJING

图书在版编目（CIP）数据

走近北京：北京 100 讲 / 梅松主编. —北京：首都师范大学出版社，2008.4

ISBN 978-7-81119-279-7

Ⅰ.走… Ⅱ.梅… Ⅲ.北京市—地方史 Ⅳ.K291

中国版本图书馆 CIP 数据核字（2008）第 048032 号

走近北京

——北京 100 讲

北京市社会科学院 / 编

主编 / 梅松 副主编 / 周航 牛金莉

责任编辑 于胭梅 陈 曦
责任校对 王亚利
设计制作 张 朋
出版发行 首都师范大学出版社
地 址 北京西三环北路 105 号
邮 编 100037
电 话 68418523（总编室） 68982468（发行部）
网 址 cnuph.com.cn
E-mail master@cnuph.com.cn
印 刷 北京嘉实印刷有限公司
发 行 全国新华书店发行
版 次 2008 年 4 月第 1 版
印 次 2008 年 4 月第 1 次印刷
开 本 787mm × 1092mm 1/16
印 张 27.5 插页 4
字 数 500 千
定 价 120.00 元

目录

北京100讲

序篇

天时地利人和话北京

第1～3讲

篇目负责人
梅　松

主要撰稿人
阎崇年　梅　松　李　庚等

第 1 讲

依天下之重而立国——历史名城

北京的历史，犹如一幅斑斓绚丽的图画，铺展开来，引人入胜。

石器初晖

50万年前，在北京房山区周口店龙骨山的洞穴里，居住着“北京人”的原始群落，从而拉开了北京历史文化的序幕。这说明中国六大古都——北京、西安、洛阳、开封、南京、杭州，世界十大名都——北京、伦敦、巴黎、华盛顿、东京、柏林、罗马、开罗、新德里、莫斯科，以北京的历史最为悠久。“北京人”已经懂得使用火，而火的使用，则是人类发展史上一座里程碑。此后，距今约10万年至4万年前，“新洞人”居住在北京地区。距今约1.8万年前，在周口店龙骨山的山顶洞里，居住着“山顶洞人”。他们会用骨针和骨锥缝制衣服，已懂得人工取火，迈入传说的“钻燧取火”的时代。

相传黄帝曾先后战胜了炎帝和蚩尤，还在涿鹿建立都邑。帝尧由虞舜执政时将共工流放于幽州。后来幽州成为北京早期的名称。石器初晖之后，北京进入青铜文明。

青铜文明

商朝迈入青铜时代，北京地区也出现了青铜文明。1977年，在京郊平谷县刘家河村发现了一座商代中期墓葬，出土了青铜礼器16件、金装饰品4件、铁刃铜钺1件。后在今房山区琉璃河夏家店下层文化墓葬中，出土了铜耳环、铜指环；在今昌平区雪山三期文化遗址中，出土了金耳环等。在刘家河夏家店下层文化墓葬中，出土的三羊铜罍、鸟柱铜盘、铁刃铜钺和金装饰品，都具有极高的历史、考古、文物与艺术的价值。同期，金耳坠和金臂钏是北京青铜文化的两颗艺术明珠。这时的北京地区，村落星罗，房舍棋布，农业、畜牧业和手工业都有了相当的发展，艺术和科技达到相当的水平。它既同中原地域的商文化有区别，又同商朝北部的燕文化有联系，它属于商燕文化，也就是早期的燕文化。到商朝后期，出现了城邑，后来逐步形成燕国的都邑蓟城。

燕都蓟城

北京的城史，始自于商。商朝后期，在今北京地区有燕和蓟等自然成长的方国。周灭商后，分封诸侯。后来燕盛蓟衰，燕并蓟，居其地，蓟城遂为燕都。在琉璃河燕国文化遗址中，有商周古城遗址与大量随葬品，其中堇鼎

[图1]
故宫

中华人民共和国万岁
世界人民大团结万岁

内壁铸有铭文4行26字。大意是：燕侯派大臣堇去宗周，向大保奉献食物，并受到赏赐；堇因铸鼎，以纪荣宠。表明这里当为西周初期燕国的都城。这是北京城最早有文字可考的历史，距今已有3000多年了。

春秋时，蓟城北部有肃慎、山戎等居民。在今北京延庆县玉皇庙等处，发现春秋末期山戎墓葬400余座，石祭坛一处，这是燕都蓟城地区民族交融与经济发展的实录。

战国时，燕为七雄之一。燕都有“富冠天下”之誉。战国末，燕国屡受强秦侵逼。燕太子丹派荆轲去刺秦王（后来的秦始皇），图穷匕首现，失败后被杀。秦国派大将王翦领兵攻燕，于公元前226年占领蓟城。四年后，逃到辽东的燕王喜为秦军所俘，燕亡。

北方重镇

蓟城在秦汉至西晋时期，是中原王朝的北方重镇和商业都会。秦置广阳郡，治所在蓟城。秦长城兴筑与驰道修通，加强了蓟城作为秦朝北郡重镇的地位。西汉时，燕地或为国，或为郡，其治所都在蓟城。汉武帝时燕王旦在蓟城建万载宫、明光殿。后旦谋反事败，引绶自缢。其子建后来被立为广阳王，大葆台汉墓的发掘可以证明。东汉时，蓟城地区经济有所发展，民族更为融合。郭伋与张堪是两个著名的太守。三国时，蓟城地区水利有发展，戾陵堰和与之配套的车箱渠是北京史上第一个大型水利工程。西晋时，蓟城初为燕王封地，后为幽州治所。其时蓟城地区佛教开始流行，北京现存的潭柘寺即建于晋代。

三为燕都

自东晋建武元年（317年），至宋建隆元年（960年），其间644年。此期间，北京成为前燕、大燕、中燕的都城，即北京三为“燕都”，是北京由北方重镇向北中国政治中心变迁的信号。

其一，慕容儁以蓟城为都。永和八年（352年），鲜卑人慕容儁“僭称皇帝，置百官，号年元玺，国称大燕”，以蓟城为其国都。这虽只8年，却是北京历史的一个转折点，即由北方重镇变为少数民族政权都城的转折点。隋初废燕郡存幽州，大业初又改幽州为涿郡，均治蓟城。唐兴隋亡，唐改涿郡为幽州，仍治蓟城（又称幽州城）。唐代在此建悯忠寺（今法源寺），是北京城区内现存历史最久的名刹。幽州城还是唐代东北商业重邑。隋唐还留下云居寺的石刻佛经。

其二，“大燕皇帝”安禄山以范阳（蓟城）为京。唐节度使安禄山于天宝十四载（755年），起兵范阳，后占洛阳。翌年，安禄山自称大燕皇帝，以范阳为大都。这是北京称大都之始。其部下史思明杀安禄山后，自称应天皇帝，“号范阳为燕京”。是为北京称燕京之始。

其三，刘守光据燕称帝，以蓟为都。五代时，曾任节度使的刘仁恭，据燕地、驻幽州。仁恭子守光，囚父杀兄，于乾化元年（911年）八月，“即皇帝位，国号大燕”，以幽州为都城。刘守光之大燕与安禄山之大燕同名，故本文称守光所建之燕为中燕，以示区别。守光都蓟，三年而亡。

辽代南京

燕京作为辽代陪都达82年，为辽代都城又3年，共85年，是北京作为都城的前奏。先是辽太宗耶律德光得幽州后，于辽会同元年（938年），“升幽州为南京”，又称燕京，作为陪都。南京城宫殿林立，堂阁栉比，街巷纵横，星井万家。据《契丹国志》记载：南京“户口三十万，大内壮丽，城北有市，陆海百货，聚于其中。僧居佛寺，冠于北方。锦绣组绮，精绝天下。膏腴蔬蓏果实稻粱之类，靡不毕出；而桑柘麻麦羊豕雉兔（之属），不问可知。水甘土厚，人多技艺，秀者学读书，次则习骑射”。辽南京的大觉寺、戒台寺、天宁寺塔、牛街清真寺等，都成为今北京文物胜迹。

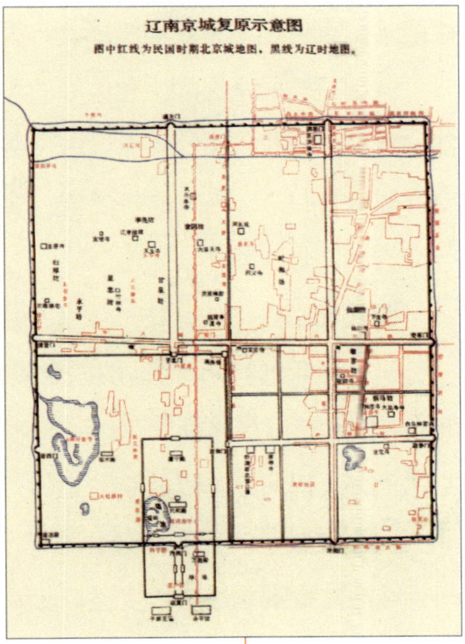

[图2]
辽南京城复原示意图

金代中都

北宋覆亡，金朝兴起。金海陵王完颜亮于贞元元年（1153年），从上京（今哈尔滨市阿城区）迁都燕京，并改名为中都，意为天下中心之都城。北京第一次正式成为皇都——北中国的政治中心。

金中都城是仿照北宋都城东京（汴梁）的规制，就辽南京旧城改建而成，并有所增广。宫城的殿堂馆阁，亭楼宫观，金碧翚飞，规模壮丽。城外有天、地、日、月四坛。金帝在辽代瑶屿离宫基础上兴建太宁宫（今北海公园），又在西郊兴建离宫。今钓鱼台国宾馆址也曾建有金帝的宫苑。

金建卢沟石桥，以代舟船涉河。明昌三年（1192年），石桥落成，敕名广利桥。《马可·波罗行纪》称它是一座“美丽石桥，各处桥梁之美，鲜有及之者”。

金中都是北中国的文化中心。在中都颁行女真文字，设国子监、女真学、司天台等。董解元的《西厢记诸宫调》享誉中都。

金贞祐四年（1216年），蒙古军攻破中都，焚毁宫殿——“可怜一片繁华地，空见春风长绿蒿。”

元代大都

至元四年（1267年），始在金中都东北部新建都城，初仍名中都。至元九年（1272年），元世祖忽必烈改中都为大都。同年，迁鼎大都。从此，北京成为统一多民族国家的政治中心。大都城格局宏大，规划严整，建筑壮丽，气势雄伟。皇城在大城内南部中央地区，周长约20公里。宫城在皇城东部，周长9公里。宫城内南面以大明殿为主体；北面以延春阁为主体，阁三重檐，高100尺。太液池在宫城之西，东西两岸之间，以仪天殿（今团城）为枢纽。它的北面为万寿山（今琼华岛）。大都的街道，规划整齐，南北向大街，东西两侧胡同和小巷平行排列。

元大都是当时世界上最为宏伟繁华的城市。《马可·波罗行纪》说：大都“城是如此的美丽，布置得如此巧妙，我们竟不能描写它了”。

大都经济繁荣，与通惠河相关。船只由海道或由运河，可经通州直达大都城内积水潭，帆樯蔽水，百货山积，歌楼酒肆，行人喧嚣。

大都是当时全国的文化中心。大科学家郭守敬在天文历法等方面的杰出成就即为例证。大都的国子监、孔庙和妙应寺、白云观等，都具有很高的文物和艺术的价值。大都还是世界文化交流的一个中心。外国的科学家、医生和传教士等成批地来到大都，大都的学者等也到域外进行交流。

明代北京

洪武元年（1368年），明以金陵为都，明兴元亡。明燕王朱棣在建文元年（1399年）起兵北平，发动“靖难之役”，四年（1402年）攻下南京，夺取帝位。永乐十九年（1421年）正月，明朝正式迁都北京，以北京为京师，南京为陪都。

明北京城定一条南北16里长的子午线，在元大都城基础上，吸收历代都城规划之长，参酌南京城池宫殿规制，略作变通，北城南移。它分为宫城、皇城、内城和外城四重。宫城内，外朝以奉天（后改名为皇极）、华盖（后改名为中极）、谨身（后改名为建极）三大殿为主体，文华殿和武英殿为两翼。后寝以乾清宫、交泰殿和坤宁宫为主体，东六宫和西六宫为两翼。后为御花园。皇城在宫城外面，周长18里。承天门东西布置了“左祖右社”的太庙（今劳动人民文化宫）和社稷坛（今中山公园），从而左右对称，布局严谨。内城又称京城或大城，周长45里，城墙高约12米，全部用砖包砌，开有九个城门。外城环包内城南面，转抱东西角楼，长28里，共有七门。于是，北京城平面呈“凸”字形。

北京成为明朝的都城，与各地区、各民族的经贸联系密切而繁荣。正阳门大街和东四牌楼、西四牌楼地带，是京城的三个主要市场。直省商旅，各族珍异，三代八朝古董，士农工商用品，衢行列市，喧腾交易。

明代北京是全国的文化教育中心。永乐时在北京国子监的学生约有10000人。明代共有78科，22967人在北京成为进士。明政府还在太医院、钦天监、四译馆内设科，培养医药、天文、语言等方面的专门人才。科技方面，明代出现了李时珍、徐光启、宋应星和徐霞客等大科学家。

明代开始留下北京的舆图。如《北京城宫殿之图》，以古代缩绘方法，绘制北京的宫殿、城墙、庙宇、衙署、坊巷等，是现存最早的北京城地图。地图约绘制于嘉靖年间，刻印于万历年间。

崇祯十七年（1644年）三月十九日，李自成率军攻破北京内城，崇祯帝自缢死，明亡。五月初二日，清睿亲王多尔衮统领清军进入北京。

清代京师

顺治元年（1644年）十月一日，颁诏天下，定鼎燕京。清对故明宫殿没有破坏，在利用的基础上做了部分更易。改承天门为天安门、厚载门为地安门，改皇极殿为太和殿、中极殿为中和殿、建极殿为保和殿。以“安”与“和”为其治国理念。清代把大量财力和物力用于开发“三山五园”——香山静宜园、玉泉山静明园、万寿山清漪园（颐和园）和畅春园、圆明园等。其中至今保存完好的是西苑（今中南海、北海）和颐和园。

清朝北京旗、民分城居住，旗人住内城，民人住外城。清代北京经济的一个特点，是“前三门”（崇文门、前门、宣武门）外一带经济繁荣。正阳门外大街一带，店铺栉比，百货云集，摩肩接踵，喧嚣交易，是清代北京最繁华的闹市区。

在教育方面，国子监里既有汉、满、蒙古等族儒生，也有日本、越南、朝鲜、琉球、俄罗斯的学生。此外，还有八旗官学以及府学、县学和金台书院等。清会试114科，有26846人在京成为进士。同治元年（1862年），设同文馆，有英、法、德、俄和日文馆，后增设算学馆。光绪二十四年（1898年），建京师大学堂（今北京大学前身）。光绪二十八年（1902年），京师大学堂设师范馆，是为北京师范大学的前身。宣统元年（1909年），设游美学务处，后衍变为清华学堂（今清华大学前身）。此外，光绪二年（1876年），北京开始有了博物馆。宣统元年（1909年），学部在京师建图书馆（今国家图书馆前身）。

清代文化，尤值一提。在京编修《古今图书集成》、《四库全书》等，且中国第一历史档案馆现存清宫舆图7000多件（册），如《皇舆全览图》、《乾隆京城全图》等。

1911年（宣统三年）辛亥革命推翻清朝统治。1912年2月12日，宣统帝溥仪退位，北京作为清代都城的历史随之结束。

民国北京

民国初期北京仍为中华民国首都。1912年3月10日，袁世凯在石大人胡同（今外交部街）前清外交部公署内，就任临时大总统职。总统府在中南海居仁堂（原名海晏楼），并改宝月楼为门，即今新华门。1917年6月14日，军阀张勋带着三千辫子兵闯入北京。7月1日，张勋等人扶持溥仪复辟。“讨逆军”入京，张勋兵败，这出复辟帝制的闹剧收场。

接着，段祺瑞作为国务总理控制了北京政府。时皖系、直系、奉系军阀交替统治北京。1924年第二次直奉战争，直系将领冯玉祥倒戈，回师北京，将溥仪等逐出紫禁城。1928年6月28日，南京国民政府改北京名为北平，并划为特别市。这个时期，北京的城垣、殿宇发生了巨大变化。故宫、社稷坛、太庙、天坛、地坛、日坛、月坛、颐和园、北海、景山、中南海等先后开放，成为博物馆或公园。

民国初期，北京的城墙街道变化很大。从1923年开始，皇城墙垣被渐次拆除。街道则新辟纵横四条交通干线，开兴华门（今和平门）、启明门（今建国门）、长安门（今复兴门），南北池子、南北长街也是新开的通道。

1919年的五四运动，北京成为新文化运动的策源地。1937年7月7日，卢沟桥事变爆发，不久北平沦陷。同年10月13日，日伪改北平为北京。日本投降后，北京又改名为北平。

1949年9月27日，全国政协会议决定：“中华人民共和国建都北平，即日起改名北京。”10月1日，中华人民共和国中央人民政府成立，北京成为中华人民共和国的首都。

第2讲

达首善之区以立都——国家首都

有着3000多年建城史的北京，曾经在历史上的不同朝代做过850多年的都城。今天，作为现代中国的首都，北京成为集古老与现代于一身，在古朴的底蕴中焕发出崭新容颜的闻名世界的中国的政治与文化中心。

达首善之区方为首都

首善之区，是指天下最好的地方，常常被作为京师即首都的代称。首善这个词，出自《汉书·儒林传序》："故教化之行也，建首善自京师始。"是说要教化全国，必自京师开始，京师应当为天下各地之楷范。

北京作为京师重地，在首善之区的路上走过了850多年。

北京充满堪为经典的历史遗迹，这里的皇宫府院、这里的山水田园、这里纵横的街道、这里蜿蜒的城墙，每一处，每一点，都在告诉你，北京是中华文化精华的汇聚之地。

这里曾经是不同民族间交锋的战场，但是战争过后，这片土地上不同民族的人民开始融合共存。这块土地上的每一张脸，每一个表情，都在告诉你，这里容纳着多民族多文化的栖息与生长。

在首善之区的路上，北京城堪为中华文明的象征。

过去的已经成为了历史，我们站在历史的台阶上，塑造着今天，塑造着未来的历史。那么今天首善之区的本质应该是什么呢？

新中国的政治与文化中心

1949年新中国成立后，古老的北京获得了新生，被确定为新中国的首都。北京城，经历了由传统古都向现代中国政治、文化中心的历史性转变，成为一座古老文化和现代文明交相辉映的城市。

新中国首都地位确定后，北京的面貌随之发生改变。象征国家政治中心与文化中心意义的建设工程，成为代表新中国的亮丽风景：在旧城中心地区，建成了世界著名的天安门广场和反映新中国建设成就的十大建筑。天安门广场及其周围建筑，成为全国人民的政治活动中心。此外，以北京大学、清华大学为代表的高等院校，以中国科学院、中国社会科学院为代表的科研

[图3]
新华门

机构，以国家图书馆、中央电视台、北京奥林匹克体育场为代表的文化新闻和体育机构如雨后春笋般发展，北京成为中国科学、教育、文化和体育机构最为集中的城市。

自1978年以来，中国实施的改革开放政策，给国家经济及城市发展带来了万千气象。北京城市的建设与发展，以前所未有的速度和规模向前推进。旧城内的原有建筑不知不觉中消失了，一栋又一栋的现代建筑，在旧城内外摩肩接踵拔地而起。本世纪初，北京奥运会的申办成功，更加快了城市更新和开发的步伐，首都北京在古韵中增加了现代风情，在国家政治和文化中心的基础上拓展出国际大都市的风采。

和谐社会首善之区：各项事业走在全国前列

北京作为首都，不仅仅属于北京人，而应该属于全国人民；作为一种文明的集中体现，她应该普照所有关注她的人；而她的发展和进步，也不仅仅局限于引领全国，她必须依托全国，并放眼世界。

在新世纪，北京市提出建设和谐社会首善之区，要求各项事业走在全国前列，首先在城市建设的理念上走在了前列。2004年，《北京城市总体规划（2004年～2020年）》确定了北京未来的发展定位：国家首都，世界城市，文化名城，宜居城市。

作为国家首都，北京将为中央党政军领导机关高效开展工作服务，为国际交往服务，保障首都政治、行政与国务活动的效率与安全；作为世界城市，北京将重点发展具有国际影响的金融、贸易、旅游、会展及信息服务等职能，不断提高在世界城市体系中的地位和作用；作为文化名城，北京将建设全国的文化、教育、科技中心，形成传统文化与现代文明交相辉映、具有高度包容性、多元化的世界文化名城；作为宜居城市，将提供充分的就业和创业机会，空气清新、环境优美、生态良好的居住环境，创建以人为本、和谐发展、经济进步、文化繁荣、社会安定、可持续发展的首善之区。

目前，作为首都的北京，社会稳定有序，安全出色地保证着国家重大国务活动的进行。北京市经济稳步前进，2007年北京市人均GDP达56044元(折合为7370美元)；在全市的地区生产总值中，第三产业贡献率达到71.4%。第三产业比重的增加，意味着北京市经济向良性发展，也为市民生活水平提高提供了坚实的经济基础。北京历史文化资源和创意人才资源丰厚，拥有82所高等院校，353所科研院所，科研人员达30万人；国家文化机构集中，全国演艺业的1/2，影视产品的1/2，图书近1/2，音像制品的1/3，期刊的1/4，报纸的1/5集中在北京。近年来，文化产业在GDP中所占比重持续上升。而且，就全国范围而言，北京的文化产业发展速度也最快，在长三角、京津冀和珠三角三大城市群比较中，北京的文化产业上实力位居第一。

北京市政府关注民生，着力推进社会建设事业的进步。从2007年1月1日起，北京市开始对公共交通实施全面改革，公交一卡通的使用，便利了市民出行，轨道交通一律2元票价制更是温暖了普通百姓的心。

随着改革开放的深化，北京发生着日新月异的变化。人们说，北京长高了，高楼大厦鳞次栉比；北京变绿了，树木、草坪遍布全城；北京年轻了，市民生活丰富多彩，城市心态稳健积极。

我们不能忘记，北京所代表的中华文明，是世界四大古文明唯一延续至今并在继续发展中的文明。北京以充满生机和活力的面貌，体现着这一古老文明的持续发展和进步，她在今天是名副其实的首善之区。

[图4]
节日的夜晚

第3讲

迎盛世之时而立市——国际都市

早在公元13世纪，作为元大都的北京就已闻名于世。进入21世纪，飞速发展的信息技术已将世界联结成一个整体，北京国际化的步伐进一步加快。在北京，既可以看到以罗马、开罗、雅典为代表的传统人类文明中心的影子，也可以领略纽约、伦敦、东京这样的以现代建筑、高新科技、商业经济为主要特征的现代都市的风采。西方的一位名人说："在北纬40度上下的世界各大城市，只有北京是历经3000年而不衰的都城。古迹之多，胜过罗马；气魄之大，胜过巴黎。"

北京，正在成为辉映传统与现代，融汇东方与西方的奇妙结合体。

享誉中外的文化名城

在世人眼中，东方文化精深博大，充满着神秘感。那么，能否有一个地方，能让人亲身领略到这种博大精深？能让人用手去触摸那无处不在的神秘？有。那就是北京，东方文明之都，中华文化的杰出代表。

北京的历史文化底蕴深厚，共有3550处文物古迹，其中被联合国教科文组织列入世界文化遗产的就有6处；全国近四分之一的世界文化遗产集中在北京。

北京拥有举世闻名的十大世界之最：

世界上最大的城市中心广场——天安门广场；

世界上最大的皇宫——紫禁城；

世界上最长的防御城墙——长城；

世界上最大的古代祭祀性建筑群——天坛；

世界上保存最完整的也是最广阔的皇家园林——颐和园；

世界上发现古人类最丰富的遗迹地——周口店猿人遗址；

世界上埋葬皇帝最多保存最完整的帝王墓葬群——明十三陵；

世界上建园最早的皇家御园——北海；

世界上铭文最多的大钟——永乐大钟（共230184字）；

世界上石刻经卷最多的寺庙——云居寺。

北京已与世界上114个国家和地区的150多个城市开展了友好交往，并与30多个城市建立了友好城市关系。北京现有外国驻华大使馆137个，国际组织和地区代表机构17个，外国新闻机构190个，在北京设立的国外驻京代表机构已超过7000家。临时入境的外国人北京排第一位，据2005年底数据，北京大致在每年270万人次左右；据北京市公安局出入境管理处统计，目前在京常住的外国人有近11万人，北京每天实有外国人约为20万人，在北京学汉语的外国留学生人数就达到了5万人。首都国际机场位列世界各大机场第九位，旅客吞吐量已经突破4800万，国际通航城市69个，每周有5000多个定期航班从这里飞往全国和世界各地，进入亚洲最繁忙机场的行列。北京已与世界上所有国家和地区通邮，国内直拨电话可达2300个城市，国际直拨电话可达260个国家和地区。

在全球化的浪潮下，北京的经济国际化程度越来越高。目前，世界500强企业中已有158家跨国公司登陆北京。中关村不仅是中国的重要研发基地，也是跨国公司在中国建立研发中心的集聚地。目前，IBM、微软、贝尔实验室、富士通、英特尔、摩托罗拉、SUN、诺和诺德、甲骨文、宝洁、法国电信、诺基亚等国际500强企业在中关村设立了70多家研发中心或研究院。北京CBD及周边地区集聚有104家经营性金融公司，109家外资金融机构代表处，其中金融企业总部35家。渣打银行、法国巴黎银行、法国东方汇理银行、摩根大通银行、美国银行、新加坡大华银行等在CBD设立分行。德意志银行、韩国新韩银行等数家外资法人银行落户CBD。安邦、中意、民生、韩国现代等外资保险公司在CBD成立总部。纽约证券交易所和纳斯达克北京代表处正式入驻CBD。越来越多的外企入驻北京，成为拉动北京经济增长的主要力量。北京市外商投资企业占北京出口额六成以上，外企工业企业总产值达到全市总产值一半左右，实缴税金占地方财政收入三分之一强。

[图5]
东长安街

[图6]
国贸桥

2001年7月13日，当国际奥委会主席萨马兰奇向全世界宣布，第二十九届奥林匹克运动会将于2008年在北京举行时，北京这座文明古都，因奥运而焕发了美丽的青春。奥运会是当今世界规模最大、水平最高、影响最广的体坛盛典。举办2008年奥运会，是世界赋予北京的一次历史性机遇，它将使古都北京的现代化和国际化进程大幅提速。

2008年，北京有志于奉献给世界人民一届有特色、高水平的奥运会。这届盛会将具有中国风格，突出人文风采，展现时代风貌，倡导大众参与，这届盛会将是古老东方文明和现代西方文明的一次交汇和融合。

东方古国，含蓄内敛；奥林匹克，积极竞争。这两种截然不同的文化，奇妙地会聚于北京，一方面代表着中国的改革开放取得了突飞猛进的进展，中国正快速地与国际接轨，显示着古老

[图 7]
建国门外大街

的东方文明顽强的生命力和开放的心态；另一方面也向全世界传达着“同一个世界，同一个梦想”的理念——我们同属一个世界，我们共盼一份和谐，我们拥有同样的希望和梦想。

这就是首都北京，古老而又年轻，集传统文化与现代意识于一体，凝重庄严又锐意前行，以大国风范笑迎世界的美好的北京。

第 4 讲

总说：一座都城的历史变迁

[图 8]
故宫 · 北海 · 西城

在中华民族悠久的历史长河中，开国建都数以百计，著名的都城有西安、洛阳、开封、南京、杭州和北京，被称为中国六大古都。其中北京作为当今中华人民共和国的首都，有着3000多年的建城史和850多年的建都史，其独特的战略地位和传统的地利形胜，千百年来受到无数帝王将相、英雄豪杰以及堪舆大师的褒崇和推重，众多政权在此筑城建都，以图控南制北，维东系西，号为天下重心所在。

以现代地理来看，北京位于华北平原北端，东经115°25′至117°30′，北纬39°26′，行政面积16807平方公里，市中心海拔43.71米，年均气温11.5度。以传统的地理环境学说分析，北京城市的位置得天独厚，有“天下第一风水”的美誉。中国传统地理环境学说中认为，山水环抱的平畴沃野，能够藏风聚气，最适合人类居住，能够对人们的事业发展有推动作用。具体来说，一个城市要有山脉依托，即背有靠山（也称祖山）。祖山层次越多，山脉绵延越长，格局越完美。前面还应该有朝山和案山，左右也要有山脉保护，称为护山。不管朝山、案山还是护山，也以层次丰富为佳，要是能和祖山相互呼应，则为上上之地。河流也是一样，要远环近绕，远水大而流急，近水缓而不断。最好是水源充足而无水患，空气流动而无风灾。以此标准来看，北京无疑成为教科书式的风水宝地。

莫说昆仑高万仞，太行燕云最有情。如果从空中俯瞰北京，可以清楚看到，在太行山和燕山两条山脉交会相拥之地，永定河与潮白河两条河流回望顾盼之间，高山丘陵以众星捧月般推出一座雄伟瑰丽的城市——北京。北京西边有南北走向的太行山山脉守护，状若猛虎腾跃，气势磅礴。北边有太行山和军都山形成半圆形山脉可依靠，蜿蜒曲折，莽莽苍苍。东北有燕山山脉屏障拱卫，山势起伏，林海茫茫，云蒸霞蔚，气象万千，形如蛟龙盘踞。苏轼有诗云："燕山如长蛇，千里限夷汉。首冲西山麓，尾挂东海岸。"北京南面则是平畴沃野，明堂开阔，格局优胜。平原之外的泰山、秦岭、武夷山和南岭诸山，可作为北京的朝山与北京北部诸山遥相呼应。

[图 9]
阜外大街旧貌

[图 10]
阜外大街新貌

大海能容千川水，永定河畔留芳菲。历史上北京地区河流众多，水源丰沛。东边有潮白河、温榆河，西边有永定河、小清河，河水自西北流向东南，若干支流则绕城流淌，从容不迫。北京西部的永定河，承接了桑干河的激流和泥沙之后，气势大增，又汇合了来自蒙古草原的洋河，浩浩荡荡，奔腾汹涌，冲出山谷密林，满怀激情地扑向北京的怀抱。其他大小河流湖泊，纵横交错，星罗棋布，滋润着这块风水宝地。清代学者吴长元对北京的河流水系有细致描述，他说："北京青龙水为白河，出密云，南流至通州城。白虎水为玉河，出玉泉山经大内，出都城，注通惠河，与白河合。朱雀水为卢沟河，出大同桑干，入宛平界。玄武水为湿余、高粱、黄花、镇川、榆河，俱统京师之北，而东与白河合。"

燕都不分夷与夏，风云际会自呈祥。北京在华北平原的北部，永定河冲积扇平原的顶端，面对广袤平缓的平原地区，从北京小平原到华北大平原，一直延伸到长江中下游平原和珠江三角洲平原，沃野数千里，农耕文化高度发达，是中华文明最主要的发祥地。背后则连接着东北大平原和蒙古高原。东北大平原的林业渔猎文化和蒙古高原游牧经济文化，几乎毫无选择地在这里同中原农耕文化握手拥抱，经过长期碰撞交流，相互取长补短，最终水乳交融，形成具有独特体系的北京文化，成为中国政治文化的中心。北京中心城区位置选择山环水抱之平原与山地交汇处，靠山而不近山，得山之屏护而免山之压抑；靠河而不近河，得水源之利又防河流之泛滥，风藏水蓄，虎奔龙腾，气势雄浑，堪称中华龙脉之地。《金史·梁襄传》中说："燕都地处雄要，北倚山险，南压区夏，若坐堂隍，俯视庭宇。"《读史方舆纪要》中说得更为简要明确："视中原，居高负险，有建瓴之势。"以天下重心之所在，居高临下，俯视中原锦绣大地，统治力可辐射天下，确有江山永固的宏伟气象。迄今为止，世界上还没有第二个具备如此地位的城市。

"江山如此多娇，引无数英雄竞折腰"。早在一千多年前，尚未完全开辟的北京地区已经有人慧眼识珠了。唐代著名地理学家和风水大师杨益在全面考察北京山形水系之后，指出北京的龙脉发源于昆仑山中脉，绵亘数千里到达燕山山脉，燕山高耸蜿蜒，汇聚在北京地区，就像从天上到这片千里平原来赶集一样，他说："辽东辽西两枝，黄河前绕，鸭绿后缠，而阴山、恒山、太行山诸山与海中诸岛相应，近则滦河、潮河、桑干河、易水并无名小水，夹身数源，界限分明。以地理之法论之，其龙势之长，垣局之美，于龙大尽，山水大会，带黄河、天寿，鸭绿缠其后，碣石钥其门，最合风水法度。以形胜论，燕蓟内跨中原，外挟朔漠，真天下都会。形胜甲天下，依山带海，有金汤之固。"

唐代之后，人们对北京的认识更为深入，辽代设南京析津府，北京成为名副其实的军事重镇，具有陪都的地位。女真人灭辽，在北京建中都城，成为有金一代政治文化中心，开始了北京成为都城的历史。宋代大学者朱熹对北京山水形胜也有独到分析，他说："山脉从云中发来，云中正高脊处，自脊以西之水则西流于龙门西河，自脊以东之水则东流入海。前面黄河环绕，右畔华山耸立为虎。自华来至中原为嵩山，是为前案。遂过去为泰山，耸于左，是为龙。淮南诸山是第二重案，江南诸山及五岭又为第三、四重案，正调比也。"又说："冀州好风水，云中之山，来龙也；岱岳，青龙也；华山，白虎也；嵩山，案也；淮南诸山，案外山也。"按照中国传统地理环境理论，面南背北为正向，左青龙，右白虎，前朱雀，后玄武，朱熹认为华山在北京西面为白虎，泰山在北京东面为青龙，嵩山以及淮南诸山为案山，龙脉绵延，河流环绕北京，为龙穴所在，因此朱熹说："冀都是正天地中间，好个大风水！"甚至有人认为金人建都北京，占风水之先机，而南宋都城临安杭州偏处东南一隅，气势已然颓败，难以有所作为。

元代定都北京，兴建大都城，北京开始了全国政治文化中心的新时代。忽必烈选择北京建都，也是基于北京风水形胜的独特优势，他认为北京"北枕居庸，西弛太行，东临渤海，南接中原"，是天造地设的"万古帝都之风貌"，即所谓："地扼襟喉趋朔漠，天留锁钥枕雄关。"意思就是说北京的西、北两面有太行山和长城护卫屏障，东面濒临渤海湾，南面千里中原，进可攻退可守，战略地位极为重要。巴图鲁也曾建议说："幽燕之地，龙盘虎踞，形势雄伟，南控江淮，北连朔漠。且天子必居中以受四方朝觐，大王果欲经营天下，驻跸之所，非燕不可。"都是

[图11]
东便门旧貌

基于相同或相似的理由。

明朝初年建都南京，后来发现北京的战略地位和风水形胜更适合做首都。永乐年间迁都北京时，朝廷上下曾讨论北京风水形胜。一致认为："北京河山巩固，水甘土厚，民俗淳朴，物产丰富，诚天府之国，帝王之都也。"又说："北京北枕居庸，西峙太行，东连山海，南俯中原，沃野千里，山川形胜，诚帝王万世之都也。"永乐十九年，公元1421年，明成祖朱棣正式迁都北京，北京又成为全国政治文化的中心。清军入关，毫不犹豫地选择北京为首都，统治全国260余年。

[图12]
东便门新貌

上世纪40年代末期，中国共产党取得全国胜利已成定局，选择哪个城市作为新中国的首都呢？为此毛泽东和王稼祥有一次精彩对话。王稼祥建议选择北京，他说："国民党的首都南京，虽然自称虎踞龙盘，地理险要，但是只要翻开历史就会知道，凡建都金陵的王朝，包括国民党都是短命的，我们定都，当然不能选在南京。西安，太偏西。现在中国的疆域不是秦汉隋唐时代了，那时长城就是边境线，现在长城横卧于中国的腹地，地理位置上已不再具有中心的特点。特别从经济的角度看，东部沿海和江南具有明显的优势，是经济中心，这样一来，选西安为都也不适合。黄河沿岸的开封、洛阳等古都，因中原经济落后，而且这种局面不是短期内能够改观的，加之交通以及黄河的水患等问题，也失去了作为京都的地位。首都最理想的地点是北平。北平位于沿海地区，属于经济发达圈内，而且扼守连结东北与关内的咽喉地带，战略地位十分重要，可谓今日中国的命脉之所在。同时，它靠近苏蒙，无战争之忧，虽然离海近，但渤海是中国内海，有辽宁、山东两个半岛拱卫，战略上十分安全，一旦国际上有事，不至立即使京师震动。此外，北平是明清两代五百年帝都，从人民群众的心理上，也乐意接受。考虑到这些有利条件，我的意见，我们政府的首都，应选在北平。"毛泽东说："稼祥，你的分析，正合我意。看来，我们的首都，就定在北平了。"毛泽东一锤定音，历史又一次选择了北京，从此这座古老的历史文化名城翻开了新的一页。

第5讲

追寻城市的灵魂——元大都的兴建

作为一个城市，特别是一座历史文化名城，要有自己的“灵魂”，而不同城市的灵魂就是其所具有的独特文化内涵。大都城使北京第一次成为全国的政治和文化中心，在北京城市发展史上有着划时代的重大意义。而新建的大都城又是13世纪的国际著名都会，许多来此的各国旅行家们皆对她赞叹不已，认为她的繁华程度超过了欧洲的罗马、巴黎等著名都会。其实，更值得人们赞叹的，则是在繁华景象背后深藏的城市文化内涵，也就是代表大都城“灵魂”的精华。

大都城的营建模式与文化内涵

作为今天北京城市的核心部分，是在七百多年前的元代建成的。当初，这座城市先是被称为燕京（汉唐曾用此称谓），又被改称中都（金代曾用此名），最后定名为大都。大都城的规划设计者为元世祖重要谋臣之一的刘秉忠，是一位贯通儒、释、道三教学说的奇才。他在进行大都城的整体规划时，是以儒家经典著作《周礼》作为理论依据的。在《周礼》一书中，儒家提出了较为完美的都城建设方案，即“左祖右社，面朝后市”。这个方案的文化核心理念，就是把帝王居住的皇宫放在全城的中心位置上，四面围绕有四个城市功能区。

皇宫左面（即东面）是太庙，也就是帝王祭祀祖先的场所。皇宫右面（即西面）是社稷坛，也就是祭祀农业神灵的场所。皇宫前面（即南面）是官僚们办事的衙署，当时又称外朝。皇宫后面（即北面）是商市，为市民们从事贸易活动的场所。把《周礼》的简单描述与大都城的营建过程加以比对，可以说有许多相同之处。在皇宫的东面有太庙，西面有社稷坛，北面有商市，只是南面最初没有官僚衙署。至元年间，元世祖曾一度设置有尚书省，专管国家财政，其衙署位于皇宫前面的五云坊。不久尚书省被废除，其衙署归中书省使用，恰好对应了“面朝后市”的都城理论。

刘秉忠对大都城里官僚衙署的布置是另有一套思考和安排的，主要依据的是天象学说。在当时新建的大都城里，最重要的官僚衙署有三处，即主持全国政务的中书省衙署，掌管全国军事的枢密院衙署，以及负责全国监察工作的御史台。据元朝人熊梦祥的《析津志》记载可知，刘秉忠对这三处衙署的设置方位也以文化理念作为指导。在皇宫的位置确定之后，“始于新都凤池坊北立中书省……居都堂于紫薇垣。”而枢密院和御史台的位置也是预先就确定的，“枢密院在武曲星之次。御史台在左右执法天门上。”（引文皆见《析津志辑佚》一书）就其具体位置而

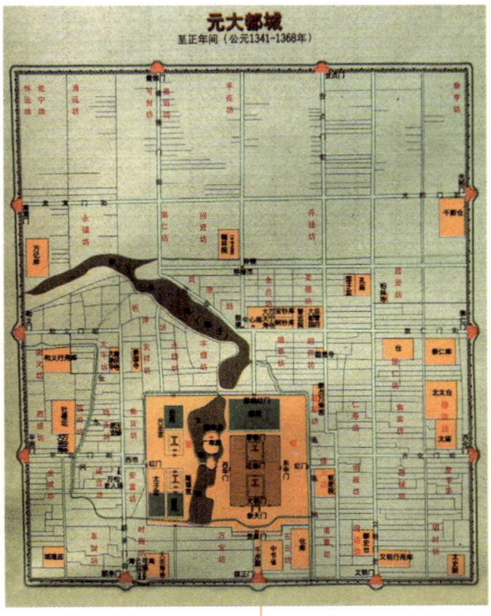

[图13]
元大都城图

言，枢密院位于东华门外保大坊南，而御史台则位于大都城西北的肃清门里（后迁至皇城东南面的澄清坊东）。

大都城的另一个重要组成部分，就是遍布全城的民宅。当时的民宅，是由坊里组成的，在设计坊里组织时，刘秉忠所依据的文化理念，则是出自另一部著名的儒家经典《周易》。据《汉书·律历志》记载："元始有象一也，春秋二也，三统三也，四时四也，合而为十，成五体。以五乘十，大衍之数也，而道据其一，其余四十九，所当用也，故蓍以为数。"刘秉忠以大衍"五十"之数，将大都新城划分为四十九个坊。而其中的许多坊名，也是取自《周易》一书。据《元一统志》记载："玉铉坊，按《周易》鼎玉铉大吉，以坊近中书省，取此义以名。"又曰："乾宁坊，地在西北乾位，取《周易》乾卦万国咸宁之义以名。"等等。其他的坊名也都取自于《尚书》、《诗经》、《春秋》等儒家经典著作中的掌故。

在新建的大都城里，商市主要集中在皇城北面的钟鼓楼一带。据今存的《析津志辑佚》所载，即有米市、面市、缎子市、皮帽市、珠子市、沙剌市、鹅鸭市、省东市、铁器市，等等。这一带之所以商市星罗棋布，其一是因为位于全城的中心，居民众多；其二是因为西临海子（今称积水潭），有便利的货源供应。元世祖至元末年，命大臣郭守敬开凿通惠河，使江南前来的漕船可以直接驶入海子，把各种商品运送到大都钟鼓楼周围的商市之中。在这众多商市中，特别值得注意的则是有所谓的"人市"，顾名思义，乃是从事人口买卖的场所。"人市在羊角市，至今楼子尚存。此是至元间，后有司禁约，姑存此以为鉴戒。"（见《析津志辑佚·城池街市》）至元年间，元朝军队在攻灭南宋的统一战争中，曾经掠获大量江南百姓，送到大都来，或是奴役，或是出卖。"人市"正是这种残暴行径的罪证，到了元代后期，人们仍然将楼子保存，"以为鉴戒"。

大都城的特色建筑及其文化内涵

在新建的大都城里，有着许多独具特色的建筑值得称道，这些建筑也表现出了极为丰富的文化内涵。其一，是位于大都城中心位置的钟、鼓楼。至元年间，元朝攻灭南宋，统一天下，元世祖遂命郭守敬等著名科学家重新修订历法，这部新修订的历法被称为《授时历》，是当时世界上最精确的历法。《授时历》是以大都地区的气候为标准而修订的，修成之后在全国推行。郭守敬除了制造出简仪、浑天象等测量天体运行的仪器之外，又制作了七宝灯漏，放在皇宫正殿大明殿中；还制作了木碑刻漏，放在鼓楼之上，由专人根据木碑刻漏的时辰，定时击鼓鸣钟以报时，使钟鼓楼成为全国的标准"时钟"。

其二，是位于皇城西面的大白佛塔。这座佛塔的建造，标志着藏传佛教开始传入北京地区，并且产生了越来越重要的影响。其次，标志着少数民族工匠的建筑技艺在京城得到了绝大多数公众的认可。早在晋代，佛教已经开始在北京地区传播开来，自唐代以后，寺庙越来越多，佛塔作为寺庙的一个重要组成部分，也越建越多。著名的有天宁寺塔、悯忠寺双塔、庆寿寺双塔以及砖塔胡同佛塔，等等，位于郊区的寺庙甚至建有塔林，如潭柘寺塔林、银山塔林等皆是。但是，这些佛塔大多数都是中原佛教的模式。而元朝新建的大白佛塔，其形制与中原佛塔完全不同，表现出了鲜明的藏传佛教文化特色，不仅在当时是大都城的标志性建筑，就是在七百多年后的今天，仍然是北京城仅存的少数珍贵宗教建筑的典型代表。

其三，是位于京城东南郊的柳林行宫。这里在辽代称为延芳淀，是方圆几十里的湿地，每到春天，契丹统治者经常前来狩猎。到了元代，蒙古统治者在这里修建了行宫，也是每年春天到这里狩猎。当时参加过狩猎活动的文臣张昱曾写诗描述其情景曰："旌旗千骑从储皇，诈柳行春出震方。祖宗马上得天下，弓矢斯张何可忘。"表明元朝统治者的狩猎活动不仅仅是一种娱乐，而且含有"练兵"的深意。此外，元朝统治者还把人们第一个猎获到的禽畜作为祭品，供奉到太庙祖宗的牌位前，以表达其孝敬之心。随着北京地区气候的变化，这里的大片湿地不复存在，当年的皇家行宫也就失去了踪影。作为都城，皇宫肯定是其核心建筑，而其他相关的设施，如报时的钟鼓楼、宏大的宗教活动场所，甚至位于郊区的行宫等等，都是一个超大型城市的重要组成部分。

大都城与金中都、明北京的城市文化比较

在元世祖营建大都城之前，金海陵王就曾大兴土木，建造了一座辉煌的中都城。而在元朝灭亡以后，明成祖通过"靖难之役"夺得皇权，又大兴土木，建造了一座雄伟的北京城。这三座都城是由三个不同朝代的统治者下令建造的，皆是雄伟壮丽，冠绝当世。从表面上看，三者有着许多相似之处，如皇城都是位于全城的中心部位，城市中都有着宽阔的街道，等等。但是，在这许多类似的表象下面，其所包含的文化内涵却存在着极大的差异，这种差异又是在城市建筑的各个方面皆有所反映的。

金中都城的建造，是在金海陵王弑杀金熙宗之后开始的。当时正处于宋、金对峙时期，金朝的势力已经扩张到江淮一线，并且占有了北宋都城汴京（今河南开封），与宋朝相比，金朝的文化发展有着明显的差距，在许多方面要向对手学习。因此，当海陵王决定放弃金上京（今黑龙江阿城）营建金中都城时，也就找到了一个较为理想的参照物——宋都汴京。据《金史·海陵纪》所载，天德三年（1151年），海陵王下令营

[图14]
元大都遗址公园

建金中都城，“有司图上燕城宫室制度，营建阴阳五姓所宜。”《金史·地理志》亦云：“天德三年，始图上燕城宫室制度，三月，命张浩等增广燕城。”两处所云“图上燕城宫室制度”，就是指仿造汴京的宫殿样式来营建中都宫殿，不仅如此，就连许多中都宫殿的建筑材料也是直接从汴京宫殿拆过来的。

明北京城的重建，是在明成祖发动“靖难之役”推翻建文帝之后开始的。当时许多人都对明成祖篡位的做法不满，更有许多人公开反对把首都从南京迁到北京。在这种情况下，明成祖为了保持全国政治局势的稳定，是不敢有任何“创新”之举的，必须严格遵守明太祖规定的各种制度，当然也就包括都城建筑模式。因此，明朝人在评价北京城的建筑模式时指出，“太宗登极后，即故宫建奉天三殿，以备巡幸受朝。至十五年，改建皇城于东，去旧宫可一里许，悉如金陵之制而弘敞过之。”（见孙承泽《天府广记·宫殿》）文中所云“故宫”，是指元代宫殿的遗址，而“金陵”则是指的南京城。这时重建的北京城，不仅宫殿制度完全仿照南京模式，就连坛庙、官僚衙署等城市主体建筑，也是如此。

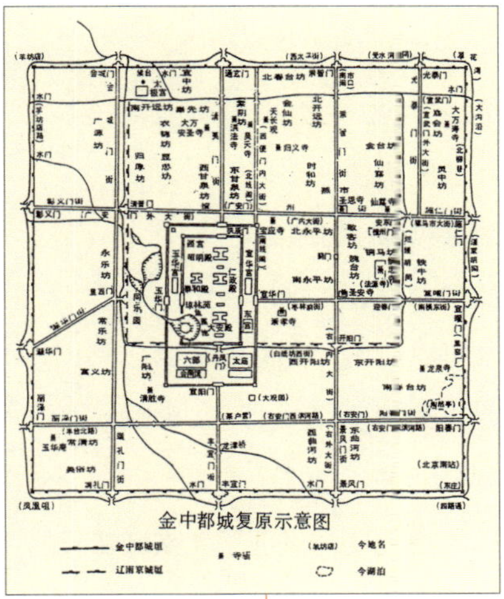

[图 15]
金中都城复原示意图

综上所述，不论是金中都，还是明北京，皆为“拷贝”而成的大都会，金中都的蓝本是宋汴京，而明北京的蓝本则是明南京。与之相比，元大都城才是一座真正具有“独创性”的大都会。当然，这种独创性也不是凭空捏造，而是有着丰富的文化内涵作为依据的。就整体城市的文化内涵而言，元大都城与金中都和明北京的差异还有一点是值得一提的，那就是封闭性与开放性的不同。金中都城的皇城建筑模式仿照的是宋汴京的，但是其整体城市模式则是承袭了汉唐时期的文化内涵，即封闭性的坊里制度仍然是居民建筑的主体，高大的坊墙把都市居民加以人为地阻隔。元大都新城打破了这种封闭式的建筑模式，废弃了坊墙，而使街道、四合院与胡同一起成为都城新的坐标体系。到了明代，北京城市民居的主体部分虽然承袭了胡同与四合院的开放模式，但是在皇宫建筑方面，却又回到了更加封闭的状态。最后，笔者要强调的是，我们对城市文化内涵的认知是与居住在城市中的居民们的文化素质密切相关的。金朝和明朝的统治者都是农耕文化的信奉者，唯有元朝的统治者才是游牧文化的信奉者，这种文化方面的差异，乃是直接影响到京城整体文化是开放还是封闭的一个重要因素。

第6讲

京城的记忆——城墙与城门

[图16]
正阳门旧貌

城市的出现是人类进入文明社会的重要标志，城墙与城门是城市防御体系中最重要的一环，也是城市最显著的标志之一。北京的城墙与城门见证了北京城昔日的历史，虽屡经变迁，却依然散发出卓尔不群的独特魅力和人类智慧的光芒。

深刻着时代的烙印——城墙与城门

北京现存最早的城墙是在房山区董家林，这是燕文化的发祥地。周成王封召公为燕侯，召公的儿子克建立了早期的燕国。燕国的文化可以从西周燕都遗址博物馆的文物中去感受，但燕国的城市则要到田野里的残垣去发现。

北京成为大城市是在850多年前的金代。金帝完颜亮是个有大气魄的君主，他建立了中都城。金中都城是仿照北宋都城汴梁规制，在辽南京城基础上改建而成的，分大城、皇城和宫城三重。大城中稍北为皇城，皇城内为宫城。皇城九里，九重宫殿。主殿为大安殿，露台三层，两旁各有曲水。仁政殿在大安殿北，是朝会的地方；隆庆宫在东北，是太子东宫；寿康宫是太后居住的地方。1170年，南宋使者、诗人范成大来到中都，为中都的巍峨宏大所震惊，他记述道："遥望前后殿屋甚多，制度不经，工巧无遗力，所谓穷奢极侈者。"中都的中轴线为拱辰门、大安殿到丰宜门。中都设城门12座：东边的施仁、宣曜、阳春；西边的丽泽、灏华、彰义；南边的景风、丰宜、端礼；北边的会城、通玄、崇智，后添光泰门。当年大风飞扬、旌旗猎猎、金戈铁马、狼烟蔽日的大金国，到今天已经成为淡漠的记忆，金中都的繁华沉入落日的云烟，厚重的城墙也在时间中颓没。城墙和城门已经不存在了，仅留下来3处遗址。最长的一段残墙长20米，高3米，宽约7米，已经很难辨别出城墙的样子了。

元大都是北京在中国历史上第一次成为统一国家的首都，它的城市规划和建设在世界建筑史上写下了光辉的一页。元大都以南北为中轴，胡同和四合院在中轴线两侧对称排列。宫城的大明殿、延春阁等主题建筑均分布在中轴线上。都城内纵横交错的九条大道对应着“九”这个最大的数字，整个布局体现了“中国”、“中央”的思想以及严格的封建等级观念。元大都始建于至元四年（1267年）正月，用了九年多的时间来营建，到至元十三年（1276年）时皇城基本完工。元大都周长30公里，有11座城门，全城用夯土版筑。今天的元大都也淡出了人们的记忆，宏伟的城墙和巍峨的城门已不可寻，只是在俗称“土城”的地方，还可以见到高达数米的北垣残迹。

我们今天所说的旧城，是指明清时期的北京城。其城墙城门是在元大都的基础上改建和扩建的，它以宫城（紫禁城）为核心，外围皇城、内城、外城，由四道城池所组成。

明嘉靖末，为防范蒙古入侵，修建了外城，形成了北京城独特的“凸”字形布局。内城墙周长22.5公里，外城墙周长14公里，总长37公里。当时北京的城墙砖主要烧制于山东临清、聊城及河南安阳等地，每块砖约重24公斤。这些地方有优质黏土，是烧砖的理想地点。同时，大运河从这些地区附近通过，运输十分便利。

北京明代城墙顶部外侧用砖砌有雉堞（也叫垛口），每个雉堞高1.9米，宽1.5米，厚0.7米。城墙内侧砌有女儿墙，约有1米高，厚0.7米，是为了防止失足跌下城墙而修建的。北京城内外城墙共有垛口20772个，垛口下的炮眼共有12600个。

城墙每隔不到90米设有一个敌台（也叫墩台、马面），敌台的高度与城墙同高，但比城墙向外突出。敌台的顶部约长15米，宽13米。它的功能是让城上的士兵能够用弓箭等射杀位于城墙根处的敌人。

北京的各个城门上方都建有城楼，这些城楼坐落在墩台上，和左右的城墙相连，墩台的下边正中间开有一个拱形的券洞，通常也叫做城门洞。门洞安有两扇对开的大门，外包铁钉（也叫门钉），门后有木制成的大门栓。

内城的城楼修建于明正统年间，各城楼均是重檐歇山顶，上铺灰筒瓦，绿琉璃瓦剪边。城楼一般是面阔七间，进深五间（朝阳门和阜成门为进深三间）。各城楼都有上下两层，守城将士可以登楼远眺和休息，也可以储藏武器。

外城的城楼以永定门最高，城楼高约20米，与正阳门遥相对应。广安门（也叫广宁门）

[图17]
古老的城墙

虽然也是二层，但稍矮了一些。广渠门、左安门和右安门都是单檐歇山顶的一层城楼，高度15米。东便门和西便门的最小，城楼高度只有12米。

北京城门的外边正前方还有一座城楼叫箭楼。箭楼的左右两侧也有城墙，并且和城墙相接，这就在各城门处形成了一个个向外鼓出的小城，这统称叫瓮城。瓮城的平面形状基本上是正方形，但在相邻两面墙的相接处采取了弧形而不是直角。

各座箭楼的形制不完全一致，其中以正阳门的箭楼最雄伟壮观。城台高约12米，为重檐歇山顶，上铺灰筒瓦，绿琉璃瓦剪边。南侧面阔九间，北出抱厦七间，东西南三面设有四层箭窗，南面共有52孔，东西两面各有21孔，前门箭楼高38米，宽52米，进深32米。

明清时期北京的城门有“内九外七、皇七禁四”之说。

“内九”，是指内城墙共有九门。内城墙系通过正阳门的城墙。封建礼制对进出城门有严格的规定，九门各有分工严明的用途：正阳门为京城正门，走皇辇宫车；崇文门设鱼、酒纳税之所，走酒车；朝阳门为南米漕运入京之门；东直门为木材入京之门；安定门走粪车；德胜门为出兵之门；西直门走水车，因皇帝御用之水取自玉泉山；阜成门为西山煤炭入城之门；宣武门清代走囚车。

“外七”，是指外城墙有七门。外城墙系通过永定门的城墙，又称罗城，总长度28里，高10米，明朝嘉靖年间增筑。外城墙是内城墙南墙的外围部分，其七门为：永定门、左安门、右安门、广渠门、广安门、东便门和西便门。

“皇七”，是指以天安门城楼两侧为起点的红墙，即皇城，共有七门。皇城城墙的总长度约为9里，环绕着紫禁城，共有七门：天安门、地安门、东安门、西安门、大明门（大清门）、长安左门和长安右门。

“禁城四”，是指紫禁城有四门。外城之中有内城，内城之中有皇城，皇城之中是紫禁城。所以，紫禁城是城中之城。紫禁城呈长方形，城墙的总长度为3里，高10米，共有四门：午门、神武门、东华门和西华门。

触摸历史——遗存上的古韵

1912年以后的民国时期，为了便利交通，对北京的城墙、城楼做了一些拆除。1915年因修环城铁路，拆除了德胜门、东直门、安定门和朝阳门共4座城门的瓮城。正阳门的瓮城也因妨碍交通被拆毁。1921年德胜门的城楼和崇文门的箭楼被拆毁，1926年北洋军阀政府在宣武门与前门之间打了两个洞，被称为和平门。“七七”事变以后，日伪政府统治北京时期，在内城东西城墙与东西长安街的交接处各开了一个豁口，东边的叫长安门，西边的叫启明门。抗日战争胜利后，长安门改名为建国门，启明门改为复兴门。

新中国成立后，苏联专家建议要建设现代化的北京，原有外城城墙被大面积拆除。1968年中苏关系紧张，为了备战需要和发展城市交通，开始了第二次大规模的拆城活动。地铁开工建

北京100讲

第一篇

象天法地
——大匠精工北京城

第4～17讲

篇目负责人
尹钧科

主要撰稿人
邓瑞全　王　岗　李宝臣
孙冬虎　郑永华　张雅晶
章永俊　何岩魏　李士好
王敬雅

[图 18]
故宫角楼

设之前，周恩来总理驱车沿城墙看了一周，指示把正阳门城楼和箭楼保留下来。周恩来显然看重这组古建筑对于天安门广场空间布局的重要性。早在 1958 年 9 月安排“国庆工程”时，周恩来就提出天安门广场的扩建，不能拆除正阳门城楼和箭楼。1966 年地铁线上原为明清两朝天文观测中心的古观象台也被列入拆除对象。1968 年 12 月 21 日，周恩来指示：“这个天文台不要拆”，要地铁绕行，使之得以留存。修筑北京地铁时，工程部门因德胜门箭楼未阻挡地铁路线而未立即拆除。1979 年，就在它行将被毁之际，全国政协委员郑孝燮写给陈云的一封信使其保存下来。

为了让今天的人们再次触摸古老的北京，再次领略这座历史古城的昔日风貌，北京市启动了保护城墙城门的一系列工程：元大都城的城墙即土城已被列为北京市重点古建文物保护单位，并已建成为元大都城垣遗址公园；新建的皇城根遗址公园和修缮后的明城墙遗址公园为北京居民提供了一个可以“触摸历史”的休闲场所；永定门城楼的复建重新串起了北京的中轴线，并与上世纪八九十年代修复的德胜门箭楼、内城东南角楼、正阳门城楼箭楼共同成为一道具有老北京特色的风景线。在现代化的新北京图景中，这些老北京城的遗迹让北京古韵犹存，新建筑与老城门城墙交相辉映，让新北京更具风采。

第 7 讲

中规中矩的布局——棋盘型的街道

地面上的棋盘

北京城是由内城和外城组成的，内城呈正方形，外城呈长方形。内城的大街胡同，横平竖直，规规整整，从平面图上看像个棋盘。外城的主要街道也是正东、正西、正南、正北，但斜街较多。这是由于沟河造成的，但总体上看，依然呈棋盘形。过去在正阳门内东交民巷和西交民巷之间，有一正方形的“棋盘街”，周围护有玉石栏杆，用其名来比喻北京街道总格局是十分形象的。

北京街道的基本格局奠基于元代，形成于明代，清代虽有变动，但总格局未改变。

北京街道的数目是随着历史的变迁而变化的，很难做出精确统计。元大都城有“三百八十四条火巷，二十九条胡同”。明代北京街巷总数1170条，其中胡同为459条。清代北京街巷又增加900条左右，总数达2000条左右，其中胡同有960多条。民国时期北京大街小巷又增加了$\frac{1}{3}$，北京街巷总数为3200条。截止1982年统计的北京街巷约2800条。随着胡同的数目呈下降趋势。

北京街道的名称五花八门，但也有规律可循。北京人在为街巷胡同起名时，主要是抓住了它们的主要特征。例如：以形状命名的街巷，有口袋胡同、喇叭胡同、弓弦胡同、弓背胡同等；以特殊标志命名的街巷，有大牌坊胡同、石碑胡同、碾儿胡同、大栅栏、铁影壁胡同等；以市场命名的街巷，有羊肉胡同、金鱼胡同、鲤鱼胡同、花市大街、鲜鱼口、骡马市大街、牛街等。以人物命名的街巷，有李阁老胡同、石附马大街、无量大人胡同、三不老胡同、武定胡同、八大人胡同、王大人胡同等；以庙宇命名的街巷，有护国寺大街、夕照寺街、法源寺前街、舍饭寺胡同、隆福寺街、柏林寺胡同等；以外地地名命名的街巷，有四川营(现称天龙西里)、苏州街、镇江胡同、陕西巷、山西街等。

严格规制下仍变迁

北京的街道在元大都时就有规制，据《析津志》载：“大街二十四步阔，小街十二步阔。”当时的一步为5尺，约合1.5米，由此估算当时的大街宽度为36米，小街宽度为18米，胡同宽度约为6～9米。可以看出元代的大街、小巷、胡同都是很宽阔的。当时著名的街道有千步廊街、丁字街、十字街、钟楼街、半边街、棋盘街。今北京东西长安街以北的街道，因同在元大都和明北平（北京）城内，所以改动不大，至今仍多保留元大都时期的格局。元大都城街道的布局，奠定了今日北京城市的基本格局。

元大都的街道，规划整齐，经纬分明，相对的城门之间一般都有大道相通。其分布的基本形式是：在南北向的主干大道的东西两侧，等距离地平列着许多东西向的胡同。《马可·波罗游记》述云："全城的设计都用直线规划。大体上，所有街道全是笔直走向，直达城根。一个人若登城站在城门上，朝正前方远望，便可看见对面城墙的城门。城内公共街道两侧，有各种各样的商店和货摊……整个城市按四方形布置，如同一块棋盘。"虽然大都城南面三门、北面二门，但从丽正门北穿皇城正中的崇天门及大明门、大明殿、延春门、延春阁、清宁宫、厚载门，直抵中心阁的中轴线上，亦有一条宽阔的御道。经勘查，近年在今北京景山公园（延春阁、厚载门遗址）之北发现的御道遗迹，宽达28米。

元大都内的胡同，其规划是以相邻两城门区间为一区域。近年在元大都光熙门（东北门）至大都城东北隅进行勘查，计发现东西向胡同22条。值得注意的是，今北京东直门（元崇仁门）至朝阳门（元齐化门）之间现仍保存的东西向胡同也是平列的22条。可见，相邻两城门区间内平列22条胡同，当是元大都城规划的统一格式。

到了明代，大街宽度约为25～28米，小街约为12～15米宽，胡同约为5～6米宽。到了清末，一般的街道只有9～12米宽了，在东城铁狮子胡同西口，联接着一条不长的街道，名叫宽街，这条街实际上并不宽，之所以叫这个名字，大概在当时，这一地区内这条街是最宽的了。

元、明时期的地安门大街，到了清末只剩下15.7米宽了。前门大街西侧的珠宝市街、粮食店街原来是前门大街的一部分，由于摊贩到街头摆摊，久而久之，竟被隔成了两道街，街道的宽度自然也就减少了许多。前门大街东侧与大街平行的果子胡同等大概也是这样形成的。当时一般的胡同也就是3～5米宽，最窄的胡同竟然只有55～65厘米宽。

黄土到青砖到沥青的容颜

明、清两代北京城里的街道，绝大部分是黄土路，只有王府井大街、东单、西单、鼓楼大街是石渣路，前门、打磨厂、西河沿地区是缸砖或石板路。马路中间是甬道，是走车马的，两侧摆有各种杂货摊，行人也在两侧走。那时的马路是中间高，两侧低，像一道缓坡。两侧的人行道约占⅓，甬道占⅔。铺路用的黄土既松散又干燥，马路上面常有很厚的一层浮土，刮风时常常使黄土漫天飞扬，甚至使整个天空都变成了黄色，过往行人被刮得满身满脸都是土。北京地区干旱少雨，可是一旦下起雨来，雨水落在土路上，和成了稀泥，又堵塞了暗沟，泥沙随雨水进入护城河，使河底抬高，甬道两侧潴留的雨水，甚至灌进居民院内，淤泥进入暗沟，使得暗沟年年掏，年年堵。

黄土铺就的道路本来强度就不够，加上沉重的拉货、坐人的马车反复碾压，更加凹凸不平。

年久失修、坑洼不平的街道，也使坐在驴车、骡车上的乘客颇受颠簸之苦，也难怪每当皇帝经过某段街道之前，要先用黄土垫地，净水泼街。

老北京城的街道状况之所以如此之差，除了技术上的原因外，财政经费不足也是一个重要原因。据有关资料证明，在清朝雍正年间，修一条6.6米宽的普通街道，平均每尺道路的费用为5.3两白银，修建一条5000米长的道路，竟然耗费白银8万两，很可能与各级官吏层层贪污、中饱私囊有关。

[图19]
明北京城

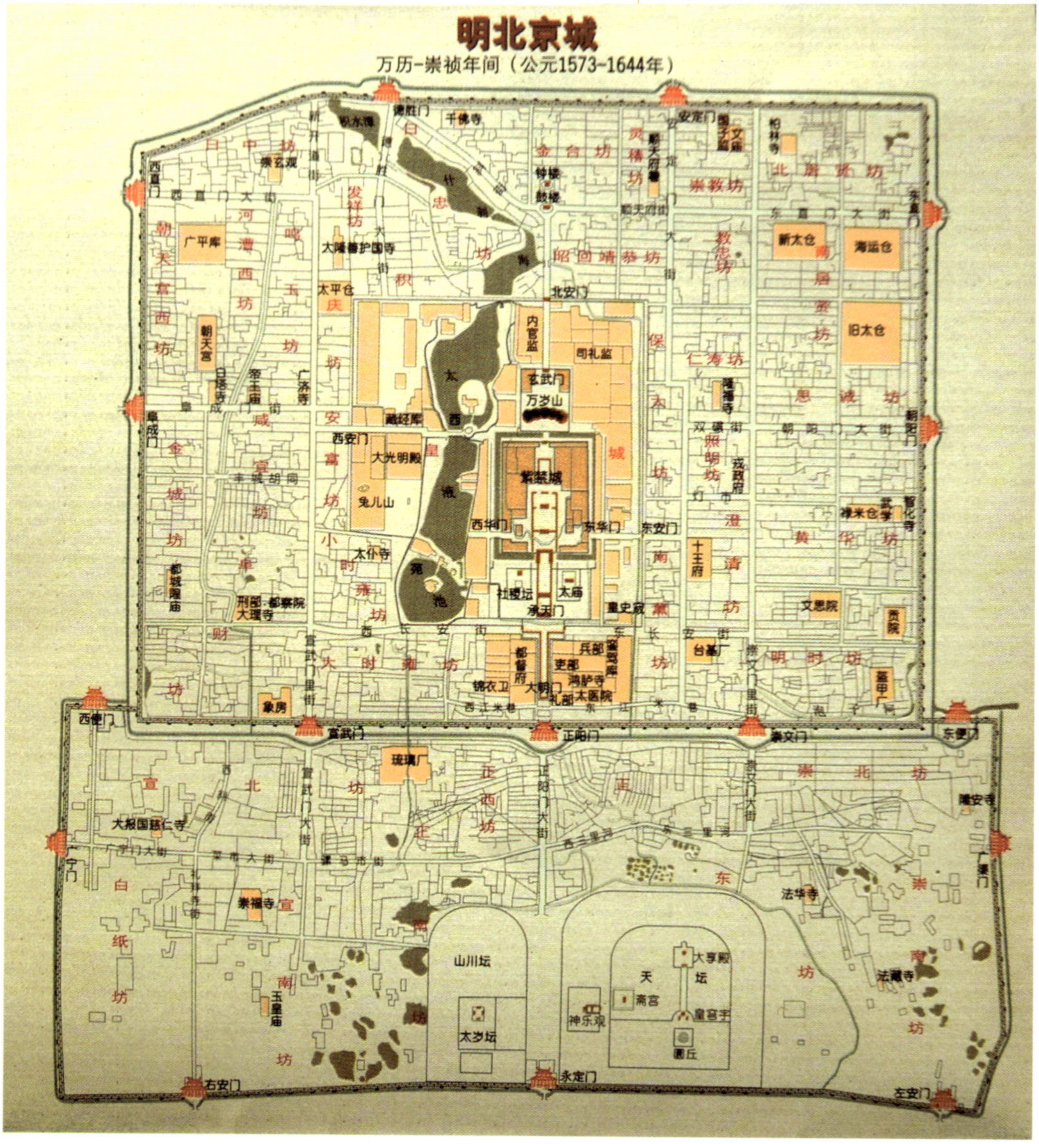

当时的北京人，上至王公贵族，下到平民百姓，无不对京城道路的恶劣状况怨声载道，但是政府要征收交通税用来修路，王公贵族带头反对，平民百姓也不愿交。清政府对此状况也无可奈何。

直到1904年，清政府才开始在王府井、东华门、东长安街等处铺设了十几条石砟路，于是在民间留下了“清末修道”的口碑。这一举措大概也是清末新政的一部分。另外在皇城门前和东交民巷也修建了低等级的柏油马路，共修筑道路88条，总长75公里。其余的街道仍然都是

[图20]
清北京城

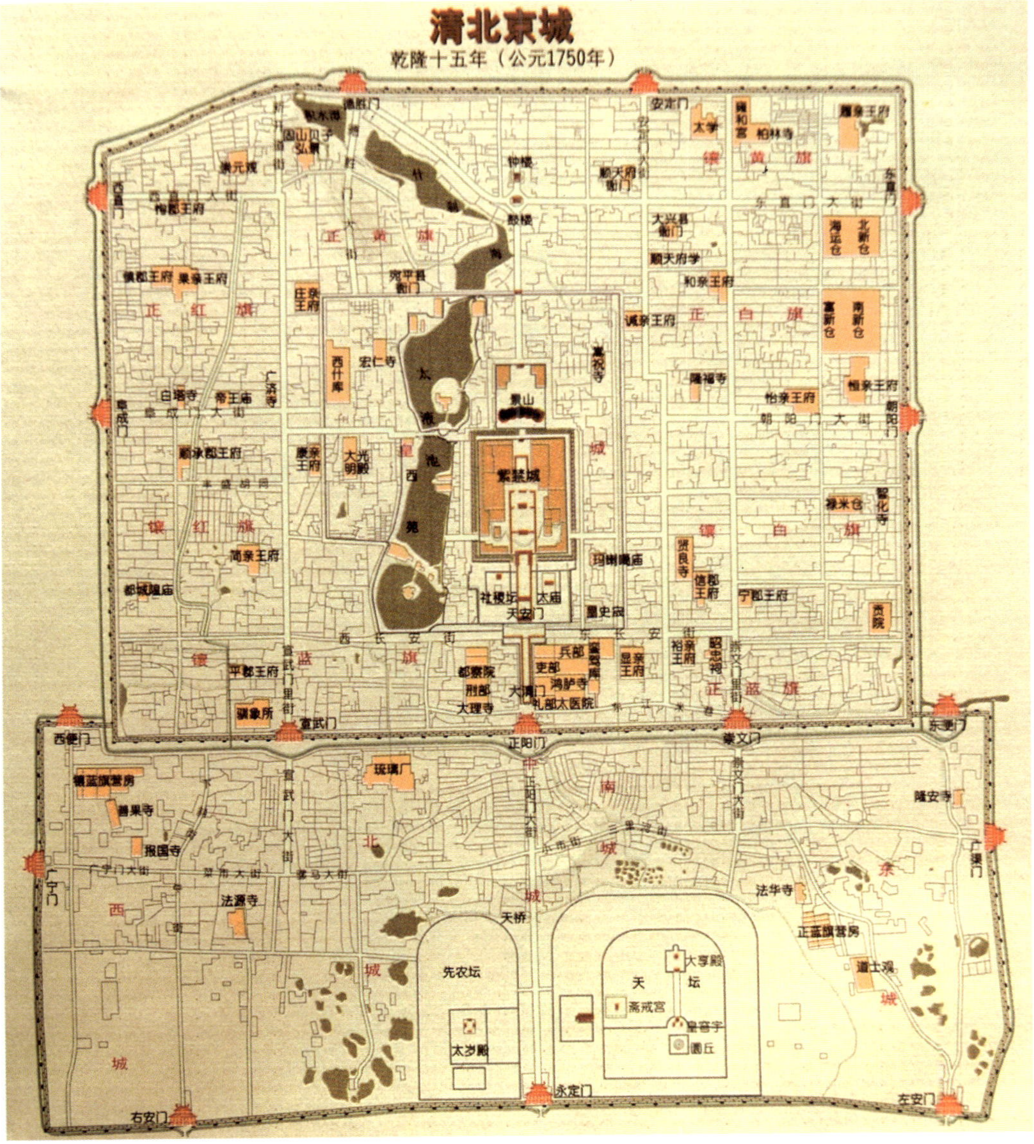

土路。

民国时期的北京城内，修建了一些市区的马路和通往外省市的公路。1917年修建了京通公路，这条路西起朝阳门外大黄庄，东至通县新城南门，道路宽6米，长10公里。后来又陆续新建、改建了北京通往天津的公路，北京通往山海关的公路，北京通往承德、保定、张家口的公路。这些公路的质量不高，标准也低，路面狭窄，凹凸不平，遇上下雨，常会翻浆。从民国成立到1949年新中国诞生，北京的公路里程总共不过215公里。

从1913年起，由市政公所主持，逐步拆除了皇城，开辟了多条贯通南北、东西的大道，填筑了明壕，改修了暗沟，到1918年已修筑道路120余段，大多是土路，1915年修筑了第一条沥青马路。

新中国成立后，北京的街道才彻底改变了面貌。人民政府首先组织广大群众将街道两旁堆积多年的垃圾清理干净，然后将全城的街道铺上沥青，使昔日的土路变成了柏油路。后来又将许多街道展宽，像东、西长安街有80米宽，其他街道也不同程度地扩展了，从而为交通流量成倍增长提供了道路条件。北京的街道面貌在不长的时间内有了根本的改变。

第8讲

北京城的脊梁——中轴线

一根长达八公里，全世界最长，也最伟大的南北中轴线穿过全城。北京独有的壮美秩序就由这条中轴线的建立而产生；前后起伏，左右对称的体形或空间的分配都是以这中轴线为依据的；气魄之雄伟就在这个南北延伸、一贯到底的规模。

——梁思成

《周礼·考工记》中曾记："匠人营国，方九里，旁三门，国中九经九纬，经涂九轨。左祖右社，面朝后市。"中国历代建设都城时，都以此作为参考，元大都亦不例外。

元代北京中轴线——色彩神秘的帝王之旅

从至元四年（1267年）起，在元世祖忽必烈的授意下，刘秉忠主持建造的大都破土动工，从此，这座"大汗之城"，如几十个世纪前西方的罗马城一样，成为一个时代的永恒标志。这座大城的脊梁，就是中轴线。

大都城的中轴线，以丽正门外一棵大树和积水潭东岸的中心阁为起止，纵贯整个皇家禁地。最南端的大树，也因此而被封为独树将军，守卫着身后至高无上的皇帝宫城。他的身后，就是元大都的正南门丽正门，往后依次穿过千步廊、灵星门、周桥，入崇天门进入大内，过大明门、大明殿、延春门、延春阁、出宫城入御园，最后离开内城后门厚载门，过海子桥（即万宁桥）到中心阁乃止。

大都城的中轴线，可以说是一条皇家的血脉，它起自衙署林立的千步廊前，通过皇帝的金銮殿，最后在大都水上生命线的重点——积水潭东戛然而止。而更加有趣的是，最近，通过遥感测量，竟然发现由元大都而形成中轴线，竟然和子午线并不重合——它们之间竟然存在着一个两度十几分的夹角。

研究者们通过层层的求证，终于发现了其中的奥秘：原来北京中轴线继续往北延伸，延长线恰好通过距离北京270多公里的古开平，即今内蒙古自治区锡林郭勒盟的兆奈曼苏默。而据当地蒙古史学家介绍，兆奈曼苏默是元上都遗址所在地。当年忽必烈就是从此地迁都到元大都的。而事实上，元世祖忽必烈实行"两都巡幸制"：冬天在元大都处理政务，元大都就是所谓的

[图21]
老北京的中轴线

"冬都"；夏天在元上都处理政务，元上都即是"夏都"。

元的统治者，原来不仅仅是想让这中轴线仅仅在大都城内贯通王气，而且将它延伸到了自己的龙兴之地，把整个统治中心贯穿一体。

明清北京中轴线——从乞丐到皇帝的起落

明成祖迁都，北京城又迎来了另一段辉煌的历史。

明清北京城的中轴线，不仅是一条帝王之线，也是一条市井之线、文化之线。

中轴线的最南端，是北京外城南门永定门，也是北京城的南大门，是外城七门中最宏大的一座。平常的日子，每天清晨开城门的时候，这里就开始了一天的繁忙，城外的人们涌入城中，在帝都用他们各自的方式寻找自己的梦想。永定门往北，道路的东西分别是天坛和先农坛。天子是承天景命的象征，每年他们都会到这里来祭天，为万民祈求一个好的收成。

再向北，就是北京城旧时三教九流聚集的天桥了。这里本是贫苦百姓们聚居的地方，到了清末民初，逐渐成为了江湖艺人讨生活的所在。这里不但有过前后几届"八大怪"这样最有旧京风采的民间艺人，还有老北京艺术史上最不为人知的斑驳往事。继而中轴线穿过宣南士乡的文化丛林，便到达了皇城前的棋盘街。这里人来人往，商户林立，是旧时北京最繁华的商业区，南北商贾汇聚于此，车马行人川流不息。

过了前门再往北，中轴线就脱离了市井的繁荣，换上一副皇家气派：正阳门（前门）箭楼下独有的门洞，只有天子才能随时从这里穿过；而巍峨的正阳门城楼，是皇城最南端的卫士。以北，是"天子五门之制"的第一道大

[图22]
鸟瞰中轴线

木樨园桥

门——大清门。过大清门进入T型广场，文东武西分布着中央的办事机构，越过外金水河正中的御路桥，就到达了天安门——明清皇帝发布全国性诏书的门户。过了后面的端门，便是宫城——紫禁城的正门——午门了，它让所有仰视它的人都心生敬畏。进入紫禁城，我们就来到了皇权心脏。

奉天门——五门之制的最后一道大门，穿过它，我们看到的就是35米高的金銮殿——太和殿。后面就是中和殿、保和殿、横巷，入乾清门，皇帝就进入了他的个人空间：中轴线上的乾清宫、交泰殿、坤宁宫、坤宁门、御花园、顺贞门和两翼的东西六宫。

出神武门入景山，这里是“京城五镇”的中央，是中轴线上的制高点，北边，就是所有帝王在皇城内最后安歇的地方——他们的停灵之处，寿皇殿。

继续往北出地安门，中轴线就又融入到市井当中。这里有仅次于前门外的繁华闹市。最后，过了每日为北京百姓报时的钟鼓楼，这条长7.8公里的中轴线就逐渐隐入了民房之中。所以钟鼓楼这一胖一瘦的两座建筑，就成为老北京人心中最亲切和温暖的地方。

明清北京城的中轴线，比起元代大都时期更加有内涵，更加丰富。它包含了重要的城市文化，也是今天北京中轴线的基础。

新北京的中轴线——通往奥运的五彩路

2008年奥运会，又为古老的中轴线带来了新的内容。自鼓楼向北，就是过北四环北辰桥。作为2008年北京奥林匹克运动会主会场的“鸟巢”，是一座以巨大的钢网围合，如树枝般包裹着的大型建筑，其形态如同孕育生命的“巢”，也更像一个摇篮，寄托着人类对未来的希望。

2008年奥运会游泳、跳水等项目的比赛场馆国家游泳中心又被称为“水立方”，这个由水分子得来灵感的建筑位于“鸟巢”的西北方国家体育馆则位于奥林匹克公园中心区的南部，与“鸟巢”和“水立方”比邻而居。

而整个国家奥林匹克公园的建设，最终选中的规划方案名为“龙行水系”。它规划总用地约1159公顷，分为森林公园、中心区和四环路以南区域三部分，集中了11项奥运比赛和10个奥运场馆，并包括奥运村、国际广播电视中心、主新闻中心等重要设施。

在奥林匹克公园蓝本中，北端的森林公园中的湖泊与奥林匹克运河组成一条巨大的水龙，从而和北京古城内中轴线西侧的水龙——什刹海、中南海遥相呼应，形成对称性布局。钟鼓楼、地安门、前门、永定门是老北京的中轴线，而在这条中轴线的北端，就是奥林匹克公园。已延伸至26公里长的北京城市中轴线成为一个人文与山水相融的整体。

从古都文脉通向奥运水龙的道路，就是新时代、新北京的中轴线。永定门城楼复建完成后，昔日的皇都经脉又在一定程度上恢复了它的完整性，而对周围景观的整修与保护，也为日益繁华的北京保留了几分旧时的风采。

第9讲

皇宫的变迁——紫禁城到故宫博物院

在北京市城区中心，有一处金碧辉煌、气势磅礴的博物院，这便是举世闻名的故宫，是中国乃至世界现存规模最宏大、保存最完整的宫殿建筑群。故宫原先是明清两代的皇宫，称为紫禁城。紫者，紫垣之省文。古人认为，天上的星辰分为上、中、下三垣。中垣又称紫垣，乃天帝所居。人间帝王是上天之子，替天行道，治理芸芸众生。因此，道教以及某些朝代的统治者都崇尚紫色，在其宫室、服饰、用品名前冠以紫字，如紫台（神仙、帝王所居）、紫衣、紫诰（帝王诏令），甚至直呼帝王所居为紫垣。禁者，禁中（天子所居）之省文。古人认为，天帝所居的中垣位于天的中心，天子所居在人间正中。而天子所居，门户有禁，除侍奉天子者之外，禁止其他人随意出入。因此，天子所居亦称“禁中”。明清两代的皇宫取名紫禁城，体现了中国古代“天人感应”、“天人合一”的哲学思想和天文理念，也体现了明清两代皇帝的自我中心、唯我独尊的特殊地位。

紫禁城始建于明朝第三任皇帝朱棣（成祖）在位之时。元亡明兴，明朝开国皇帝朱元璋定都南京，历洪武、建文二朝，凡34年。燕王朱棣夺取皇位后，以北平为承运兴旺之地，于永乐元年（1403年）正月“立为京都”，更名北京。四年（1406年）闰七月，决定在北京建宫殿、修城垣。十载筹办，万事俱备，遂于十五年（1417年）六月择吉兴工，至十八年（1420年）大功告成。十九年（1421年）正月初一日，隆重举行庆典，朱棣于奉天殿受贺，大宴文武群臣及四方宾客，大赦天下，以共享太平。从此，紫禁城成为明朝皇帝日常起居和听政的皇宫。有明一代，自成祖起，共有14位皇帝先后在此居住。在此期间，宫殿之毁损、重修及更名诸事，未尝或免，如永乐十九年（1421年）四月，奉天、华盖、谨身三殿遭灾焚毁，至正统五年（1440年）二月命重建，翌年九月竣工。嘉靖三十六年（1557年）四月，该三殿及其他建筑复被烧毁，至四十一年（1562年）重建竣工，并改奉天等诸多殿阁楼门之名。万历二十四年（1596年）三月，乾清宫等被烧毁，次年六月归极门又起火，殃及皇极殿等建筑，至天启五年（1625年）始行重建，七年（1627年）八月竣工。

明清兴替之际，紫禁城遭到了严重破坏。崇祯十七年（1644年）三月十八日，李自成领军攻克北京，占领紫禁城。继而李自成统率大军征讨前明山海关总兵吴三桂，失利，退回北京，并于四月二十九日仓皇在武英殿登基称帝之后，弃城南下。撤离之际，积薪木于内殿，纵火焚烧，且施放巨炮，轰击诸宫殿。紫禁城经此浩劫，仅武英殿、建极殿、英华殿、南薰殿、皇极门和四角楼幸免于难，其余建筑毁坏殆尽。

大清入主中原，移鼎北京，重建紫禁城。清摄政王多尔衮在山海关联合吴三桂击败李自成后，率领清军长驱直入，于顺治元年（1644年）五月初二日进驻北京。多尔衮在北京发号施令，迅速稳定局势，并派官兵赴沈阳迎驾。九月十九日，顺治帝福临（世祖）“自正阳门入宫”。从此以后，中国进入清朝统治时期。有清一代，自世祖起，共有10位皇帝先后在紫禁城内居住。在此期间，重建紫禁城，且有增添、更名之事。如：顺治二年（1645年）五月，改皇极殿为太和殿、中极殿为中和殿、建极殿为位育宫，并令重建，翌年相继竣工。此后历时14年，中路建筑基本复原。康熙二十二年（1683年）至三十四年（1695年），重建其余被毁建筑。乾隆年间，在紫禁城内大兴土木，颇有建树。其重要者计有：寿康宫、雨花阁、重华宫、建福宫及其花园、宁寿宫及其花园等。乾隆以后，除平常修缮外，没有大事营建。清朝时期修建宫殿等建筑，依然保持原有风貌，没有改变紫禁城的基本格局。

紫禁城为长方形城池。其四周筑砖墙，高10米有余。四隅建角楼，重檐多脊。四面设城门，按清制，南曰午门，北曰神武门，东曰东华门，西曰西华门。从城墙外侧计算，南北长961米，东西宽753米，占地面积达723633平方米。城外有护城河，宽52米。城内有屋宇8707间，建筑面积15.5万平方米。其建筑皆中轴对称，水平布局。如午门、太和门、太和殿、中和殿、保和殿、乾清门、乾清宫、交泰殿、坤宁宫、坤宁门、承光门、钦安殿、顺贞门、神武门从南向北依次分布在中轴线上，其余建筑则分列两侧，左右对称，并形成若干相对独立的庭院。在明清时期，按使用功能分为外朝和内廷两个部分。午门以北、保和殿以南为外朝，是皇帝办公和举行国家重大活动、各种典礼的地方，主要建筑有午门、太和门、“前三殿”及其两翼之文华殿、武英殿。乾清门以北、顺贞门以南为内廷，是皇帝和后妃们生活及皇帝处理日常政务的地方，主要建筑有乾清门、“后三宫”及其两翼之东西六宫。保和殿以北、乾清门以南、隆宗门以东、景运门以西的区域，按建筑空间为外朝和内廷的分界处，按使用功能则属于内廷，有清一代，奉命在内廷行走的王公大臣等多人值于此。

作为明清两代的皇宫，紫禁城集中国古代建筑艺术之大成，尽显皇家气派。由于功能不同，性质有别，其建筑体量及形制、装饰等有所差异。外朝建筑雄伟庄严，庭院明朗开阔，充分体现了皇权的至高无上。如午门，由城台和城楼组成，通高35.60米，平面呈“凹”形，寓古代双阙之遗意，故有午阙之称。城台高12米，涂色紫红，正面开门洞3座。城楼的中间为正楼，面阔9间，60.05米；两边为明廊，各3间；两侧为长庑，各13间，俗称雁翅楼，南北两端各有高大的角亭。其装饰皆丹楹、朱户、黄瓦，配以汉白玉栏杆。午门之胜，高下错落，左右映带，势若朱鸟展翅，故又称五凤楼。又如“前三殿”，坐落在三重宽阔的台基上。台基通高

[图24]
故宫太和殿

8.13米，面积25000平方米，每层都有汉白玉雕刻的栏板和望柱环绕，望柱上浮雕云龙、云凤图案，下有汉白玉雕刻的螭首，造型玲珑秀丽。高台之上，太和殿面阔11间，63.96米，进深5间，37.20米，面积约2380平方米，高26.92米，黄琉璃瓦重檐庑殿顶，正脊两端有龙吻，檐宇四角有仙人走兽，庄严而雄伟；中和殿面阔、进深各5间，面积580余平方米，黄琉璃瓦四角攒尖式屋顶，正中安铜鎏金宝顶，方正而端庄；保和殿面阔9间，进深5间，面积1200余平方米，黄琉璃瓦重檐歇山式屋顶，巍峨而壮丽。三殿内部装饰富丽堂皇，尤以太和殿为最，华丽至极。内廷建筑相对矮小紧凑，如后三宫小于前三殿：乾清宫面阔9间，进深5间，面积1400余平方米，高20余米，不及太和殿；交泰殿面阔、进深各3间，不及中和殿；坤宁宫面阔9间，进深3间，不及保和殿。其余内廷建筑更为狭小，如东六宫中的景仁宫、承乾宫、钟粹宫、延禧宫、永和宫均面阔5间，景阳宫面阔仅3间，西六宫中的永寿宫、翊坤宫、储秀宫、太极（体元）殿、长春宫均面阔5间，咸福宫面阔仅3间。

紫禁城是古代中国人智慧和勤劳的结晶，也是留给后人的极其宝贵的文化遗产。紫禁城的每一座殿宇甚至一砖一瓦、一草一木都含有某种象征意义，植根于博大精深、源远流长的中国传统文化的沃土。如紫禁城的南门即午门的建筑形制与五凤楼之称，其北门即神武门之名，均与道教有关。在道教所崇奉的诸神中，南方之神为朱雀，北方之神为玄武，故有“前朱雀，后玄武”之说。按神武门原名玄武门，后避清圣祖玄烨之名，改玄为神。显然，午门的造型及五凤楼之称源自朱雀，玄武门之名源自玄武，其寓意所在，乃乞求神祇庇佑。再如紫禁城许多宫殿等建筑的名称，都有“仁”、“和”、“中”、“安”等字，这些字所代表的意义无疑是中国儒家思想的核心，即“中正”、“仁和”。又如紫禁城建筑屋顶有各色琉璃瓦件，凡属于皇帝的宫殿等建筑以黄色为主，绿色用于皇子居住区的建筑，其他蓝、紫、黑、翠以及孔雀绿、宝石蓝等五色缤纷的琉璃，多用在花园或琉璃壁上。其所以如此，除装饰之外，也反映了儒家所倡导的君臣父子等级观念。至于紫禁城内所藏的100多万件金器、银器、铜器、漆器、玉器、书画以及历朝各代的艺术精品，也是稀世之宝，弥足珍贵。

清朝灭亡后，紫禁城成为公共博物院，供人们游览参观，并为世人所珍重。1911年武昌起义爆发后，清廷迫于局势，以幼帝名义宣布退位诏书。清朝覆灭，中国跨入中华民国时期。根据民国政府与清廷签订的优待皇室条件，清朝末代皇帝溥仪仍在紫禁城内居住，一应制度仍如从前。1914年，在紫禁城的前朝部分，民国政府建立古物陈列所，展示宫廷文物以供参观。1924年，冯玉祥发动“北京政变”，驱逐溥仪出宫后，在其内廷部分，设立了国立故宫博物院。至1925年10月10日，将两者合并为故宫博物院。新中国成立后，1961年，国务院确定故宫博物院为国家级重点文物保护单位。1987年，联合国教科文组织世界遗产委员会将故宫（紫禁城）列为世界文化遗产。

第10讲

日月运行天地间——京师九坛

中国古代祭祀天地、日月、星辰、山川诸神，由来已久。在明清时期，北京城及四郊都有皇帝祭祀神祇、祈福禳灾的场所。南面有天坛、天神坛、地祇坛、先农坛、社稷坛，北面有地坛，东面有日坛，西面有月坛、先蚕坛，并称“九坛”，闻名遐迩。其中，天坛、地坛南北相望，日坛、月坛东西呼应，分列四郊，社稷坛在紫禁城右前方，与太庙左右相称，是九坛中最负盛名的五坛。其余四坛虽然现在名声不太显赫，但在过去也是重要的祭祀场所。

天坛在正阳门外，永定门内，是明清两代皇帝祭天、祈谷的地方。明永乐十八年（1420年），仿南京旧制，创建天地坛于南郊正阳门外，合祭皇天后土。当时祭祀典礼在大祀殿举行。至嘉靖九年（1530年），建立四郊分祀制度，遂于大祀殿南建圜丘以祭天。嘉靖十三年（1534年）改称天坛。清顺治、乾隆、光绪年间屡次重修、改建，最终形成现在的规模。天坛占地约270万平方米，是我国现存最大的古代祭礼性建筑群。天坛内主要建筑是圜丘坛和祈年殿，附属建筑有斋宫、神厨、神库、宰牲亭等。圜丘坛在其南部，是遵循中国古代“天圆”学说、用汉白玉砌成的三层圆形石坛，象征昊天；各层所铺石板、拦板以及四面台阶的数目，都是九或九的倍数，体现了“九重天”的观念。每年冬至，皇帝来这里祭天。祈年殿在其北部，是一座有鎏金宝顶三重檐的圆形建筑，高38米，直径30米。殿中央的四根通天柱，象征四季；中层十二根金柱，象征十二个月；外层十二根檐柱，象征十二时辰；中、外层柱子之和，象征二十四节气；三层柱子之和，象征二十八星宿；再加柱顶八根童柱，象征三十六天罡；宝顶下的雷公柱，象征皇帝一统天下。每年初春，皇帝来这里祈求五谷丰登。

地坛，又称祭坛、拜台、方泽坛，在安定门外，是明清两代帝王祭祀“皇地祇”等神的场所。明初，合祭天地。嘉靖九年（1530年）另建方泽坛以祭地，十三年（1534年）改名地坛，清顺治年间重修。地坛是我国现存规模最大的祭坛，总面积37.3万平方米，主要建筑有方泽坛，附属建筑有皇祇室、神厨、祭器库、乐器库、方泽亭、斋宫、神马殿等。其突出特色是充分体现了古代“地方”、“地阴”学说。从平面构成到墙圈、拜台的建造，一系列大小平立面上方向不同的正方形反复出现，象征大地的正方形。两层正方形的方泽坛，按当时的说法，“上成方六丈，二成方十丈六尺，合六八阴数”，阴数即偶数。坛面的石块也均为阴数：中心是36块较大的方石，纵横各6块；围绕中心点，上层砌有8圈石块，每圈递增8块，共548块；下层同样砌有8圈石块，每圈递增8块，共1024块；两层平台用8级台阶相连。

社稷坛在紫禁城右前方，天安门西侧，为明清两代皇帝祭祀社稷的场所。此地曾是辽金都城东北郊的兴国寺，元代并入大都城内，改名为万寿兴国寺。明朝定都北京后，于永乐十八年(1420年)，依周礼“左祖右社”的规定，修建社稷坛。所谓社稷，是“太社”（土地神）和“太稷”（五谷神）的合称。社稷坛整体布局略呈长方形，有内外两重垣。其

[图25]
社稷坛

主要建筑为社稷坛，附属建筑有神厨、神库、宰牲亭、北戟门、北拜殿、奉祀署等。社稷坛是用汉白玉砌成的正方形三层平台，四面有台阶，各四级。上层按方位铺五色土：中黄、东青、

南红、西白、北黑，象征五行。坛中央原有一方形石柱，称为“社主”，又名“江山石”，象征江山永固（1950年移往他处）。原先坛中还有一根木制的“稷主”，今已无存。坛中所铺之土，由全国各地进贡，每年春秋祭祀时，由顺天府铺垫新土。坛的四周有宇墙，墙顶原用五色土，后依照方位，以青、红、白、黑四色琉璃砖瓦覆盖。

日坛，又名朝日坛，在朝阳门外，建于明嘉靖九年（1530年），是明清两代皇帝于春分之日祭祀“大明之神”太阳的地方。其牌坊曰礼神街，清雍正初年更名为“景升”。外围“坛垣前方后圆”，象征天圆地方。主体建筑为朝日坛，附属建筑有神库、神厨、钟楼、燎炉、瘗坎、宰牲亭、具服殿等。朝日坛是用白石砌成的台子，“方五丈，高五尺九寸”，四面有台阶，各九级。周围有红色圆形护墙，“周七十六丈五尺，高八尺一寸，厚二尺三寸”，原为土墙，乾隆二十年（1755年）依照天坛式样，甃之以砖。光绪年间，坛面铺设红琉璃，以象征太阳。凡祭日，每逢甲、丙、戊、庚、壬年，皇帝亲自祭祀，其他年份由大臣代祭。

月坛，又名夕月坛，在阜成门外，建于明嘉靖九年（1530年），是明清两代皇帝于秋分之日祭祀“夜明之神”月亮和北斗、二十八宿、周天星辰的地方。其牌坊亦曰礼神街，清雍正初年更名为“光恒”。主要建筑为夕月坛，附属建筑有神库、神厨、钟楼、燎炉、瘗坎、宰牲亭、具服殿等。夕月坛也是用白石砌成的台子，“方四丈，高四尺六寸”，四面有台阶，各六级。四面有红色方形护墙，“周九十四丈七尺，高八尺，厚二尺二寸”，原为土墙，乾隆二十年（1755年）甃之以砖。光绪年间，坛面铺设白琉璃，以象征月亮。凡祭月及星辰，每逢丑、辰、未、戌年，皇帝亲自祭祀，其他年份由大臣代祭。

天神、地祇、先农三坛，均在正阳门外，与天坛东西相对，遥相呼应，是明清两代皇帝祭祀先农等神和举行亲耕的地方。明永乐十八年（1420年），建山川坛。嘉靖九年（1530年）改建为天神、地祇二坛，分祭风雨云雷和岳镇海渎神祇，此后历代都有修葺。清代分为天神、地祇、先农三坛，或统称先农坛。全部建筑有内外两道围墙，占地130万平方米。其主要建筑为三坛及观耕台、太岁殿，附属建筑有神仓院、庆成宫、茶膳房等。三坛都是砖石结构的方形平台，四面有台阶。其中，先农坛在墙内西北隅，坐北朝南，“周四丈七尺，高四尺五寸”，是祭祀先农的地方；天神坛在内垣南门外东边，坐北朝南，“方五丈，高四尺五寸五分”，北面有四个石龛，分祀风、云、雨、雷四神；地祇坛在内垣南门外西边，坐南朝北，“广十丈，纵六丈，高四尺”，南面有五个石龛，分祀五岳、五镇、五山、四海、四渎之神。太岁殿位于先农神坛东北，正殿祭祀太岁神，东西配殿祭祀十二月将神。观耕台为南向方形平台，比先农神坛稍大，是皇帝观看王公大臣们耕作的高台，原本是木结构的，清乾隆十九年（1754年）改为砖石结构，四面有台阶，各9级。观耕台之南，有皇帝亲耕的一亩三分地。

[图26]
天坛祈年殿

[图27]
社稷坛（五色土）

[图 28]
先农坛

每年仲春亥日，皇帝率百官到先农坛祭祀，并举行藉田之礼，秋收后存放在神仓院，供京师九坛八庙用以祭祀。俗语所说的一亩三分地，就来源于此。

先蚕坛，在西苑东北隅，始建于明代嘉靖九年（1530年），位于安定门外。后因皇后行亲蚕之礼不便，改建于皇城西苑内。清乾隆九年（1744年）重建，是清代皇后祭祀先蚕神即黄帝元妃西陵氏的地方。其主要建筑为先蚕坛，附属建筑有采桑台、桑园台、具服殿、茧馆、织室等，周围有“百六十丈”的护墙。先蚕坛的形制，视同先农坛，“径四丈，高四尺”，四面有台阶。乾隆年间定先蚕为中祀，每年三月举行。并定皇后不行亲蚕礼之年，遣妃代行。祭祀先蚕之神，也是京师九坛中唯一由女性主持的祭祀活动。

清朝灭亡后，京师九坛多辟为公园，得到了较好的保护和修缮。天坛于1961年被列为全国重点文物保护单位，1998年被列入世界遗产名录。地坛于民国十四年（1925年）辟为京兆公园，三年后改称市民公园，1957年改称地坛公园。1984年被定为北京市文物保护单位。社稷坛于民国三年（1914年）改为中央公园。1928年改名为中山公园，增建了一些风景建筑：东有松柏交翠亭、投壶亭、来今雨轩，西有迎晖亭、春明馆、绘影楼、唐花坞、水榭、四宜轩，北有格言亭等，以适应新的功能要求。1942年7月建中山音乐堂，还将戟门改为电影场，后为革命图书馆，1988年被列为全国重点文物保护单位。现为北京市政协的会议厅。日坛于1951年被扩建为占地20余公顷的日坛公园，修建了南、北大门及展览橱窗，建了牡丹园、清晖亭、曲池胜春园、“祭日”壁画、古雅的“义和雅居”，山明水秀古典式的西南景区、画廊等，并修复祭台，重修马骏烈士墓及纪念室，增建大型游乐中心。2006年，被国务院定为全国重点文物保护单位。月坛在清朝末年，逐渐荒废，后又遭日寇劫掠，坛庙景观毁坏。1955年，月坛被辟为公园。20世纪60年代，月坛坛墙大部分被拆毁，祭台被拆除，建起了电视发射塔，坛南果园中修建了地下人防工事，80年代开始，园中陆续设立了邮票市场、职业介绍所、婚姻介绍所等场所、机构。园内种植了大量松柏树木，修缮了古建筑；钟楼、天门、神库等古建筑均保存完好。1983年又新建的景点有月坛蟾宫，内有碑廊、双环映月池、广寒桥和嫦娥奔月雕塑。还有天香院、揽月亭、霁月亭、爽心亭、月桂亭等诸多景点。种植了娑罗树、梧桐树、石榴树和桂花等名贵观赏树种。扣住了“月”的主题，突出了秋的意境，成为北京一处优美的赏月和游览胜地。为恢复月坛历史景观，改善公园周边环境，提供给市民一个良好的休息、娱乐场所，2004年，市政府和西城区政府共同出资2.6亿元，对公园开始进行整体改造。2006年，月坛被列为全国重点文物保护单位。先农坛自民国以后逐渐衰败，很多建筑被拆除。民国四年（1915年），先农坛被辟为城南公园。1936年，在其东南角盖起北平公共体育场，后更名先农坛体育场。1949年7月华北育才小学（后称北京市育才学校）迁入北京，进驻先农坛。先农坛太岁殿被育才学校占用，具服殿被中国医学科学院药物研究所占用。1950年为迎接苏联访华足球队，扩建体育场，1959年为首届全运会召开再次扩建。1979年被列为北京市市级重点文物保护单位。1987年为首届农运会及十一届亚运会，拆除原有建筑，原地重建体育馆，到1988年完工。1997年，育才学校图书馆从具服殿搬出。1998年和2000年，世界文化遗产基金会为先农坛的修缮提供了资金。1998年和1999年美国运通基金会为北京先农坛的具服殿和神厨的修缮提供了资金。2001年被列为全国重点文物保护单位。

第11讲

天璜贵胄安所居——清代王府

清代北京城市发展史上，至少有两项值得称道的成就：一是西郊的三山五园；二是内城的几十座规模壮观的宗室王公府第。

明代北京没有正式王府。清朝改变了诸王“之藩”政策，执行王公全部留京建邸，所以京城才拥有了众多的宗室王公府第。

宗室王公府第建于内城，改变了原有的城市布局。府第散落内城各处，缓冲了宫廷建筑与民居之间的巨大反差。形成了以皇宫为中心，王公府第、衙署、寺庙、宅门、民居的建筑梯级序列。在街道规整的内城中散落各处的王府，常常成为局部地区的建筑中心，增添了城市整体布局视觉空间上的起伏感。

王公府第的规模与质量如何要看主人的身份等级，因此，首先要了解宗室封爵的制度状况。宗室封爵共分十二等：和硕亲王、多罗郡王、多罗贝勒、固山贝子、奉恩镇国公、奉恩辅国公、不入八分镇国公、不入八分辅国公、镇国将军（分三等）、辅国将军（分三等）、奉国将军（分三等）和奉恩将军。辅国公以上称“爵”，镇国将军以下称“职”。

王公爵位的等级不同，住宅建造标准不同：

亲王府制。正门五间，启门三，缭以崇垣，基高三尺。正殿七间，基高四尺五寸。翼楼各九间。前墀护以石阑，台基高七尺二寸。后殿五间，基高二尺。后寝七间，基高二尺五寸。后楼七间，基高尺有八寸。共屋五重。凡正门、殿、寝均覆绿琉璃瓦，脊安吻兽，门柱丹雘，饰以五彩金云龙纹，禁止雕刻龙首；压脊七种，门钉纵九横七。配殿等房屋使用筒瓦。其他仓库以及工作人员的用房，屋顶使用板瓦，黑油门柱。

郡王府制。正门五间，启门三，缭以崇垣，基高二尺五寸。正殿五间，基高三尺五寸。翼楼各五间。前墀护以石阑，台基高四尺五寸。后殿三间，基高二尺。后寝五间，基高二尺五寸。后楼五间，基高一尺四寸。共屋五重。金钉、压脊各减亲王七分之二。其他方面同于亲王府。

贝勒府制。基高二尺。正门一重，启门一。堂屋五重，各广五间，屋顶使用筒瓦与压脊。门柱红青油漆，梁栋贴金，采画花草。其他方面同于郡王府。

贝子与镇国公、辅国公府制。基高二尺。正门一重。堂屋四重，各广五间，脊用望兽。其他方面同于贝勒府。

封爵等级不同所居府第规模、质量不同，从门、殿、堂、寝、楼的间架，到装饰、基高、色彩、门钉、脊兽、压脊兽等等都随主人的身份而增减。

清入关之初，王府多系自建。自康熙六年起，皇子封爵分府完全由政府办理，府第皆未超出规定的许可，有的甚至没有达到法定标准。中叶以后，府第建设趋于朴素，适用，没有单纯地追求制度允许的上限。

光绪末年，宗室王公府第共计56座，按等级分别统计：亲王10人；郡王2人；郡王衔贝勒2人；贝勒3人；贝勒衔贝子1人；固山贝子2人；贝子衔奉恩镇国公1人；奉恩镇国公10人；奉恩辅国公10人；不入八分镇国公4人；不入八分辅国公8人；贝子衔镇国将军1人；不入八分辅国公衔镇国将军2人。其中18座是贝勒以上爵位的府第，仅占宗室王公府第总量的三分之一。与乾隆十五年《京城全图》标注的贝勒以上的26座府第（包括失标的淳亲王府与贝勒允祎府）相比，已经减少8座。当时世上只有世袭罔替的亲王、郡王，而无世袭递降的。

[图29]
前醇亲王北府

王爵分两种情况，一是世袭罔替的，即人们常说的铁帽子王，一是世袭递降的，即每继承一代要将爵位降一等，至五代以后停止降等。前者只要在政治上没失意，府第就可以永远住下去；后者降到贝子以后就面临被迁出的可能。由于府第是国有的，同时又是随爵的，因此，在朝廷需要时，等级下降的王爷后人，就要搬出原来住宅。嘉庆朝以后，皇子分府，全部利用旧府。因而，从乾隆《京城全图》到同光时代，再到宣统民国初年的京城地图，绘制的王府位置大都未变，只是因主人的变化而引起名称的更改。

宗室王公府第中最豪华宏畅的莫过于世袭罔替王府了。清朝共产生12位世袭罔替王爵，10位亲王，2位郡王。现依据位置由南往北先东后西分别叙述其中10座亲王府的简要情况：

肃亲王府，始自太宗第一子豪格，位于东交民巷。庚子事变后，王府划入使馆范围，移至北城细管胡同重建。新建之府与旧日风格迥异，放弃了王府规制而采用西式。

豫亲王府，始自太祖第十五子多铎，位于东单三条。民国五年出售给美国洛克菲勒石油公司，创办了协和医院。南门外昂首匍匐于地两石狮为王府旧物。造型奇特，极为罕见。

怡亲王府，始自圣祖第十三子允祥，先后三迁。初在王府井地区帅府胡同，允祥遗命舍府为寺，故府第移地另建。新府在朝阳门北小街。同治元年，怡亲王载垣在祺祥政变中失败削爵赐死，府第被朝廷收回，后赐给道光第九子奕譓改为孚郡王府。同治三年（1864年）恢复怡亲王爵，由宁郡王裔孙镇国公载敦承袭，但怡亲王府并未发还，只是把宁郡王府改称怡亲王府。该府位于东单北大街北极阁三条胡同。如今府内格局与建置基本完整，与乾隆《京城全图》所绘完全吻合，是现存清代王府中保留早期形制的少数王府之一。

睿亲王府，始自太祖第十四子多尔衮，先后两处。顺治元年五月多尔衮入京居明南宫，七年过世，嗣子多尔博袭爵。不久追夺多尔衮王爵，逐出宗室，嗣子亦因之受牵连削爵，命归本宗。府被朝廷收回，康熙三十三年改建为玛噶喇庙，乾隆四十一年赐名普度寺。

顺治十四年封多尔博贝勒，开府于石大人胡同（东单北大街外交部街）。乾隆四十三年，多尔衮平反复爵，同时恢复多尔博嗣子身份，以他的六世孙淳颖世袭亲王，辅国公宅改建为睿亲王府。民国后出售，改成中

[图 30]
恭王府西洋门

学，今已无府邸遗迹。

礼亲王府，始自太祖第二子代善，位于西安门外东斜街。本府在代善过世后发生较大变化。康熙朝，代善孙康亲王杰书，分旧礼王府一部分重新建造。皇上命天下督抚资助。乾隆四十三年康亲王恢复旧号礼亲王。府在嘉庆十二年毁于火，袭王昭梿重建。今府尚属完整，现为机关及宿舍。

郑亲王府，始自太祖弟舒尔哈齐第六子济尔哈朗，位于西单北大街大木仓胡同。本府在同治三年到七年的5年间，曾是道光第八子钟郡王奕诒府。概因郑亲王端华在祺祥政变中失败削爵赐死，府第被朝廷收回，安排了新生王爷。就在新王爷刚刚住进之际，朝廷又恢复了郑亲王世爵，不过没能立即将旧府发还。没过几年奕诒过世，无嗣，朝廷虽然为他立嗣，却没有让承嗣人继承本府，而是迁府于三转桥西尤头井的原愉郡王府。将王府归还了郑亲王的袭爵人。该府自建成后，改动较小，如今格局尚属清晰，为国家机关使用。

庄亲王府（即承泽亲王府），始自太宗第五子硕塞，位于太平仓胡同。该府是在明代太平仓的基址上建造的。太平仓位于皇城西北隅城墙外。今平安大街平安里段即是太平仓一部分，路南仍存太平仓胡同，可以寻其南围墙故址。

醇亲王府，始自宣宗第七子奕譞，先后两迁。旧府位于宣武门内太平湖北岸。原为荣亲王府。新府位于什刹海后海北沿，原为成亲王府。

[图31]
恭王府湖心亭

奕譞于道光三十年封醇郡王。咸丰五年内务府选择四处旧府上报。皇上最终选定坐落在宣武门内太平湖畔的贝子载钧府。载钧系高宗第五子荣亲王永琪曾孙，按世袭递降规则，恰降至贝子，故被迁出另行安置。今旧府外垣部分尚属完整，自正门以北皆已改建，为中央音乐学院使用。

众所周知，光绪是从醇王府走出的皇帝，即位之后，出生地要升为潜龙邸，所以，醇王府必须搬迁。光绪十四年以坐落在后海北岸的贝子毓棣府赏给醇亲王。毓棣是高宗第十一子成亲王永瑆曾孙。府原为康熙朝大学士明珠宅。该府保存基本完好，西面花园为宋庆龄故居，中路为国务院宗教事务管理局，东面为学校，后面为出版社和住宅。

恭亲王府，始自宣宗第六子奕䜣，位于前海西街。本府原系和珅旧宅，嘉庆四年和珅问罪赐死后，宅第一分为二，东面两路留给和孝公主。西面两路改建为庆郡王府。道光三一年奕䜣封恭亲王，咸丰二年分府于此。该府保存较为完整。

庆亲王府，始自高宗十七子庆亲王永璘，先后两迁。旧府转赐恭亲王。新府位于定阜大街，原为道光朝大学士琦善故宅。庆王永璘是世袭递降王爵，自奕劻袭贝勒以后，扶摇直上，光绪十年晋庆亲王，三十四年赐世袭罔替。不过这一殊荣没能惠及子孙，不久清室就走到了尽头。清末的庆王府始终是车水马龙四方奔竞之士费尽周折必欲攀附的地方。今后寝和西部三路宅院面存皆基本完整。现为军事机关。

民国以后，王公府第划归王公所有，由于政治失势，同时断了财源，不久纷纷走上典押出售的道路，譬如郑王府典给西什库天主教堂，后转给了中国大学作为校舍使用。顺承郡王府出售给张作霖，当时就对正殿进行了改建。如今府已整体移建到朝阳公园。孚郡王府出售给奉军将领杨宇霆，后创办了朝阳大学。王府失去了王爷，也就失去了王府文化内涵，改变了用途，必然在房屋内部装饰与建筑结构上按现实需要整合。

王府是北京得天独厚的文化资源。百年沧桑，城市变迁，北京城已不再是旧模样。但从现存王府的一草一木中，还是能见到昔日帝京盛景的点点滴滴。抚今追古，难免让人感叹。

第 12 讲

谈笑有鸿儒——名人故居

不只是空房子

[图 32]
曹雪芹纪念馆

“最后的小屋
成了空空的烟壳
被一些过路人踩着
他们怀念你

在一个清晨经过这里
若是背后有人
拍我的肩膀
回头的一瞬
第一想到的是你
第二是他们
……”

——陶文瑜《名人故居》

[图 33]
老舍故居

有人说，名人故居不就是一所空房子吗，有什么意义？

舒乙在《名人与老房子 · 序》中谈到圣彼得堡和伦敦的故居情况，对我们或许有些启示。他说，圣彼得堡和伦敦挂有文化遗产保护标志牌的名人故居数量非常大，虽然有的只是块牌子，房子里的内容、用途也发生了变化。但在圣彼得堡和伦敦走着走着，不经意之间，抬头一看，大文豪托尔斯泰在这住过，又一抬头，咦，大作家屠格涅夫在这住过……不得了，你会变得很惊喜。

活着的历史

北京，有着丰富的名人故居资源。据不完全统计，仅东城区、西城区、崇文区、宣武区，名人故居就有300多个。曹雪芹故居、纪晓岚故居、宋庆龄故居、梁启超故居、李大钊故居、毛泽东故居、鲁迅故居、郭沫若故居、蔡元培故居、齐白石故居、梅兰芳故居等等，不胜枚举。它们大多是老北京的四合院，集中在北京二环以里，也就是老北京城中心城区。

这些故居，以近现代最为集中，毛泽东故居、宋庆龄故居、李大钊故居、陈独秀故居、田汉故居、鲁迅故居、老舍故居、郭沫若故居、蔡元培故居、齐白石故居、梅兰芳故居等等，都属于这一时期。

这些故居的主人，有的是革命政治家，有的是现代文学巨匠，有的是梨园名旦。他们都有着自己特殊的历史代表性。如宋庆龄，被誉为"20世纪的伟大女性"，"一生大部分时间都是中国的一种崇高的象征"，她与民族命运风雨同舟，并为之殚精竭虑；鲁迅，"从旧垒中来"，先觉后甘当叛逆的猛士，他彷徨、呐喊，一生中都在"用希望之盾，抗拒那空虚中暗夜的袭来"，思想启蒙是他一生矢志的事业；蔡元培，一生致力中国教育，力图扫除学堂"官僚养成所"的积弊；齐白石，有诗、书、画、印"四绝"。他笔下的鱼虾图，没用一点儿色、一根线去画水，却使人看到了江河，嗅到了水的清香；梅兰芳，一生演出300多出戏，《贵妃醉酒》、《霸王别姬》、《游园惊梦》等都堪称经典。他如空谷幽兰，独得梨园之花魁。在传统戏曲文化日益式微的今天，他是一面旗帜。

[图34]
茅盾故居

故居里，今天有的还保留着主人生前的物品，它们按原状陈设着。宋庆龄结婚时母亲送的"百子图"被面；鲁迅亲手种植的两株白丁香；郭沫若的手稿；茅盾生前的日常用品；齐白石篆刻的 "白石画屋"横匾；徐悲鸿的《奔马图》；程砚秋昔日养鸽子练眼神的地界等等，这些物件，颇能让今天的参观者产生"斯人已去，音容犹在"的感慨。看到它们，主人的一本立体传记展现在了我们眼前。我们回顾起那一时期社会历史的变迁，引发着对民族人文精神的思考。

"无论哪一个巍峨的古城楼，或一角倾颓的殿基的灵魂里，无形中都在诉说，乃至于歌唱。"（梁思成、林徽因语）

故居在歌唱。它们与这个城市里的每一寸土地，每一棵树木，共同延续着北京的历史文脉，积淀着北京的文化底蕴，营造着北京的城市视觉品质。没有它们，北京就少了一道文化景观，我们的文化根系就会枯萎。

走进"丹柿小院"

北京故居的名人们，大部分只是在这里工作生活过。土生土长于北京的名人并不多。其中影响较大的，就要数生在北京，长在北京，写了一辈子北京的老舍先生了。

老舍故居，位于北京东城区灯市口西街丰富胡同内。院中有两株柿树，每逢深秋，红红的柿子挂满枝头，煞是喜人。老舍在这里生活了16年，创作了24部戏剧剧本和两部长篇小说。其中话剧《龙须沟》、《茶馆》和未完成的长篇小说《正红旗下》皆为传世之作。

“我生在北京，那里的人、事、风景、味道和卖酸梅汤、杏儿茶的吆喝声音，我全熟悉。……它是条清溪，我每一探手，就摸上条活泼泼的鱼儿来。”（《三年创作自述》）“多少风景名胜，从雨后什刹海的蜻蜓一直到我梦里的玉泉山的塔形，都积凑到一块儿……我的第一个思念中有个北平，这只有说不出而已。”（《想北平》）这就是北京在老舍心中的位置。小胡同、大杂院、茶馆、酒肆、清真肉店、满汉饽饽铺、庙会、果子市、地摊、风筝、鼻烟壶儿、蟋蟀罐儿、鸟笼子、兔儿爷；婚葬、洗三、抓周、祭灶和腊八粥等等，都沉淀在老舍的心中，又流淌在他的笔下。

有着10年西方生活背景的老舍，内心里从没有停止过在中西坐标下，对北京文化的深刻反思。

《四世同堂》里封闭促狭的小羊圈胡同（直到现在我们还可以看到这个胡同葫芦一样的形状）、昔日像围城一样的北京城，还有自成一体的四合院落，都封闭、内敛甚至是偷安，最终形成了这里以“敷衍型”为代表的不健全人格。老舍曾愤怒地说道：“民族要是老了，人人生下来就是‘出窝儿老’。”（《二马》）他批判北京人“只要看见了热闹，便忘了耻辱、是非，更提不到愤怒了”。（《四世同堂》）

“怎样救国？知识与人格。”（《猫城记》）在老舍的眼里，不断的革命未能真正改善中国，缺乏积极的建树，反而造成社会的破坏和人格的堕落（这种改良主义正确与否暂且不论）。他以自己的亲身经历，通过中西对比后认为，国家的强盛，需要人格、知识和秩序。直到今天，无功利的人格建设和科学知识方面的苦苦追赶，恐怕还是中华民族复兴需要继续解决的问题。

[图35]
梅兰芳纪念馆

有人说，“丹柿小院”的主人曾与诺贝尔文学奖擦肩而过。老舍的儿子舒乙也曾证实从多处听过这一消息。可惜当1968年老舍成为诺贝尔文学奖的最终候选人，并且瑞典文学院已决定把诺贝尔文学奖颁发给他的时候，他早在1966年8月24日，就自沉太平湖（现在积水潭附近），离开了人世。按照诺贝尔奖不颁奖给死者的成例，当年的诺贝尔文学奖颁给了日本作家川端康成。

如今，太平湖早已不在了，但“丹柿小院”得到了保护，故事仍在继续讲述……

[图36]
宋庆龄故居

第13讲

共和国的心脏——中国的政治中心

经过长期的发展演变，北京形成了东西与南北两条重要的轴线。而两条轴线相交的附近地区，包括中南海、天安门广场、长安街，则成为首都的心脏地带。这里不仅有着独一无二的政治地位，也有着厚重的人文历史，集中体现了北京作为首都独具魅力的特色。

历史将永远铭记——天安门及其广场

天安门城楼是北京两大轴线的交点，面对的是雄伟宽阔的天安门广场。天安门始建于明代，原名“承天门”，清初改建为“天安门”。前面的广场，明清时规模比现在略小，以大明门（清代改称大清门，民国时期叫中华门，门址约在今毛主席纪念堂的位置）为界，分为两个部分，北面是严禁外人窥视的“T”形宫廷广场，南面正阳门之间的方形场地，为市井混杂的“棋盘街”，整日热闹非凡。新中国成立后，经过多次拓宽整治，面积达50多万平方米，遂成为世界上最大最壮观的广场。

天安门及其广场，不仅在历史上赫赫有名，如近代史上“五四运动”、“一二·九运动”等重大事件，就在此上演。更重要的是，地处首都北京的最中心，成为整个国家的象征。明清两代最重大的国事活动，如新帝登基、皇后册封、太庙祭祖、金殿传胪、皇帝亲征等，都在此举行。新中国成立后，天安门以其特有的巍峨与庄严，出现在国徽上，象征着一个古老文明的新生，因而成为民族与国家的象征。发生在这里的每一件大事，不仅牵动着亿万华夏儿女的心，整个世界同样为之瞩目。

人们不会忘记：1949年10月1日，毛泽东主席在天安门城楼上亲手升起了第一面五星红旗，庄严宣告中华人民共和国成立。“中国人民从此站起来了”的声音，让多少炎黄子孙热泪盈眶，数代仁人志士为之奋斗的民族复兴终于有了新的希望。

人们不会忘记：1976年清明节期间，成千上万首都人民悼念周恩来总理的战斗诗篇，“欲悲闻鬼叫，我哭豺狼笑。洒泪祭雄杰，扬眉剑出鞘”，这些发自肺腑的呐喊，在天安门广场上被人们朗诵，字里行间凝聚着人们的血和泪、爱和憎。而随后发生在天安门广场的“四五运动”，既是广大群众对“四人帮”的强烈抗议，更是人民群众对民族与国家前途、命运的关注。

人们不会忘记：1997年6月30日12点整，当香港回归倒计时钟显示出零分零秒时，整个广场发出的震耳欲聋的欢呼。

所有这些，无一不成为新中国历史上最耀眼的亮点！天安门广场四周，矗立着许多具有重大政治意义的建筑。1949年以后，广场中央修建了人民英雄纪念碑，在西、东两侧修建了人民大会堂、中国革命博物馆和中国历史博物馆等标志性大型建筑。20多年后，又在南侧修建了毛主席纪念堂。天安门广场在国家政治生活中的地位不断得到巩固与强化。如今的天安门广场，不仅是国内最雄伟、最庄严的人民广场，也成了世界上最大最壮观的广场。她以壮丽开阔、庄严宏伟的雄姿，吸引着千千万万的中外游客前来瞻礼观光。

新中国政治生活的心脏——中南海

从天安门西行，经过南长街，沿着长安街的路北，数百米长的红墙在绿树与红灯笼的映衬下，显出厚重的历史感，这就是举世闻名的中南海。

历史上的中南海，明清时期位于故宫西侧，与北海一起统称西苑，又称太液池、金海、西海子。清代乾隆帝在《悦心殿漫题》一诗中说道："液池只是一湖水，明季相沿三海分"，可见这里原来是一个较为完整的园林。经过辽、金、元以来数百年的精心经营，成为规模宏大、风景优美的皇家园林。但中南海突出的地位，更表现在政治方面。清初康熙帝曾多次在中南海内进行"御门听政"，同治年间又在此第一次正式接见了日、俄、美、法、荷、英六国使臣。紫光阁后来成为清代武科殿试之地，戊戌时期，光绪皇帝在中南海勤政殿接见大臣、处理政事，变法失败后，光绪皇帝被慈禧太后囚禁于瀛台，眼睁睁地看着辅佐他的维新志士或死去或流亡，看着他挽救大清帝国的一切付之东流，并最终凄惨地死于瀛台岛上的涵元殿中。进入民国以后，由于紫禁城在一定意义上成为封建统治的象征，袁世凯于是将总统府设于中南海内，并将南端宝月楼改建成总统府大门，更名为新华门，中南海从此成为全国的最高权力所在地。此后黎元洪、曹锟的总统府，张作霖的大元帅府以及北洋军阀政府的国务院、摄政内阁，都设置在这里。1948年底，也是在中南海内，傅作义将军作出了"和平解放"的决策，使这座千年古都、文化名城最终免遭战火保留下来。

[图37]
人民英雄纪念碑

[图38]
天安门广场

1949年以后，中共中央委员会、中华人民共和国国务院进驻中南海内办公，从此，这里名副其实地成为新中国政治生活的心脏，成为全国人民敬仰并寄托希望的神圣地方。中南海颐年堂东侧的"菊香书屋"，是毛泽东主席的故居。西北角的西花厅，留下了周恩来总理不倦工作的身影。

正是在中南海，1949年9月21～30日，召开了决定中华民族命运的新中国政协第一届全体会议。会议制定了具有临时宪法性质的《中国人民政治协商会议共同纲领》，决定新中国的名称为中华人民共和国，国都定于北平（期间9月27日改为"北京"），以《义勇军进行曲》为国

歌，以五星红旗为国旗。

正是在中南海，1971 年 4 月 6 日深夜，毛泽东临时决策邀请美国乒乓球队访华，拉开了以“小球转动大球”的“乒乓外交”。1972 年 2 月 21 日，毛泽东又在此会见了刚到北京不久的美国总统尼克松，由此打开了中美长期关闭的大门，也改变了世界政治形势的大格局。

正是在中南海，1974 年 2 月 22 日，毛泽东在会见赞比亚总统卡翁达时，提出了关于三个世界划分的理论，号召联合起来反对霸权主义。这一理论，成为当时中国制定对外政策的重要依据，引起世界各国的广泛关注。

也正是在中南海，1976 年 10 月 6 日早晨，党中央在中南海怀仁堂对王、张、江、姚“四人帮”实施隔离审查，为结束“十年内乱”、开启中华民族新的发展阶段迈出了关键一步。

总之，中南海内的一举一动，都与共和国的命运息息相关，同时也吸引了全世界的目光。

“神州第一街”——长安街

踱出中南海新华门，一条宽阔笔直的东西大道呈现在眼前，这就是被誉为“神州第一街”的长安街。从历史沿革来看，长安街是随着北京作为首都的发展步伐不断拓展的。元初大都南侧城墙内的顺城大街，是其最早雏形。明初都城建成后，城墙之南形成了一条东西向的大街，全长仅 7.4 里，其中从长安左门至东单牌楼，叫东长安街；从长安右门至西单牌楼，叫西长安街，“长安街”正式形成。长安街当时是京城总体规划的重要组成部分，与纵横南北的御道中轴线正好垂直相交，在天安门前形成准确的“十”字经纬坐标中心，从而确立了北京城坐北朝南、街巷纵横的总体布局。

自明清以来，一直到20世纪初期，长安街的基本格局都没有发生太大的变化。民国年间，打通了长安街东西两侧的建国门与复兴门，因而长度增加到13.4里，成为后来广为流传的“十里长街”。新中国成立以后，长安街原来的石板路被改为柏油路，街面拓宽为50～100米，同时又不断向两端延伸，东达通州，西抵石景山，总长达 100 多里，最终形成了举世闻名的“百里长街”。

长安街是横贯北京东西最重要的交通干道，街道两旁浓荫的绿树，争艳的花草，灿烂的华灯，簇拥着鳞次栉比、连绵无余的高楼大厦，呈现一派车水龙马、生机勃勃的繁荣兴旺景象。但长安街最重要的特点，还在于她在我国政治生活和全国人民心目中，具有特殊的意义和神圣的地位，体现着首都和国家的形象，是中国独一无二的政治大街。长安街两侧，大多是国家最重要的党政机关以及经济、历史、文化各方面的标志性建筑，极富象征意义。

在这里，有东单、王府井、西单等著名商业街区以及金融街、中国人民银行等经济中心。被誉为“中国的曼哈顿”的北京CBD，很快就会出现在长安街东部的北端。迅速崛起的国贸三期、北京财富中心等一批超高层建筑，将为长安街增加新的风采。

在这里，有中国国家博物馆、故宫博物院、北京音乐厅、中国军事博物馆、国家大剧院等大型公共文化设施，成为展现新中国文化事业的大舞台。长安街南侧不远，又有北京火车站和这十大世界之最和其他历史人文景观都包含着深厚的文化含量，积淀了丰富的文化底蕴，使得北京成为世界文化旅游资源最为丰富的城市之一。

作为当代中国的文化中心，北京共拥有注册博物馆121座，在全球大城市中居第二位，仅次于伦敦，被誉为“东方博物馆之城”。这些博物馆中有如故宫博物院、首都博物馆等综合性展馆，还有科技自然、民族宗教、风物民俗、区域地志、建筑园林、文化艺术等专业性博物馆。到2008年，北京的博物馆数量会达到150座以上。

北京拥有数十家公共图书馆，其中包括世界第三、亚洲最大的图书馆——中国国家图书馆。北京的4个超大型现代化购书中心——北京图书大厦、王府井新华书店、第三极书局和海淀图书城都有日接待上万消费者的能力，其中北京图书大厦是亚洲最大的图书销售中心。

北京是中国最大的科学技术研究基地，有中国科学院等科学研究机构和号称中国硅谷的中关村科技园区，获国家奖励的成果往往占全国的三分之一。

北京是中国教育最发达的地区，是中国教育科研的中心，共拥有高等院校80余所，是世界上高校最集中的城市之一。

北京的娱乐业同样发达，从国际高雅艺术到民族国粹，从流行时尚到古老的庙会一应俱全。北京拥有中央芭蕾舞团、中国杂技团、北京人民艺术剧院等一大批国内最优秀的专业艺术团体；在北京，现代化剧场分布各区，各种高水平的文艺演出接连不断；而天桥的相声、杂耍，老舍茶馆的茶与曲艺、湖广会馆的京剧，更是将老北京的风情演绎得酣畅淋漓。

北京是古老的，传统依旧有着悠长的生命力，深沉而内敛。不过，北京同时也是开放的，生活在北京这座千年古都里的人们，并不保守。今天，在北京可以看到真正国际化的现代舞蹈，可以参观数不胜数的国际性展会，可以欣赏国际一流的服装展示和模特表演；豆浆油条与咖啡面包，四合院与摩天大厦，国际名模与京剧花旦，传统与现代并行不悖。

现代文明改造着千年的北京，北京也以其千年的文化底蕴，包容着新时代的文化现象。

荟萃东西的国际都市

自19世纪中期起，北京就已不再单纯是中国这个东方大国的政治中心了，而逐步成为中外往来的重要城市。近年来，北京与世界各国、各地区的经济、贸易、科技、教育、文化等领域的交流更是日益加强，政府、民间和社会团体之间的友好往来也十分活跃。

步入21世纪，与中国实现现代化建设战略目标相适应，同时面向世界各大城市发展的潮流和趋势，北京提出了迈向新世纪的“新三步走”发展战略：

到2010年，在全国率先基本实现社会主义现代化，构建起现代化国际大都市的基本框架；

到2020年，使北京的现代化程度大大提高，基本建成现代化国际大都市；

到21世纪中叶建国100周年时，完全实现社会主义现代化，使北京成为当代世界一流的现代化国际大都市。

北京西客站，是全国最重要的交通枢纽。

[图 39]
北京的早晨

最重要的是，在长安街上，有天安门、天安门广场以及人民大会堂、中南海和其他中央政府机关。比如，长安街南侧、天安门广场以西的人民大会堂，是全国人民代表大会和全国人大常委会办公的地方，是党中央、国务院和各人民团体政治活动的重要场所，是全国最高权力决策机关所在地，在中国政治生活中具有举足轻重的地位。新中国关系国计民生的重大决策，几乎都产生于这里。

又比如，新中国成立以来，长安街成为新中国举行重大阅兵式的地方。从1949年至今，已举行过十多次隆重的国庆阅兵。其中最重要的如1949年开国大典、1959年建国十周年、1984年建国三十五周年、1999年建国五十周年，阅兵式场面都非常壮观，极大地振奋了全国人民。

再比如，1976年1月，周恩来总理在北京逝世后，上百万的首都人民聚集在长安街上，出现了十里长街送总理的感人一幕。1997年2月，领导中国进入“改革开放”事业的伟人邓小平辞世。当一辆饰有黄黑两色绸带的白色灵车开上长安街时，尽管从位于五棵松的301医院到八宝山只有短短的2500米，但挤满了首都各界人士和从各地赶来的10多万人民群众，让人们不禁想起1976年动人的历史情景。

总之，长安街是北京最重要的大街，更是全中国最受人关注的政治大街，因而也就成了名副其实的“神州第一街”。

第 14 讲

北京的地标——现代建筑景观

[图 40]
中央电视台总部大楼

历久弥新的标志性建筑物，往往是一个城市最醒目、最直观的名片。比如说，一看到高耸的埃菲尔铁塔、壮观的凯旋门、庄严的圣母院，人们的脑海中自然会浮现出塞纳河畔温柔浪漫的巴黎景象。而矗立在曼哈顿以西的一个小岛——自由岛上的自由女神像，不仅是纽约市最著名的建筑，也成为整个美国的象征。1949 年以后，作为中华人民共和国的首都，北京建设的步伐日新月异，各具特色的大型建筑物在北京不断涌现。她们不仅独步一时，而且作为首都现代化进程中的缩影与历史的见证，历经岁月的沧桑，长久地留驻在一代又一代人的记忆中。

凝重中的曙光——新中国十大建筑

成于20世纪50年代末期的“十大建筑”，是北京步入新时代以后最早的都市奇观。1958年9月，中央人民政府决定在首都建设10个大型项目作为建国10周年的献礼。在全国人民的大力支援下，满怀激情的建设者们发扬“革命加拼命”的精神，夜以继日勤奋施工，到1959年初秋时节，10座巨大的现代化建筑就如期呈现在全国人民面前。这十大建筑，即后来广为传诵的人民大会堂、中国革命博物馆和中国历史博物馆、中国人民革命军事博物馆、北京火车站、北京工人体育场、全国农业展览馆、钓鱼台国宾馆、北京民族文化宫、民族饭店、华侨大厦，总面积67万余平方米，虽仅用了不到一年的时间，但质量上乘，做工精细，被中外专家盛赞为“首都建筑史上的里程碑”、“世界建筑史上的奇迹”。

北京50年代“十大建筑”的设计，充分体现了中国的优秀建筑传统，但也有一部分受到苏联“斯大林式”建筑风格的影响，反映出浓郁的时代特点。如中国人民革命军事博物馆就是标准的“斯大林式建筑”，而人民大会堂、北京火车站，则以民族风格的“大屋顶”代替了当时苏联与东欧常用的哥特式尖顶，体现了两者的融会贯通。但总体而言，十大建筑可以说是匠心独运，各擅胜场。如中国革命博物馆和历史博物馆采用了“目”字形为基础的平面布局，既满足建筑体量本身的要求，也为陈列展品及观众参观提供了便利条件。民族文化宫曾被英国出版的《世界建筑史》列为新中国第一宫，1999 年又被国际建筑师协会第二届大会选为“当代中国建筑艺术精品之一”。钓鱼台国宾馆，则成为展现中华民族传统园林风格的艺术精品。

其中位居其首的，当属庄严雄伟的人民大会堂。人民大会堂南北长 336 米，东西宽 206 米，建筑面积达 171800 平方米，比故宫的全部建筑面积还要大。建造时完全由中国人自行设计兴建，仅用 10 个月便顺利完成，不愧为我国建筑史上的一大创举。人民大会堂坐西朝东，正门面对天安门广场，门顶镶嵌国徽，迎面屹立着 12 根 25 米高的浅灰色大理石门柱。远远望去，人民大会堂壮观巍峨，黄绿相间的琉璃瓦屋檐，高大魁伟的廊柱以及四周层次分明的建筑，构成了一幅肃穆庄严的和谐图画。人民大会堂内有会议厅、休息厅、办公室 300 多个，其中各省、自治区、直辖市和特别行政区都有一个代表厅，由各地的艺术家和建筑师们精心设计装修。这里是全国人民代表大会商议国家大事的地方，也是国家领导人和人民群众举行各种重大政治、外交活动的场所。因此，“人民大会堂”的响亮名字，不仅在每个中华儿女心中都是耳熟能详，也迅速传播到世界的每一个角落，成为新中国的象征。

北京火车站于 1959 年 9 月底建成，是新中国规模最大、地位最为重要的客运枢纽，同时堪称“世界之最”。开站前夕，毛泽东主席前来视察，亲笔题写站名，体现了她在中国铁路建设方面独特的地位。北京火车站设备完善，技术复杂，而外表雄伟壮丽，金碧辉煌，充分展现了浓郁民族风格与现代化建设的完美结合。京包、京沪、京山等几大干线把中国辽阔的疆域与首都连成紧密的整体，从这里发出的列车，还可直达莫斯科、平壤、乌兰巴托等友邦中心地带。几十年来，北京火车站成为连接首都与全国、中国与世界友谊的桥梁和纽带，在新中国铁路发展史上，具有重要意义。

20 世纪 50 年代“十大建筑”建成以后，在长安街两侧初步形成了一条东西方向的新轴线，与传统的中轴线相会于天安门广场，从而奠定了北京发展的新格局。同时，她充分展现了新中国巨大的建设成就，极大地提高了民族自信心和民族自豪感。尤其在此后相对沉寂的 20 多年中，她们更是首都北京的标志性建筑，激励了一代又一代中华儿女。因此，即使经历了半个世纪的风雨洗礼，在北京乃至全国人民的心目中，她们都一直有着极其崇高的历史地位。

新时代涌来的新景观

到1980年代，经历曲折之后的中国社会又迎来了新的蓬勃发展进程，首都很快进入大规模的建设时期。一批新的时代建筑，如雨后春笋般扑面而来。1988 年 4 月，北京 20 世纪 80 年代十大建筑评选揭晓。名列榜上的，有北京图书馆新馆、中国国际展览中心、中央彩色电视中心、首都机场候机大楼、北京国际饭店、北京大观园、北京长城饭店、中国剧院、中国人民抗日战争纪念馆、北京地铁东四十条车站。这是改革开放以来首都现代化过程中众多建设杰作的代表。

北京图书馆新馆位于紫竹院公园北侧，由多层群楼环抱着一座高层主楼组成。主楼22层，高61米，其他对称院落的现代墙体与我国古代宫殿屋顶相结合，体现出现代与古典的完美结合。北京图书馆新馆是中国最大规模的国家图书馆，拥有综合、分科、工具书、资料、报纸、特藏、少数民族语文图书、参考书、缩微等阅览室30多个，还有可容纳6至16人的小研究室几十个，可藏书2000万册。馆内设施齐全，前来借阅的人们可以方便地使用电子计算机、视听设备等高技术设备，大大提高了借阅效率。

中央彩色电视中心位于复兴门外中国人民革命军事博物馆西侧的八一湖畔，由豆青色的播出楼和制作楼相连而成。24层的播出楼呈书柜型，高113米。围成圆形的制作区，则是3至4层的低楼。两相映照，高低错落，协调有致。两座大厦的总建筑面积为84万平方米，室内布置的技术设备，如演播室的灯光、录音室的隔音墙、解说室的地板等，都是用当时最先进的科学材料制成的。建在八一湖西侧的电视发射塔，高380米，是中央电视台彩电中心的配套工程。游客乘坐观光电梯上去后，可以一边在塔顶旋转餐厅享受美味佳肴，一边从容饱览首都的美丽风景。

[图41]
"鸟巢"–古今建筑的辉映

宣武区护城河畔的大观园，其址原名南菜园，是清代的皇家菜园。借拍摄古典电视剧《红楼梦》的契机，大观园采用边建设、边开放、边投资、边创收的特色建园方式，于1989年全部建成。大观园以曹雪芹的文字描绘为建筑蓝本，集中红学、古建、园林、文博等多方面专家的集体智慧，生动再现了古典名著《红楼梦》的艺术境界。大观园包括庭院建筑、自然风景、佛寺殿宇共40余个景点，是一处极富典型环境的历史文化名园，成为北京城南的一处胜景。园内还经常举办"红楼"特色的文化活动，如深受群众欢迎的"元妃省亲"、"红楼庙会"等等。每到莺飞草长的夏秋时节，这里游人如织，好不热闹。世界各地的"红迷"们，更将其视为一个抒发思古之幽情的理想去处。

[图42]
夜幕下的"水立方"

2001年5月，20世纪90年代北京的十大建筑，也在一场浩浩荡荡的评选中出炉了。这是继50年代国庆十大建筑、80年代十大建筑之后，对北京城市建设发展成就的又一次大检阅。跃入光荣榜的，是中央广播电视塔、国家奥林匹克体育中心与亚运村、新世界中心、北京植物园展览温室、首都图书馆新馆、清华大学图书馆新馆、外语教学与研究出版社办公楼、北京恒基中心、北京新东安市场、北京国际金融中心。

北京最新十大建筑大量采用高新技术，充分实现了现代建筑的传统保护以及功能与艺术的创新融合，是具有时代特色的建筑精品。如位于香山脚下的北京植物园温室，采用多个半圆弧相交构成外立面，外墙和屋顶均采用爪点式连接的双层中空钢化玻璃幕墙，使整个建筑显得通

透、轻快。园内还首次采用人工环境智能系统。加上其新颖的造型、周边优美的环境“园中之园”，为北京市民和广大游客提供了观赏休憩的绝佳场所。

新东安市场是让传统商业区域焕发生机的尝试。新建的新东安市场在继承百年老店商业传统的同时，又赋予了现代化的内涵。6米宽的步行街，映衬着两个自然采光的7层高中庭建筑构为核心，加上南北两个大型商场与步行街两侧的精品店，较好地实现了建筑的商业功能。而其立面造型的古都风貌、和谐的天际轮廓线以及屋顶红艳翠绿的花木，使建筑自身特色与城市总体环境较好地统一起来。

随着时代的发展，一批更具特色的现代化建筑，正在或即将在北京的街头涌现。美国《商业周刊》曾评出中国十大最新建筑，其中北京即占其七，包括中央电视台新址、北京国际机场、“水立方”（国家游泳中心）、“鸟巢”（中国国家体育场）、国家大剧院等。2008年1月20日，《新京报》举办的“2007北京新地标评选活动”揭晓，评选范围包括1990年以来对北京城市建设和市民生活均具有重大影响的城市空间景观，由社会公众投票评出。鸟巢（国家体育场）、北京西站、国家大剧院、改建的前门大街、后海酒吧街、国贸三期、西环广场、金融街、中央电视台总部大楼和中关村西区荣获“北京十大新地标”称号。专家虽对本次评选活动的入选者是否是优秀建筑有争议，但这次评选反映了公众对北京标志物和当代建筑的关注，让城市学及建筑学领域的专家听到了各方的声音，为今后的城市规划提供了有益的参考。

有容才能成其大。拥有紫禁城、万里长城、颐和园、天坛等世界古建筑文化遗产的北京，已经建造和将要修建的建筑，均试图以划破天际的高度以及各种精灵各异的外形，欲与紫禁城、天坛低沉传统的皇家风采一较高下。当这些结构奇特、设计精巧的建筑物横空出世后，一座座突兀而出、美仑美奂的巨型结构，在蓝天白云映衬下所展现出来的优美景致，既是可以想见的，也是人们所期盼的。她们给北京带来的将不仅是视觉上的强烈震撼，也一定会以独特的方式，向世人展现新中国首都的繁荣与活力。

第15讲

四方通达贯南北——现代立体交通

北京的交通体系中，公路和轨道交通起着支撑性作用。北京公路网总体上采用“环路包围城市”的道路格局。从上空俯瞰北京城，你会看到北京的环路像几条巨大的带子，环绕着城区。贯穿这些环状带子的，便是那些放射状联络线。北京的城市快速路系统就是由这些环路和放射联络线组成。这一系统无红绿灯，靠多姿多彩的各式立交桥，避免了平面交叉所造成的交通拥堵，构成了北京的一道独特风景线。

[图43]
地铁5号线雍和宫站

轨道交通因为其速度快，覆盖面广而备受欢迎。北京拥有全国第一条地铁线，近年来轨道交通建设成为北京解决交通堵塞的重要途径，在北京的现代化立体交通体系中发挥着日益重要的作用。

城市环路：生长着的城市年轮

北京环路包括二环、三环、四环、五环和六环，总长431.3公里。连结环路的是包括京承、京沈、京开、京津塘、八达岭和机场高速等15条放射联络线。这些快速路虽然只占城市路网总长度的8%，却承担城市日机动车交通量的50%以上，在承载城市交通运输中起着关键作用。

二环路是北京市第一条环城快速公路，也是我国第一条全封闭、全立交、没有红绿灯的城市快速环路，于1992年9月建成通车。二环路围绕旧城而建，全长32.7公里，共建有31座立交桥，处于北京道路网的核心位置。

三环路位于城市中部，总长近49公里。东、南、北三环早于1978年建成通车，西南三环1981年底建成通车。后经20世纪80年代多处改扩建，主路形成了以双向六车道为主的快速环路，是联系近郊各区的主要干道。

四环路全长65.3公里，主路双向八车道，于2001年6月全线贯通。作为一项兼顾环境治理的工程，四环路两侧建有百米宽绿化带，形成了环绕京城700公顷景观绿地，其面积相当于10个颐和园。整个四环路呈现点、线、面相结合，浓墨重彩、气势宏伟、“景不断链、绿不断线”的高水平效果，最终形成了2008年绿色申奥大道。

五环路全长98.58公里，于2003年11月1日全线建成并通车。它主要连接北苑、望京、石景山等10个大型边缘集团、奥运场馆和经济开发区等重点地区，在市区和远郊区之间形成了一条贯通的环形隔离带。同时，五环路还将机场高速、京沈高速、京开高速、八达岭高速和京承高速等公路连接起来。

六环路全长188公里，是连接北京第一圈卫星城的一条环形高速公路，以前的名称曾为公路二环。2001年年底，六环路第一期工程——通马黄段（连接通州、马驹桥、黄村）建成并通车。

轨道交通：流淌着的城市动脉

1969年10月1日，第一辆地铁机车从古城站呼啸驶出。此后数年地铁只是小范围接受参观性质的乘客。乘坐或参观地铁，都需要持单位统一领取的参观券。不少外地来京出差的人也专程赶来乘坐地铁，地铁俨然已经成了首都的一个观光项目。

1971年，地铁开始售票试运营，票价只要一角钱。1981年正式投入运营。1984年9月北京地铁二期工程建成通车。近年来，地铁十三号线、八通线、五号线先后开通运营；地铁机

[图44]
肖家河桥

场线、十号线、奥运支线、四号线，也正以每天十几米的速度在北京地下掘进着。北京开始了编织四通八达地下交通网的“黄金时代”。

到2015年，北京将完成19条轨道交通线路，总长将达到561公里，日运输旅客最高将达到900万人次，真正形成“三环、四横、五纵、七放射”的“环形＋放射”布局结构，有效地缓解交通拥堵状况。北京将有望超越纽约，成为全球地铁线路总长最长的城市。

北京立交桥 ：现代化北京的新坐标

北京立交桥驰名中外，正如《北京的桥》歌中所唱：“北京的桥千姿百态，北京的桥丰富多彩”。立交桥如立体的画，似无字的诗，使北京增添许多层次。

在城区快速路上，二环建有31座立交桥，三环建有41座。在所有这些桥梁中，人们普遍认为最富特色的有四座，即苜蓿叶式的建国门桥、三层圆形的西直门桥、向八方伸展的三元桥、似巨大玉蜻蜓的玉蜓桥。

1974年兴建的复兴门桥是北京最早的全互通式立交桥。1979年兴建的建国门桥是我国第一座机动车与非机动车完全分行的三层互通式立交桥，它标志着具有“自行车王国”之称的中国，道路立交设计技术开始迈出坚实的步伐。建于1980年的西直门桥为三层立交桥，上层和中层是环岛，中间为中空。该桥已于2001年拆除，改建新桥，而新桥的效果远远不及老桥，被戏称为“世界上最难走的桥”。1988年通车的玉蜓桥，连续跨越铁路、道路和护城河，共由26座大、小桥梁组成，气势恢弘。

[图45] 健翔桥

[图46] 四元桥

四环路大小桥梁达147座，其中大型或超大型互通式立交桥11座。四环的立交桥结构形式多样，不仅美观实用，更重要的是科学通畅。大部分桥通过定向匝道解决机动车的转弯问题，克服了以往菱形立交出现的“桥上通桥下乱”现象。另外，在朝阳路、朝阳北路、学院路还分别设计建设了三层机动车与非机动车分行的立交桥，避免了机动车与非机动车混行而造成交通拥堵。

五环路共架设大小立交桥70余座，几乎汇集了北京已有的各种桥梁式样，其中占地数百亩、投资超亿元的大型互通式立交桥就多达13座，为瑰丽多姿的北京立交桥再添异彩。其中最具特色的当属石景山南站高架桥，它是北京第一座转体斜拉桥，高高耸立的倒Y字形主塔与6组斜拉钢索构成的简洁造型为北京立交桥增添一道靓丽风景。除斜拉桥外，苜蓿叶加定向匝道式、标准苜蓿叶式、菱形立交、环形立交、顶进箱体桥等北京已有的桥梁样式在五环路上也一应俱全。同时跨越机场高速和京顺路的五元桥是五环路上规模最大的立交桥，占地800多亩，整体造型轻盈优雅，十几条定向匝道如飘带般在主桥周围延展，过往车辆转到各个方向都极为顺畅。跨越京沈高速的五方桥线条流畅，匝道呈同心环状分布，四个巨大的足球型绿化造景点

缀其间，充分体现五环奥运大道的特色。紧邻圆明园跨越清河的肖家河桥为了不影响周围景观，将匝道全部移到了北侧，并尽可能压低路基拉长桥身，确保立交桥不对圆明园景区形成视觉干扰。

五环路立交桥的科技含量大大提升，不少施工工艺在北京还是首次使用。跨越京山、京沪、京津铁路和京良公路的分离式立交桥采用了可更换体外预应力张拉索技术，桥梁使用一定年限后可以对张拉索重新调整或更换，以解决桥梁老化问题，这在全国都是前沿性的探索；这座桥还在北京首次采用了真空灌浆施工工艺。全长950米的石景山南站桥凌空跨越京原线、丰沙线、首钢专用线等7道铁道线，为了尽可能减少对列车运营的影响，采取了转体斜拉桥的独特设计，主桥先在线路一侧预制，然后旋转49度跨越铁路线，13800吨的主桥转体将创下全国桥梁转体施工最大吨位纪录。

立交桥是科学技术与建筑艺术的和谐统一。随着立交桥一天天的增多，北京的道路也一天天变得通畅。据专家们测定，北京的立交桥目前每小时通过车辆8000辆以上仍井然有序，而平交路口每小时通过4000辆就会出现严重的堵塞。

随着一批批断头路的打通，一个个微循环的疏理，一条条城市主干道、快速路以及轨道的建设完工，北京路网系统外延和内涵进一步完善，道路承载能力进一步提高，路网整体功能日益突显，这将在很大程度上均衡目前的交通流量，大大缓解首都的交通拥堵，为城市空间布局调整、郊区城市化进程直接起到引导和支持的作用。

打造京城立体交通网，北京交通顺畅不再是梦！

第16讲

如椽巨笔绘京城——现代京城布局

现代城市功能要求对各种物质要素，如工厂、仓库、住宅等进行分区布置，组成一个互相联系、布局合理的有机整体，为城市的各项活动创造良好的环境和条件。

由于中国传统政治制度的影响，中国古代城市的规划建设往往依《考工记》而行。而《考工记》对建城的总体原则可总结为“中”和“正”两点。北京城的规划正是按照这一原则而行的。从辽代到清代，北京城的规划建设尚未具备功能分区的概念。自民国以来，现代国家的规划理念开始影响北京的城市建设。

新中国建立后，在苏联专家的影响下，北京的城市规划逐渐确定了以天安门广场为中心的行政区、西郊高等教育区、东郊工业区和王府井、西单商业区。此后数十年，北京的城市建设未突破这一规划。

20世纪90年代以来，北京进入高速发展时期，城市规划也随之发生了巨大的变化。当前城市总布局的基本方针是：改变人口和产业过于集中在市区的状况，从现在起城市建设重点要逐步从市区向远郊区作战略转移，市区建设要从外延扩展向调整改造转移；大力发展远郊城镇，实现人口和产业的合理布局，进一步加强与首都周围的城市和地区的协调发展。在全方位对外开放的形势下，以市区为中心，京包、京榆、京津塘、京石以及京承、京开等对外交通干线两侧的城镇，具备良好的发展条件，要根据各县（区）的地理或资源优势，因地制宜地发展经济，促进城镇建设的发展。城市东部和南部平原地区，向东有高速公路、铁路通向天津新港、秦皇岛港、唐山港和黄骅港等出海口，向南有主要铁路、公路干线通向广大中原腹地和东南沿海经济发达地区，具有明显的优越条件，这将成为北京城市发展的主要方向。沿京津塘高速公路是城市主要发展轴。

90年代的城市规划方针在指导北京经济社会发展方面起到了十分重要的作用。但是，由于北京发展的复杂性，进入21世纪后，北京市又对以前的城市总体规划进行了调整。

2005年1月12日，国务院常务会议讨论并原则通过了《北京城市总体规划(2004年～2020年)》，北京未来15年发展规划从此绘就蓝图。《北京城市总体规划(2004年～2020年)》与之前的城市规划相比，最突出的特点就是格外关注群众生活，并首次提出“宜居城市”概念。

该规划将北京定位为“国家首都、世界城市、文化名城和宜居城市”，到2020年全面实现现代化。“宜居城市”概念的提出，这在古都北京还是第一次。到2020年，北京市总人口规模规划控制在1800万人左右，年均增长率控制在1.4%，其中户籍人口1350万人左右，居住半年以上的外来人口450万人左右。提出了“两轴－两带－多中心”的城市空间结构，实施多中心与新城发展战略，合理引导城市功能布局，将全市各类分散的资源和功能整合到若干连接区域的交通走廊上，实现城市的集约化发展等。《北京城市总体规划(2004年－2020年)》格外关注群众生活，尤其是那些亟需改善生活条件的群众。例如，群众最关心的是城市环境改善和城市交通等问题，比如公交换乘等。因此，总体规划修编中就公交枢纽做了专题规划，提出中心区和新城建设交通枢纽要与土地开发相结合，争取实现零换乘。

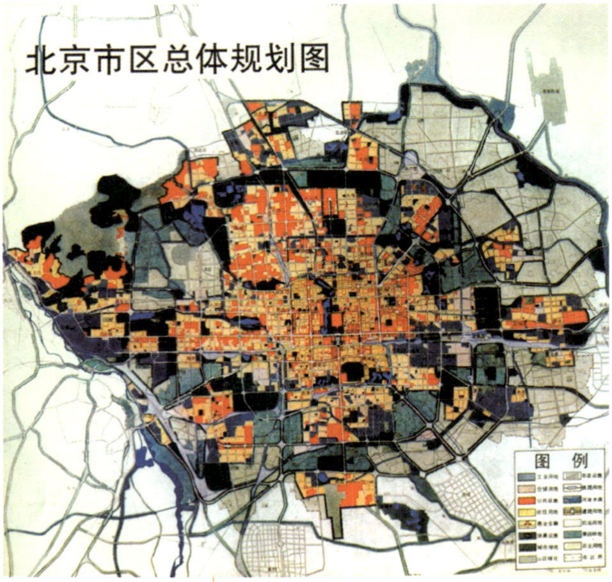

[图 47]
北京市区总体规划图

未来北京的发展蓝图，将通过完善“两轴”、整合“两带”、强化“多中心”、打造“四区”，最终构筑以城市中心与副中心相结合、市区与多个新城相联系的新的城市形态。

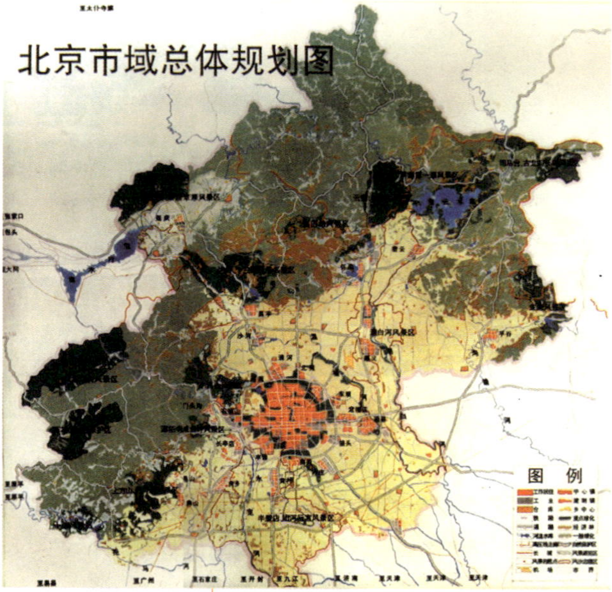

[图 48]
北京市域总体规划图

“两轴”即北京传统中轴线和长安街沿线所构成的十字轴；“两带”是北起怀柔、密云，沿顺义、通州东南指向廊坊和天津的“东部发展带”，北京西部山区以延庆、昌平等连线的“西部生态带”；“多中心”是在市区范围内建设不同的功能区和在“两带”上建设若干新城。为了更好地保护旧城，规划在旧城区之外重点建设三大功能区：中关村科技园区、商务中心区和奥林匹克公园，以凸显北京在新的历史时期的新形象。

四区，是指按照不同区域的职能层次，北京市相关部门把全市划分为首都功能核心区、城市功能拓展区、城市发展新区和生态涵养发展区四类。

首都功能核心区，包括东城、西城、崇文、宣武四个区，集中体现北京作为全国政治、文化中心功能，集中展现古都特色，是首都功能及“四个服务”的最主要载体。这个区域的主要任务是加强城市管理，保护古都风貌，改善人居环境，大力发展现代服务业，为实现首都城市性质和功能作出贡献。

城市功能拓展区，包括朝阳、海淀、丰台、石景山四个区，涵盖中关村科技园区核心区、奥林匹克中心区、北京商务中心区等重要功能区，是体现北京现代经济与国际交往功能的重要区域。这个区域的主要任务是拓展面向全国和世界的外向经济服务功能，推进科技创新与高新技术产业发展，大力发展高端产业，为提升城市的核心竞争力作出贡献。

城市发展新区，包括通州、顺义、大兴、昌平、房山五个区和亦庄开发区。这个区域涵盖通州、顺义、亦庄三个重点新城，平原面积广阔，具有良好的自然环境、资源条件和得天独厚的区位优势，是北京发展制造业和现代农业的主要载体，也是北京疏散城市中心区产业与人口的重要区域，是未来北京经济重心所在。其主要任务是依托新城、国家级和市级开发区，增强生产制造、物流配送和人口承载功能，成为城市新的增长极，为全市的持续快速协调发展作出贡献。

生态涵养发展区，包括门头沟、平谷、怀柔、密云、延庆五个区县。这个区域大多处于山区或浅山区，山区占辖区面积均在62%以上，是北京的生态屏障和水源保护地，是保证北京可持续发展的关键区域。其主要任务是加强生态环境的保护与建设，引导人口相对集聚，引导自然资源的合理开发与利用，发展生态友好型产业，成为首都坚实的生态屏障和市民休闲游憩的理想空间。

在北京城市建设的大蓝图中，不仅仅有以上的大手笔，还有像中关村科技园区、北京国际商务中心区（CBD）等点缀其间的亮点。

中关村科技园区是中国信息资源最密集的区域之一，它包括海淀园中心区、发展区和环市区的高科技工业园区，覆盖了全市科技、智力、人才和信息资源最密集的区域。中心区包括中国科学院、清华大学、北京大学和中关村西区在内的核心区以及中关村大街和学院路两条轴线；环市区的高科技工业园区不仅包括分布在环线上电子城、北京经济技术开发区、丰台科技园区、昌平科技园区等，还包括沿八达岭高速公路向沙河、昌平、南口方向和沿京密路向顺义、怀柔、密云方向的两条辐射线。

中关村科技园区重点规划建设“一路、一城、一园、一网”，即贯穿东北与西北郊的城市轻轨铁路、中关村西区和中关村科学城、国家级软件园、高速宽带多媒体信息网，为高新技术

[图 49]
高碑店地区

企业和科技人员创造良好的发展环境。如今，在中关村这块地域中，汇集了上万家高科技企业，有近5000名博士和23000多名硕士，每3名从业人员中就有一人是本科毕业生。今后，市政府将按照规划逐步改善中关村地区的投资环境和创业环境，建设以数字化、综合化、宽带化、个人化为特征的现代化信息网络；建设便捷、高效、安全、舒适并有利于保护的多层次综合交通系统等，力争把中关村地区建成世界一流的科技工业园区。

北京商务中心区的建设目标，是要逐渐培养出一个与纽约的曼哈顿、巴黎的拉德方斯、东京的新宿等这些著名商务中心区齐名的CBD。北京的商务中心区位于市区东部，西起东大桥路，东至西大望路，南起通惠河，北至朝阳路；以东三环路为南北轴线，以建国门大街为东西轴线，总占地面积约4平方公里。这里集中了北京市大量的涉外资源，包括第一、第二、第三使馆区、60%以上的外资机构、半数以上的宾馆酒店、众多的国际交往场所也汇集在这里，区位优势明显，商业氛围浓厚。经过近10年的开发建设，这里已经成为首都最富有活力和最具现代气息的地区之一。

现代北京的城市布局向我们描绘了北京明天的美好蓝图，相信繁荣的北京一定会如我们所希望的那样越来越美丽，越来越吸引人！

第 17 讲

踏出城市的足迹——北京的地名

地名既是人们用来指称街巷、道路、地片、居民区及其他地物的语言标志，又是区域历史文化的载体。一个地方的命名，通常与所指范围内的自然地理或人文地理的某种特征相关。对于北京这座历史文化名城而言，地名的命名特点、变迁过程及其语词意义，同样能够反映首都的历史发展、经济活动、文化特色与地理风貌。

北京的地名以发端久远、变迁复杂、种类繁多著称，鲜明的地域特色贯穿于地名产生与演变的各个方面。

根据司马迁《史记》的记载，周武王伐纣之后，封黄帝（一说帝尧）的后代于“蓟”，其地在今北京宣南的广安门一带，这是见于史书最早的北京地名。关于春秋战国时期的文献，已有燕山、军都山、居庸塞、沟河等山川关塞名称。秦汉以后遍设州郡县，今北京地区先后出现过300多个行政区域名称，如幽州、广阳郡、渔阳郡、燕郡、大都路、顺天府、大兴县、宛平县、通州等。北魏时期郦道元的地理学名著《水经注》，涉及北京地区的地名也有蓟城、良乡、潞城等上百条。在云居寺石刻以及唐代墓志中，有燕夏乡、龙道村、海王村等数十个乡村名称。辽金时期在北京西部山区已出现了清水、齐家庄、黄塔、青白口等村名。元代大都城的修建奠定了明清北京城以至当代北京旧城区的街道格局，诞生了一大批以“胡同”为通名的地名。明清以后，北京的地名数量迅速增加，记载地名的文献也开始丰富起来，诸如明代张爵《京师五城坊巷胡同集》、沈榜《宛署杂记》，清代朱一新《京师坊巷志稿》，民国时期陈宗蕃《燕都丛考》等，记录了北京地名发展的历史过程。北京的多种方志类著作，也汇集了大量地名。北京市区及所辖郊区县的地名，现在已不下两万条之多。

北京地名的产生和变迁，与城乡发展的进程息息相关。明初为了充实北京地区在战乱之后大量减少的人口，多次从山西、山东等地移民来此屯田，由此出现了一批以这些移民的故乡命名的聚落，如山西营、大同营、河津营、红铜（洪洞）营、长子营、山东营等，这些地名表达了他们对家乡祖居之地的深切怀念。清代在北京西郊建设了以“三山五园”为主体的皇家园林，由八旗军队在周围屯驻守卫，后来形成了以园林和八旗军营命名的居民点，如畅春园、正红旗、蓝旗营等，透过地名的语词可以窥见它们形成的历史背景。在今天二环路以内的老城区，有不

[图 50]
王府井

少街巷名称是从明清时期官府衙署或手工业作坊演变而来的，如内官监胡同、织染局胡同、惜薪司胡同、西什库等。民国以后，行政区划的调整对地名的影响最直接，如废除顺天府之后改称京兆特别区，降州为县之后的通州改称通县、昌平州改为昌平县等；为纪念抗日战争中牺牲的张自忠、赵登禹、佟麟阁将军，铁狮子胡同、北沟沿、南沟沿依次改为张自忠路、赵登禹路、佟麟阁路，表达了国人对民族英雄的敬仰与怀念。当人们的文化水平与审美需求提高之后，将部分地名语词进行了雅化处理，如粪厂大院改称奋章大院、苦水井改称福绥境、狗尾巴胡同改称高义伯胡同等，使地名在读音基本近似的前提下发生了变迁。新中国成立后新地名的产生与街巷整顿中的更名，反映了相应的时代风尚。

北京地名的类型在历史发展中逐渐丰富起来，不少地名语词非常鲜明地显示了北京自然条件和人文环境的地域特征。举凡以山、岭、沟、峪命名的石景山区、黑汉岭、门头沟区、冯家峪乡；以河、川、泉、海、湖、淀、潭、池命名的凤河营、北小川乡、玉泉山、北海、昆明湖、海淀、玉渊潭、莲花池；以气候特征命名的暴雨顶、抢风坡；以动植物命名的虎峪、马房、黄松峪、椴木台、苹果园、大紫草坞；以土壤命名的沙窝、黄土坎等，记录着北京地区的自然条件和地方物产。而以集市命名的灯市口、鲜鱼口、西集，以驻军营地、军事设施命名的镶白旗、渤海所、崔指挥营、将军关，以建筑命名的前门大街、西四大街，以旧时官府衙门命名的兵部洼、太仆寺街、国子监街、兵马司胡同、贡院东街，以寺院命名的护国寺街、雍和宫大街，以园林命名的颐和园路、南苑路，以物品命名的羊肉胡同、芝麻街、黄瓜园，以工具命名的水车胡同、排子胡同，以工场、作坊命名的裱褙胡同、油坊胡同，以官职命名的武定（侯）胡同、广宁伯街，以人物命名的刘兰塑胡同、文丞相胡同，以民族特性命名的高丽营、回回营、牛录坟等，显示的则是社会生活的多种侧面。

地名是追寻历史时期北京地区环境变迁和社会发展的重要线索，它的作用就像地质学家可以借助化石复原遥远的地质环境一样。例如，朝阳区北四环东路北侧、首都机场路以西“南湖渠”一带，集中分布着“南湖渠”、“南湖渠西村”、“南湖渠西里”、“南湖渠东村”、“东湖渠”、“北湖渠”、“张家洼子”、“落田洼”、“姜庄湖”、“黄草湾”等聚落，近年来又随着城市化的进展，派生了“南湖西园”、“南湖中园”、“南湖东园”等居民区，“南湖南路”、“南湖北路”、“湖光中街”、“湖光北街”等街道。元朝延祐三年（1316年）已有“湖渠村”，位于北小河畔，地势低洼，雨季河水泛滥时往往冲出浅湖或沟渠，因此才以“湖渠”为名。明代河道南北两岸发展成两个独立的村子，依照地理方位称为“南湖渠”与“北湖渠”，并成为后来派生其他地名的基础。这些“渠”、“湖”、“洼子”、“湾”，则成了历史上多水环境的记录。再如，清代与民国年间，北京商业最繁盛的地方是前门外的“大栅栏”，它的前身是明代形成的街巷“廊房四条”。明朝永乐初年，为改变城区边缘与城外人口稀少的萧条景象，在各城门以及钟鼓楼等处，建起了一批铺房和店房，用以招徕民众居住或供商人囤聚货物，这些房屋统称为“廊房”。永乐十七年（1419年），北京的城墙从今天的长安街一线南移到前三

[图51]
银锭桥

门一线，正阳门外冲要地段的地理优势带来了巨大商机，由此形成的几条街巷以“廊房”为名，并出现了廊房头、二、三、四条这样的地名序列。清代为加强城市治安，在京城街巷出口尤其是外城设置防卫性质的栅栏，由五城御使负责管理。《大清会典》记载：乾隆“二十九年奏准：外城各街道胡同，设有栅栏，至为严密，交五城不时稽查，务令以时启闭，栅顶仍钉木板，书写街道胡同名色”。“三十四年奏：外城栅栏，交五城御使督率坊官，不时查看，如有零星伤损，即令就近商民，随时修补”。当时的“廊房四条”已成为市场、旅店、商贩、优伶丛集之所，实力雄厚的各大店铺筹资在胡同口修建的栅栏坚固高大、与众不同。尽管栅栏顶端的木板上写着街巷胡同的名称，但体现胡同突出特征的称谓“大栅栏”或“大栅阑”，在民间约定俗成的使用过程中逐渐取代了原有名称，《乾隆京城全图》已采用了“大栅栏”一名，成为历史上商业发达的标志。从清末大栅栏的照片上，可以清楚地看到铁栅栏的样子。“大栅栏”之名与防卫性质的“栅栏”之间的关系一目了然，但它的读音却与字面上的普通话读音相差很大，北京人并不读作“dà zhà lán”，而是按照口语习惯一般读作“dà shi làr”，这一点让外地游客普遍感到莫名其妙，它无疑是地名当中保留古音或地方音的一个典型事例。与此类似的是，代表北京老城区街巷风貌的“胡同”（衚衕）这个通名的来源与含义，至今还没有公认的结论。胡同的历史可以追溯到元代，当代有人认为它源于意为“水井”的蒙古语的近音词，但他们却找不出哪怕一条蒙古语文的直接证据，也无法解释根本没有水井的北京山区照样有“胡同”的现象。在这个意义上，北京地名确实是一个包含着众多历史奥秘的巨大渊薮。

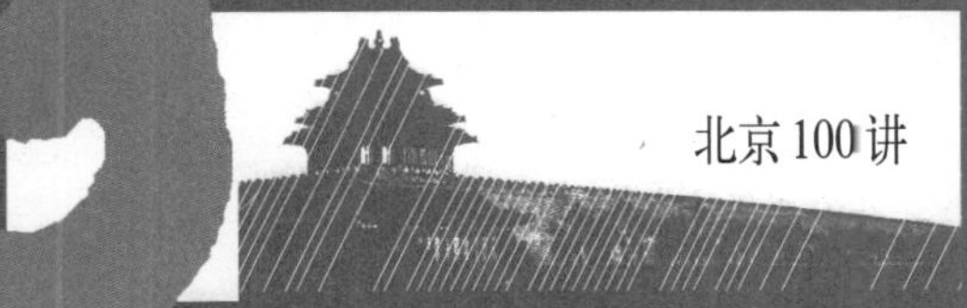

第二篇

名胜古迹
——历史在这里荟萃

第18～27讲

篇目负责人
王　岗

主要撰稿人
王　岗　孙冬虎　李建盛
何　力　吴文涛　刘仲华
许　辉　何岩巍　石东岳
王敬雅　等

第18讲

总说：人文大成集京华

“历史文化名城”，可以说是对北京最准确的定性，而精彩的人文景观则是这座历史文化名城的一个重要组成部分。

山灵水秀钟情处——山水中的人文景观

北京的山脉，层峦叠嶂。靠近城畿的，如香山、玉泉山、卢师山、天寿山，等等。香山，不是因为它有香气，而是因为山顶有巨石形似香炉而得名，故而又称香炉峰。玉泉山，是因为这里有一眼泉水，人们称之为玉泉，是因为这眼泉水特别清澈，曾经被乾隆皇帝封为“天下第一泉”。卢师山，据传在隋唐时期，曾经有一位得道高僧（姓卢）在此降伏大小两条青龙，山因此而得名。天寿山原来本是一座无名的黄土山，因为明成祖定都北京，选择皇家陵墓在此，故而赐名“天寿山”。

远郊的山脉，如百望山、马鞍山、石经山、上方山、红螺山、雾灵山、百花山、八达岭，等等，更是景色秀丽，名胜荟萃。如百望山，顾名思义，是古代那些北上大漠的人们在离开京城之后，走一里路一回首，就看到这座山，走一百里一百次回首，仍然能够看到这座山。马鞍山是因为山形颇似马鞍而得名，最为著称的，则是山上有两座非常有名的寺庙，潭柘寺与戒台寺。石经山也与佛教有关，隋唐时期有高僧静琬为了保存佛教典籍，开始在这里刊刻石佛经，此后历代相传，一直延续到明代，为后世留下了被誉为“北京敦煌”的佛教石经瑰宝。

在北京的群山之中，又有着绵绵不绝的古长城，成为一道亮丽的人文风景线。其中，最著名的首推居庸关长城。而古北口长城也是一处胜迹，当年人们曾经在这里修建有杨令公祠，以纪念抗辽名将杨业。虽然杨家将从来也没有到过古北口，但是其事迹感人至深，才有了后人的以讹传讹。此外，从平谷、密云、怀柔，到门头沟、延庆、房山，人们到处都可以见到长城遗迹。

中国古代的帝王对于死后的丧葬十分重视，总要选择一处“风水宝地”作为陵墓，而众多京城周围的名山就成为首选。金朝统治者在营建金中都（今北京）宫殿的同时，也在寻找安葬祖先陵墓的场所。经过几番寻找，最终选定了京城西面的大房山龙喊峰，在此营建北京地区的第一处皇家陵园。到了元朝统治者营建大都城（今北京）的时候，却没有在此为自己营建陵墓，因为他们死后都要归葬到大草原上去。到了明代，自明成祖定都北京，也在北京地区为自己寻找“风水宝地”，他选定的则是京城北面的天寿山，并且营建了长陵。此后几乎所有明朝帝王在死后都安葬在这处陵园之中。现在的人们大多数都只知道北京的明代皇陵，而很少有人知道在此之前还有金代皇陵。

在古代的北京，水是丰沛的。最主要的河流为浑河（今永定河），又称卢沟河，素有“小黄河”之称，水流湍急。金代曾在河上建有雄伟石桥，尤以桥上雕刻的数百头石狮著称。意大利著名旅行家马可·波罗曾在其《游记》中对此有专门的描述，卢沟桥因此举世闻名，又被人们戏称为“马可·波罗桥”。北京有名的“燕京八景”，其中的一景为“卢沟晓月”，有乾隆皇帝御笔题碑耸立在桥头。京城西面的高梁河也很有名。那是因为在宋辽时期，宋朝军队举行大规模北伐，与辽朝军队在高梁河畔展开了殊死搏斗，宋军大败而归，收复失地的愿望化为泡影，民间传说的杨家将故事，就直接与宋辽军事冲突相关。

[图52]
北海公园

古代的北京地区又曾经有过许多人工开凿的运河。文献记载最早在此开凿运河的是汉丞相曹操，他在平定了中原地区之后，为了讨平东北少数民族乌桓部落的叛乱，曾在北京地区开凿运河，运输粮草，以供应北征军队的需求。在此之后，则是隋朝帝王为了北伐高句丽，开凿了南北大运河，直达涿郡（今北京），这条大运河的开凿，直接影响到北京历史发展的整体进程。到了元代，封建统治者在隋唐大运河的基础之上又改造为京杭大运河，并且在北京（时称大都）开凿了通惠河，使京杭大运河的北边一直延伸到了京城中心的积水潭。在中国古代，水利运输是最便捷和经济的方式，大运河的调整与改善为北京城市经济的繁荣作出了巨大贡献。

有了河就会有湖，北京有几处湖泊是必须述及的，一处是上面提到的积水潭，到了明清时期，潭边景色宜人，四时游人如织，遂成为京师著名的游览胜地。又因其寺观云集，故而被人们称之为“什刹海”，人文景观随处可见。一处是延芳淀，为方圆数百里的湖泊，早在辽代就成为契丹帝王春天狩猎的理想场所。到了元代，又修建有柳林行宫。还有一处是南海子（今南苑一带），元代称为“下马飞放泊”，也是统治者狩猎的主要场所。当时人们称京城里面的积水潭为“海子”，故而又称城南的这片湖泊为南海子。此外，在京城和近郊还另有两处著名的湖泊，在城内的是太液池（今北海公园），在城外的是瓮山泊（今颐和园），又称“西湖”。前者早在金代就变成了皇家园林，后者则是在清代才变成皇家园林。

世内桃源亦冶情——园林中的人文景观

北京地区的园林大致可以分为私家园林和皇家园林两大类，而王府园林则介于两者之间。园林的产生，与城市的发展关系极大，没有城市的高度发展，也就不会有城乡之间的巨大差别。而园林的出现，正是那些长期生活在城市中、又渴望回归大自然的人们所制造出来的意境中的“田园”。在中国古代的园林文化中，一个突出的主题就是“天人合一”。在这个主题的指导下，不论是皇家园林，还是私家园林，都表现出了回归自然的意境。园林中要有山有水，有花草，有树木，有亭台楼阁。而那些人为的因素，人种的花草，人开凿的湖渠，人搭建的亭台楼阁，等等，都要与自然融为一体，以显示出更多的“野趣”。

北京地区的皇家园林，出现于金代。金代海陵王迁都之后，北京（时称金中都）才开始建造了多处皇家园林。当时最著称的有四园与八大行宫。所谓的四园，是依照方位的不同而分别称为东苑、西苑、南苑和北苑，分布在皇宫的四周。其中，帝王经常游玩的有两处，即西苑（金朝末年荒废）和北苑（今北海公园）。而八大行宫主要集中在西北一带的群山之中，如香山、玉泉山、仰山等处。

[图 53]
逶迤的长城

[图 54]
圆明园大水法遗址

到了此后的元代和明代，封建统治者在皇家园林文化方面，基本上沿袭了辽金时期帝王的传统，甚至新建的皇宫都是以金代的皇家园林为主体。当然，元朝统治者与明朝统治者相比，更趋向于回归大自然，于是，柳林行宫（即辽代的延芳淀）和下马飞放泊（即后来清代的南苑行宫）就成为蒙古贵族们每年春天必要游猎的场所。而到了明代，这两处天然的皇家园林日渐荒芜。

待到清朝统治者定都北京之后，在全面继承前代皇家园林文化的基础上，北京皇家园林又有了极大的发展，在京城西北一带大兴土木，建造了一大批豪华的皇家园林，如畅春园、乐善园、圆明园、长春园、清漪园、静明园、静宜园，等等，不论从规模之宏大，设计之典雅，技艺之精巧，各个方面，皆可称之为世界之冠。从而把北京地区的皇家园林建设推到了中国园林史的巅峰。这些著名的皇家园林，有些代表了中国传统文化中的园林精华，如畅春园、长春园等皆是。也有些则是把中华园林精华与西洋园林精华融为一体，堪称世界园林之最，如圆明园即是。

北京地区的私家园林，是与皇家园林几乎同时出现的。在金代，这里开始成为封建割据政

权的首都，集中了从中央到地方的各级政府官员。有些文化修养较深的官员，就会在自己的住宅中修建私家园林。显然，与皇家园林相比，私家园林的各个方面都有着较大的差距，但是，首先，皇家园林不是人们可以随便出入的地方，必须要有很高的官位，并且受到帝王宠信的大官僚，才能够在有重要活动的时候进入皇家园林。而私家园林却是大小官僚随时可以聚会的场所。其次，私家园林的各个建筑方面虽然都不如皇家园林，却有一个方面，也就是其“田园”文化中的野趣，则是皇家园林所缺少的重要因素。对于文化修养较深的官员而言，自然会更加看重园林文化中的“野趣”，而不是那些富丽堂皇的园林建筑。金元时期的私家园林，文献中的记载较少，被时人称道的有廉园（万柳堂）、西园（又称遂初园）、匏瓜亭、野春亭、玩芳亭等处，这些金元时期的私家园林到明清时期大多数都被废弃了。而明清时期的私家园林发展更加成熟，如明代武清侯李伟的钓鱼台别墅及清华园，万驸马的白石庄与曲水园，冉驸马的宜园，李东阳的别墅，米万钟的漫园和勺园，等等，皆是中国古代北方地区私家园林的经典之作。而清代北京的众多王府中，皆修建有规模大小不等的王府园林，今日得见的恭王府花园就是其中的代表。

显然，与自然山水中的人文景观相比，园林中的人文景观缺少一些宇宙独有的大气，也缺少一些山水带来的纯真之气，更多了一些人为加工的痕迹。但是，这种人工造成的无奈，仍然是城市人们在脱离大自然之后的一种追求，一种回归大自然的天性体现。就连居住在狭窄四合院里的普通居民，也要在空间极为有限的小院里面种上石榴树，搭上葡萄架，摆上金鱼缸，营造一种“田园”的意境。随着城市的发展，这种追求现在离我们越来越远了，但是，却会永远刻印在我们的脑海中。

第19讲

得天下之气势——北京的山

“左环沧海，右拥太行，南襟河济，北枕居庸”，这是自元代开始逐渐概括出来的关于北京山川形势的简洁表述，也揭示了北京西、北两面被山脉环绕的地理特点。我们常说的北京西山，属于太行山脉的北段，地貌形态主要是由石灰岩、火山碎屑岩等组成的一系列岭谷相间的褶皱山，山岭呈北东—南西向延伸，从东南向西北依次排列开来。西山地区的面积3000多平方公里，占全市山地总面积的30%以上。主要山峰有东灵山(海拔2303米)、百花山(1991米)、白草畔(1983米)、黄草梁(1732米)、老龙窝(1646米)、青水尖(1528米)、笔架山(1448米)、猫耳山(1307米)、妙峰山(1291米)、大洼尖(1209米)等。北京的北部山区属于燕山山脉，其西段又称军都山，地貌形态主要是由花岗岩、片麻岩、石灰岩、沙砾岩等组成的镶嵌着若干山间盆地的褶皱和断块山，山体大多为东西走向。北部山区的面积7000多平方公里，约占全市山地总面积的70%。主要山峰有海坨山(海拔2234米)、黑坨山(1534米)、梁风坨(1529米)、云蒙山(1414米)、燕羽山(1278米)、佛爷顶(1252米)、桃山(1180米)、四座楼山(1060米)、八达岭(1015米)等。

北京山区涉及房山、门头沟、昌平、平谷、怀柔、密云、延庆7个区县的80多个山区和半山区乡镇，面积为1.04万平方公里，占全市总面积的62%。山区的资源，大致可以区分为自然资源与历史文化资源两种类型。在近年来北京市制定的发展规划中，山区在保护环境、涵养水源、防风固沙等方面的生态功能越来越受到重视，历史文化资源的调查与开发也得到了迅速推进，关于山区资源的认识也在不断深化。

得天独厚的自然资源

土地资源为人类提供了生存的物质基础与活动场所。北京山区、半山区的耕地有11万公顷以上，约占全市耕地面积的28%。还有7万多公顷以种植果品为主的园地，占全市园地面积的80%以上。山前地带背风向阳、热量丰富，年平均气温在12℃以上，降水适宜、土层较厚、土壤通透性好，形成了适合发展果品生产的山前果树带。板栗主要分布在西起昌平黑山寨、下庄，经怀柔的黄花城、黄坎、沙峪，再到密云的半城子一线；核桃主要分布在门头沟区清水河流域、房山西北部、平谷北部、密云县大城子以及昌平、怀柔、延庆交界地带；仁用杏主要分布在延庆县南部和东北部、怀柔北部、门头沟清水河流域、房山西北部的山区；苹果主要分布在海淀西部低山与山前洪积扇，昌平低山丘陵区，延庆南山、北山的山前洪积扇与丘陵地带，密云燕落盆地东部低山丘陵地区；梨主要分布在密云燕落盆地、平谷北部山地、门头沟浅山区；桃主要分布在平谷低山河谷、海淀区西部山前地带、房山东部浅山区。在海拔480米的延庆盆地，年均温只有8.4℃，比温暖的山前地带要低4℃左右，这样的气候资源为种植反季节蔬菜、开展夏季避暑与冬季冰灯等休闲活动，提供了得天独厚的自然条件。此外，北京的林地、牧草地主要分布在山区，其中延庆、密云、怀柔、门头沟四个区县就占了全市林地的75%以上，经济植物有300余种，野生动物资源有獾、狼、狐狸、野兔、松鼠、野山羊等几十种，这些都是发挥山区生态效益的重要基础。

山区是北京的水源涵养地，这里的地表水资源以环北京的百花山—军都山—平谷山地的山脊为界，山前多水带年径流深度在150毫米以上，部分多水地区超过300毫米，而山后少水地区的径流深度都在150毫米以下，将近一半的地区在100毫米以下。北京山区的泉水比较丰富，泉点有1300多个，怀柔和西山地区都在400个以上。水能资源主要分布在潮白河、永定河、拒马河的干流以及永定河引水渠、京密引水渠的上游段，全市多年平均水能理论蕴藏量约34万千瓦。蕴藏在山区的矿产资源也比较丰富，目前发现的矿种近70种，矿床、矿点产地约500处，探明储量列入国家矿产储量表的有40多种，包括能源、黑色金属、有色金属、贵金属、非金属矿产等类型。

得天独厚的历史文化资源

山川形胜与历史文化的有机结合，在北京山区形成了丰富的历史文化资源。

以古长城军事文化而言，长城在北京市境内现存629公里，包括827个城台、71座关隘。延庆的八达岭长城，是万里长城的精华，在明代修建的长城中是最具有代表性的一段。昌平的

[图55]
金山岭长城

居庸关长城，是古代北京西北的重要屏障。密云的古北口长城是北京的东北门户，始建于北齐时代。司马台长城是我国唯一保留了明代原貌的古长城，是万历年间名将戚继光督建的，以险、密、奇、巧、全著称。怀柔的慕田峪长城，东接古北口、西接八达岭，以建筑独特闻名。至于像怀柔黄花城、门头沟沿河城、平谷将军关、密云墙子路、延庆四海冶、昌平白羊城等处的关塞城堡，更是不胜枚举。

就古陵墓丧葬文化来说，以平谷黄帝陵、房山金帝诸陵、昌平明十三陵为代表的皇陵文化遗迹，以房山汉代燕王墓、延庆辽代梁王墓、昌平清代庆王爷坟为代表的亲王陵墓，以房山战国乐毅墓及唐代贾岛墓、昌平唐代刘蕡墓及元代刘秉忠墓为代表的历代名人墓葬，当代考古工作者发现的以房山周口店猿人遗址及琉璃河商周墓葬群、门头沟前桑峪村古人类遗址及东胡林人遗址、平谷上宅文化以及刘家河商代墓葬群、延庆山戎墓葬为代表的历代古墓葬，都具有珍贵的历史文化价值。

在古村落民居文化方面，北京山区既有大量古代聚落的遗址，又有许多古城堡、古村镇和行宫，更多的还是因为经济发展和人口聚集而自然形成的一般村落。它们当中的一部分在比较偏僻的地理环境中延续了街道的肌理和建筑格局乃至完整的院落，同时保留了相应的民间习俗和传统工艺，被当今社会视为宝贵的历史文化遗产。在门头沟区的村落中，爨底下保存了规划严谨、巧妙利用地形与空间的明清古建筑群；千年古村灵水，街道自明清以来随地势而建，有“京西举人村”的美誉；三家店的历史可以追溯到唐代，它控扼着从北京城进出西山的大道，既是物资集散与商业贸易的中心，清代以后又成为从南路到妙峰山进香的必经之地，由此造就了历史上的繁荣。此外如密云的古北口、檀营，怀柔的琉璃庙，延庆的柳沟、双营、榆林堡等，都是北京山区古村落中的典型。

从古庙宇宗教文化来看，北京山区的寺庙包括了佛教、道教、伊斯兰教、天主教等门类，其中以门头沟、房山留存得较多。佛教寺庙以怀柔的红螺寺，昌平的银山塔林，门头沟的潭柘寺、戒台寺、灵岳寺，房山的云居寺以及民国《房山县志》记载的上方山72座寺庵最著名。道教及民间信仰诸神的庙宇，以平谷的丫髻山碧霞元君祠、密云的杨令公祠、昌平的都龙王庙、延庆的天成观、门头沟三家店的龙王庙、龙泉镇的窑神庙最具代表性。清真寺在各山区县几乎都有，门头沟桑峪村的天主教堂始建于元代，是北京地区最早的天主教堂之一。

北京山区的民俗及其他非物质文化，体现在传统节日、庙会、花会、宗教仪式、神灵崇拜、礼仪、饮食、服饰、居住、娱乐等许多方面，其中不少内容具有浓郁的地方特色。丫髻山、妙峰山等名山，就是举行庙会、花会等活动的场所。门头沟的古幡会和古幡乐、太平鼓，密云的五音大鼓，怀柔喇叭沟门的满族文化、琉璃庙镇的敛巧饭等，已成为珍贵的文化遗产。

此外，在抗日战争以来的革命斗争中形成的红色文化，是北京山区具有爱国主义教育意义的重要历史文化资源。山水文化则是将自然风貌与人文景观的有机融合。北京丰富的山区资源需要人们去科学地开发，更需要从生态环境和历史文化方面去认识它的巨大价值。

[图56]
云蒙山森林公园

第20讲

北京的母亲河——永定河

水是生命的源泉，水是文明的摇篮，每一座城市的兴起几乎都伴随着一条大河的流淌，北京也不例外。在流经北京境内为数并不太多的河流中，永定河无疑有着母亲河的功劳与地位。虽然，她离我们仿佛有点儿远，除了在门头沟三家店以上的地方尚可见她清波荡漾的身影，在我们的城区版图上已经很久不见其流水汤汤、绿带蜿蜒的景象了。只在浩瀚的史籍上留有她一长串的名称和足迹，述说着她和北京一段悠久而不凡的历史。

永定河发源于山西宁武县管涔山天池，流经山西、河北、北京、天津二省二市，全长680公里，流域面积47016平方公里。其中流经北京市的河段长159.5公里，流域面积3168平方公里，为过境内最大的河流，也是最古老的河流。自第四纪更新世晚期，河水从晋北高原穿过太行山脉的崇山峻岭奔腾而下，一过现在的门头沟三家店便坡势骤缓，再过了卢沟桥所在地则更是一马平川。巨龙突然没有了束缚，于是便伴随着季节性水量的增减，在广阔平坦的华北平原随意地摆动、宣泄，形成了大片的洪积冲积扇，既造就了肥沃的土地，又留下了大量湖沼和丰富的地下水。正是这片丰泽膏腴的土地，哺育了北京地区最初的文明和后来北京城的成长与壮大。

永定河上的古渡口，作为历史上太行山东麓的南北交通枢纽，是北京城原始聚落蓟城形成的主要条件之一。但由于古永定河具有流量不稳定，夏季易涨水的特性，其渡口处并不宜居住。于是，在距渡口不远、又地势稍高、而且水源充足的蓟丘这个地方，就出现了北京城的前身——蓟城。蓟丘，西南距永定河渡口仅30华里，地势高平，附近河湖交错，水源充沛，正好具备形成大型聚落的理想条件。当周王伐纣胜利后，就将这块宝地献给先圣黄帝的后裔，“封黄帝之后于蓟”(见《史记 · 周本纪》)。其位置就在今广安门一带地方，距今已近3050周年了。

永定河水及其故道遗存所形成的莲花池水系、高梁河水系，是从蓟城到北京城的主要水源。蓟城的位置正好在永定河冲积扇的潜水溢出带上，绿野平畴，流泉萦绕，湖塘相间；还有丰沛的地下水，十分便于凿井汲水。其中，在蓟城的西郊有一片大湖，也就是今广安门外莲花池的前身。《水经注 · 㶟水》记载：“湖东西二里，南北三里。盖燕之旧池也。绿水澄澹，川庭望远，亦为游瞩之胜所也。湖水东流为洗马沟，侧城南门东注。”当时的湖泊周长十几里，足可供蓟城所用。从蓟城初立，到战国燕都、唐幽州城、辽南京城、金中都城，都是由蓟城在同一地点发展起来的不同阶段的城市，这些城市的主要水源都是这个西湖。

元朝营建大都，将城市迁移到高梁河水系，而高梁河水系原本也是永定河的故道。其实，在历史上，北京的主要水源涵养区和供给地都在永定河的几条故道上。如，著名的昆明湖、圆明园、“万泉之地”万泉庄，沼泽湿地海淀、清河等，都位于其最北边的古清河故道；玉渊潭、莲花池、紫竹院、积水潭、后海、中南海、龙潭湖、高梁河等水域，都镶嵌在古金钩河故道洼地中；万泉寺、南海子(南苑)、凉水河、凤河等，则是古瀔水河道的遗存。这些水体的产生，要么是永定河流过后的积存，要么是永定河冲积扇的地下水溢出，就像永定河分出的枝杈或毛细血管，向北京大地输送着丰沛的水源。但是到元朝以后，伴随着永定河水文状况的恶化，这种情形逐渐发生改变，各永定河故道上的水体日见萎缩，其水源的补充不得不开始依赖于从潮白河流域的调水。

在现代北京城市水源中，永定河水仍占有极其重要的地位。1954年建成了总库容为41.6亿立方米的官厅水库，既起到了拦蓄永定河洪水的作用，又可有计划地向下游输送用水。截至1995年，共向下游京津地区供水254.99亿立方米，首都钢铁公司，石景山发电厂，高井发电厂，北京钢铁厂，北京第一、第二热电厂等大型工业企业用水，主要靠官厅水库供给。北京城市河湖用水，有一部分也来自官厅水库，如1956～1957年开凿成永定河引水渠，自三家店拦水坝经玉渊潭，下接西便门外护城河；京南永定河灌渠、南红门灌渠、新河灌渠、金门渠灌渠等大型灌区，其水也都来自官厅水库。总之，近半个世纪间，官厅水库是北京的主要水源之一。自20世纪60年代初密云水库建成后，才部分取代了官厅水库向北京供水的功能。

此外，永定河中上游流域的森林、煤矿和岩石、沙砾，为北京的城市建设和城市生活提供了必需的能源和建材。永定河的水利、水害及河道变迁，直接影响着北京的城市格局和发展方向。不仅如此，她还孕育了悠久、丰富、独具特色的流域文化。流域内的名山大川、城镇村落、

[图 57]
夕照永定河

交通格局、宗教传统以及风土人情等，无不渗透着永定河古老而深刻的影响。因此说，没有永定河就没有北京城，永定河被称为“北京的母亲河”当之无愧。

但是，北京城的历史发展也对永定河产生了深刻影响；曾经丰腴秀美而被誉为‘清泉河”的永定河，也有过黯淡、惨痛的记忆。辽金以后，随着北京都城地位的提升和城市规模的无限扩大，城市建设和城市生活向永定河索取的资源如水利、木材、石料、土方、煤炭等与日俱增，村庄聚落及农田开垦不断拓展到深山老林，导致永定河中上游流域生态环境发生明显变化——森林的破坏和水土流失的加剧，这不仅使水源大大减少，而且造成永定河泥沙剧增，善淤善决。这一点从永定河的名称演变上也得到了印证。从远古到隋唐，永定河在史书上除被称为浴水、治水、漯水、灅水、湿水、高梁河、桑乾河外，还一直有着清泉河的美名。但自辽金时期，永定河就被称为泸（卢）沟河（意即黑色、混浊的河）；元、明以后还被冠以“浑河”“小黄河”“无定河”等。这些新名称的出现，反映了永定河水文状况的持续恶化：含沙量加大，河道迁徙无常，洪水宣泄频仍。元明清时期永定河的滚滚洪流曾多次向北京城倾泻而来，造成了无数生命财产的损失。因此，耗费巨大财力物力修筑及巩固石景山至卢沟桥以下的永定河堤岸，成为北京的头等要务。及至清朝康熙三十七年（1698年），康熙皇帝着手全面治理永定河，修筑了一条自良乡老君堂口直至霸州柳岔口三角淀的百里长堤，“浚河百四十五里，筑南北堤百八十余里，赐名永定”（《清史稿·河渠志》）。所谓“永定”，显然是针对其“无定河”的称呼去的，表达了希望该河永远安流造福的美好愿望。从此，“永定河”这个称呼就被沿用下来了。

但其实，永定河真正安澜永定，还是在新中国建立以后，这一方面是得益于我们水利事业的巨大成就，另一方面也与整个流域范围内生态环境的变化有关。

沧海桑田，过去的永定河是什么样我们很难看到了。新中国建立后，为首都北京造就稳定水源而修建的官厅水库，虽然发挥了防洪、蓄水、灌溉、发电等综合效益，但却因此将永定河拦腰截断，在一定程度上破坏了永定河全流域的生态平衡，致使下流河道干涸断流，沿岸土地严重沙化。北京城市的水源问题，也因此而不得不另辟蹊径。这是人类向自然界索取太多的沉痛教训。

回顾永定河与北京城市发展之间的脉络渊源和历史关系，可以使我们更深刻地认识到“人与自然和谐发展”这一时代主题的迫切意义。古老而丰润的母亲河曾经为北京的灿烂文明奉献了全部，但人类的过度开发利用却使她失去了往日的风采与生机。现在是该我们回报她的时候了！

面对新世纪，永定河依然是北京的一条重要河流，流域的生态环境状况直接关系到北京的城市安全和经济、社会的可持续发展。2001年国务院批复实施《21世纪初首都水资源可持续利用规划》，对改善永定河生态系统提出了明确目标；北京市政府更是对永定河治理高度重视，在治理规划中明确地把永定河流域定为北京市的重要水资源保护区和重要生态功能保护区。这就要求我们必须深入了解永定河的历史及现状，探索其生态特点和规律，从着眼于北京长远发展的高度去关注永定河的生态保护，用科学发展观把治理、开发永定河与北京城市的可持续发展紧密地联系起来，让古老的母亲河重新焕发生机！

第21讲

曾经的大动脉——通惠河与北运河

说起北京城的历史，不得不提到两条河：一条是永定河，一条是通惠河——北运河。如果说，永定河是北京城的母亲河，那么，通惠河及其下游连接的北运河就是北京城曾经的大动脉。

自公元1153年，金海陵王定都燕京并改名中都后，北京城历经元、明、清三朝，成为全中国的首都。庞大的中央官僚机构、众多的驻军和几十万的都城居民，其对粮食和财富的需求，仅靠北京及周边地区是无法满足的，只能仰赖富庶的江淮和江南地区。于是，在金、元、明、清四朝，漕运被视为国家大政，朝廷要务。元、明、清时，每年都有三四百万或四五百万石米粮依赖大运河漕运到京城。可以说，南北大运河是元、明、清时北京城生存和发展的生命线，没有大运河漕运，就没有北京作为封建皇都的历史地位。

南北大运河起自杭州终至北京，自秦汉始，经隋、唐、元、明、清历代挖掘疏浚而成，全长1794公里，是世界上人工开凿最长的河道。其中，与北京关系最直接的就是其最北一段——通州到天津（直沽）间的北运河。它原本是一段天然河道，汉称沽水、沽河，辽称白河，金称潞水、潞河，由于自秦汉尤其是金朝以来一直担负着从南往北运送粮食等重要物质的任务，所以史书上又称其为漕河、运粮河，清雍正四年（1726年）始有北运河之名称，沿用至今。

而连接通州附近北运河到京城城下的河道就是通惠河，其由来得从金代说起。金代定都北京之后，修建漕运河道、扩大漕运规模就成为迫切需要解决的问题。起初，金代把从华北大平原征集的粮食，经由大清河、子牙河等河流，汇集天津，再循北运河逆流而上运抵中都城以东的通州，“通州”之名即由此而来，取其“通达”之意。但从通州西至中都城约50里，没有天然河道可以利用，而每年漕运多达几百万石，若只靠车拉肩扛，得耗费多少人力物力！因此必须开凿一条人工运河接运，使漕粮可直抵中都城。可水源从何而来呢？人们最先想到的还是北京的母亲河——永定河。金世宗大定十一年(1171年)，决定导引卢沟河（今永定河）水沟通中都漕运，“自金口导至京城北入濠，而东至通州之北，入潞水”(《金史·河渠志》)，这就是历史上有名的金口河。金口在石景山北京麓，即石景山发电厂处。金口河自金口引永定河水东出，向东南经北辛安村南、古城北，转向东北经杨家庄南，又屈曲向东，经龚村南、田村南、老山北、梁公庵北，又东经铁家坟北、篱笆店南、甄家坟北、定慧寺南，东至今玉渊潭，又东转南大约至木樨地东南入金中都北护城河。又从北护城河开渠达通州，因沿河建闸，以节流水，故又名闸河。这条闸河大致经宣武门内受水河胡同、旧帘子胡同、人民大会堂南、历史博物馆南、台基厂三条、船板胡同、北京站南部等地，下接今通惠河河道，东至通州。由于有了金口河引永定河水注入闸河，于是原本止于通州的漕船可以顺此河直入中都。尽管这一设想是极其诱人的，金世宗给予的期望也很高，但是工程却很快失败了，因为“及渠成，以地势高峻，水性浑浊。峻则奔流漩洄，啮岸善崩；浊则泥淖淤塞，积滓成浅，不能胜舟”。每到雨季，永定河的洪水挟沙裹泥直往中都城而来。几次大险过后，金世宗虽念念不忘他的梦想：“分卢沟为漕渠，竟未见功；若果能行，南路诸货皆至京师，而价贱矣。”但还是派人迅速将金口堵塞废弃了。此后，又试图引玉泉山、瓮山泊（今昆明湖前身）泉水，从高梁河另开支渠注入闸河，但终因水量有限，经常淤塞，不得不仍兼用陆路运输。终金之朝，这个难题也未能破解，继续留给了元朝。

元建大都，粮赋供给全仰仗江南。据《元史·食货志》记载，元朝一年的征粮高时可达一千二百余万石，因此漕粮运输任务更加繁重。元初即着力开辟南北大运河，同时发展海运，但还是只能运抵通州。中统年间曾引玉泉水开通大都至通州的北线运河——坝河，后因玉泉水大部分被引入大内供皇城使用，而坝河经常淤浅，运量亦十分有限。主要靠陆路运输，则耗费巨大，年运费高达六万缗，每每因下雨泥泞、道路不平等情况而致“驴畜死者不可胜记”。然元朝比金朝幸运的是，它有一位杰出的水利专家——时任都水监的郭守敬。郭守敬通过对北京地区水资源及地形的详细勘查，提出导引温榆河上源诸泉水济漕，开挖白浮瓮山河，引昌平白浮泉水西行，从上游绕过沙河、清河谷地，循西山麓转而东南，沿着平缓的坡降，并汇集沿山泉流，聚入瓮山泊；再从瓮山泊扩浚长河、高梁河至和义门（今西直门）水关入大都城，汇入积水潭内；然后从积水潭出万宁桥，沿皇城东墙外南下出丽正门东水关，转而东南至文明门（今崇文门以北）外，与旧闸河相接，下至通州高丽庄、李二寺河口，全长164里。这项巨大的水利工程为大都城开辟了前所未有的新水源，从此，河运畅通，大都城内的积水潭成为新的漕运码头——大运河的终点。当看到江南的漕船成群结队驶来，积水潭上桅杆林立，舳舻蔽水，元世祖忽必烈兴奋地将这条新的水道赐名“通惠河”。从至元三十年（1293年）该河通航至元末的约50年间，浩浩荡荡的船队曾络绎不绝地穿行大都城内，如此壮观景象，是今天的北京人难以想象的了。

为保证行船的快速通过，当时通惠河上的闸坝设置是极为先进的。从文明门至通州，沿河修建了10组共20座水闸。每10里设闸一组，每组上下两闸，相距一里，“相互提阏，过舟止水”。即上行漕船驶进下闸后，下闸闭闸节水，上闸启闸放水(同时上游有下行船可驶过水闸)，两闸间河道蓄水，随着水涨船高，上行船驶过上闸，进入上游河段，和今“船闸”一样。行驶一段后，又进入另一组的下闸，重复上述运作，运船可直达积水潭，形成了梯级航道。这一水

[图58]
十三陵水库

利科技成就，于13世纪之时当属遥遥领先世界。

元代几十年可谓是通惠河全盛时期。元末明初白浮瓮山河断流，水源日渐枯竭；加上明朝对京城进行改建，将积水潭往东一段河道圈入皇城，使漕船不能直接入城。而改在东便门外修建了大通桥闸，以它为通惠河的起点，由此通惠河又称大通河。由于水源不足，明代屡次加以疏浚而收效甚微，漕运问题只能是采取“舟车并进”。至清代，由于水源的进一步萎缩，通惠河只剩下“五闸二坝”起作用，通惠河入北运河的地点，又改回到通州城北。但康熙至乾隆时期曾一度复兴：康熙时着手在大通桥下加筑了大通桥闸，控制水势；乾隆时下大力开发京西水利，收集西山玉泉诸水使河道水量充沛，航运能力大增；又疏浚了东护城河，在东直门、朝阳门外护城河桥下各置一闸，使得进入东直门、朝阳门一带裕丰仓、储运仓、太平仓、禄米仓、万安仓等处的漕粮，可用驳船自大通桥沿东护城河直接浮运。直至道光年间还曾挑宽护城河及城内水道，使水势充盈，驳船可满载而行。咸丰、同治以后朝政腐败，河况日下，直至光绪二十七年（1901年）全河停运，海运和铁路的兴起代替了河运。至此，通惠河——北运河这条维系了京城700多年物质输送的大动脉终于完成了它的历史使命。

明清时期，通惠河沿岸风帆云影的旖旎风光和大通桥码头、通州码头的热闹景象，曾是京城文化的重要标志。尤其是二闸附近因地处城郊，风光秀美，更是京城百姓消闲游赏的好地方，每当风和日丽之际，通惠河畔游人如织。震钧在《天咫偶闻》中说：二闸“自五月朔至七月望，青帘画舫，酒肆歌台，令人疑在秦淮河上”。当时，到东便门外“逛二闸”，是京城人的游乐时尚。直到光绪末年，河道残破，二闸风光才日渐衰落。

民国年间虽几次规划恢复京津航线，但未能实施。通惠河闸坝逐渐废毁，河道淤浅，完全成了北京城东的一条排水干渠。新中国成立后，其泄洪排水任务，随着北京城市建设和发展变迁而愈来愈重大、艰巨。从20世纪50年代至今，政府曾多次下大力加以疏浚治理，使通惠河的面貌有了很大的变化。尤其是经过90年代以来的整治，如今的通惠河水清岸绿，风光宜人，两岸亦逐步恢复了明清时期的文化风貌，正在成为京城百姓游赏观光的又一处水景长廊。通州码头及北运河两岸经过多年的恢复和整治，也已经成为北京古老运河文化的一处集中展示区域，为北京的古都风貌增添着别样风采。

[图59]
京密引水渠

[图60]
通惠河

第 22 讲

古人类的遗存——周口店与“北京人”

[图 61]
周口店遗址

周口店古人类遗址位于今房山区周口店镇龙骨山，距北京市区约有50公里。这一带正是山地和平原的交接地区。由于这种特殊的地理位置，在龙骨山形成了许多山洞。在这些山洞中，有一个长约140米的洞穴，它就是著名的“猿人洞”。闻名天下的北京猿人头盖骨就出土于此。

为什么这个地方叫做龙骨山呢?历史要追溯到北宋时期。那时北京周口店一带出产所谓“龙骨”。人们把“龙骨”当作天赐的良药，据说把它研磨成粉末敷在伤口上，就可以止痛和利于愈合。因为盛产“龙骨”，所以人们就把这里的一座山称为龙骨山。到了近代，经过学者们的研究，确认这种“龙骨”是古生物的骨骼化石。因此许多古生物学家和考古学家纷纷来到周口店地区进行发掘和考察。山上的这个东西长约140米，南北宽2.5～42米不等的天然洞穴，就是50万年以前北京猿人栖息的地方。

说到“北京人”遗址的发掘，不能不提到一位著名瑞典地质学家、考古学家安特生（1874～1960年），他毕业于乌普萨拉大学，获得博士学位。此人曾担任万国地质学会秘书长，几次到极地考察。安特生1914年受聘担任中国北洋政府农商部矿政顾问，获得了在中国从事地质调查和古生物化石采集的机会。1921年他对周口店化石地点的调查，促成了后来“北京人”遗址的发现。

1927年春天，系统挖掘周口店龙骨山的工作开始了。许多中外科学家参予这项科研任务，美国洛克菲勒基金会为此专门提供了资助。该项目名誉主持人为中国地质学奠基者之一的丁文江，实际事务则由中国地质学家李捷和瑞典古生物学家步林共同负责。1927年的发掘颇为顺利，除获得500箱化石材料外，还发现了一颗保存极好的人类下臼齿。协和医院医生步达生对这颗人类牙齿进行了仔细研究，并根据它的性质及其在地理分布上的意义，把它定名为“北京中国猿人”。后来他又根据美国学者葛利普的提议，给它起了个通俗的名字——“北京人”。此后，人们便称其为“北京人”。1928年，从德国归来的古脊椎动物学家杨钟健和北京大学毕业生裴文中接替了李捷的工作，继续对该遗址进行发掘。令人兴奋的是，正是这位名不见经传的青年人裴文中发现了沉埋于此几十万年的北京猿人头盖骨，震动了世界学术界。

那是在1929年12月2日，工作人员正在遗址进行发掘工作时，一个小洞突然出现在人们面前。不过，洞口十分狭窄，只容一人出入。为了解究竟，裴文中钻进洞里，却在此地发现了大量的动物化石。这令他极为兴奋，决定把挖掘工作继续下去。到12月2日下午四点左右，天渐渐暗了下去，发掘工作的枯燥和气温的逐渐降低让许多人有些不耐烦了。正在这个时候，裴文中突然发现了一个类似人类颅骨的化石。经仔细辨认，确实是人类头盖骨的化石。这令所有发掘队员极为兴奋。他们仔细地把这块化石发掘了出来，带回了营地。第二天，裴文中把这个惊人的喜讯报告给地质调查所。1929年12月28日，裴所在工作单位——北平地质调查所举行学术会议，发布了“北京人”头盖骨在北京西南郊周口店龙骨山洞被发现的消息，并宣布了发掘经过及专家们的研究结果。此后，青年生物学家贾兰坡又于1936年先后在猿人洞发现3个“北京猿人”头盖骨化石。

北京猿人化石共出土头盖骨6具、头骨碎片12件、下颌骨15件、牙齿157枚及断裂的股骨等，分属40多个男女老幼个体。考古学者同时发现10万件石器材料及用火的灰烬和烧石、烧骨等遗迹。以北京猿人为代表的旧石器文化对中国华北地区旧石器文化的发展产生了深远的影响，因为这一发现为“从猿到人”学说提供了重要依据。中华人民共和国成立后，国家又进行过多次大规模发掘，清理出40多个男女老少的北京猿人化石，100多种动物化石，10万余件各种石器以及仍保存在洞穴内的几个灰烬层。最厚的一层超过6米，灰烬层中保留有大量烧过的碎骨和木炭碎块，可见“北京人”早已懂得用火烤食猎物和取暖防寒。根据对北京人骨骼化石、石器、用火遗迹等方面的研究，考古学家们认为“北京人”大约生活在距今70万年到20万年前。“北京人”的脑量平均达到1088毫升，头部特征较原始，但已有明显的现代蒙古人种的特征。男性身高约156厘米，女性身高约144厘米，食物主要来源于狩猎和采集。“北京人”的发现，为中国古人类及其文化的研究奠定了基础。

1930年，在周口店遗址还发现了距今约2万年前的山顶洞人化石和文化遗物。它位于北京猿人遗址上方，靠近山顶的洞穴中。发掘人员在这里发现了三个成年男女完整的头盖骨和残骨。在山顶洞人尸骨周围发现撒有红色的赤铁矿粉末。洞内还发现山顶洞人用过的骨针、穿孔的骨坠、鱼骨、牙饰、石珠串联而成的“项链”，这些足以证明他们已学会缝制兽皮衣服御寒，懂得装扮自己，反映出山顶洞人原始艺术的萌芽。根据科学估测：山顶洞人的体躯特征和现代人无明显区别，是原始的黄种人。他们生活在距今18000年前，生活方式比“北京人”又大大前进了一步。

但随之而来的内战和抗日战争，使自1927年以来发现的全部“北京人”和山顶洞人的化石标本，迄今下落不明，这一事件成为20世纪考古史上的世界之谜。

“北京人”头盖骨的发现，为人类进化理论提供了不容置疑的证据。这是我们中国学者作出的伟大贡献。北京猿人及其文化的研究解决了19世纪爪哇人被发现以来的关于“直立人是猿还是人”的争论。事实充分证明“直立人”处于人类历史发展的最早期阶段，是从猿到人进化

[图62]
山顶洞洞口

过程中最重要的环节。“直立人”是早期“南方古猿”的后代，又是后来“智人”的祖先。他们在人类发展史中起着承上启下的作用。而“北京人”具有“直立人”的典型形态标准，“北京人”对火的使用，更加完备了其作为人的特征。山顶洞人化石和文化遗物的发现，更充分表明了“北京人”的发展和延续。“北京人”的发现，为中国古人类及其文化的研究奠定了基础。周口店古人类遗址是当之无愧的人类远古文化宝库。

第23讲

世界奇迹——长城

[图63]
八达岭长城

长城位于中国的北部，东起渤海湾的山海关，西至嘉峪关。横贯河北、北京、内蒙古、山西、陕西、宁夏、甘肃等7个省、市、自治区，全长约6700公里（约13300里），有“万里长城”之誉。

长城的历史与明北京长城的修建

我国北方长城的建造始于战国秦、赵、燕三国，其目的是为了防御匈奴、东胡的南掠。秦始皇于三十三年（公元前214年）遣大将蒙恬北逐匈奴，又从西起临洮（今甘肃岷县）、东至辽东筑长城万余里，以防匈奴南进，史称秦长城。汉代长城较之秦长城更有所发展，并筑了外长城，它们的长度达到了两万里，是历史上修筑长城最长的一个朝代。汉长城除了军事上的防御之外，还起着开发西域屯田、保护通往中亚的交通大道“丝绸之路”的作用。长城的大规模修建也集中于秦、汉、明三代。

明朝建立以后，退回到漠北草原的蒙古贵族鞑靼、瓦剌诸部仍然不断南下骚扰抢掠；明中叶以后，女真族又兴起于东北地区，也不断威胁明王朝边境的安全。为了巩固北方的边防，在明朝的200多年统治中几乎没有停止过对长城的修筑工程。东起鸭绿江，西达嘉峪关，横贯今辽宁、河北、天津、北京、内蒙古、山西、陕西、宁夏、甘肃等9个省、市、自治区，全长6300多公里。

明朝在“外边”长城之外，还修筑了“内边”长城和“内三关”长城。“内边”长城以北齐所筑为基础，起自内蒙古与山西交界处的偏关以西，东行经雁门关、平型诸关入河北，然后折向东北，经涞源、房山、昌平诸县，直达居庸关，然后又由北而东，至怀柔的四海关，与“外边”长城相接，以紫荆关为中心，大致成南北走向。“内三关”长城在很多地方和“内边”长城并行，有些地方两城相隔仅数十里。除此以外，还修筑了大量的“重城”。雁门关一带的“重城”就有24道之多。

明长城是中国历史上费时最久，工程最大，防御体系和结构最为完善的长城工程，它对明朝防御匈奴等游牧民族的掠扰，保护国家安全和人民生产生活的安定，开发边远地区，保护中国与西北域外的交通联系都起过不小的作用。

北京现存的长城，主要是明长城，它起自山海关，由平谷的将军关进入北京，从东至西横跨平谷、密云、怀柔、延庆、昌平、门头沟6个区县，沿北部山区的燕山和军都山内侧山脊而行，呈半环状分布，怀抱着北京平原。

长城的建筑特点

明长城的建筑结构和防御体系——明长城由城墙、关城、墙台、敌楼和烟墩等组成完整的军事防御工程体系。

长城的城墙是这一防御工程中的主体部分。它建于高山峻岭或平原险阻之处，据地形和防御功能的需要而修建，凡在平原或要隘之处修筑必十分高大坚固，而在高山险处则较为低矮狭窄，以节约人力和费用，甚至一些最为陡峻之处无法修筑的地方便采取了“山险墙”[1]的办法。在居庸关、八达岭和河北、山西、甘肃等地区的长城城墙，一般平均高约七八米，底部厚约六七米，墙顶宽约四五米。在城墙顶上，内侧设宇墙，以防巡逻士兵跌落，外侧一面设垛口墙，垛口墙的上部设有望口，下部有射洞和礌石孔，以观看敌情和射击、滚放礌石之用。

关城是万里长城防线上最为集中的防御据点。关城设置的位置至关重要，均是选择在有利防守的地形之处，以收到用极少的兵力抵御强大的入侵者的效果。长城沿线的关城有大有小，数量很多。就以明长城的关城来说，大大小小有近千处之多，著名的如山海关、黄崖关、居庸关、紫荆关、倒马关、平型关、雁门关、偏关、嘉峪关以及汉代的阳关、玉门关等。

墙台在长城上，约间隔300米设一座，突出墙外，台面与城墙顶部相平，建铺房，供守城士卒巡逻时遮蔽风雨，墙台外侧砌有垛口，用于对攻城之敌进行侧击。

敌楼，亦称敌台，跨城墙而建，分二层或三层，高出城墙数丈，开拱门，箭窗，内为空心，守城士卒可以居住，储存火炮、弹药、弓矢之类武器。顶面建楼橹，环以垛口，供瞭望之用。

烟墩又称烽火台，是万里长城防御工程中最为重要的组成部分之一。它的作用是作为传递军情的设施。传递的方法是白天燃烟，夜间举火。为了报告敌兵来犯的多少，采用了以燃烟、举火数目的多少来加以区别。到了明朝还在燃烟、举火数目的同时加放炮声，以增强报警的效果，使军情传递顷刻千里。

北京著名长城景点

居庸关，是京北长城沿线上的著名古关城，国家级文物保护单位。位于昌平县城以北20公里的峡谷中，距北京60公里，距八达岭长城20公里。居庸关是万里长城的重要关口，两旁属太行山余脉，军都山屹立中间，是一条长达20公里的关观沟，关城即设在关沟当中，是往来于塞内外的咽喉通道。为古代北京西北的重要屏障，历代以来即为兵家必争之地。现存关城始建于明洪武元年(1368年)，周长4000余米，南北月城及城楼、敌楼等配套军事设施齐备。关城内外还有衙署、庙宇等各种相关建筑设施。

八达岭长城在北京延庆县军都山关沟古道北口，是长城的一个隘口，为居庸关的重要前哨，古称“居庸之险不在关而在八达岭”。明长城的八达岭段是长城建筑最精华段，集巍峨险峻、秀丽苍翠于一体。用巨型花岗岩条石和大型城砖砌成的墙身高大坚固，大部墙顶宽阔平坦，可以“五马并骑、十人并行”。其关城为东窄西宽的梯形，建于明弘治十八年（1505年）。关城有东西二门，东门额题“居庸外镇”，西门额题“北门锁钥”。京张公路从城门中通过，为通往北京的咽喉。从“北门锁钥”城楼左右两侧，延伸出高低起伏、曲折连绵的万里长城。

独具“险、密、奇、巧、全”五大特点的司马台长城，位于北京市密云县东北部的古北口镇境内，距北京120公里。它东起望京楼，西至后川口，全长5.4公里，敌楼35座，整段长城构思精巧，设计奇特，结构新颖，造型各异，堪称万里长城的精华。

司马台长城始建于明洪武初年。其山势陡峭，地势险峻，工程浩繁。在山下望司马台长城，只见它背倚蓝天，横亘东西，极高极险。其山势犹如人的手指并拢，呈双向阶梯状。若从西面登上长城，侧向看去，唯有一峰在上，仿佛只要奋力爬上，便可居高临下。但一旦登上第一个峰顶的敌楼，转身东望，却又有一峰逼面。当登上第二个山头的敌楼，仰头东望，还有更高一峰在上；而低头下望，只见第一个山头上的敌楼全被掩住，登上第六个敌楼，楼分上下两层：上层是瞭望台；下层是戍边将士住房，三面有窗，北边是射箭孔。整个楼用大方石块砌成，显得敦实、坚固、气度不凡。造就出这一雄秀奇特无比的长城景观，应归功于这里特殊的燕山地形、重要的地理位置和古代将士们的智慧创造。

[图64]
古北口长城

[图65]
司马台单边长城

世人瞩目的金山岭长城是明长城最具有代表性的地段之一，位于河北省滦平县与北京市密云县交界处。金山岭长城西起龙岭口，东止望京楼，全长10.5公里。沿线设有建筑各异的敌楼67座，烽燧二座，大小关隘五处，是现保存最完好的一段明长城，被专家称之为明长城之精华。依山设险、凭水置塞，雄城起伏似钢墙铁壁。以其视野开阔，敌楼密集，建筑防御体系功能奇特而著称于世。此段长城基本没有经过维修，其中共24个敌楼，保持着400年前的原貌。

万里长城伴随着中国长达2000多年的古代社会行进。众所周知，一部悠久的古代中国文明史，封建社会是最丰富最辉煌的篇章，举凡封建社会重大的政治、经济、文化方面的历史事件，在长城身上都打下了烙印。长城也是爱国主义教育的场所、旅游观光的胜地。长城以它巍巍雄姿、坚强的体魄，象征着中华民族坚强不屈的精神，克服困难的毅力。这种精神激励我们永远前进。

第24讲

皇家气派夺天工——皇家园林

皇者气派的崇高与富丽

北京的皇家园林有至大雄奇的壮丽，一种端庄威仪的崇高，一种显赫富丽的美，一种巧夺天工的意趣，这构成了北京皇家园林的“皇者气派”。

北京的宫苑从总体上讲究严整对称，紫禁城中的小宫苑都以整齐对称的方式布局，其北部的御花园呈矩形，坤宁宫、天一门、钦殿门、承光门、顺贞门构成由南至北的中轴线，而御花园又处于严整森然的紫禁城中轴线上，午门、金水桥、太和门、太和殿、中和殿、保和殿、乾清门、乾清宫、交泰殿、坤宁宫，所有这些体现的都是一种“仪表庄严”的严整有序。颐和园的某些部分也采用了类似于紫禁城的轴线布局。这不仅与北方的地势平坦宽阔的自然条件相关，更与作为封建统治者政治上、文化上和审美上的需要有关，或者说其目的是要显示君主的“仪态庄严”的显赫和威严。

皇家园林仪态庄严的显赫威严之美，还体现在“大”上，圆明三园347公顷，颐和园278公顷，北海也多达66.7公顷。空间面积的巨大是中国的其他园林所无法比拟的，即使是北京新建的面积最大的朝阳公园也只有306.7公顷。从园林建筑物的数量和体量看，北京的皇家园林也体现着皇者之“大”的气派。例如圆明园由人工建筑和自然山水的合围和分割构成了100多个景区。颐和园中的宫殿园林建筑便多达3000余间，加之以雄伟的万寿山和宽阔的昆明湖，更显示出皇皇之大者的崇高风格。

北京皇家园林的皇者气派还体现了园林建筑的错采镂金的富丽美。无论你走进哪一座皇家园林，都可以发现皇家园林建筑的浓墨重彩，精工雕琢。皇家园林主要采用强烈的原色，如黄色的屋顶、绿色的琉璃瓦和屋身前交错排列的红柱彩枋，红、黄、绿以原色的鲜艳显示出一种庄严肃穆的富丽，而其规模之大则不仅显示其美丽，而且壮大。颐和园中的长廊就是一个典型代表，它集中体现了皇家园林的错采镂金的雕饰之美。它环绕万寿山前山，东起乐寿堂的邀月门，西至石丈亭，全长700余米，凡273间，碧柱朱栏与梁枋上的图案纹样一起既对比鲜明，又绚丽夺目，而梁枋上8000多幅山水人物花鸟彩画的浓丽华美则令人目不暇接，色彩光影之富丽、整体结构之壮观、雕琢刻绘之精美，只有皇家才有人力资财设计和建造。

[图 66]
长虹飞渡 · 颐和园十七孔桥

皇者气派的天然与意趣

自古以来，中国就有尊重自然的优秀文化传统，园林的功能和目的，就是要在喧嚣的城市中开辟有如自然一般的山水世界。对于中国园林来说，无论其中的建筑多么的精巧和雅致，多么的宏伟和壮观，如果不尊重自然和不充分利用自然，就不再是独成一方世界的“城市山林’。

明代万历年间的文士邹迪光说：“园林之胜，唯是山与水二物。”康熙也有“自然天成地就势，不待人力假虚设”的诗句，“师法自然”也是乾隆建筑构设皇家园林的基本理念之一。例如“西苑三海”——“南海”、“中海”、“北海”就是在原有的“海子”基础上加工改建的，早在金代这里已经发展成为皇家宫苑。清代康熙年间把园林建设的重点转向北京西郊，在那里建造大型行宫御苑和离宫御苑，就是充分利用那里开阔又富有变化的地势和山清水秀的自然风光。西郊的皇家三园——“清漪园”、“静明园”、“静宜园”，就是充分利用万寿山、玉泉山和香山的自然环境而进行艺术化和人文化的精心加工和构造的。例如，静宜园的东北景区的园林总体布局，便是顺应地形的变化划分为东西两个部分，东半部以水面为中心，以建筑合围的水景为主体，西半部的建筑则结合山石的庭院山景为主体，园林的建筑物并不显得突兀。

清代皇家园林的设计和建造可谓荟萃南北，精心巧构，使清代皇家园林成为集皇家园林之壮丽与江南园林之秀美于一体的集成式园林。被称为“万园之园”的圆明园就是最典型的例子，乾隆年间扩建圆明园时就大量采用了江南的园林艺术手法，并且直接仿建苏杭地区的名园。圆明园的西湖12景既仿其形，也用其名。如西湖的苏堤、曲院，海宁的安澜园、江宁的瞻园、钱塘小有天园、吴县狮子林是江南园林的仿建，圆明园仿建了杭州西湖的断桥残雪、花港观鱼、双峰插云、南屏晚钟，平湖秋月、雷峰夕照、三潭印月等等。皇家园林对江南名园的仿建所追求的也主要不是形似，而是追求一种特有的神韵。正如乾隆所说：“师其意，就其天然之势，为舍己之长。”皇家园林融多种园林个性之美和多种园林情致之境于一体，形成了以壮丽融精巧、以崇高含秀美、以北国风光纳江南情调的皇家园林风格。

皇者气派的文化与意蕴

当你漫步北京的皇家园林时，你所体验到的不仅仅是一种宏伟庄严的风格，一种巧夺天工的园林风光，一种悦目怡心的审美感受，还能体味到、了解到、认识到丰富深厚的文化意蕴，一种融“仁者乐山、智者乐水”的哲学和美学意趣。

中国传统的儒家文化思想也渗透到皇家园林之中，构成了皇家园林重要的文化内涵。且不说紫禁城这样的宫苑园林，就是皇家的离宫和行宫园林也体现了某种深厚的儒家伦理政治意识。如清漪园中的仁寿殿的前身勤政殿的楹联中写道：“义制事，礼制心，检身若不及；德懋官，功懋赏，立功唯其人。”又如，圆明园中的“正大光明”、“勤政亲贤”、“澡身浴德”等等题名，也无疑渗透着伦理政治中的“是唯君子德”的思想。可以说，儒家的伦理思想和儒家政治观念都被融合到以自然山水为主体的园林之中。

在这种明显的儒家文化思想之外，你也可以在园林中体味到某种宗教文化，特别是佛教文化的韵味。例如颐和园的三大寺庙建筑群，构成了青山绿水的园林空间中的寺庙文化景观。万寿山前山的佛香阁、后山的“须弥灵境”和南湖岛的龙王庙组群。清漪园中的主要宗教性建筑是乾隆为庆贺皇太后钮祜禄氏六十大寿，在明代的园静寺遗址上建造的大报恩寺。乾隆在《大报恩寺延寿寺记》中把万寿山比作“阿耨山”，把昆明湖比作“醍醐海”，这些比喻都来自佛经。而“众香界”和“智慧海”便是典型的宗教建筑，不仅建筑结构和建筑装饰是宗教性的，而且建筑内部幽暗的空间和奇光异彩的外部形式本身，给人们的也是一种宗教的神秘感。

前面讲过，中国园林讲究师法自然，而师法自然就是典型的中国道家思想，也是园林艺术的哲学基础。在皇家园林中，不仅自然山水，而且人工建筑都尽可能表达某种表现、体悟“自然之道”的美学境界。例如乾隆咏中南海的“水云榭”的诗句就传达了一种道、禅意识：“云无心出岫，水不舍长流……空明是我心，何如漆园吏？”漆园吏就是指道家哲学的代表人物庄子，其思想突出强调的是在宇宙万物中体悟人生和自然之至道。由此，北京皇家园林如此倚重于自然，也是为了在自然风光的赏玩中体悟天地人生之具有形而上意味的“真意”。

园林是一种艺术，是一种把人类的文化创造性熔铸于自然山水世界中的空间艺术，通过各种形式和手段把人文性和精神性的内涵纳入到自然山水之中。除了中国古典园林中的各种建筑物和各种人造物需要达到“虽由人作，宛自天开”的自然化的美学境界外，还通过各种艺术形式和手段来丰富园林的精神性人文内涵。在中国古典园林中，举凡文学、书法、绘画、雕刻、琴艺和戏曲等等传统的中国艺术，都共同展示着园林丰富深刻的文化内涵。

中国皇家园林用诗意化的文学语言传达园林的自然景观和人文景观的修饰手法，具有一种深厚悠远的美学效果，一种引人遐想的诗意境界。“颐和园”“圆明园”“畅春园”等等不只是告诉人们这是什么景观，更重要的是传达了一种具有深厚历史内涵的文化信息，一种需要领会和体悟的美学境界。漫步在皇家园林中，还可以欣赏到中国的书法艺术，例如北海、白塔山、西麓的“阅古楼”壁上，便嵌满了乾隆亲自编订的《三希堂石渠宝笈法帖》三十二卷刻石。它们以独特的中国书法艺术建构着皇家园林的人文景观，传递着悠远深厚的艺术情韵。

不仅如此，你还可以领略到皇家园林中的绘画和雕刻。例如颐和园长廊梁枋上的数百幅西湖图景。这些作品不仅以绘画艺术的手段空间性地讲述着江南丰富多样的山水风格人文情调，呼应了廊外的水光山色，而且也集中展示了皇家园林力图通过绘画语言表达自然山水诗意情绪，丰富了园林景观的审美追求。又如北海琼岛北侧的“铜仙承露盘”高达数丈的蟠龙汉白玉柱上的铜雕人像等，不仅有着与西方雕刻艺术不同的风格，而且也蕴涵着不同于西方的中国传统文化内涵和审美价值取向。

这里讲述的不过是皇家园林的几个侧面，是你步入皇家园林的一个导引，要领略皇家园林的完美杰作，体悟皇家园林的哲学意蕴，感受皇家园林所激发的强烈情感，得到怡情养性的艺术美感，最好还是亲身漫步在这些城市山林中，尽情享受皇者气派的崇高和巧夺天工的俊美。

[图67]
圆明园遗址

第 25 讲

如诗如画风韵在——燕京八景

[图 68]
琼岛春阴

明、清时期，上自京师，下至州县，都有自己的“八景”，歌之以诗赋，载之于志书，成为当地历史文化的一道靓丽的风景线。那么，流布如此之广的“八景”这一历史文化现象，究竟是何时出现的？它的根源在哪里？

“八景”的由来和“京师八景”

宋代名臣、大科学家沈括在《梦溪笔谈》一书中说：“度支员外郎宋迪工画，尤善为平远山水。其得意者，有‘平沙雁落’、‘远浦帆归’、‘山市晴岚’、‘江天暮雪’、‘洞庭秋月’、‘潇湘夜雨’、‘烟寺晚钟’、‘渔村落照’，谓之‘八景’，好事者多传之。”（见《梦溪笔谈》卷17《书画》）。正是因为“好事者”对宋迪的“八景”画“多传之”，于是“八景”之说便流布开来，并产生广泛的影响。首先引起各级官员和文人墨客的兴趣，启发他们也在自己主政和生活的地方，找出类似宋迪“八景”画一样的当地“八景”来，作为赏游的去处。看来，宋迪的“八景”画应该是后世各地“八景”之滥觞。

明嘉靖年间，张爵撰《京师五城坊巷胡同集》，内中对“京师八景”记述较详。兹录于下：

“西苑内有太液池、琼华岛，波光澄澈，烟云缭绕，上有广寒殿，隐然仙府，为京师八景之二：一曰太液晴波，一曰琼岛春云。”

“黄金台，台在（顺天）府东南十六里，昔燕昭王于易水筑黄金台，后人慕其好贤，筑台于此，为京师八景之一，曰金台夕照。”

“西山，（顺天）府西三十里太行山首，每大雪初霁，积素若画，为京师八景之一，曰西山霁雪。”

“玉泉山，（顺天）府西二十里，凿石为螭头，泉从口出，色若素练，为京师八景之一，曰玉泉垂虹。”

“卢沟河在（顺天）府西十五里，一名浑河，其源出山西，由太行山入宛平境。其桥金建，本朝正统年重修，长二百余步，石栏刻狮形，每早波光映月，为京师八景之一，曰卢沟晓月。”

“土城，燕城古蓟门，今止存二土阜，林木苍翠，为京师八景之一，曰蓟门烟树。”

“居庸关，在（顺天）府北一百二十里，关之南，重峦叠嶂，苍翠可爱，为京师八景之一，曰居庸叠翠。”

《京师五城坊巷胡同集》，成书于明嘉靖三十九年（1560年），其中对“京师八景”有如上的记述，说明“京师八景”早已确定和成熟。毫无疑问，在明代嘉靖年以前，“京师八景”必定还有一个由最初提出、确认以至于流传的历史过程。这就需要进一步追寻下去。

初刊于元成宗大德年间（1297～1307年）的《大元混一方舆胜览》一书中，于《腹里·直隶省部·大都路·大兴府·景致》栏目下记云：“燕山八景：蓟门飞雨、瑶岛春阴、太液秋风、卢沟晓月、居庸叠翠、玉泉垂虹、道陵夕照、西山晴雪。”据此而知，尽管元代的“燕山八景”与明代的“京师八景”略有不同，但作为京城的“八景”已经形成和流传，则是不容置疑的。

清《嘉庆重修一统志·京师·山川》有云：“‘燕京八景’为金明昌遗事。曰琼岛春阴、太液秋风、玉泉垂虹、西山积雪、蓟门飞雨、卢沟晓月、居庸叠翠、金台夕照。”按这里十分明确地说，“燕京八景为金明昌（金章宗年号，为公元1190～1196年）遗事”。

在这里有必要进一步说明的是，“燕京八景”自金章宗明昌年间确定之后，经元、明、清三代的流传，除“卢沟晓月”、“居庸叠翠”二景保持不变外，其他皆有变化。具体变化是：

蓟门飞雨（金、元）→蓟门烟树（明、清），明永乐中改。按蓟门本指蓟城之门，应在北京城西南方，但明代误指为元大都之健德门遗址，清乾隆间将“蓟门烟树”碑又立于元大都城西北角之遗址上。

琼岛春阴（金）→瑶岛春阴（元）→琼岛春云（明）→琼岛春阴（清）。此景指北海琼华岛，即今白塔山。

太液秋风（金、元）→太液晴波（明、清）。此景指北海和中海。

玉泉垂虹（金、元、明）→玉泉趵突（清），乾隆中以泉水“类济南市之趵突”而改。此景指玉泉山玉泉。

西山积雪（金）→西山晴雪（元）→西山霁雪（明）→西山晴雪（清），最后者为乾隆中改。“西山晴雪”碑在香山。

道陵夕照（金、元）→金台夕照（明、清）。按道陵在大房山东麓金陵所在地，而黄金台应近燕下都，在河北易县地，后人却将“金台夕照”一景指在北京东郊。

任何事物都在发展变化。“燕京八景”的变化本不为怪，但由“道陵夕照”变为“金台夕照”，却是鲜为人知的。

诗画中英姿——燕京八景

琼岛春阴

燕京八景之一，名出金代。琼岛名琼华岛，蓬莱山。在今北海南部。高大雄伟的白塔是其主要特征。这是一个人们本着幻想中的“仙山琼阁”打造的一座人间仙境。全岛面积6.5公顷，山高32.8米。辽代为湖中小岛。名瑶屿。金代挖湖堆山，始有今日之规模，更名琼华岛，山顶建广寒殿。元代为大内中心，易名万寿山、万岁山、渎山。清顺治年间在原广寒殿基址上建大白塔，故又称白塔山。乾隆年间又增建了不少园林建筑。岛上建筑密集而又错落有致，依山势之高低有序分布，隐现于苍松翠柏之中。南面以永安寺为主体。西面有庆霄楼、悦心殿、阅古楼等建筑。东面林木繁茂，绿荫深处，隐现一座“琼岛春阴”碑。北面一排双层六十间的临水游廊，宛如一条彩带将琼岛拦腰束起。山顶的白塔高耸入云，气势雄伟，景象万千，是整个北海公园的主体建筑和中心景点。琼岛春阴碑为乾隆御笔，始建于乾隆十六年，完工于乾隆十八年，今存。碑呈方形，高4.1米，阳面刻“琼岛春阴”四个大字，阴面刻乾隆一首七律诗。实为园中一大胜迹。

[图69]
卢沟晓月

太液秋风

燕京八景之一，名出金代。该景位于北京中轴线西侧，处今日内城之中心。早在辽代就已有开掘，湖名金海，岛称瑶屿。金大定十九年（1179年），仿北宋汴京（开封）艮岳御苑之制建造大宁宫，后改名万宁宫，更金海之名为西华潭，瑶屿为琼华岛。还将开封艮岳的太湖石运来，在岛上堆砌假山。元大都城以大宁宫湖泊为中心规划，使之成为大内帝王禁苑。改琼华岛为万寿山，称西华潭为太液池，此为太液池之名的由来。明代时，这里成了皇宫的西花园，改称西苑。乾隆六年至三十六年（1741～1771年），大兴土木，把该景的园林古建推到了一个鼎盛时期。太液池原本一体，元代在今北海大桥处建木桥，长470尺。明代改建为白石断桥，中流架木，使之可以通巨舟。清乾隆年间改建为七孔拱券式，外观为九孔。从此太液池被分隔为南北两部分（今之中海、北海）。明清两朝此桥是禁地，民国时期才允许民众过往。乾隆御书之太液秋风碑，今仍存。

[图70]
居庸叠翠

玉泉趵突

燕京八景之一，名出金代。在海淀区颐和园西北，为西山支脉东麓。此处洞壑迂回，流泉遍布。泉水清澈如玉，故名玉泉，山亦水名。水出山为玉河，是金元明清北京漕运和民用水的源泉之一（今枯竭）。山呈西北走向，纵深1300米，东西最宽处约450米，主峰海拔104米，高出地面50米。金章宗明昌年对此处景观有“玉泉垂虹”之称，为其燕京八景之一。清乾隆皇帝更其名为“玉泉趵突”，御书“天下第一泉”，并立碑以志。还指定此水为宫廷用水，每日差人

装运入宫80罐。从金代在此首建行宫芙蓉殿始，金元明清各朝均有兴建。以清代的静明园最为壮观。其风景今以妙高峰的华藏塔、玉峰塔、裂帛湖、华严洞、玉龙洞、香岩寺、宝缘寺等最为著名。据古书记载，去山不远，泉水聚而成湖，湖水如冰般冷，湖名裂帛，泉入湖底，伏如练帛，裂而珠之，直弹湖面，涣然合于湖。吉水胡广的《玉泉山》诗云：玉泉之山下出泉，泉流泠折如虹悬。却带西湖连内苑，直下通津先百川。

西山晴雪

燕京八景之一，名出金代。据明沈榜《宛署杂记》载："西山在县西三十里。旧记，太行山首始河内，北至幽州，第八陉在燕，强形钜势，争奇拥翠，云从星拱，于皇都之右。每大雪初霁，千峰万壑，积素凝华，若图画然，为京师八景之一，名曰西山霁雪。"西山晴雪碑今保存完好，在香山公园北部的绿树丛中。金章宗明昌年始称"西山积雪"。清乾隆年更今名，乾隆亲笔题字立碑以志。西山是观赏雪景的胜地，也是盛夏避暑的好去处。

蓟门烟树

燕景八景之一，名出金代。位置在海淀区学院路黄亭子一带的元代土城遗址上。蓟门之景，见称于金章宗明昌年间。最初记载燕京八景的金代《明昌遗事》一书，所称蓟门之景为"蓟门飞雨"。至明朝永乐年间翰林学士胡广等十三人将燕京八景绘成图卷，将蓟门飞雨一名改为蓟门烟树。原因是沧海桑田，金元时蓟门楼馆林立，至明永乐时这些都已荡然无存，所代之的是葱郁的林木，因此改名。蓟门指春秋战国时蓟城的城门，大约在今广安门一带。明朝以来，人们把大都城健德门（俗称土城关）当作蓟门遗址。清乾隆皇帝在此处题字作诗刻石立碑以志，石碑就立在黄亭子元代土城遗址上。相传门处二土阜，"树木蓊然，苍苍蔚蔚，晴烟插云，四时不改"。但此景已不复存在。碑乃乾隆十六年（1751年）立，至今保存完好。碑高约3米，宽80厘米，厚25厘米。长方形须弥座式碑座，僧帽形碑首，刻雷纹。碑之阴面刻乾隆手书之"蓟门烟树"四字，碑阴刻乾隆御题七律诗一首。20世纪80年代，元大都城垣遗址公元修建，蓟门烟树、黄亭子都包括其中。其中蓟门烟树景点已于1985年修复，乾隆御笔的"蓟门烟树"碑，已用汉白玉栏杆相围，显得更加醒目、壮观。在蓟门南北两侧，新建刻有历代描绘"蓟门"景致的诗画碑廊、元代茶楼、戏台等具有元代风格的建筑。

卢沟晓月

燕京八景之一，名出金代。卢沟桥位于京城西南部，距城15公里。因横跨卢沟河而得名。卢沟桥始建于金大定二十九年（1189年），金明昌三年（1192年）建成，初名"广利桥"。卢沟桥为十一孔不等跨连续圆拱桥，全长二面212.2米，加上两端引桥，总长约266.5米，宽9.3米，是华北最长的古代石拱桥。桥墩前尖后方，平面呈船形，迎水面作分水尖状。卢沟桥上的石雕精美奇特，构思巧妙，具有浓厚的民族风格。桥上共有栏板279块，望柱281根，石狮498个。这些栏板与望柱上的花纹雕刻细腻精美。石狮是卢沟桥上重要的雕刻艺术，这些石狮全都雕刻得生动活泼，其中大狮子有281个。狮子们千姿百态，各具特色，实为我国石雕艺术的杰作。桥的两头有通石碑：桥东头有“卢沟晓月”碑，有碑亭，碑一面为乾隆书“卢沟晓月”四字，另一面为其所作卢沟桥诗。其余石碑为：康熙重修卢沟桥碑，康熙题“察永定河诗”碑，乾隆重葺卢沟桥碑。卢沟桥自建成以来，由于结构坚固，技艺高超，虽历经金、元、明、清及民国诸朝代，没有进行重建，只是部分的修缮，桥的各部件，大部分是金代的原物。

居庸叠翠

燕京八景之一，名出金代。古之居庸并不单指居庸关城。明胡广的《燕京八景图诗序》早就谈到了它是指40里的关沟全段而言，“居庸，关之中延袤四十里，两山夹峙，一水旁流，关中有峡曰弹琴，道旁有石曰仙枕，两岸峻绝，层峦叠翠，故曰居庸叠翠。”

居庸关有景观、防御两大功能。它地处“内边”长城的东端，是保卫明陵和京师的最后一道防线。40里关沟，纵深很广，从今南口到北口（八达岭）建有四重关隘：南口关城、居庸关关城、上关关城、北门锁钥关城（八达岭关城）。除此还有很多重要的隘口，均是易守难攻的险要之处。八达岭，就整个关沟来讲，是属于这40里居庸叠翠中的最后一个高峰高潮。

关沟之中，涧水长流，故居庸关城建有铁栅水门，现已无存。京张铁路通过这里，在青龙桥火车站有这条铁路的设计师詹天佑先生的铜像。

金台夕照

燕京八景之一，名出金代。见称于金章宗明昌年间（1190～1195年）。昔燕昭王置千金于台以招贤者，故名黄金台。史书记载之台有三：易州大金台、北京西金台、小金台。游人往往极目于斜阳中，徘徊留恋，以寄遐思。金章宗完颜璟御书“金台夕照”。今建国门外日坛以东，原有一土阜，人们传为金台夕照。清乾隆帝题字作诗刻石立碑以志。元刘因《黄金台》诗曰：燕山不改色，易水无新声。谁知数尺台，中有万古情。区区后世人，犹爱黄金名。黄金亦何物，能令贤重轻……

第 26 讲

逝去的尊崇与奢华——皇陵

十三陵概观

[图 71]
定陵全貌

北京地区的明十三陵是目前世界上保存最完整、埋葬皇帝最多的墓葬群。陵区面积达 120 余平方公里，是以明成祖长陵为中心的集中陵区。明成祖夺位前曾长期镇守北京，永乐五年（1407 年）皇后徐氏病亡，计划迁都的成祖遣人去北京寻找“吉壤”。永乐七年（1409 年）选定陵址。这里山间地面广大，群山若封似闭，易守难攻，一旦驻军把守，既可守护陵寝，又便于拱卫京师。加上术士们的夸张神化，成祖下令圈地 80 里为陵区禁地，开始动工修建长陵。从营建长陵到清顺治元年（1644年）修建思陵，陵区营建历时 200 多年。陵墓营建的次序依次是成祖（又称太宗）长陵、仁宗献陵、宣宗景陵、英宗裕陵、宪宗茂陵、孝宗泰陵、武宗康陵、世宗永陵、穆宗昭陵、神宗定陵、光宗庆陵、熹宗德陵、思宗思陵，共葬有 13 位皇帝，随葬 23 位皇后，1 位贵妃和数十名殉葬宫人。陵区内还有妃墓 7 座及太监墓 1 座。

为帝后谒陵更衣、驻跸或临幸而建的时陟殿、新旧两座行宫，九龙池、圣迹亭等宫苑式附属建筑，现仅存遗址。除思陵以外的 12 个陵建有陵监、陵园、陵卫等建筑。监即神宫监，专司祭祀扫陵之事，都筑在陵宫附近，现在均已形成村落，仅存德陵监监墙。园是园丁住的地方，经营瓜果菜蔬，供给祭陵之用。卫是驻军所在，用以保卫陵寝。在十三陵周边山岭的山口，为护卫陵寝安全，明代修筑了城墙等军事设施，与十三陵其实为一个整体。据清光绪年间所绘制的《明陵图》以及顾炎武著《昌平山水记》记载，环山有十余座关口。

明朝共有 16 帝，而北京为何只有 13 个帝陵呢？这与明朝历史有关。开国皇帝朱元璋建都南京，死后葬于南京钟山之阳的明孝陵。第二帝建文帝（朱允炆）因其叔父朱棣以“靖难”之名篡位而下落不明，所以未建陵墓。第七帝景泰帝（朱祁钰）因其兄英宗于正统十四年（1449年）“土木堡之变”中被瓦剌所俘，在太后与大臣议定下即帝位。后英宗被放回，景泰八年（1457年）英宗复辟后废帝为王，死后将其葬于北京西郊玉泉山，并捣毁其修建的寿陵。故只有“十三陵”。

宏伟陵园

明皇陵的规制比前代有了较大的改变，因为明太祖对陵寝礼制进行不少变革。首先，明代皇陵由汉唐以来的方形改为圆形，称“宝顶”。这是由于明太祖定鼎南京，受南方习俗影响，太祖孝陵为圆形，确定了十三陵的圆形陵墓制度。其次，扩展祭殿（上宫）建筑，增加配殿建筑，取消寝宫（下宫）建筑，只保留五供台、神厨和神库。从秦汉到唐宋，陵寝制度不断变革，祭殿朝拜仪式日渐重要，寝宫在礼仪制度的地位不断降低。贫苦出身的明太祖崇尚节俭。醉心于皇权稳固，通过改革淡化陵寝制度中的迷信色彩，更加突出朝拜祭祀的隆重仪式，借以推崇皇权的神圣威严，维持家天下的正统性。再者，陵园的围墙从方形改为三进的长方形。

与唐代及北宋皇陵不同，明十三陵是一个统一陵区，只有公共的牌坊、碑亭、神道和石刻群。各陵的享殿（祭殿）、方城明楼（明楼是方城的城楼，中立墓碑上刻皇帝庙号、谥号）等建筑又自成一个独立单位。建在陵区中轴线上显示帝王尊严的神道通往北端成祖的长陵，这也是陵区的总神道。神道从起点石牌坊至长陵宫门长约14.6公里，其他陵墓与这条神道相通。

陵区正门前竖立有五门六柱十一楼的汉白玉石大牌坊，是神道的起点，明嘉靖十九年（1540年）建。这座牌坊是中国现存最大、最早的石坊建筑。

穿过牌楼二里多路，到达陵园黄瓦红墙的大门大宫门。这是陵园的总门户，为以前“祭陵”必经之道。两侧各有下马碑，上刻“官员人等至此下马”。门内设碑亭，碑亭四角矗立汉白玉石华表。墓道树立木华表古已有之，东汉开始流行石柱华表，被用作神道的标志。碑亭四面各辟券门，内竖白石雕成的“大明长陵神功圣德碑”，碑身刻明仁宗朱高炽为其父朱棣撰写的长达3500多字的碑文。

碑亭往北，神道两旁排列长达800米的石望柱和石像生（二十四兽、十二石人）。石像生为明宣德十年（1435年）整修长陵、献陵时雕造，均用整块巨石琢成。这些石像生高大精美，既有用作仪卫、表彰威武的目的，也是为了加强想象中的警卫力量。石兽共12对，6立6卧。从一些石兽的名称来看，如獬豸、麒麟等神兽，就可以知道是用来象征吉祥和驱除鬼怪的，也唯有帝王可用。石人分为文臣、武臣、勋臣三种，共6对立像。石人像显示了帝王的威严，表彰帝王开创基业、受臣民拥戴的丰功伟绩，同时作为一种仪卫。

石像生的尽头便是棂星门（龙凤门），是一座汉白玉石牌坊。门南向，三门并排，三门额枋中央都有一颗石琢火珠，故又称火焰牌坊，含“天门”之意，意即死去帝王的亡灵进入此门，就可通向“天界”。过龙凤门，再往北沿长达7公里的神道穿过温榆河七孔石桥，便可直达长陵。

从起点石牌坊，中经大红门、神功圣德碑、石像生、棂星门，进门后可看见丛山环抱的一片片密林中掩映着一座座金色殿顶，这是各个帝陵所在，每座陵墓分别建于一座山前。各山俱有原名，因皇帝在此地建陵，山名都有更改。如长陵建在黄土山下，据《嘉靖实录》载，成祖生日在此山饮酒，百官上寿时为讨其欢心，称此山为天寿山，遂为定名。长陵位于中轴线的北端，除思陵偏在西南一隅外，其他12陵均成扇面形分列于长陵东西两侧。陵与陵之间的距离，少到1里，多达10里。虽然各陵格局基本一致，但规模差别很大。长陵规模最大，明世宗（嘉靖）的永陵、明神宗（万历）的定陵次之，其他的较小。

豪华陵墓的修建

成祖长陵规模最大，依照礼制子孙陵墓应当渐次缩减规模，以示功业逊于父祖，表达对祖先尊崇之意，但十三陵却不尽然。皇帝生前所修陵墓，大都规模宏大，装饰堂皇，死后由子孙所筑陵墓，大都规模较小。仁宗与宣宗父子注重节俭，史称“仁宣之治”。仁宗遗诏陵墓从俭修造，宣宗修建的景陵也不敢超越父陵太多，其后的诸陵在规模上都超过了献、景二陵。其中最奢华壮丽的陵墓要数长陵。

[图72]
十三陵神道

长陵是十三陵首陵，历时4年建成，为成祖与皇后徐氏的合葬墓，是建筑最早、面积最大、规模最宏伟、工艺最考究、原建筑保护最完整的一处墓园。尤其祾恩殿是明代帝陵中唯一保存至今的陵殿。大殿规模与明皇宫内最大的奉天殿（清称太和殿）相同，象征皇帝“九五”之尊。最令人惊叹的是，殿内有32根金丝楠木本色明柱，最大直径1.17米，高14.3米，举世无双，梁、柱等物件全都是楠木制作。

十三陵殿堂以及明宫廷木材大都使用楠木。楠木高大挺直、坚实耐用，成材需要数百年时间，主要产于四川、湖广、江西等地深山中。明代派专人从事采伐，用于宫殿、陵墓建造，称“皇木”。采伐皇木前，要遣官员告祭神灵。采木人冒生命危险，成群结队，背负粮米去深山峡谷中寻觅。蜀民有“入山一千，出山五百”的民谚，道出了采木人的辛酸血泪。大木采伐之后，山路崎岖，只能等到山洪暴发，靠洪水将木材漂流出山，然后再导入江河，结筏而运。江河之中惊涛骇浪，又有无数人死于非命。要经五六年之久皇木方能抵达北京，沿途损耗，最后也仅剩十之一二了。

十三陵中唯一一座被发掘了的陵墓是定陵，为明神宗朱翊钧的陵墓，坐落在大峪山下，同葬两位皇后。定陵于万历十二年（1584年）动工营建，历时6年方完工，耗银800余万两。定陵不仅殿堂巍峨，其他砖刻石雕等也莫不精工细作。

制作如此坚固精美的砖石需要役使无数百姓，不仅定陵所用砖瓦石料是要耗费万千百姓血汗，其他陵墓亦不例外。十三陵所用的砖都是50斤重的大型城砖，印有“寿工”二字，称“寿工砖”。嘉靖以前由各府州县贡纳，后来大部分改由山东临清供应，工部派专人在这里专事督办，每年缴纳100万块。砖要求质地要细致坚实，验收时每块砖要敲击有声，断之无孔隙，砖上要印制作年月，委官姓氏，窑户姓名等，以备查对。

十三陵营造要使用大量石材，石材的开采运送更是劳民伤财。神道两侧的石象生，陵园内高大的石碑、龟趺以及明楼角柱，大都为整石雕刻。石材大部来自京郊，如汉白玉石产自房山县大石窝。巨石不但开采十分艰难，要运到城内也极其不易。为了搬运，先在沿途每隔一里地挖井一口，利用寒冬气候，在地上泼水结冰，然后将巨石放在特制木架上（旱船），由千百民夫用绳拖拉。《冬官纪事》曾载：从房山运送一块长三丈、宽一丈、厚五尺的白石，就调用顺天府等八府民夫两万人，历时28天运到京城，耗费白银11万两。

明清改朝之际，明陵曾遭受战争破坏，此后其他建筑也不断残坏。为此清政府于乾隆五十到五十二年（1785～1787年）对十三陵的主要建筑进行过一次规模较大的修葺。辛亥革命以后时局动荡，陵园遭受破坏严重，北平市政府又于1935年修葺了长陵。建国后，1949年以后设立专门机构对陵园进行保护管理。十三座陵中，先后修缮了长、景、永、定、昭五陵，只有长陵、定陵、昭陵三处已被开发成旅游景点。明十三陵自然环境幽雅，陵寝建筑规模宏大，体系完备，整体性突出，陵寝制度独具风貌，是明朝200余年历史中中国建筑艺术的杰作和陵寝规划与建造的最高代表。

[图73]
俯瞰长陵

第27讲

新文化运动的见证——五四大街

提起五四大街，人们立即会想到五四新文化运动，想到北大红楼，想到与这里有关的历史人物——陈独秀、李大钊、蔡元培、胡适、鲁迅以及青年时代的毛泽东。

在民国以前，这一带还没有大街，只是一些府宅、寺院、民居和胡同。新中国成立后才命名为五四大街，之所以冠以今名，是因为街中有闻名中外的北大红楼，而这里是著名的"五四运动"发源地。

位于五四大街29号的北京大学红楼，是一座具有近百年历史的建筑。北京大学的前身是清代京师大学堂，始建于光绪二十四年（1898年），校舍在景山东街的马神庙四公主府。1912年，京师大学堂改称国立北京大学。从1916年起，学校在沙滩兴建学生宿舍楼。北大红楼即于当年兴建，建成于1918年8月。红楼坐北朝南，呈工字形，连地下室总共5层，通体用红砖砌筑，故名"红楼"。

这里曾是最早传播马克思主义和民主、科学思想的阵地。早在1916年12月，蔡元培被任命为北大校长。红楼建成后，他迁入二楼校长办公室。在此期间，蔡元培提倡新文化、新思想，并以近代资产阶级教育制度为蓝本，着手改造封建保守的旧北大。自蔡元培任北京大学校长，许多名流、学者汇集北大，陈独秀、李大钊、鲁迅、胡适、钱玄同、马寅初、李四光等先后在这里任教任职。红楼一时成为新文化运动的大本营。

在新文化运动的影响下，一些早期共产主义者，如李大钊、毛泽东、邓中夏等都在红楼里学习和研究过马克思主义。1917年11月，李大钊经章士钊推荐任北京大学图书馆主任。

1918年8月，红楼落成后，北大图书馆搬到红楼一层。这里设立有编目室、日报资料室、书库、阅览室等。李大钊的办公室就在东南角的第三间。在此期间李大钊组织了"马克思主义研究会"，同时在《新青年》《每周评论》上发表了不少宣传马克思主义的文章。五四运动中，红楼和它北面的民主广场是爱国运动的主要活动场所。五四运动以后，李大钊等人在红楼建立了北方第一个共产主义小组。从此这里就成为北方革命活动的中心。

五四运动前夕，毛泽东来到古都北京。经杨昌济（杨开慧父亲）的介绍，结识了李大钊，来到设置在红楼的北大图书馆工作。他当时具体工作是担任图书馆助理员。工作地点就在红楼一层西面的第二阅览室。在这里毛泽东接触了许多革命青年，有机会博览群书，研究探讨有关社会主义问题。斯诺在《西行漫记》里谈到毛泽东时有过这样一段回忆：“我在李大钊手下在国立北京大学当图书管理员的时候，就迅速地朝着马克思主义的方向发展。”

鲁迅先生是五四时期新文学的杰出的代表，是卓越的革命民主主义者。1920年8月，鲁迅应聘来北大红楼讲授《中国小说史》。他常以渊博的学识和精彩的讲演吸引着校内和校外许多知识青年。从那时起到鲁迅先生离开北京，他在北大授课6年，用自己的心血哺育了新一代青年。

北大红楼于1961年3月4日被公布为第一批全国重点文物保护单位。岁月流逝，这座见证了中国历史上许多重大事件的红色建筑也饱经了沧桑。如今，红楼依然矗立在阳光下，熠熠生辉，充满着活力与希望。

[图74]
原北大红楼

从红楼往东，五四大街上还有一座国家级的美术博物馆——中国美术馆，毛泽东题写馆额。它是新中国成立后建成的，是建国10周年的10大建筑物之一，也是国内最大的美术作品展厅。主体建筑为仿古阁楼式现代建筑。顶部用黄色琉璃瓦装饰，四周有廊榭围穿，具有鲜明的古典民族建筑风格。馆内分上、中、下三层。

中国美术馆收藏各类美术作品近 10 万余件，以新中国成立前后时期的作品为主，兼有国民初期、清代和明末的艺术家的杰作，藏品中主要为近现代美术精品，其中有对 20 世纪中国传统绘画产生重要影响的画家及作品。仅齐白石的作品即有 410 件，另包括任伯年、吴昌硕、黄宾虹、徐悲鸿、李可染等人的作品。还包括大批中国著名美术家的代表作品和重大美术展览中的获奖作品以及丰富多彩的民间美术作品。收藏品类有绘画、雕塑、陶艺民间美术等数十个品类。其中包括年画、剪纸、玩具等民间美术品。在馆藏品中德国收藏家路德维希夫妇捐赠欧美国际艺术品 117 件，其中有毕加索作品 4 幅，这是我国首次大量收藏的西方艺术品，此外还有非洲木雕及其他外国美术作品数百件。

开馆以来，共举办各类美术展览及国内外著名艺术家作品展览 3100 多个，除具有影响的全国性展览外，影响较大的国际展览有“美国哈默藏画 500 年名作原件展”、“法国 19 世纪农村风景画展”、“毕加索绘画原作展”等，以及奥地利、日本、俄罗斯等国的许多美术展览。年均接待观众数百万人次，中国美术馆已成为向大众进行美育的重要艺术殿堂。同时，中国美

[图 75]
五四运动纪念碑

术馆馆藏品先后赴法国、美国、俄罗斯等国展出，并多次赴香港、澳门、台湾等地举办展览，为宣扬中国美术事业的成就和美术交流作出了积极的贡献。

在美术馆东边不远的地方有个隆福寺，是明、清两代香火鼎盛的地方，也是老北京城最著名、最大的庙会所在地，素有“诸市之冠”的美称。始建于明景泰三年（1425 年），清雍正三年（1731 年）重修，是明代三禅并驻的寺院，清以后改为喇嘛寺，称东庙。西庙为北京西城区护国寺。早年间，隆福寺每月一、二、九、十日开寺赶集，每逢集日京城百姓扶老携幼，人山人海，在京各驻华使节也纷纷前往参观购物。隆福寺大庙会汇集了北京著名风味小吃，百艺杂耍，土特产品，南北大货，吃的、喝的、玩的、看的、听的、用的，应有尽有，数百年来，以其独特的经营方式成为北京最有名的民间集贸市场。清光绪二十七年（1901 年）隆福寺庙被大火烧毁。如今虽然寺庙无存，隆福寺街的商业也形成了新的特色，但人们对浓缩着深厚京味文化的隆福寺仍然津津乐道。

放眼五四大街，它地处京城的中心，西接景山东街，东连朝内西大街，西依风景优美的景山、北海公园，东邻明清两代香火盛地隆福寺，南傍故宫紫禁城，周边还有九爷府和朝阳门外东岳庙、广济寺、历代帝王庙和白塔寺等历史名胜，从东到西组成了一条独具特色的城市文化带。走过这条文化带，如同走进了中国悠久的历史文化长廊。

北京100讲

第三篇

走向宜居
——北京人居环境的变迁

第28～38讲

篇目负责人
赵 书

主要撰稿人
赵 书 尹钧科 于燕燕
殷星辰 袁振龙 闻 风
刘 薇 蔡 雯 王晶晶
唐德文 等

第 28 讲

总说：北京民居像条河

随着时代主题的变幻，北京的民居也在改变着自己的色彩。

从平房到楼房

自元代正式定都北京，兴建都城开始，四合院就和一个个胡同同时出现了。

[图 76]
老四合院

所谓“四合院”，是东南西北四面建房，合围出一个院子，一家人居住，具有良好的私密性。院内坐北朝南的房子叫正房，东西两边为厢房，坐南朝北的称倒座。一般来说，正房高大，采光、通风好，是家长的住处；子女晚辈住厢房；倒座一般作为客厅或书房。这样的四合院，有着宽阔敞亮的院落，四面各自独立的房屋，房屋之间又有游廊联接，起居十分方便。院内繁华生树，假石亦存山意，鸟鸣啾啾，鱼儿嬉戏，让人在这个小天地里惬意地享受着家居式的自然之美和家人之间相互照应的天伦之乐。

但是，近代以来，随着北京人口的增加，单门独户的四合院逐渐容纳了很多人家，成了大杂院。

随着经济的发展和城区的改造，原有的平房早已无法解决日益增长的人口所带来的住房压力。于是，楼房这种占地面积少、安置人口多的建筑，成为居民建筑的主要形式。每幢楼都有一个或多个楼门，称为“单元”，单元内的每一层都有一套或几套房间，供一家或几家人居住。家中水、电、暖一应俱全，还有独立的卫生设施，与过去几家人共用厕所、共用水龙头的大杂院相比，居住条件改善了很多。

20 世纪 80 年代之前，北京实行“统一管理，统一分配，以租养房”的公有住房实物分配制度。北京的住宅楼大都是由各单位筹资修建，并分配给员工的。随着楼房越来越多，逐渐出现了现代小区。小区内少则三五幢、多则十几幢的楼房排成一行行、一列列的方阵。楼与楼之间的空地上有绿油油的草坪、微笑着的花，蓊郁而葱茏的树木，道旁还设有小桌石凳或是木质长椅供人休息。不少单位重视职工的生活质量，还在住宅区里建有小花园、运动场、棋牌室、报刊室等室外室内的休闲娱乐设施供居民享用。

1998年7月3日，为了进一步适应市场经济发展的要求，拉动内需增长，国务院颁布了《关于进一步深化住房制度改革加快住房建设的通知》，宣布全国城镇从1998年下半年开始停止住房实物分配，全面实行住房分配的货币化，同时建立和完善以经济适用住房为主的多层次城镇住房供应体系。从此，分房制度宣告结束，房地产业在北京民居建设中大显身手。几年间，各

式各样的商业化住宅小区就如雨后春笋般布满了北京城。

[图77]
雪后老民居

卫星城镇

在北京城民居的演变过程中，特别值得一提的是北京卫星城镇的建设。

“卫星城镇”这一概念由美国的泰勒提出，是大城市体系中的一个层次，它们依附于大城市，处在大城市周边并与大城市联系紧密而又相对独立的中小城市。它们中的大多数是借助于特大城市中心城区的辐射力由旧有小城镇发展形成，也有少数一部分在新规划的郊区和乡村空地上建设而成。早在20世纪50年代，卫星城的思想就已经被纳入到北京的城市规划中，而北京市明确提出要建设卫星城则是在20世纪80年代的事了。当时，随着北京市区人口规模的膨胀以及远郊区县经济的发展，建设卫星城逐渐成为北京城市发展的需要。1982年，《北京城市

[图 78]
玉渊潭畔

总体规划》提出要重点建设燕化、通县（通州）、黄村、昌平四个卫星城；1984 年，《北京市加快卫星城建设的几项暂行规定》出台；1993 年《北京城市总体规划(1991～2010)》中明确提出北京市要建设 14 个卫星城，即通州、亦庄、黄村、良乡、房山（含燕山）、长辛店、门头沟、沙河、昌平（含南口、捻头）、延庆、怀柔（含桥梓、庙城）、密云、平谷和顺义（含牛栏山、马坡）；2001 年《北京市“十五”时期城市化发展规划》对北京市 14 个卫星城的功能定位及发展方向提出了具体要求，强调卫星城的发展要为分担市区功能和带动本地区经济社会发展服务，并选择了区位条件相对优越、经济发展基础较好的通州、昌平、亦庄、黄村、良乡、顺义 6 个卫星城进行重点开发建设。

经过数年的发展，北京的卫星城已经初具规模。现在，北京有 5 大重点卫星城，即良乡、通州、顺义、昌平和黄村。它们是北京发展制造业和都市型现代农业的主要载体，也是北京疏散城市中心区产业与人口的重要区域，是未来北京经济重心所在。房地产开发商也看准了这里的发展潜力，开发了一系列远离市中心的住宅小区。由于地处郊区，房价相对较低，而北京私家车的普及又在一定程度上拉近了和工作地点的距离。同时这里的环境非常优美、空气清新、交通便利、服务设施齐全、人口密度也比较小。这些诱人的优势使越来越多的驻京人士在这些

[图 79]
姜庄湖地区

小区安家落户。

经济适用房

住房分配货币化政策颁布之后，北京的商品房楼盘越来越多。同时，北京市政府为了满足中低收入家庭的住房要求，经济适用房这一同时具有福利性和商业性的住房作为国家住房政策的重要一环，被颁布并实施。早在2002年，市政府就规定从次年开始，3年内每年建设不少于300万平方米的经济适用住房的计划。2004年，北京商品住宅新开发的总面积为2019.29万平方米，经济适用房开发建筑面积300万平方米，占开发建筑总量的15%。仅就北京一市而言，1999年到2005年的6年以来，经济适用住房已解决了北京30多万人的住房问题，并且在住房面积上也有所提高，使城镇居民住房水平有了质的提高。

经济适用房政策体系的颁布和实施，有效地缓解了低收入家庭的住房困难问题，切切实实地解决了很多人的住房问题，为市民带来了福音。

今天的北京，既保留着有千年历史的胡同、四合院，也矗立着后现代风格的高楼大厦；既有人留恋着城里的蜗居，更有人喜欢着卫星城中宽敞的公寓；风格各异的商品房争芳斗艳，朴素实惠的经济适用房也不乏吸引力。北京城的民居，正演奏着古今交替的变奏曲。

第29讲

古老在这里流连——胡同

关于“胡同”二字的释义，众说纷纭，但大都肯定它是北京小街小巷的通称。因此有人说：如果把北京城的大道比喻为一个人的主动脉，那么遍布全城的胡同就是毛细血管。这个比喻还是很贴切的。

北京的胡同始建于元代。元大都的设计者刘秉忠在长方形的元大都平面上，画出了九经九纬，纵横交错，把全城分成了数十片区域，区域与区域之间的大街构成了全城的主干道，而在每一片区域内，又交错着若干条小道，这些小道就是胡同。元朝时，胡同的设置是比较讲究的。例如，为了日照及御寒，胡同大多为东西走向，南北走向的为数较少；胡同宽6步（约9.3米），等等。

元代的胡同保留到今天的很少，现在的胡同大多是于明清时期延续下来的，其时对于胡同的规定已日趋宽松。于是，当时不仅有了横胡同、竖胡同，还有了斜胡同、半截胡同和死胡同，甚至有的大胡同里套着小胡同，有的胡同形如半圆，有的胡同千回百转，等等。

北京到底有多少胡同？文献记载，明代时北京内城的胡同有900多条，外城300多条。清代发展到1800多条，民国时有1900多条。随着历史的发展，北京人口的增加，胡同的数目也在增长。1991年统计表明，北京城区共有胡同3067条。近些年来，随着城市改造进程的加快，胡同的数目在逐年减少。

胡同的名称

北京胡同的名称包罗万象，五花八门，但都具有它的特点。归纳起来，其名称的来源大概有这么几种：

1. 以形象、标志来命名。像较宽的胡同，就叫“宽街”、窄的就叫“夹道”、斜的就叫“斜街”、曲折的叫“八道湾”、细长的叫“竹杆”、扁长的称“扁担”等。还有以特殊标志命名的胡同，如堂子胡同、石虎胡同、柏树胡同等。此外，还有以当地特点或形状命名的胡同，如耳朵眼胡同、罗圈胡同、椅子圈胡同等。

2. 以地名命名。如东四（牌楼）、水井胡同、三里河等胡同名称。

3. 树木植物。有的小胡同中种的树多，就有了柳树胡同，枣林胡同、椿树胡同等以树命名的胡同。

4. 方位。像西红门胡同、北半壁胡同、前百户胡同、后泥洼胡同、中帽胡同等。

5. 北京的土语。像背阴儿胡同、取灯儿胡同、闷葫芦罐儿胡同等。还有不少胡同带有儿化音，更显得京味儿十足，像罗儿胡同、鸦儿胡同、雨儿胡同等。

6. 吉祥话。有些胡同名称还能表露出人们的美好愿望。像喜庆胡同、喜鹊胡同、福顺胡同等。

7. 以衙署官方机构命名的胡同。如禄米仓、惜薪司、西什库等。以皇亲国戚、达官贵族的官衔命名的胡同，如永康侯胡同、三保老爹胡同（三保太监郑和故居，今名三不老胡同）、吴良大人胡同等。

8. 以市场贸易命名的胡同。如鲜鱼口、骡马市、缸瓦市等。

9. 以寺庙命名的有隆福寺街、大佛寺街、宝禅寺街等。

10. 以人名命名。像武安侯胡同（今天的西四北八条）、砂锅刘胡同（今大沙果胡同）、孟端胡同等。

胡同之最

老北京人说：北京的胡同数不清，“大胡同三千六，小胡同赛牛毛”。把这么多的胡同做个比较，数一数“胡同之最”，也是件很有意思的事。

最长的胡同：北京最长的胡同是东西交民巷。它与长安街平行，东起崇文门内大街，西至北新华街，在明清的地图上称为“东西江米巷”，全长6.5公里。

最短的胡同：最短的胡同在琉璃厂东街东口的东南，原来叫“一尺大街”，虽叫一尺大街，其实是条胡同，不过十来米长，东西走向，现已划入杨梅竹斜街，成了小街的西段。

最宽的胡同：最宽的胡同是西城区的灵境胡同，最宽处达32米多。不过，这条胡同并非一直这样宽阔，而是1949年后几次拓宽改造的成果。

最窄的胡同：最窄的胡同是前门外大栅栏地区的钱市胡同，胡同东进口宽80多厘米，胡同中间最窄处只有40厘米，俩人相遇，得有一人退入胡同的门洞里才能相错通行。

最古老的胡同：“砖塔胡同”是北京最古老的胡同。砖塔胡同的东口，有一座八角形、七级密檐式青灰色砖塔。从山门的石额上可以清楚地辨认出“元万松老人塔”六个字。万松老人(1166～1246年)，名行秀，是金、元两朝极负盛名的佛学大师，佛教重要宗派曹洞宗的一代宗匠。元代著名的政治家耶律楚材就出自他的门下。万松老人圆寂后，人们为他修建了这座朴素别致的砖塔。因它是由青砖砌成，所以人们称它为“砖塔”。紧靠砖塔北侧的街巷也随之得名“砖塔胡同”。元代即已存在的胡同名称，保留到今天只有砖塔胡同等少数几条，至今已有700多年历史了。

拐弯最多的胡同：东城区北新桥附近九道湾胡同。顾名思义，这条胡同有9个弯（有人说实际上应该是20道弯）。曲折幽深，颇有意境。不过，由于拐弯太多的缘故，今天这条胡同已经被划分为5条胡同了。无独有偶，西城区也有一条九道湾胡同，不过现已改名为百代胡同了。前门外的九弯胡同仍在，实际上要拐13个弯。

最具商业气息的胡同：“大栅栏”是北京最具商业气息的胡同。处在古老北京中心地段，是南中轴线的一个重要组成部分，历史上就是一个繁华的商业区。大栅栏已有580年的历史。这条街的由来，要追溯到明代孝宗弘治元年（1488年）。当时，北京有“宵禁”，为了防止盗贼隐藏在大街小巷之内，由朝廷批准，在北京很多街巷道口，建立了木栅栏。由于大栅栏这条胡同的栅栏制作出色，保留长久，而且又大气，所以大栅栏就成为这条胡同的名称了。大栅栏胡同也是北京城老字号和老茶戏园子最多的胡同，同仁堂、瑞蚨祥、内联升、张一元、聚源、聚兴斋俱在此地。

最诗意的胡同：“百花深处”可谓是北京最有诗意的胡同。顺着新街口南大街往北走有一条较窄的胡同，叫“百花深处”。有人说清代乾隆年间的种花人在巷子口儿悬挂过“百花深处”的匾额；也有人说，早年间有张姓夫妇在此居住，极善种花。花草繁盛四季竞艳，引得文人雅士前来观看，久而久之就留下了“百花深处”的名字。

历史和文化名人旧居最多的胡同：“菜市口胡同”是北京历史名人旧居最多的胡同。形成于明代，该胡同名人居住过的宅院有：明代官员许维祯的故居，后为“休宁会馆”、清代诗人龚自珍旧居、直隶总督曾国藩的旧居、两江总督左宗棠的旧居、军机大臣李鸿藻旧居、军机大臣孙毓汶旧居、戊戌六君子之一刘光第旧居。此外，教育家蔡元培曾住过此胡同。

胡同游

［图80］
雪后胡同

［图81］
北京的老胡同

胡同既是人们往来行走的通道，又是人们活动的场所。胡同里的门联、门楼、四合院、歌谣、叫卖声、儿童游戏、居民的礼俗，乃至胡同本身的来源和名称等，构成了丰富多彩的胡同文化。于是，也就有了胡同游。租辆自行车，或步行，或坐上人力三轮车，穿越大大小小的胡同，追寻老北京的脚步，了解北京传统文化和风土人情，成为一件颇为时尚的事。

已经开发的胡同游的线路有若干条，其中，北海、什刹海线路比较典型。经过几百年的历史变迁，此地仍具有旧都风貌。我们可以在导游的陪同下，沿着什刹海走一段，看34公顷水面碧波荡漾；到带有浓郁京城民风的胡同里漫步，听导游讲解北京的胡同和四合院的文化内涵，看胡同中传统的生活方式，然后参观恭王府花园，比较一下贵族人家与普通百姓的生活方式和环境。当然，还可以在恭王府花园小憩、品茶、吃小吃，也算别有一番风情。另外，这里还坐落着宋庆龄、徐悲鸿、梅兰芳和郭守敬四人的故居。这些人的居所往往简朴、素雅，却常常传达出浓烈的文化气息，也非常值得一游。

历经沧桑、纵横交错的胡同和金碧辉煌的皇宫，共同组成了京城的万千气象，是北京文化的象征，更是历史的见证。而随着城市现代化步伐的加快，胡同保护问题也日益显得紧迫。无论是从城市美学还是文化发展的角度看，我们都相信，现代的高楼大厦和古老的胡同是可以共存共荣、和谐相处的。

第30讲

昔日宜居的梦忆——四合院

四合院就是东南西北四面建房，合围出一个院子。四合院是我国传统住宅的典型形式，在中国民居中历史最悠久，早在3000多年前的西周时期，就已经出现了四合院的雏形；分布范围较广，江南塞北都能见到它的影子。但说起四合院，人们首先想到的就是北京的四合院。这种形制的院落往大了扩展，就是皇宫、王府；往小了缩，就是平民百姓的住宅。因此，北京的四合院就被看成是中国四合院建筑形式的典型。

追根溯源，北京的四合院自元代正式建都北京，大规模规划建设都城时起，就与北京的宫殿、衙署、街区、坊巷和胡同同时出现了，而明、清两朝则是四合院的大发展时期。明成祖朱棣迁都北京，北京城市建设进入又一高速发展时期。清代是北京古民居发展的高峰。据不完全统计，乾隆时期计有大小四合院26000多所，可以毫不夸张地说，北京城就是由这两万多处宅院构成的。

北京的四合院虽为居住建筑，却蕴含着深刻的文化内涵，是中华传统文化的载体。其营建讲究风水，而风水学说实际是中国古代的建筑环境学，是中国传统建筑理论的重要组成部分；其装修、雕饰、彩绘也处处体现着民俗民风和传统文化，表现出人们对幸福、美好、富裕、吉祥的追求，有如一座中国传统文化的殿堂；而四合院中的锅碗瓢盆奏鸣曲，则演绎着北京人千百年来和乐有序的幸福生活。

四合院的形制

北京的四合院，其形制是东、西、南、北四个方向房屋各自独立，从空中鸟瞰，就像是四座小盒子围合一个院落。房屋布局大多依中轴线左右对称，院内房屋门窗全都朝向庭院，院落宽绰疏朗，四面房屋各自独立，起居便利。除了四面房和墙垣外，还配有大门、内外影壁、屏门、垂花门、游廊、十字甬路、左右耳房、后罩房、天井等。大的四合院还有抄手回廊连接四面的房屋。

四合院的外影壁位于隔街对面，多为辟邪镇恶之用。进门后的迎面之墙为内影壁，除了有装饰作用，还起着遮挡院外视线、隔音的作用，使院内更安全，也更宁静。标准的四合院必有垂花门，垂花门外为前院或称外院，外院的房屋一般用于会客、书房、账房、门房、佣人房等。

[图 82]
四合院的垂花门

进了垂花门，才能称为正式院落。

北京四合院内宅居住的分配是非常严格的，内宅中位置优越显赫的正房，都要给老一代的老爷、太太居住。北房三间仅中间一间向外开门，称为堂屋。两侧两间仅向堂屋开门，形成套间，成为一明两暗的格局。堂屋是家人起居、招待亲戚或年节时设供祭祖的地方，两侧多做卧室。东西两侧的卧室也有尊卑之分，东侧为尊，西侧为卑。东西厢房则由晚辈居住，厢房也是一明两暗，正中一间为起居室，两侧为卧室。也可将偏南侧一间分割出来用做厨房或餐厅。中型以上的四合院还常建有后罩房，主要供未出阁的女子或女佣居住。王公府邸一般由多座四合院组成，一般为三进，也有五进的，沿院落的中轴线依次向后延伸。

北京的四合院是名符其实的院，宽敞开阔，阳光充足，多种石榴树、月季、丁香树、葡萄、枣树等，既美化了环境，又寄托着主人多子多孙的愿望。

四合院的门

四合院处处都有讲究，每一处设计都能从中国传统文化中找到根据，四合院的门自然也不例外。四合院的门有大门、垂花门等，这里我们重点讲一讲四合院的街门，也就是大门。

四合院的大门一般都开在东南方，这和中国传统的八卦、风水学有直接的关系。风水学认为：四合院的左上方开门，叫做“青龙门”，按八卦，北为坎，东南为巽，故宅门的此种布局称“坎宅巽门”，巽即为八卦中的“风”，在此示意宅门为四合院顺气通风之处，按风水观念此方位最为吉利，能保佑居住者出入平安。而北京的四合院一般都坐北朝南，所以大门就开在院落的东南方。但王府、庙宇及会馆不在其列，其大门设在宅院南面的中轴线之上。

[图 83]
四合院

宅门样式，大体分两大类：屋宇门和墙垣门。屋宇门为王亲贵族、富裕人家所用，墙垣门则多为普通百姓所使。其中，屋宇门又可细分为五类：一为王府大门，二为广亮大门，三为金柱大门，四为如意门，五为蛮子门；墙垣门则主要为小门楼式。样式繁多的大门不仅是建筑形式上的差异，更体现森严的等级观念。

[图 84]
四合院俯瞰

四合院的大门一般用厚木板做成，开关频繁，走人走车，难免磕磕碰碰，所以为了保护大门的关键部位——门轴，人们就在门轴处设计了一个门墩，门墩由门座(又称门台、门枕)与抱石鼓组成，门座安置在大门门轴底部，门座向外延伸，在其上做成鼓形，称之为抱石鼓。抱石鼓有圆、方两形，上雕有各种图案，常为万字纹及吉祥图案，如：狮子绣球、双狮戏水、云头等。而最常见的图案，首推狮子。双狮表示“好事成双，事事如意”；雌狮伴幼狮表示“子孙昌盛”，狮子衔绣球则代表“喜事上门”，都表达了四合院的主人希望富贵长寿、家族兴旺等美好心愿。

四合院的门还有一个特别有文化意味的设计，那就是门联。所谓门联，就是将大门门面用油漆涂成两条红联，称之为“门心”，再用黑漆写上联句，也有的人家干脆将联句刻在门上。和一般北方过年时在门上“贴春联”不同，门联是一年四季都向来来往往的人展示着主人的性情、爱好。门联的内容多和中国传统文化有关，如“忠厚传家久，诗书继世长”、“修身如执玉，积德胜攒金”，代表着四合院主人的道德观、价值取向；也有的含蓄中透出自我激励、自我夸耀，

如“物华天宝，人杰地灵”等。门联的字体，以楷体居多，也有的用魏碑和隶书，一般不用行草。楷体、魏碑和隶书显得庄重、大气，和门联的内容很和谐，而行草的随意、狂放，则显然与四合院雅静的文化氛围不相适应。

除此之外，宅门上的装饰还有门簪及包叶。门簪上雕有“福寿”、“吉祥”、“平安”或“一门五福”、“出入平安”等吉词颂语。包叶均为金属片，或为铜，或为铁，有保护门板之功效，包叶上刻有花纹。宅门外的装饰还可有上下马石及拴马桩，此二物一般为富贵人家所有。拴马桩与上下马石相呼应，且多设于四合院临街倒座房之外墙上。

四合院的演变

清朝时，四合院基本上是一家一户，整个院落属于一个家庭。但从清末民初起，这种居住格局就逐渐被打破了。

1911年辛亥革命风起云涌，京郊人口大量涌入京城讨生活，造成北京城内房屋奇缺。而此时，大量的四合院主人失去了来自清廷的俸禄，生活也陷入了困境。于是，为了生活，四合院的主人就不得不把一部分房子租出去，以收取房租来度日。逐渐地，东房、西房，甚至南房都租出去了，只留下北房自己住。这样一来，四合院内的人家从最早的一个家庭发展到了两家、三家、四家，乃至更多。人家多了，难免嘈杂闹矛盾，于是四合院也就失去了原有的那份清净与和谐。

1949年以后，北京市人口急剧膨胀，住房奇缺，四合院内不但居住的人越来越多，越来越杂，而且庭院当中也开始搭建房屋。一来二去，四合院的形制就被破坏了，变成了大杂院了。据统计，到20世纪末，虽残破但基本格局尚存在的四合院仅存4000多所，其中有文物保护价值的仅1000所左右。2003年，北京市政府挂牌保护的院落有523所。在上述民居四合院中，被公布为区级、市级、国家级文物保护单位的共计114处(含公布的名人故居)。

四合院演变成大杂院，这是社会发展的无奈。而自20世纪80年代初至今，北京的四合院聚集区又出现了一种新的景象：除了“菊儿胡同改造”式的老胡同、大杂院改造所造就的“新四合院”或“类四合院”，一些有钱人和房地产开发商在四合院集中的地方买下旧院，重新翻建新四合院。这种新四合院大多采用传统建筑的外形和色彩，室内则是暖气、上下水、卫生间、空调等现代化设施和装修。经过翻建的四合院，由多家居住的大杂院重新变成一家一户的私宅，院落宽敞，花草丰茂，景致幽雅，安恬静谧，四合院似又回到了它的鼎盛时期。

随着城市建设步伐的加快，老街区的改造，北京城里的四合院越来越少了。不过，散落在市区的名人故居和王府一般都是比较正宗的四合院，如前海西街的恭王府，都可供参观。徜徉其中，你自然会体会到四合院的古朴与幽静，体会到北京城的历史变迁。

第 31 讲

古城今貌宜协调——北京城的保护和改造

北京既是现代化的国际大都市，又是历史悠久的文化名城，它以构思独特、规划严谨、设计精美、规模宏大闻名于世。3000 多年不间断的发展，辽、金、元、明、清五朝在此建都，深厚的历史积淀形成了丰富的文化遗产，宫殿坛庙富丽堂皇，中轴线和棋盘式道路开阔雄伟，四合院等民居建筑古朴典雅，是中华民族优秀的遗产。中华人民共和国成立后，面对历经战火与人为破坏的巍巍故城，保护和改造成了城市建设的最大难题。

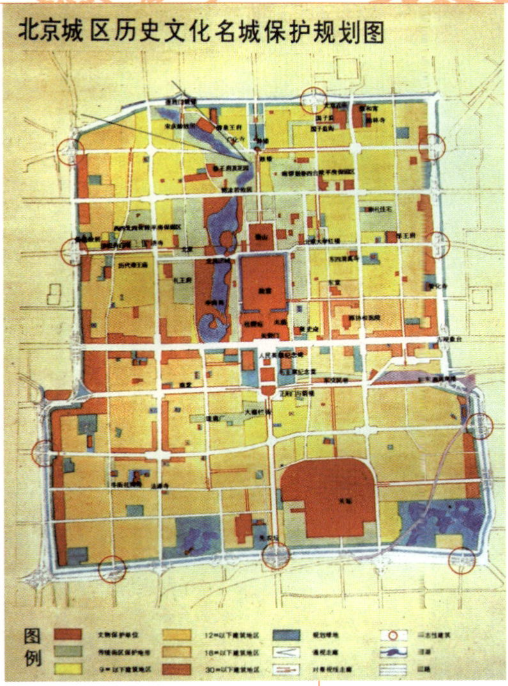

[图 85]
北京城区历史文化名城保护规划图

20 世纪 50 年代前的旧京改造

1911年，清朝的最后一位皇帝在举国的革命浪潮中退位，帝都从此失去了皇家的外衣，成为中华民国的首都。对当时提倡新式、提倡文明开化的人说，这个过去的皇城太强调身份地位，交通落后城市建设混乱，与西方社会的现代化城市相对比之下，简直就是肮脏与复杂的代名词。新世界新气象，变革势在必行！

民国旧京改革的主要内容是交通。过去，紫禁城外有皇城，皇城之外才是百姓居住的地方，圈子很大。人们要从鼓楼去前门，只能绕开皇城，从西四、西单、西长安街、棋盘街到前门，否则就要出宣武门，顺护城河往东到前门，得走小半天的路。当时的政府和设计者，从方便往来的角度考虑，打通了层层阻隔：修建便道、改建新华门、拆弃天安门广场上的“千步廊”、还顶住各方压力修改了正阳门，不仅要疏理交通障碍，更重要的是想把北京从灰暗破败的清朝帝京转变成鲜明亮丽的民国首都。一番努力后，旧京城的变化有目共睹，千万中外旅客一走出正阳门火车站，相信都会被高大的前门楼子、宽敞的绿地和婆娑的绿树所吸引，对这个民国初年的美丽首都留下深深的印象。

20世纪上半期的北京，烽火交替，多灾多难，让这个保存完整的中世纪都城沉重而忧郁。1949年解放军和平进入北平时，新颜早已退却了短暂的繁华，满目疮痍、污水横流里找不到往昔的富丽堂皇和雄浑大气，甚至连民国新近的改变，都淹没在战火烟尘和萧条败落里。来不及去修建什么，单是清理垃圾、排导污水、缮补旧居就足以耗费很长时间。最初的建设以改善自来水供应、整修地下水道、疏浚河湖水系、消除垃圾粪便，发展城市交通为主，当北京终于洗去旧污迎接它新身份的时候，一个新的变革之期也即将到来。

破坏与建设：50年代到80年代的悲喜京城

20世纪50年代，北京的新建设者们首先要做出一个选择：是续用旧城在原地搞建设还是择地而居开辟新天地。1950年2月，梁思成和居住在南京、曾留学英国的著名建筑家陈占祥一起交了《关于中央人民政府行政中心位置的建议》，即著名的“梁陈方案”。提出在旧城外的西侧另辟新区，这样，旧城留下，新建一个政治心脏，用一条便捷的东西干道连接新旧二城，如扁担一样担起中国的政治心脏和中国的城市博物馆。

但是，出于种种考虑，决策者选择了在旧城上继续建设，梁陈方案被否定。当梁思成知道旧城作为一个整体，无论如何保护不成的时候，仍然发出最后的呐喊。他退而求其次，希望保住旧城的城墙和城楼。但是，在当时风风火火的激情氛围里，建设意味着破旧立新：必然要先破坏旧的，推倒旧的，才能建设起新的来。

1958年开始，在《北京市建设总体规划方案》的指导下，北京市实施了天安门广场的改建扩建工程；按规划进行了人民大会堂、中国革命博物馆等以“十大建筑”为代表的一批新式公共建筑；新建了一批工业企业，增修了一批联络线，道路交通和对外交通状况有了较大改善。随着城市建设的逐步展开，北京旧城墙被拆除，最后只保留了正阳门、前门箭楼、德胜门箭楼、东便门角楼和少量城墙。

改革开放以来，随着经济的发展，北京加快了城市建设的脚步。20世纪80年代以后，北京市先后制定和出台了一系列对旧城的改造、建设、发展规划，如《北京城市建设总体规划方案》等，开始了大规模的新区扩充、建设时期。旧城内传统街道被改造、展宽，大量的楼房建筑不断出现，原有的四合院、胡同也在一系列的改造建设工程中逐步缩小，以中国国际展览中心、中国剧院、国家图书馆为代表的80年代“十大建筑”，带着现代高楼大厦的独有辉煌，屹立在了北京的街头。

90年代以来：昂首阔步中的古都新城

20世纪90年代，北京的建设在亚运会的鼓舞下更加积极，大规模的建设活动和危旧房改造工程拉开帷幕，一个崭新的北京被塑造出来。

[图86]
菖蒲河公园

[图 87]
平安大街旧貌

[图 88]
平安大街新貌

随着危房改造的铺开，传统的四合院、胡同区域被成片的楼房小区所替代，文物建筑周边也立起一片片崭新的现代建筑。牛街的清真寺、齐白石故居、蔡元培故居、朱彝尊故居、林白水故居、于谦祠等文物单位，其周围原有的四合院、胡同等不复存在，成为完全“淹没”在高楼小区之中的“盆景”。这个时候，人们才突然发现，在建筑更高、马路更宽、夜晚更加亮丽的都市气息中，再也找不到沉淀下来的东西，连故宫都孤零零地掩映在层层高楼之下，无声地维护着最后的尊严，传统文化的余香早已失去了踪影。

痛定思痛，政府开始认识到旧城内若全部失去反映老北京文化传统的四合院、胡同，北京历史名城也必将失去其存在的意义。《北京历史文化名城保护规划（2002）》《北京皇城保护规划》《历史文化保护区的保护规划》《北京城市总体规划（2004～2020）》等一系列有关传统四合院维修、保护的新思路出台，过往而复归，将以往开展的“拆房建楼式”的危房改造转变为对危旧四合院的维修、保护，让它们重新回到历史文化名城中的原有位置。

绿色、宜居、古典与现代和谐相处的新北京

2008年奥运会的举办是北京发展的重要契机。在新的建设中，新的理念更加明确，就是承旧立新，既要保留传统，同时也要建设绿色的、宜居的、现代化的、可持续的新北京，努力使古典与现代在北京和谐相处。

为原地完整保护北顶娘娘庙及其遗址，奥运主会场之一的“水立方”在建设前向北移动了100余米。政府部门制定“抢救为主、保护第一”的方针，对部分奥运场馆及配套工程进行了考古勘探调查和发掘工作，还先后实施了“3.3亿文物抢险修缮工程”和“人文奥运文物保护计划”，对北京市市级以上的文物保护单位的文物建筑进行了大规模的抢险修缮，使白塔寺、先农坛、历代帝王庙、周口店遗址、孔庙、国子监等一批文物古建得到了修缮和保护。

除了保护，在新的建设中，政府更加认真思考城市建筑文化的承上启下与继往开来，更加理性。改善首都环境，增加植树造林面积，提高城市绿化覆盖率成为市政建设中的重点。“绿荫覆盖，花团锦簇，特色突出，环境宜人”，这是个绿色的、宜居的新北京，一个传承文化、同时适应现代人生活方式的城市，一个在多少年纷乱和喧嚣中逐渐找到并正在实现的梦想！

第32讲

千年孕育诞名城——北京乡村的变迁

乡村是相对于城市而言的，它主要是从事农业生产的人们生活居住的地方。据不完全统计，北京市郊区乡村总面积约占全市的90%以上，其间分布着5000多个村庄。

乡村随着农业生产的出现而出现。早在六七千年前，北京地区已经出现原始农业，平谷上宅、北埝头、昌平雪山、房山镇江营等重要新石器时代遗址的发现，就充分说明了这个问题。换句话说，北京地区乡村的发展至少已有六七千年的历史。西周初年，周武王封黄帝之后于蓟，稍后又封召公奭于燕之后，北京地区出现了“蓟”和“燕”两个诸侯国都城。从此，北京地区的乡村也就与城市分道扬镳了。

在以后的3000多年间，北京郊区乡村经历了一个漫长而曲折的发展过程。汉、唐时期，北京已有的乡村，多分布在山麓地带或城市附近。辽、金、元时期，随着大批契丹、女真、蒙古族人口相继涌入，北京地区出现一批少数民族集中居住的村庄，如畏吾村（今魏公村）、阿苏卫、孛罗营、骚子营等。

明代是北京郊区乡村大发展的时期。明初为了充实“地广人稀”的北京地区，迅速恢复和发展农业生产，加强抗御蒙古人卷土重来的实力，不仅将长城外山后地区的平民百姓全部迁于关内，而且分期分批、有组织有目的地从山西、山东、江南等地向北京地区大量移民，动辄万户。这些移民大都被政府安置在北京地区屯田。如洪武四年（1371年），大将徐达将山后居民总计70000余户、约380000余口迁于北平（今北京）地区，一次就设置254屯，遍布京郊州县。又如永乐五年（1407年），从山西、山东移民5000户，安置在上林苑蕃育署（在大兴采育）所属之地，设立58营，俗称72连营，专为官家饲养鸡、鸭、鹅和种植蔬菜、瓜果。所以，现在大兴区东部凤河两岸许多村庄都是用山西省一些州县命名的，如长子营、河津营、潞城营、蒲州营、黎城营、屯留营、赵县营、大同营、霍州营、石州营等等，还有北山东营、南山东营。当您到京郊区县乡村调查的时候，询问老人“祖上是从哪里来的”，得到的回答可能是“明朝从山西省洪洞县大槐树底下迁来的”。

清朝初期，大量的满洲、蒙古和汉军八旗官兵涌入北京。为了八旗官兵的生计，清政府纵容旗人掀起“圈地”风潮。根据统计，北京平原区的土地几乎百分之百地被圈去，就是山区居多的州县，被圈占的土地也达百分之七八十以上。因为八旗官兵不会种地，致使京畿大批良田荒芜。所以，清初的“圈地”对京畿地区的农业生产是严重的摧残，也进一步激化满、汉之间的矛盾。到康熙皇帝亲政后，已持续二三十年的“圈地”才被严厉禁止。“圈地”风潮的掀起和扩大，客观上促进了北京郊区村庄的发展。因为八旗官兵在圈占的土地上，大都建为旗人的庄田，称为旗庄，雇用失去土地的汉民耕种。这些旗庄多由主动投充而沦为旗人家奴的汉民帮助经营和管理，称为庄头。北京郊区称“庄”的村落，大多数是清代形成的。

清代，旗人的生活由国家供应，他们可以定期地到官仓支领米粮，不愁吃穿，故而许多旗人不善谋生。到清中后期，由于在旗人口的滋生繁衍，对旗人的住房和粮食供应等，再由政府大包大揽，已是国家不堪承受的重负，于是政府就动员京城闲散旗人到口外去开垦荒地，自力更生。特别是晚清时，内忧外患，国库空虚，政府再也无力包养旗人了。北京城内许多旗人面临生存危机，陷于穷困潦倒的悲惨境地。在这种情况下，正如俗话所说“穷奔山，富奔川”，大批穷困旗人便跑到山区自谋出路去了。因此，京郊山区特别是北部深山区的村庄，多半是清代才出现的。

[图89]
古老的爨底下村

总之，经过历史的积累，时至清代，北京郊区村庄的数量、规模以及分布格局，基本就是现在的样子。清代以后增添的新村很少。

北京郊区乡村与北京城有着千丝万缕的联系。在北京城营建的时候，有些乡村成为建城物料的存储场和供应地。例如，广渠门外过去有个“皇木厂”，就是明永乐年间营建北京城时存放大木之处。朝阳门外又有个黄（皇）杉木店村，则是明代储放几十万根皇家杉木的场所。此外，在通州大运河畔另有皇木厂、砖场、竹木厂等村，也是为修建北京城而存放大木、城砖和竹木的地方。至于北京城建所用的石料，多采自房山大石窝、怀柔石厂。所用石灰，主要由京西马鞍山大灰厂供给。所用琉璃瓦件，原本出自城南琉璃厂，后来由京西琉璃渠、龙泉务等地烧造。

北京城内的居民，明清时有百万之众。其生活需要，也有赖城外乡村供应。例如，海淀玉泉山、房山大石窝等地所产稻米，分别名为“京西稻”、“玉塘米”，为米中上品，多贡皇宫。丰台菜户营是明代为皇家种菜的菜户居住地，管理菜户的上林苑嘉蔬署衙门就设在这里，寒冬腊月，皇家餐桌上的黄瓜、椿芽等鲜物，都取自这里的暖房。丰台草桥一带是最著名的花卉产地，皇宫、官府及百姓人家所喜爱的鲜花都产于这区区“花乡”。大兴采育、丰台鹅房营是供应皇宫禽、蛋之地，而顺义西北的良牧署则是保证供应皇家肉类及祭祀用的整猪整羊的衙门。

人都有生老病死。人死了之后，必须安葬。我国的传统风俗是土葬，但不能安葬在城里或村内。因此，北京城里的居民死了以后，都要到城外寻觅墓地。过去北京远近郊区墓地星罗棋布，尤其在东直门外、左安门外、广安门外、阜成门外墓地为最多，当年守坟护坟的人家，日后渐成村落，遂以“王爷坟”、“公主坟”、“李家坟”、“索家坟”、“佟家坟”、“白家坟”等称名，形成京郊乡村一道引人注目的风景线。

现在，北京城市与其周边乡村的关系尤为密切。广阔的郊区乡村为迅速走向现代化的北京城市提供了一定的人力物力支援，富饶的北京乡村为北京城市居民提供了丰富的农副产品，美丽的北京乡村为广大城市居民不断增长的精神生活需要提供了多姿多彩的旅游和休闲胜地，更重要的是邻近北京城区的乡村，为北京现代城市建设的发展提供了广阔的地域空间。从二环路、三环路到四环路、五环路，北京城区如“摊大饼”似的急剧向外扩展。结果，二环路到五环路之间的乡村完全变成了高楼林立的城区。这是北京乡村的奉献，也是北京城带动其乡村发展的结果。可以说，北京郊区乡村，正追随北京城市现代化、国际化的节奏与步伐，迅速改变着自身，旧貌换新颜。

但是，北京的乡村毕竟还是乡村。它与北京城市是完全不同性质、不同功能、不同形态、不同内涵的两种人文地理实体。它没有北京城区的高楼大厦，有的是别具情趣的农家院。它没有北京城区的宽阔马路和五颜六色的霓虹灯，有的是如锦似画的田园风光。它没有北京城区车水马龙的喧嚣，有的是小桥流水人家的宁静。它没有北京城区汽车尾气的污染，有的是新米鲜果的清香。它缺乏北京城区的现代生活气息，有的是中国传统文化的古韵。它缺乏北京城区的高新技术，有的是对城市支援和交流的期盼。

这就是北京郊区的乡村！

[图 90]
韩村河新村

第33讲

群星璀璨拱北斗——京郊名镇

[图91]
永宁镇玉皇阁

镇是由于历史上军事屯兵的需要、商贸交流的需要在各个交通要道上形成的居民聚居点。北京城边的城镇和乡镇有的曾是当年的县治、州治所在地、有的是关乎中原安全的雄关、有的是重要的物资集散地。散布在京郊的乡镇、城镇如同卫星环绕在北京城的周围，在城市的发展过程中和当前的社会中发挥了重大作用。历史上许多比较有名的镇现已成为区县政府所在地，成为一方政治中心和文化中心，如海淀区的海淀镇、丰台区的丰台镇、通州区的通州镇、大兴区所在地黄村镇均是历史名镇。房山区的良乡镇、顺义区政府所在地原顺义县城、怀柔区政府所在地原怀柔县城、平谷区政府所在地原为平谷县城、昌平区政府所在地古称“永安城”、门头沟区政府所在地城子地区、密云县政府所在地密云镇、延庆县政府所在地延庆镇等均是明清两代州治、县治所在地。除上述已成为各区县政治、经济、文化中心的名镇之外，比较著名的重镇还有以下八镇：

北京城肇始之地——琉璃河镇：琉璃河镇是北京城肇始之地，原名“燕古店”，位于房山区东南，自古以来就是北京通往南方各省和北上的必经之地。琉璃河镇有两处著名的名胜古迹，商周遗址和琉璃河大桥。琉璃河商周遗址包括琉璃河北部的洄城、刘李店、董家林、黄土坡、立教、庄头等村。遗址东西长3.5公里、南北宽1.5公里。包括居住址、古城址和墓葬区三部分遗存。通过对考古文物的研究，考古学家认定这里是西周初燕国的封地，而古城则是燕国的都城，证明了《史记·燕召公世家》“周武王之灭纣，封召公于北燕”的记载是可靠的，并为北京建城3000多年历史提供了物证。1988年琉璃河遗址被定为全国重点保护文物，1995年8月建成“西周燕都遗址博物馆”对外开放。琉璃河大桥建于明嘉靖二十五年（1546年），全长165.5米，宽

10.3米，桥高8米，为11孔拱桥。拱券正中雕有精美的兽头，桥上建有实心栏板和望柱，其上均雕有海棠花等纹饰，整座大桥用石块砌筑而成，设计精巧，结构严谨大方，是北京地区保存较为完整的古代石桥之一。

永定河畔一颗璀璨的明珠——斋堂镇： 斋堂镇属门头沟区管辖，是古代东通京师、西达河北至蒙古高原大道上的重镇，因古代外地进香者常在村中食宿，故名斋堂。旧时这里曾有城池，扼守古道通途。古城呈方形，长宽各一里，建于明万历后期。清代斋堂镇是宛平县齐家分司驻地，又是平罗营驻防地。城四周古迹有西斋堂村的宝峰寺、弥勒寺、娘娘庙，东斋堂的龙王庙、戏台、关帝庙、天仙圣母行宫、明毛立芳将军墓、城隍庙等。斋堂中学校园内建有“宛平县人民八年抗战为国牺牲烈士纪念碑”。该碑建于1946年7月7日——抗日战争胜利后第一个纪念日。碑文记录了八年抗日战争中宛平军民在中国共产党的领导下开辟了巩固平西抗日根据地的业绩和476名抗日烈士的英名以及他们的籍贯与职务。斋堂镇辖区名胜古迹众多，北部十余里白铁山上的灵岳寺建于唐贞观年间，后几经修缮，现建造结构仍保留元代时的风貌，完美严谨、独具特色。西北部龙头山爨底下村因完整地保存了顺应自然、因地制宜、依山而建的古代建筑群和形态，结构独特的山地四合院而成为闻名的历史文化古山村。

[图92]
琉璃河镇大桥

历史文化古城——永宁镇： 永宁镇在延庆县东部团山下，永宁镇历史最早可追溯到远古五帝时期缙云氏之都，是长城防御系统中的军事重镇，明代永宁县城所在地。永宁县城不大，可是历史上城内有庙宇寺院、宫观坛阁44处。据《延庆州志》记载，永宁有5条街巷，牌坊17处。城内庙宇官衙布局有序，十字大街中心有一座巍峨的玉皇阁，始建于贞观十八年（644年），高28.2米，是永宁古城标志性建筑。民国初年，延庆废州为县，永宁为镇，属延庆管辖，以后永宁古城建筑因战乱等原因大部分被毁。2002年6月启动古城复建工程，城墙、玉皇阁、县衙、文庙、显化寺等等一批重点古迹已按原样复建，同时建设了明清风格的步行商业街、古文化街一条街、手工作坊一条街。现在明代所建“三义庙”和清代所建天主教堂尚存，城南街胡姓曾出过官居湖北道台的人物，宅门前“九世贡元，十代文魁”字迹可辨，让人仍能感受到历史上称为“神峰乡”和“文宪名邦”的文化氛围。

通向蒙古的咽喉要塞——南口镇： 南口镇位于昌平区西部，南口城古代是历来为京西北唯一能通马车的大道要塞，兵家必争之地；现在又因辖区内有著名游览区居庸关、虎峪、龙虎台和1961年在雪山村发掘的新石器时代人类文化遗址而闻名。南口是相对八达岭为北口而言。元朝初年在这里筑城，称为“南口城”。由于南口处在两山夹峙、一水旁流的险要之地，所以城为不规则的长圆形，跨东西两山，南北开城门两个，东侧山下各设水门两座。整个城除南北城门和楼台用砖外，其他墙体均为当地花岗岩石筑成的虎皮墙。关沟是北京通向内蒙古的交通要道，由于京张铁路、京张公路均穿南口城而过，所以大部分的城体现已不存在，目前只有南城墙尚有遗存。南口镇内兴隆街有宝林寺，现为南口小学。南口镇有基督教堂，还有清真寺，内有清代重修时的碑文。南口镇花塔村中的和平寺传为唐代所建，也有始建西晋之说，已有千年历史。镇内还有明代御用监太监李公神道、石碑坊、石雕、石柱等文物，明代所修城墙券门为区级文物保护单位。

［图 93］
宛平城

潮白河畔物资集散地——牛栏山镇：牛栏山镇在顺义北部，在北魏年代就成村，清康熙年间成镇，1998 年改为牛栏山地区办事处。牛栏山镇东部有海拔 83 米的山，相传曾有金牛藏在山洞中，经常下山帮助农民耕耘垦荒，使得荒地变为良田，村中的人们过上了富裕的生活。金牛见当地人生活改变了，就悄悄离开了，不知去向。为了怀念这只金牛，人们将此山叫牛栏山，并在山上建灵迹院以求金牛保佑。牛栏山地区有山有水，曾有“碧霞春晓”、“牛山烟雨”、“石梁蟹火”、“清浊流芳”等多处景观。镇内原有元末明初建成的“元圣宫”（真武庙），现为牛栏山第一中学校址。牛栏山酒厂生产的白酒，共有 20 个品种 50 个规格，其中二锅头酒非常有名，其酿造工艺已列为北京市第二批非物质文化遗产保护名录。

燕京门户——古北口镇：古北口镇位于密云县城东北66公里处，其地势险要，素有“南控幽燕、北捍肃漠”之誉。古北口镇由河东、河西两镇和东、南、潮三关组成。潮河穿流其中，河东有蟠龙山、河西有卧虎山，山上均有古长城，人文景观和自然景观非常和谐地融汇在一起，风光壮丽。镇域内长城有卧虎山长城、蟠龙山长城、司马台长城，均是游览胜地。景区内除明长城外，还有北京最古老的北齐长城。镇内名胜古迹众多，有初建于辽太平五年（1025年）的杨令公祠；修建于金泰和五年（1205年）的三眼井；建于明洪武十一年（1378年）的药王庙、财神庙；重建于清康熙二十一年（1682年）的御路；为纪念古北口长城抗战中牺牲的抗日将士而修建的古北口战役阵亡将士公墓等30余处人文景观。古北口镇有汉族、满族、回族，是多民族杂居的地方，民间文艺丰富多彩，非物质文化遗产遗存非常丰富，如传统歌谣“七郎坟、令公庙、琉璃影壁靠大道”“一步三眼井，两步三座庙”就形象地描述了古北口镇独特的人文景观。

历史上的汝河口——峪口镇：峪口镇位于平谷区的西部，因地处深山谷口而得名。汝河系洵河支流，发源于密云县东邵渠乡的银冶岭，由北向南汇入洵河流入平谷区境。峪口成村历史非常久远，军事地位十分重要。明代曾在此布重兵把守，在峪口村四周分设东、西、南、北四营，组成完整的防御体系。清代时，这里就设有集市。在镇北的沿山台地发现有大面积的汉唐时期墓葬遗址，出土了汉陶罐、唐碗等文物，十分珍贵。在镇东樊各庄西北1.5公里处有一座建于明代的3孔石桥，名叫烈虎桥，现仍屹立于河上，使人遥想古御路当年的繁忙景象。峪口镇是当年京城去丫髻金顶禅山进香必经之路，清朝康熙、雍正、乾隆三位皇帝均曾经过此地朝顶。

运河重镇——张家湾镇：张家湾镇位于通州区中部，是凉水河、萧太后河与玉带河汇合处。张家湾得名于元代，至元十六年（1279年）大都蝗灾乏粮，漕运万户张宣等自东南“造平底船”60只，运米4.6万石，从海道至京师，溯潞河北上，督海运漕粮到此，遂以其姓氏“张”命名为地名。张家湾镇原来建有城池，是明嘉靖四十三年（1564年）为保卫北京，保卫运河而创建的，现在只有原城南尚有遗迹，1995年被公布为北京市文物保护单位。张家湾镇有很多古迹，如南口萧太后运粮故道上有一座明万历三十三年（1605年）建立的三券平面石桥，两侧护栏望柱头均雕雄狮，各具情态，栏板内外刻有浮雕宝瓶图案，艺术价值很高，北京地区少见。清咸丰十年（1860年）、光绪二十六年（1900年）张家湾因清朝军队抗击外国军队的浴血战斗而名彪史册。在抗日战争时期，穷凶极恶的日寇将370年历史的张家湾城垣拆去修建碉堡，致使在北京历史上占有重要历史地位的张家湾城只剩下了断壁残垣。今日张家湾镇，古迹得到保护，新建筑拔地而起，成为北京郊区有特色的游览观光之地。

第 34 讲

共同的家园——现代社区

[图 94]
大兴的现代化社区

“社区”从近代迈入我们的世界，带着团团疑云而流行，成为生活的时尚，却令人捉摸不定。20世纪50年代有人统计“社区”的定义就有94种之多，而到80年代，统计显示竟超过了140种。

社区的概念和要素

社区的概念走入普通中国人的生活还不到20年，它是指居住在一定区域范围内的人们所形成的一种社会生活共同体。社区既是人们聚集、生活的特定区域，也是社会成员参与社会活动的基本场所。社区最早由德国社会学家滕尼斯于1887年在其著作《社区与社会》中提出，意指具有共同习俗、共同文化心理和价值观念的同质人口所构成的人类群体及其活动区域。这是传统社会学意义上的社区，和我们今天所讲的社区在含义上有一定的差别。这种社区是在长期的历史文化进程中自然形成的，具有独特的或统一的人文传统或文化精神，国外的社区发展、社区回归等都是从这一意义上讲的。总的来说，国外的社区更多的是指街巷、里弄、村庄等自然型的城市和农村区域共同体。而我们中国现在讲的社区，在城市主要指法定的、规划的社区，即现代城市社区指的是聚居在一定地域范围内的人们所组成的社会生活共同体，目前城市社区的范围，一般是经过社区体制改革之后作了规模调整的居民委员会辖区。

无论是现代城市社区，还是传统农村村落社区，都需要具备下列基本属性才能形成一个真正意义上的社区，这就是社区的6个基本要素。即地域要素、人口要素、组织结构要素、社会心理要素、规范体系要素和物质设施要素。社区的6个要素是社区形成的必要条件，它们之间是相互依赖、有机统一的辩证关系。

所谓地域要素，就是我们对社区的范围的定位，社区一定要具备特定的地域空间，有一定的边界，是社区中人们生活和社会活动的基本空间。这里的地域要素，涵盖了自然地理条件和人文地理条件。这两者构成了一个社区区别于另一个社区的基本特征。

[图95]
望京地区

社区概念本身就是地域和人口的结合，人口要素也是社区最为基本的属性。社区的人口要素是指居住在社区区域范围的居民，这是社区与其他群体如俱乐部、公民社团等相区别的一个特征。

[图96]
碧水庄园

组织结构要素指的是社区内各种社会群体和社会组织之间的关系及其构成方式。在现代城市社区中，由于社区人口差异巨大，社区中的社会群体和社会组织日渐增多，要充分整合社区资源就需要依据社区组织结构要素进行相应的组织和管理。目前来看，社区内不仅包括家庭、邻里、商店、企业、党政机关、社区居民委员会以及其他社会团体和事业单位，还包括一些文化、体育和娱乐性群体组织以及志愿者组织等。

社会心理要素是指在同一社区内生活的人们在生活习惯、行为方式方面的相似性以及社区成员对社区所产生的归属感和认同感，这是社区中人们经常性的交往和互动的结果，也是把社区人群联结起来的重要精神纽带。社会心理要素也就是我们常说的社区文化、社区价值观，它需要相当长的时间内才能逐步形成，但一旦形成了就很难改变。

规则体系要素是指为协调社区内的不同组织和成员而制定的规章制度、行为准则等，以建设良好的社区环境，如目前社区中的“居民自治公约”。

物质要素也是社区的一个重要组成部分，它包括技术性基础设施，如社区内的供水排水系

统、道路、路灯等；社会性基础设施即社区活动设施，如社区公共组织办公场所、社区服务设施、办公设备、活动经费、文化体育设施等以及保障居民基本生活水平的要素，如社区医疗保障体系、社区社会保障体系等。物质要素是社区得以存在的基础平台。

现代社区的产生和形成

在计划经济时代，由于行政制和单位制的存在，居民是不需要社区的，也没有什么社区概念。这时的城市居民委员会作为群众性自治组织的功能并没有得到完全发挥，真正意义上的社区没有形成，社区建设、自治也就无从谈起。计划经济时代，城市社会由一个个党政机关、企事业单位构成，社会成员也都属于某一单位，成为“单位人”，单位承担了其成员的就业、住房、医疗、福利等几乎所有的“生老病死、衣食住行”事宜，垄断了几乎所有的社会资源，单位制囊括了整个城市社会，并依靠行政制在系统内形成了上下等级关系，而在系统外又几乎是老死不相往来。在这种条块分割的体制状态下，城市居委会的管理权限、功能和范围都极为有限，基本属于“拾遗补缺”性质的。在管理范围上来说，由于单位制的统合功能，属于社会成员绝大部分的单位人与其居住区域和居委会并没有多大的利益关联，居委会只能管理那些缺乏就业能力的老弱病残和零散的社会成员，并且集中在生活保障、家庭邻里纠纷等方面；在管理权限上，居委会依附于行政机构即街道办事处，只有协调权，权利来源于行政机关的授予，在功能上，局限于内部协商和调节。与此相适应，居委会的内部事务也十分简单，工作人员较少，且多为年纪大的妇女，俗称“居大妈”，所需经费也十分有限，并由街道办事处承担。

改革开放以后，我国经济和社会发展所带来的发生深刻变化的社会结构和传统的城市社会管理体制之间产生了深刻的矛盾。随着社会主义市场经济的发展，单位制开始解体，行政制不断弱化，条块分割的城市管理体制日益受到冲击，大量新的社会变化的出现要求改革现有的城市基层管理体制。

自20世纪90年代以后，由民政部倡导的社区建设作为一项重塑基层社会的综合性改革工程，开始在中国广大城市逐步发展起来。社区建设的目的就是通过加强基层政权建设和社区居民自治，发展基层民主，促进城市管理转型。

20世纪90年代中期，上海等地就开始进行“两级政府、三级管理、四级网络”的城市体制改革，并通过市政府向区政府放权，增强街道的管理权限等措施来加强基层政权建设。与此同时，青岛、南京、天津、北京等地以社区服务为龙头的社区建设也开展得轰轰烈烈。早期的社区建设主要是以社区服务为主，随着社区建设的深化，开始向体制改革和社区自治的深度拓展。1998年12月，北京市召开第一次城市管理工作会议，中心议题就是研究部署街道管理体制改革，把社区服务作为街道和社区工作的主线。1999年，民政部基层政权和社区建设司启动了“全国社区建设实验区”的试点工作，确定了26个城区作为国家级实验区，北京市西城区成为试验区之一。民政部基层政权和社区建设司制定了《全国社区建设实验区工作方案》，方案明确提出，城市基层管理体制要由行政化管理体制向法制保障下的社区自治体制转变，实行民主选举、民主决策、民主管理、民主监督，实现居民的自我管理、自我教育、自我服务，建设环境优美、治安良好、生活便利、人际关系和谐的现代化文明社区。

1999 年 12 月，北京市第二次城市管理工作会议召开。这次会议提出要下放财权事权，进一步强化区县城市管理职能，继续深化街道管理体制改革，建立“条专块统”的管理机制。主动转变政府职能，理顺政府与社区的关系，明确政府与社区的关系是“指导与协助，服务与监督的关系”，促使社区居委会真正成为居民自治的主体。

2000 年 11 月，民政部制定了在全国推进城市社区建设的意见，社区建设进入了普遍推广的阶段。文件中明确规定，社区建设的基本原则之一就是扩大民主、居民自治，而发挥社区居民自治组织的作用，保证社区居民依法管理自己的事情，是解决现代城市社区面临各类问题的根本办法。从此，社区自治开始在全国范围广为推进，作为社区自治重要形式的“民三选举、民主决策、民主管理、民主监督”和居民的“自我管理、自我教育、自我服务”也随之蓬勃发展。

2001 年 6 月，北京召开第三次城市管理工作会议。会议提出，要理顺政府与社区的关系，进一步转变政府职能，按照政企分开、政社分开、责权利一致的原则，对政府职能部门、街道办事处和社区的职能进行认真清理和划分，凡是属于社会和居民自我管理、自我调解的事情，都要交给社会和居民组织承担；凡是属地基层掌握的权限，都要下放给基层。由此，现代意义的以居民自治为主体的社区真正形成。

第35讲

都市村庄展风采——北京新农村

[图97]
村民娱乐

北京市域的乡村与北京城是完全两样的人文地理实体。它们功能不同，形态不同，性质和内涵也不同。广阔的乡村为迅速走向现代化的城市提供了强有力的支援：富饶的物产保障了城市居民的生活，奇异的风光为城市生活提供了多姿多彩的选择，而朴实的民风中保留着的归本溯源的文化，更是每个人心中的一片净土。

农业新变化

北京是中国科学技术研究的中心，农业科技的进步给京郊农村带来了前所未有的变化。近年来，京郊的农业产业不断升级，农民商品化意识、市场意识渐浓。

科技农业热兴起。京郊物产丰富，粮食经济作物和养殖一直是城市供应的有力支撑。近年来，政府不断出台政策，扶植新型科技产业，引导劳动力就业。建设永久性塑钢大棚、连栋温室等，从生产设备上提高农村的竞争力；另一方面，在嫁接、育种、栽培方面引进新技术，从国外等地输入优良的品种，提高农产品质量上的更新换代；此外，除了在农业产业传统的生产环节下工夫之外，各级乡村还在销售农产品方面转变思路，把握市场，重视农产品的再加工和包装、市场宣传、品牌塑造，努力增加农产品的附加值，积极融入市场，提高农业收益。

走产业特色化道路。京郊农村借助北京城市居民巨大的市场潜力和本身所具有的独特自然地理条件，大力发展以民俗旅游业为支撑、民俗接待为发展、特色采摘为亮点的“农游一体化”进程，每到“黄金周”和长假时节，繁忙的“农家乐”就成了北京旅游的一大热点，一些乡村还新增了文化观光、民俗接待等吸引游客。高科技产业化的农业生产和特色化市场化的旅游服务业相互结合，相互协调，共同发展。

房山区十渡镇是农业加旅游型农村的代表。近十几年来，十渡镇推进新农村建设，发展绿色种植业。在八渡、北石门、东太平等村建设绿色生态园，种植紫白薯、黑花生、林地蘑菇等特色品种千余亩，并对产品进行统一储藏、加工、包装、销售，提高农产品收益；加强与中国水产科学研究院合作，对镇域内的养鱼专业户进行鱼苗供应、鱼病防治等技术支持，确保年产鲜鱼 70 万公斤以上，增加百姓收入。

在农业生产之余，借助当地的水果种植，发展观光采摘业。新建休闲观光果园、葡萄长廊、果树大棚等，栽植甜柿、樱桃、油桃、葡萄等各种树苗，丰富游客采摘品种；开发、修建东湖港等特色景点，以北京市内和附近城市居民为消费对象，开发适合周末、短假的休闲娱乐型旅游线路和项目，成效显著。据北京市统计局2007年7月19日召开的新闻发布会公布的数字，2007年上半年，北京市农村居民人均现金收入5586元，远远高于全国平均水平，同比增长10.5%。速度如此之快的原因，主要是都市型现代农业发展较好。上半年，北京市民俗旅游总收入 1.8 亿元，同比增长 16.1%；农业观光园实现总收入 3.7亿元，同比增长更是高达 36.9%，快速拉动着农村经济的发展。

农民新生活

现代科学技术的迅速发展不仅带来了生产能力的提高，也更多地便利着人们的生活，缩小城市与农村的差距。

在村民生活方面，从宜居角度考虑，北京开展了数字入乡、科技入乡等活动。2007 年 5 月，在歌华有线和昌平区小汤山镇政府的共同支持下，酸枣岭村启动数字化信息工程。全村 140 户人家每户都免费安装了一个机顶盒。同

[图 98]
小汽车进农家

时，在原有光缆资源的基础上，村里实现了有线宽带户户通，在偏僻的山村里实现了数字电视和有线宽带入乡进村。不少村民特别是民俗旅游户则张罗着赶紧置办电脑，给游客提供方便，也给自己提供方便，补习知识，积极利用新条件为日常生活和经济服务。目前，像酸枣岭这样的数字村庄在京郊越来越多，从2007年开始，北京市政府在远郊区县逐步推广数字电视，预计到2007年底，京郊的数字电视用户将突破120万户。此外，各村各乡还广建户用型沼气池、物质气化炉等，充分利用当地的农作物资源，把新技术和农村的实际生活相结合，为村民提供特色的取暖、供能。

从20世纪90年代起，北京市开始探索建立现代农村社会保障体系。近年来，经济发展，北京市农村社会保障建设也加快了步伐，建立包括农村社会养老保险、农村合作医疗、农村最低生活保障等形式在内的农村社会保障体系，覆盖率在不断提高，体系也在不断完善。

农村新面貌

曾几何时，农村的路是车过之后漫天灰尘；村头垃圾成堆；农户家里是冷水炉灶生活不便。在经济和社会的快速发展中，农村的进步越来越快，优美、干净、文明、整洁的新农村越来越多，成为新农村的新风尚。

北京借着奥运契机，重点整治农村的环境。根据区位因素，在京承高速绿色走廊南部村庄，发展设施蔬菜、花卉、芦笋等绿色产业，保护沿线环境；对于京郊山区的农村，封山育林让绿色回归；对环境建设较好、主导产业突出的村，进行简单地基本整治；环境、设施基础较差的村，进行环境综合整治。还扩大宣传力度，向村民发放图书、手册等，普及环保知识。

村户的集中地域基本进行了环境建设。如建太阳能浴室，改造旱厕，让村民能够向城市居民一样拥有方便、卫生的生活；建造乡村广场、体育健身设施，活跃村民居住气氛的同时也装点了农村景色；安装太阳能路灯、设计绿化，完善基础设施建设，让现在的农村更加时尚、整洁、让人耳目一新。

第 36 讲

京城文化的象征——市树、市花与城雕

一花一木，透出一个城市的文化气质：挺拔伟岸的槐树、倔强从容的柏树、清雅幽淡的菊花、四季常开的月季、蕴涵丰富的雕塑，都在点缀着古都北京的姿采。

[图 99]
市花－菊花

大约1986年前后，北京市政府征询了林业、民俗、园林绿化等各学科的专家以及广大市民的意见，把国槐和侧柏合称为兄弟树，定为北京市市树；菊花和月季则一起成为北京市市花，成为首都北京的象征。

[图 100]
市花－月季

北京的市树：侧柏与国槐

国槐又名紫槐、家槐、豆槐、白槐。大乔木豆科，是最长寿的树种之一，生命力极强。

北京城里的行道树，以国槐为主。从元代兴建大都城起，北京行道树就一直以国槐为主，这种习惯在明清两代、得以延续，甚至保留至今。如今在北京二环路以内的正义路、东交民巷、西交民巷、南池子、北池子、南长街、北长街等保存最古老的行道树多为1935年至1938年期间所栽植的国槐。此外，京郊的许多村庄也屹立着很多古老的槐树，它们或站立在村口，迎来送往；或生长在村内的古庙前、古井旁，遮阴蔽日。

国槐得以在众树种中被选为北京市树，便是得益于它的绿叶周期长，姿态美观，花香而淡，加之又是北京地区的乡土树种，对北方的气候土壤等环境氛围非常适应，生命力顽强，适合大范围栽种。此外，国槐还有着极强的人文意义，据《本草纲目》记载："槐之言怀也。"槐树正

[图 101]
北海公园的唐代槐树

是怀人之树，因此槐树也就逐渐成为国家凝聚力的象征。

北京栽培国槐的历史十分悠久。北海公园画舫斋古柯亭院内，一棵“唐槐”已经1300多岁了。在香山脚下，卧佛寺东南正白旗村的曹雪芹故居门前，矗立着三棵巨大的古槐树。其中门西第一棵树干周长达4.9米，是北京地区仅存的干周长在5米左右的十几棵粗大古槐之一；门东的那棵便是著名的“歪脖槐”了，因此香山一带有“门前古槐歪脖树，小桥流水野芹麻”的小曲。真不知是北京城深厚的文化底蕴给了槐树浓郁的文化内涵，还是槐树的郁郁葱葱丰富了北京的文化气韵。

侧柏，亦名扁柏，柏科，乔木，四季常青，耐寒耐旱。作为北京市的象征，见证了北京的历史，弥补了冬季绿意的不足，为北京的城市气质注入了更多的生命力和坚韧度。

北京城内有很多古树，而现存的古树树种又以侧柏数量最多，其中一级和二级古柏有12665株之多，占古树总数的53.8%。这些苍劲挺拔的古柏多分布在北京的天坛公园、故宫、北海、景山、香山等皇家园林和古老的寺庙中。如果说多生长在北京城内的大街小巷的国槐，带有独特的平民气息，那么侧柏便因多栽植在皇家园林，而沾染了帝王家的威仪和气象。四季常青的古柏，衬托出古典园林和千年古刹的庄严、肃穆、优美与秀丽，从不因风霜而改变自己的颜色，正如中国常青的传统文化，它们是京城悠久历史的象征，是国家的活的文物。

[图 102]
市树－柏树［密云古柏－九楼十八杈］

皇家园林中种植侧柏最多的，当属天坛。除了祈年殿、回音壁、圆丘等标志性建筑，天坛剩余的土地上，几乎都是古柏的身影，苍翠的古柏排成幽静而肃穆的氛围，与天坛祭天祭祖的身份相得益彰。

北京的市花：菊花和月季

菊花，别名：菊华、秋菊、九华、黄花、帝女花。属菊科菊属，有着延年益寿的药用功能，又得名延寿客、傅延年。

菊花的姿、色、韵俱佳，具有非常高的观赏价值，北京培育菊花有着3000多年的悠久历史，传统菊艺水平也很高。由于独特的开放时间和花瓣萎而不落的特点，菊花历来被文人墨客所关注，和兰、梅、竹一起，被誉为“花中四君子”。“人淡如菊”更成为一个成语来形容在人生的历练中涵养出的淡定从容的气质。它傲霜斗雪、独立寒秋、平和执著的性格深得人们的喜爱，因此北京市民把菊花选定为北京市花。

说起生长在北京的菊花，就不能不提“洁园”。它位于北京市新街口北大街路西，是一个面积约6亩的艺菊园圃。从20世纪30年代到60年代，这里共培育出菊花品种近100种，1700多盆，“主帅红旗”、“和平堡垒”、“绿朝云”等都是比较有名的品种。而最为独特的是各色的悬崖菊，保存下来的菊花标本有的甚至高过屋檐，花朵直径达30公分以上。1960年，洁园主人将该园全部土地、菊花、工具等无偿捐献给国家，北京市园林局又将所有捐赠交给北海公园管理。此后北海经常举办菊花展览，到2006年11月，已经连续举办了27届北京市市花——菊花展览，展出10000多盆，近500个品种。

[图103]
金宫殿故址

高雅的菊花被广泛地应用于园林的花坛，地被、盆花和切花。而在北京的街巷中，更为常见的则是月季。它又名长春花、月月红、四季蔷薇、斗雪红、瘦客等，属于蔷薇科。

月季的花期很长，耐寒耐旱，对环境适应性也较强。四季常开，北宋著名文学家苏东坡有诗云：“花落花开不间断，春来春去不相关。牡丹最贵为春晚，芍药虽繁只夏初。唯有此花开不厌，一年长占四时春。”一年四季，月月季季，我们都能看到享有“花中皇后”美誉的月季花绮丽的姿影。

1993年5月，北京植物园建成了占地总面积7公顷的月季专类园，用于搜集和展示各类月季品种，目前种植的月季有620个品种，总计10万余株，是国内最大型的月季园之一。天坛、陶然亭等公园也都栽种了大量月季。如今，在北京的公园和街头绿地，月季花的身影随处可见，红、黄、粉、白，争奇斗艳、摇曳多姿。北京市月季协会每年还举办“北京月季花展”，传播月季知识，弘扬月季文化。

菊在园，月季在野；菊之淡，月季之艳；菊之属秋，月季之属四季，菊花和月季花相映成趣，让北京因花的点缀变得更加丰富而灵动。

城市雕塑

行走在一个城市中，人们看到的不仅是建筑、街道、绿树、鲜花，同时也看到一个城市的雕塑。城市雕塑作为公共艺术，体现着一个城市的文化内涵和品位。

新中国成立后，首都北京最具有标志性的城市建筑是天安门广场上的人民英雄纪念碑，它堪称为中华民族的民族之魂，展现了一段中华民族反抗帝国主义侵略、争取民族独立、国家解放的辉煌历史。

20 世纪 80 年代以来，雕塑从公园走向街头，开始被放置在人潮涌动的重要公共空间。

丰富的历史和文化底蕴永远是取之不尽的宝藏，北京的城市雕塑有相当的部分表现了老北京的历史。自明清以来，骆驼一直是北京地区的重要交通工具，旧北京的街头随处可见驮煤的骆驼队伍，驼铃、鸽哨一度成为古城北京的象征。今天的阜成门东北方的绿地上便有一组以驮煤的骆驼、蹲着吸烟袋锅的赶驼人为主题的雕塑。两只骆驼神色从容而坚忍，伏在地上休息，周围安放着从它们身上卸下的煤筐；赶驼人蹲在骆驼的身边，脱下的外套随意地搭在肩上，手里拿着烟袋锅，一脸随和的笑容；隔着一条小路，另一只骆驼依旧精力充沛地站立着，好奇的目光一直伸向远方。这个老北京城历史上的平常一刻，被悄然凝铸成雕塑，再现于现代化的北京城街头，作为一种象征，将人们的思绪带回到逝去的岁月中。

在今天的北京，一些商业雕塑也别具兴味。例如，西单文化广场和王府井步行街上的雕塑就已经成为北京最繁华地区的标志。以风筝沙燕造型竖立在西单文化广场上的《蒸蒸日上》雕塑，既保留了中国传统文化的元素，又展现了北京生机勃勃的时代气息。王府井新东安市场门前的拉洋车人的雕塑刻画了一个特殊历史时期的街头景象，如今人力洋车作为交通工具早已淡出，但是却作为一种文化被永久地留存了下来，看那岁月的痕迹已经深深地烙上人力车夫的额头，他穿着舒适随身的马褂，面带微笑，从容地拉着洋车，很多游客也情不自禁地坐上他后面的洋车，拍照留念，感受历史留下来的文化气息。而以唱大鼓书的父女俩为题材的铜塑真实地再现了民间艺人街头卖艺的场景，女儿面容清秀，身着绣花旗袍，手执大鼓站立演唱，父亲神色儒雅，端坐一旁拉琴配乐，父女俩眼神相对，显得分外默契……王府井的城市雕塑，创造了商业与文化艺术的成功结合。

一棵树有历史，一朵花有灵性，一座雕塑也有不朽的文化灵魂。这就是北京，一个古老与现代相结合的城市。

第 37 讲

绿色北京之肺——国家森林公园与自然保护区

北京这个古老的城市，在建设宜居城市和绿色奥运的双重要求下，正怀着对拥有秀美山川的良好愿望，努力建设生态友好型城市。

城市化迅速发展，拥挤的建筑、浑浊的空气、嘈杂的噪音，使人们身心难以宁静。每逢节假日，越来越多的城里人选择远离城市，到大森林里“沐浴”放松，森林旅游方兴未艾。森林生态系统是陆地最大的生态系统，也是改善和影响生态环境至关重要的生态系统，对北京城市生态环境质量的改善具有独特的作用。北京市的森林资源主要分布于怀柔、密云、延庆、门头沟、昌平、平谷、房山7个山区县，广大山区是北京这个喧嚣都市的“世外桃源”。

森林公园是北京林木最茂密、森林景观最美的地方。北京的森林公园建设始于20世纪80年代，上方山、潮白河、松山、百花山等国有林场利用当地的森林、地质、文物等景观资源，自发修筑简易道路，建设游乐、接待设施，开始了森林旅游的有益尝试。1992年，北京市第一批国家森林公园挂牌，目前，本市森林公园和森林旅游区已达到23家，总面积6.4万公顷。其中国家级森林公园12家，面积达到5.3万公顷，占全市森林公园总面积的81.8%。

自然保护区是北京的基因库。自然保护区是开展生物多样性和自然遗产就地保护最为经济有效的途径，在维护和优化生态环境中发挥着不可替代的作用。自然保护区还是人类未来食物、药物和财富的重要来源。我国现有最洁净的自然环境、最珍贵的自然遗产、最优美的自然景观、最丰富的生物多样性、最关键的生态平衡要素，都保存在自然保护区中。北京地区有维管植物158科759属1482种；动物有1600多种。这些动植物当前主要靠自然保护区和一部分森林公园来保护。北京共有各种类型自然保护区20个，占北京市国土面积的8%。其中国家级自然保护区一处，即位于延庆县西北角的松山国家级自然保护区，海拔217.6～2199.6米，区内大海陀是北京市第二高峰。松山自然保护区于1985年经北京市人民政府批准建立，1986年晋升为国家级自然保护区，主要保护对象是天然油松林为主的温带森林生态系统。松山气候宜人，是北京低温区之一。此地野生动物、天然植物种类多，有保存较完好的原始次生林。该保护区靠近首都城区，具有非常重要的保护价值，是科研考察、教学实习的理想场所。

自然景观与人文景观的完美结合——西山国家森林公园

西山国家森林公园位于北京西郊小西山，地跨海淀、石景山、门头沟三区，她以北京西山试验林场为基础，是京郊风景区的重要组成部分。

西山国家森林公园属温带大陆性季风气候类型，动植物资源丰富，自然人文景观众多，不仅有“西山红叶”、“西山晴雪”等著名自然景观；还有明景泰陵，万历皇帝七妃子墓，正蓝旗、正白旗村庄及碉楼等历史遗迹和名人碑刻、革命遗址纪念地等。

生动的佛教文化历史画卷——上方山国家森林公园

上方山国家森林公园位于房山区岳各庄圣水峪，以山奇、林密、洞幽、寺古享誉国内。公园占地350公顷，珍木奇花遍布，黄精、拐枣、香椿为上方山三大特产。上方山是宗教名山，登262级绝壁凿石而成的“云梯”便可到各寺庵之心、方丈住处“兜率寺”。

早在1400多年前的东魏时期，上方山就有高僧来此开山建寺。1000多年来，上方山更替了一幕幕繁华，成为北京西南著名的佛教名山，佛教圣地。其中最著名的是始建于隋代的兜率寺。五进殿宇居山正中，群峰环拱，诸庵翼附，甚为雄伟。走进上方山，展现的是一幅生动的佛教文化历史画卷。

“北京小黄山”——云蒙山国家森林公园

云蒙山国家森林公园位于密云县西北部，公园入口处在京丰公路81公里处。云蒙山，古称云梦山，是京郊有名的自然风景区。公园境内山势耸拔，沟谷切割幽清，奇峰异石多姿，飞瀑流泉遍布，云雾变幻莫测，林木花草馥郁，自然风景十分优美，是北京地区特有的中山地貌森林公园，被誉为“北京小黄山”。

云蒙山有六大景观特色，奇峰、异石、潭瀑、烟云、森林、古迹，构成了一副动静变化的空间图画，给人以视听动感的美学享受，使人心旷神怡，赞叹称绝，流连忘返。

面积最大的森林公园——蟒山国家森林公园

蟒山国家森林公园位于昌平区十三陵水库坝东，因其山势起伏如大蟒，故名蟒山，最高峰659米。它是北京面积最大的森林公园，有人工林0.8万公顷。

[图104]
灵山

蟒山公园有五奇。一奇山上树木品种多，森林覆盖率高，176个观赏树种，异彩纷呈，86%的覆盖率，形成层峦叠嶂。二奇有北方最大的石雕大佛，慈面善心，笑迎八方游客。大佛周围十二属相，惟妙惟肖。三奇北京最长的登山台阶，有 3666 块条石

[图 105]
上方山

铺就。四奇山巅有北京最高的仿古明塔和彩绘长廊，在塔上可望宏伟京城，可观秀水山色。五奇高山天池是国内最大的人工天池，蓄水后可环湖游览，可入湖飞舟。

得天独厚的生态资源——小龙门国家森林公园

小龙门国家森林公园位于京西门头沟区齐家庄乡，地处北京最高峰——灵山脚下，平均海拔 1300 米，总面积 772 公顷。四面群山环抱，通道敌台矗立，站在高处远眺，东、西灵山（小五台山）对峙。

小龙门国家森林公园是天然动、植物园，有动物 700 余种，其中哺乳动物 40 多种，鸟类 150 多种；有植物 844 种。不仅可供观赏，而且适于科研。园内山、石、树林，雄伟多姿，山鸡岭、野猪林、杜鹃山、野菜洼，层峦叠翠，景色迷人。从春到秋彩蝶飞舞，百花争艳。冬季来临，皑皑雪山，阳光灿烂，松柏点缀其间，更觉别有一番美感。

岚光霞影——霞云岭国家森林公园

霞云岭国家森林公园。位于北京市房山区西部霞云岭乡境内，108国道直通公园。园内气候温和，环境优美，景观奇特，蕴藏着丰富的风景资源。据历史记载，霞云岭明代时称为霞岭，后改称霞云岭，因园区东西两侧峰峦耸四峙，常现岚光霞影而得名。园区内“南苑、北域、一条观光带”：南苑典型的喀斯特地貌地上有石林、地下有溶洞；北域可驱车直达山顶的京西南第一峰——白草畔，海拔2161米，有百花争妍的亚高山草甸。被誉为“北方石林、京都天山”、“五彩霞云岭”。一条观光带——“百里绿色”观光走廊，农产品丰富。

现代化的都市旅游景区——北宫国家森林公园

北宫森林公园位于北京丰台区西部浅山区。园区内自然景观妙秀，人文景点奇特，园林艺术精湛，空气质量怡人。北宫森林公园是一座现代化的都市旅游景区，是北京西部璀璨的绿色明珠。在这处绿化率达90%以上的公园内，不仅现在可以观赏占地面积14公顷、品种40多个的野花丛，秋天时还可以行走在占地100公顷的红叶林中。

美丽如画迎宾客——黄松峪国家森林公园

黄松峪森林公园，位于北京平谷东北部。园内林木茂密，种类繁多，尤以人工林和天然林为主。园中群山绵延起伏，挺拔俊秀，最高山峰“三躲山”，海拔1122米，满园四季景色宜人，春时山花烂漫，夏日瀑布流泉，秋天硕果累累，冬季冰雪满山。园内分布着京东大溶洞，湖洞水，飞龙谷，京东石林峡及地质公园等景区，与金海湖，京东大峡谷等周边景区相邻。黄松峪森林公园，山深林密，溪水涓流，满园秀色，更有人文胜景，美丽如画，迎接八方宾客，来领略大自然的美妙与神奇。

京郊绿色屏障的璀璨明珠——八达岭国家森林公园

北京八达岭国家森林公园位于万里长城八达岭和居庸关之间，就像是京郊绿色屏障中一颗璀璨的明珠，镶嵌在首都西北要塞之地。公园总面积0.3万公顷，最高峰海拔1238米，分布植物539种、动物158种，是北京地区森林垂直谱系分布比较完整和典型的地区之一。公园主要景区为红叶岭风景区、青龙谷风景区、丁香谷风景区、青少年科普教育基地、拓展训练基地和中国艺术家生态文化园。境内分布有华北地区面积最大的天然次生暴马丁香林，有大量的谷底、谷侧平台休憩林地，有詹天佑修建的中华第一条铁路——“人”字形铁路。

北京的森林公园和自然保护区以深厚的人文底蕴为基础，种类多样，风格各异。以森林和自然保护区为载体的生态旅游正逐步成为广大人民群众乐于接受和选择的物质消费和精神享受方式，成为人与自然和谐相处最融洽的表现方式和最完善的有机统一体。

第38讲

天下和合在民安——平安北京

建立和保持良好的社会治安秩序、维护社会稳定，是老百姓过好生活的重要保证，是建设社会主义市场经济的重要保证，是成功举办奥运会的重要保证。总之，首都北京的社会治安综合治理工作关系着北京经济发展和社会稳定的大局，关系着北京老百姓的根本利益。从老百姓思稳定、求发展的需要出发，北京市政府积极响应党中央的号召，在2004年初就开始了创建平安北京的探索，历经几年，北京的平安建设有条不紊，有声有色。

[图106]
建筑工地流动人口法律知识答卷

平安建设的总体概况

暴力犯罪是影响群众安全感的主要因素。公安局作为维护社会治安的职能部门，在“打黑除恶”中奋斗在第一线，为维护老百姓的安全生活，对社会邪恶势力始终保持“严打”高压态势，建立了防范、控制、打击黑恶势力犯罪长效机制，全力侦破严重影响群众安全感的案件。同时，大力开展扫毒行动，坚决遏制毒品违法犯罪蔓延发展的势头。加大“追逃”工作力度，立足本地与外出追捕相结合，抓获了一批流窜作案人员和在逃人员，有效地减少了社会危害。相关部门灵活精确的打击，因地制宜组织开展的区域性、力度大、效果好的专项行动，形成了强大的整治声势，切实地遏制各类刑事犯罪活动，及时消除了危及城市安全的各种隐患，维护着治安大局平稳。

为了构造一个和谐的社会氛围，政府和各部门工作人员以化解纠纷矛盾作为主线，切实维护北京市社会治安稳定，积极构建矛盾纠纷“大调解”格局。“大调解”是一个街道、社区、机关、企事业单位矛盾纠纷处理网络，及时化解各种不稳定因素。同时，政府部门加强了群众工作，落实了信访工作规定，最大限度地减少和化解了涉法信访案件。不断完善的突发事件处置预案，不断提高的处置工作水平，最大限度地将不和谐因素转化为和谐因素，为老百姓创造了

[图 107]
平安北京的守护者

平安稳定的社会环境。

自2004年以来，为了吸引群众参与到创建平安北京的活动中，北京努力探索和实践新的社区管理与服务模式，创建出一个又一个平安社区。平安社区的管理和服务模式的建立，使得北京市社区的治安整体状况得到了长足的进步，大大降低了各类犯罪行为的发生率。同平安社区相类似的“平安校园”、“平安单位”、“平安商（市）场”、“平安旅游景区”的创建活动也取得了显著成效，切实增强了人民群众安居乐业的安全感和幸福感。根据北京市统计局以及北京市公安局的调查统计显示，近年来北京市社会治安继续保持持续平稳的良好态势，群众安全感普遍增强。北京市社会安全状况得到了很大的改进。

平安建设的具体措施

“天下顺治在民富，天下和静在民乐”。首都人民对建设平安北京已经形成高度一致和同一步调，人人关心、人人参与平安创建的平安建设大格局正在走向成熟，平安建设已成为实现“新北京、新奥运”战略构想的强大助推器。目前已经广为老百姓所熟知的具体措施主要有“科技创安”、“群防群治”等工作，而奥运安保工作将成为北京平安建设的一个挑战和机遇，集中体现北京安保工作的水平和能力。

所谓“科技创安”，就是通过加大社会治安、社会管理和治安防范工作的科技含量，为北京的平安建设增添了新的风景线。科技创安，使百姓的生活过得更踏实。科技手段的使用使公安机关驾驭社会的能力不断提高，打击犯罪更为精确。以海淀公安分局为例，每年直接利用图像监控抓获犯罪嫌疑人、破获的刑事案件就超过了数十起。图像监控也起到震慑犯罪的作用，推广以来，北京市社会危害严重的刑事案件连续数年下降，人民群众的安全感普遍提高。

1996年，北京率先在金融系统安装监控设施，11年来保持着盗抢不成的成果，期间没有一家银行被盗抢，这要归功于科技的力量。在有关部门的倡导下，这一经验迅速在全北京关系国计民生的重点单位和要害部位、公共繁华场所、大中小学和幼儿园以及新建居民区得到推广。截止2005年底，全市关系国计民生的重点单位和要害部位技防设施普及率达到了100%，公共繁华场所技防设施普及率达到了85%以上，北京高校初步建成了科技化、智能化、现代化的校园安全技术防范体系，全市1000多所城区中小学和幼儿园都安装电视监控探头、红外报警设施，其中197所寄宿制学校已率先完成与公安机关联网报警系统建设。此外，还有在居民小区，通过在平房区大力推广门磁报警，在楼房区普及楼宇对讲系统，在有条件的小区安装红外报警和视频监控系统，使居民住宅小区技防设施普及率稳步提高，科技创安覆盖了全市半数以上的居民小区，全市科技防范网络基本成

[图 108]
治安巡逻

民 兵
勤

型。目前，北京市已逐步形成集社会治安防控、城市管理、公共服务为一体的“城市综合管理中心”，科技创安达标社区为主的治安防控体系。

“群防群治”是另一种成功的创建平安的工作措施。群防群治，指的是在北京市政府和各级党委的领导和专门机关的指导、有力的宣传和鼓励下，北京市的群众积极地参与到社会治安的维护和改善中来。群众自己组织起来，通过治安联防队、治安小分队、军警民联防队、保安员、企业门岗值班员等形式，组织开展对本社区、本单位的治安巡逻、值勤站岗、看楼护院、社区巡逻等防范活动，以治安室、治安岗亭、治安卡点为依托，开展专职、义务为主体的巡防活动，预防和治理违法犯罪，积极维护其所在社区和单位的治安次序。市相关部门还通过举办学习班、轮训班、法律知识竞赛、讲座等形式对职工、居民进行以“普法”为主的法制教育，提高公民的法制意识，使人人知法、懂法、守法、用法，把预防违法犯罪进一步落实。在北京市政府的领导下，经过各部门、各机关和全市人民的共同努力，集思广益、群策群力，群防群治，使北京的平安建设成效显著，营造了一个积极稳定的社会生活环境。

奥运会是对承办城市的组织筹备能力、城市管理水平、市民文明素质的一次全方位考验，北京市的治安管理工作在服务和保障奥运会安全过程中将会积极贡献自己的力量。奥运安保是一个全方位的安全保卫工作，它既包括了奥运场馆的保卫、重点区域的保卫，同时奥运安保也是一个全社会的事情。除了核心地区、核心部位的安全保卫工作以外，在全市范围之内还要广泛地动员广大的市民、各单位、各部门来共同开展安全保卫工作。在安保指挥中心设有专门的指挥部，由市委政法委牵头负责社会面的安全保卫工作。

除了政府部门的努力，民众力量的参与将是北京奥运安保工作的亮点。奥运安保志愿者，是奥运安保工作中的四支力量的一支。志愿者代表普通民众的力量，主要承担一些专项的任务，比如说安全检查等工作。总体定向来自于三个方面：军队院校、武警院校和公安院校，另外也在社会院校招收语言类这些具有特长的志愿者参加。

另外，北京奥运安保工作当中应用的科技装备，是“科技创安”成果的体现。这些设备实际上是从北京市公安局长期重视科技强警工作的积淀中而来，如独立自主编制的北京奥运的科技总体系统。

总之，首都是首善之区，古今中外，首都的平安和谐都是压倒一切的大事。这是国家稳定的需要，是生活在其中的百姓的愿望。平安北京，不仅政府是主角，也需要百姓的积极参与；不仅要上下联合打击暴力犯罪，让人有安全感，还要多方协作，保障首都供应，让人有踏实感。总之还在于政府、公众一起营造文明和谐的氛围，让社会更文明更进步。

第四篇

民情的寄托与记录
——风俗艺术

第39~49讲

篇目负责人

李宝臣

主要撰稿人

李宝臣　孙冬虎　袁　熹
金　灿　赵雅丽　张雅晶
牛金莉　章永俊　何岩巍
李士好　张　艳　等

第 39 讲

总说：北京人的心情

生存在北京，是一种幸运

作为现代中国的首都，一个现代化的国际大都市，社会的疾速发展波及生活的方方面面，北京人的生存观念和生活方式都在变革中发生着蜕变。这蜕变所引起的一系列变化体现在人们生活、工作的每一个细节中。

宽松和自由滋养着平和的心境

不在北京，你体味不到什么叫大环境的自由和宽松；体味到这种自由和宽松，让你永远舍不得放弃北京。

今天的北京，绝不是既往的北京了。但今天的北京，又完全得益于历史的滋养。北京3000多年前建城，数次朝代更迭的历史，民族的融合，大量外来人口的入迁，这都成为影响北京人形成的重要因素。明初有人说，北京居民中“四方之民，十得六七”。2000年到2005年，外来人口年均增长6.9%。“北京人”，从来就难说谁是真正的“土著人”。在 “北京人”群体中，历来包括来自全国甚至世界各地的工商企业界、军界、文化界等各个领域的精英，还有到北京追寻工作生活新天地的普通人。在漫长的历史过程中，包容共存始终是北京人的重要特征。

在北京，不论你是贫穷还是富有，不论你处在什么样的知识层次，不论你曾经有过什么样的历史，只要能够找到一个能让你付出劳动而你又能够胜任这份劳动的工作，你就能够得到这里的认同。

在北京，不论你遇到顺境还是困境，不论你是快乐还是忧伤，不论你心比天高还是只顾眼前，只要你不伤害他人，不触犯法律和规定，你尽可以畅谈心里的一切，尽可以哭尽可以笑，尽可以骂尽可以闹，你都可以被宽容。

[图 109]
老年秧歌队

这是一片宽松和自由的土地，它让这里的人有宽广的心胸。是啊，几千年的民族冲突经历过了，几千年的文化撞击经历过了，还有什么没见过？处变不惊的大气和包容就沉积在了每个人的心底，一份平和的心情油然

而生。有了平和的心情，人才可能客观地看待世间的一切，才可能从容地对待社会和人生。

[图 110]
大妈也来吊吊嗓

多色文化把欢乐和创造置于人心中

不在北京，你体味不到北京对不同文化形态是多么大气地接纳与鼓励，体味了这种接纳与鼓励，你会永远都乐在北京。

生存在北京的人，可以自主地选择自己喜欢的文化及信仰，而不受社会的任何制约。

这种自主选择反映到社会生活层面，一方面体现为，一些富有智慧的头脑为社会创造出的文化形式；另一方面体现为，人们能够享受到千人千面的生活方式。戏剧、影视、音乐会，或雅或俗，满足着不同层次民众的文化需求；茶馆、酒吧、度假村，或中或洋，引领着不同领域民众的休闲娱乐；老字号、新品牌，或传统或现代，实现着不同品位民众的生活追求。衣、食、住、行，吃、喝、玩、乐中，普通的生活也色彩缤纷。看看话剧、听听音乐会、打打球，娱乐中既锻炼身体又陶冶性情；还可以和老友新朋去泡酒吧叙叙情，还可以和教友信众去寺庙教堂洗涤心灵。

多色的文化，培养着创新的品质，激发着创造的热情，社会面貌就越发精彩；面对着精彩的社会，人们不同层面的需求都可以在社会的发展中逐渐得到满足，欢乐便洋溢在每个人心中。

发展的压力制造着紧张却升腾着希望

不在北京看北京，觉得那是一个得天独厚的所在，觉得天时地利与人和成为一个光环，照护着那里的每一个人。生存在北京，你才真正知道什么叫紧张，光环之下的紧张，叫人怎么也无法放松心情。

在过去的北京，礼制曾经在指导人的行为建立社会秩序上起过重要作用，也曾经成为戕害民众束缚其身心的绳索，如鲁迅所言“吃人”。曾几何时，“吃人”的旧礼教连同传统中指导人走向善美的礼制精华被一起抛弃了。改革开放后，人们创造与发展的活力被空前的调动起来，但由于市场中的无序竞争，社会资源的机会不均，等等，给每一个人带来或多或少的压力。

压力面前显英雄。北京人并没有被发展的压力压倒，一位外国人的话值得深思。2007年，意大利著名写实派导演吉赛贝·托纳多雷来北京，被邀拍摄5分钟的北京奥运宣传短片，他感叹北京最让他不能忘怀的是：看到街上年轻人的眼神，充满了对未来的期待和憧憬，既相信未来，又不放弃传统。

是的，相信未来，又不放弃传统。一份社会调查中，对于“目前社会上最让人羡慕的是哪一类人”的选择印证了这一点，37.1%选择了“有道德的人”，30.4%选择了“有学问的人”，13.5%选择了“有权力的人”，12.4%选择了“有钱的人”。人们承认权力和金钱在这个社会中具有的支配性地位，但是在大多数人心中最看重的是道德和知识，这说明人们并没有放弃心中的价值准则。

正确的价值准则，是建设稳固有序社会的基础。心中有准则，就会产生对美好未来的憧憬，希望和光明就会从心底升腾，生命的美丽也由此诞生。

人格成为心怀天下的精神基石

站在这块土地上，一个念头会下意识地浮上心头：这里是北京，这里是中国。不是因为骄傲，不是因为私心，这是发自心底的声音，只要你身处北京，你的心里都会被这种声音所激荡，这里是北京，这里是中国的象征。

说北京人气盛是一种误解，胸怀国家、心中有天下只是他们非常自然的感情流露。所以，每当国家危亡、民族危机的时刻，北京人有大义、敢担当，从来都会站在时代的风口浪尖。这在近代的“五四新文化运动”直至1980年代“团结起来，振兴中华”口号在北京大学生中首先提出，得到淋漓尽致的表现。

在最近的调查中，关于“北京作为历史文化名城、国家政治中心的感觉”，52%的人选择了“自豪感”；对于“是否关心北京市公共财政的用途、支出情况”，54.1%的被调查者选择“关心”；关于“怎样看待北京举办2008年奥运会”，70.4%的人认为“有利于吸引各方面的投资，加快北京市的基础设施建设”，56.9%的人认为其“为北京人带来了更多的就业机会”，74.6%的人认为“有利于加强中外文化交流”。从这些数据可以看出，北京人爱国意识和公民意识非常强烈，和平时期把国家大事、公共事务依然放在关注的首选。

值得欣喜的是，这种爱国意识、公民意识，和皇权时代家国同构基础上形成的家国意识已经有了很大差异。作为850多年的皇城，家国同构模式深入人心，没有也不允许有个人的独立自主意识。家国同构模式，在遇到外敌入侵等危难关头，能够凝聚民众共同御敌，保家保国；一旦国破家亡，民众由于缺乏自主意识极易变成一盘散沙。这也是西学东渐之后，近代学人对独立人格的追求不仅受到皇权族权的打击，在民众中也没有栖身之地的原因。

今天，市场经济体制初步建立，为独立人格的发展提供了外部环境。多元的社会为人们提供了多向的发展空间，每个人都可以根据个人兴趣和能力自主选择职业领域及生活方式。个人自主选择，意味着独立承担，需要每一个人心里有自己的准则，独立意识便有了存在的基础。而敢于承担自我，是敢于承担社会的基石，担当天下便具备了个体人格上的根基。作为首都人的北京人成长了。

[图111]
我为“鸟巢”作贡献

第40讲

制礼以崇敬——礼制与京师

明清时期的北京正式称谓叫做京师。京者大也，十兆为京，也有万兆为京的说法。师者众也，同时，在文治武功的意义上，师还分别含有教导表率和军队肃武的意味。显然，京师不但地域开阔，人口众多，而且从城市建设到人文环境都走在前面，肩负起引导与示范的职责。这里是五千年礼仪之邦的首善之区。礼作为一种社会生活的思维逻辑与行为准则，经历代皇朝精心经营，呈现权威化、规范化与程序化的特点。

[图112]
一个世纪前的婚礼

礼是制度规范，按其功能分成五类：吉礼、嘉礼、宾礼、军礼、凶礼。

吉礼，祭祀仪式。上至一年一度的祭天，下至平民百姓的祭灶，都属于吉礼。朝廷正式举行的祭祀，根据对象的等级，分为大祀、中祀、小祀。象征皇朝权力的天地、社稷、宗庙为大祀。其次日月、风雨雷云等自然之神以及历代帝王、孔子等历史人物为中祀。再次司户、司灶等为小祀。民众仿效朝廷，在相应的时间也要祭灶、祭里社、谷神、逝去的祖父母、父母。明朝在京师每年正式祀典46次，清朝78次。北京现存丰厚的坛庙物质遗产，昔日都是朝廷为举行吉礼而专门修建的。譬如人们所熟悉的天坛、地坛、日坛、月坛、先农坛、社稷坛（中山公园）、太庙（劳动人民文化宫）、孔庙、历代帝王庙等等。以天地日月的祭祀时间为例，古人认为，天地至尊，选择冬至祭天，夏至祭地，在于看重冬至、夏至分别代表日渐长与日渐短的起始点。日月在人们心目中仅次于天地，选择春分祭日，秋分祭月。春分阳气正盛，秋分阴气见长，正符合阴阳互补平衡的观念。地球绕太阳一周的四等分点，平均分配给天地日月。这是北

[图 113]
胡同里的新式婚礼

京特有的历史文化现象。

嘉礼，庆典仪式。在朝廷经常发生的诸如朝会、宴飨、上尊号、徽号、册命、经筵、表笺、视学等等都属于嘉礼范畴。上至皇帝下至平民都适用的冠礼与婚礼。

宾礼，外交与社交礼仪程序。朝廷接待番国君长或其使节的仪式。鸦片战争以前，中国没有平等国家概念，只有藩部属国。因而，自乾隆朝以后，中西屡屡发生外交礼仪冲突。同时还包括平时社会交往的礼仪规范。在这一意义上，我们通常所说的礼仪或礼貌大都属于宾礼。古人平日相交往来的许多礼仪习惯，很可以为今天借鉴。譬如北京人在接待到访宾客，所遵循的“主客穿衣一致原则”，就是很好的例证。客人到达门前，消息传递进去。来者如果穿的是官服，主人一身休闲装正在休息，必须赶紧换上官服。来者穿的是便服，主人刚好新做一身官服，正在试镜得意，也必须马上脱掉，换上与来客大致一样的衣服。这样才能显示出对客人的尊重。

不管两人之间的地位如何悬殊，只要决定接见，就一定要遵守主客穿衣方面的规范。体现的不仅是重人，更重要的是自重。

军礼，国家军事仪式。如皇帝亲征、任命出征将领、出师之际的祃祭、战争中的受降、战争结束的凯旋、午门前的献俘、战争后的论功行赏等等。和平时期的皇帝阅兵、阅武以及大射之礼。

凶礼，丧礼仪式。包括丧制丧服与忌辰纪念等内容。死人的事情是经常发生的，中国自古就极其看重丧礼，通过凝重铺张的丧礼来伸张孝道，表达血缘亲爱与宗族团结。古人在操办丧礼时往往超出家庭的经济能力，甚至出现薄养厚葬的现象。在这方面，我们需要秉持一种历史批判精神，有区别地对待分析。

五礼中除了军礼以外，其他四礼都与普通人的生活息息相关。譬如：吉礼中的祭里社、祭谷神、祭灶等；嘉礼中的婚礼；宾礼中的社交礼仪；凶礼中的治丧程序等等，不一而足。在京师社会中，由于国家典礼频繁规模浩大，使普通人的礼仪程式相形见绌。然而，不得不承认，只有京师人能够经常近距离地感受到现实过程的朝廷典礼，因而在震撼、敬畏、崇拜与摹仿的驱动下，京师社会礼仪化程度远远高于其他城市，显得更为规矩，更为大气，更为和谐。人们对于礼的情感和日常运用可以说是融入血液当中了。

一般而论，凡是够得上民族象征的城市文化，一定具备三个条件，一是传播穿透力，人们普遍认同甘愿接受，构成社会意识的主流；二是张扬权威文化的物质载体；三是荟萃融合的文化传统。

其实，礼典的实质意义并不是仅仅盯住形式的铺张凝重，而在于引导训练人们的礼仪习惯。北京的礼俗传统就是在这样的环境中成长起来的。在日常生活中，礼作为评价、舆论的尺度，社会营造了礼制制约氛围。这样就可以对某些不良行为进行抑制，哪怕是心理比较阴暗或不被约束的人，也不得不在礼的形式下有所收敛，在公开场合的行为比较规矩。

[图 114]
奥运礼仪小姐练习站姿

中国历史悠久，拥有五千年文明。孔子讲：道之以政，齐之以刑，民免而无耻；道之以德，齐之以礼，有耻且格。在刑法惩罚与威吓下，人们只知道惧怕与逃避而没有知耻之心，如此构建的社会秩序，就远不如在管理社会的同时建立起民众的知耻自觉。

耻在北京人的心目中一直占有特别重要的位置。礼恰恰是构造个人羞耻之心的工具。一个人有羞耻之心，也就是有了敬畏之心。有了敬畏之心，有了羞耻之心，这个人就有救。如果彻底丧失了羞耻之心，也就只能依靠他律了。譬如，见到胡搅蛮缠的人，不免要说上一句“别招惹他，臊着他”。显然，社会为缺乏羞耻之心的人，有意制造了社会交往障碍，从而让他反躬自问，自我检讨，改变行为。礼就是为了树立个人羞耻之心而设立的，一个人生活在社会中必须要具备羞耻之心，如果不具备，也要通过外力灌注与强迫。

京城礼制的核心就是构筑了京城人的知耻精神，敬畏精神与克己让人精神。在社会交往中遵循礼尚往来，不缺礼，不拉礼，不越礼，不失礼，言语上和悦得体，行为上进退有度冷热适中。

礼俗的形成源于制度建设与长期的实践，与个人、家庭生活相关的内容，久而久之成为人们世代相传的生活习惯。任何行为只要做到约定俗成，就不再局限于行为本身，而是观念的坚定与习惯的形成，很少再发生疑问。

礼典的物态、制度和精神体现集中在京师。礼制文化传统清晰自然地展现于历朝政治制度、法律、伦理、风俗、艺术、文学之中。近代以来，礼制遭到了重创，在西方输入文化的冲击下和现代化情结冲动中，人们似乎曾想完全抛开传统习惯，然而，融在民族血液的思维传统，不是那么轻易地就能立即洗去。

不可否认，工业社会和信息社会的发展使农业社会中形成的传统文化迅速地消失。人们的价值观与行为模式发生巨大变化。譬如吉礼当代只留下部分祭祀的建筑——坛庙，而丧失了实质性功能。祭祀过程只能作为一种历史记忆存在。民族礼仪文化在变动中损失，同时也在变动中遗传。尤其在精神层面，礼是通常人们所说的理的外化形式。昔日忠君、孝亲、诚信、爱人的理念，今天完全可以经过改造整合，用爱国、孝亲、诚信、爱人思想替代。

随着社交新形式的出现和不断变化，人与人之间的交往越来越平等，在社会交往中，“废话”包括“客气话”也少了，直截了当似乎更受人们青睐。这种新气象在新近产生的网络社交中蔓延几成燎原之势。那么，原有的交往原则和礼仪是否过时了呢？

实际上，无论社会发展到何种程度，人与人之间的相处交往，总还要遵循一定的“规矩”，这些规矩就包括社交原则和相关的礼仪。由于社交活动是多人参加的，因此礼仪显得十分重要。社交原则和礼仪有利于维护人在交往中的权利平等和交往双方的正当权益。简单的如服装整洁，出席什么场合遵守什么规矩，复杂的如知道禁忌，有所回避等等。

时过境迁，今天人们不可能在现实生活中处处仿照古礼，但是其中的礼尚往来与自重敬人的社交原则，仍可以让我们一窥古人的细心、周全及对人的尊重。

第 41 讲

春夏秋冬常有序——北京人的时节

[图 115]
节日风俗—年年有(鱼)余

自元明清以来，北京作为一国之都，成为全国政治、经济、文化的中心。这里五方杂处，人文荟萃，不同民族在此交融，形成了老北京的节令风俗。

老北京非常重视“过年”，自进腊月以后，便开始忙过年的事。腊月初八，家家熬腊八粥，传说这天为佛祖得道之日。当年释迦牟尼用钵化缘，化得五谷杂粮充饥，后人为了纪念他，在每年腊月初八也用多种米、豆熬粥供佛。北京民间，人们多在天亮之前即熬好一锅腊八粥。讲究一些的人家，腊八粥除米、豆之外，还放一些枣、栗子和桂圆肉等等。粥熬好之后，除全家食用外，往往街坊邻居也互相馈赠。腊八这天，除民间普食腊八粥外，旧时北京各大庙，如柏林寺、嵩祝寺、白云观等，也都用大锅熬粥，然后分送那些有钱的施主。每碗粥中插一小黄纸旗，书明某庙所赠，施主接到粥后，以银两“回敬”。

腊八过后，北京人更加忙碌起来，有歌谣唱道：“二十三，糖瓜粘；二十四，扫房日；二十五，推糜黍；二十六，去吊肉；二十七，宰只鸡；二十八，把面发；二十九，蒸馒首；三十晚上守一宿；大年初一扭一扭。”描述了春节（正月初一）来临之前北京人的生活场景。

腊月二十三日是为“小令节”，又称“交年”，要举行祭灶仪式，送灶君上天。人们在灶君神像前供上关东糖、清水和秣草，送灶君爷“上天”。人们如此尊重这位灶君，是为了让他“上天言好事”，三十晚上回来后，能“下界保平安”。

除夕和元旦是春节的高潮。当时的旧俗很多，既不许动剪刀，也不许说不吉利的话，尤其三十晚上，家家户户几乎一夜不睡，叫做“守岁辞岁”。三十晚上的团圆饭，讲究在夜半子时阖

[图 116]
节日里的胡同

家坐到一起吃，叫做“更岁饺子”，意味着吃完饺子，即开始进入新的一年，也是为了取个吉利。据载，每年除夕之夜，“爆竹声如击浪轰雷，遍乎朝野，彻夜无停。”（《帝京岁时纪胜》）可见大年三十的盛况。

元旦起始拜年，大年初一，亲友相见，总要拱手作揖，互道“恭喜发财”、“新喜，新喜”等等。长者受拜后，要给晚辈压岁钱。这天北京的街道“车马喧阗，追欢竟日”。初二日祭财神，商家开市。初八日祭星神，名叫“顺星”，用意在送祟。初八这一天，弘仁寺打鬼；十三日，黄寺打鬼。而正月二十九至二月初一的雍和宫打鬼场面最为壮观，意在迎祥驱祟。

正月十五日是上元节（元宵节），也称为灯节。张灯、观灯是这个节日的主要活动内容。从正月十三日起至十七日止，共计五天。正月十三日为上灯；十四日为试灯；十五日为正灯；十七日罢灯。

上元节的灯市历来有猜谜的活动，俗称打灯虎，据说是从《史记》李广在北平射虎的故事中引申出来的。灯节晚间主办者将谜条(谜面、谜目)张贴在各式的花灯上或灯与灯之间的拉绳上，任人猜射，猜中有奖，以助兴趣。明清两代盛行妇女们“走桥、摸钉”的风俗。元宵节狂欢的第四个夜晚，即正月十六晚间，妇女们都罩上白绫衫，成群结队，手挽手，肩并肩地出游，头前一人举香开道，其他妇女随后，谓之“走百病”。相率过桥，谓之“度厄”。相传，不过桥不得长寿。过桥者则可保一年无腰腿疼痛之患。此外，当时的妇女们还要到各城门洞去摸城门上的铜钉，谓此举“宜男”，可生男孩。

二月初二龙头节是老北京较大的民间节日，那时民间有吃面条、吃春饼、炸油糕、引龙熏虫、扒猪脸、爆玉米花等很多习俗。按照习俗，这天妇女还不许动针线，害怕扎伤了龙的眼睛，太阳出来前不许到井台打水，以免水桶砸伤了龙头。这一天，人人都要理发意味着龙抬头走好运，给小孩剃头叫“剃龙头”，这一天出生的男孩都要取名大龙、宝龙、金龙。老北京的习俗，在这一天要接回已出嫁的“姑奶奶”，俗语说:“二月二接宝贝儿，接不来掉眼泪儿”，接回来的姑娘多以吃春饼合菜款待，并可在娘家住上很长时间。因为北京的老礼儿有正月不能叫男人守空房之讲究，正月里姑奶奶回娘家时必须在黄昏前返回。

清明节自古流行，到了明代，清明节祭祀形式更为隆重。皇亲贵戚后代要换上盛服带上礼盒、车辆人马到祖坟墓府举行祭奠仪式，点香燃蜡烧纸钱，遇上辰年还要吹打奏乐，诵经超度，其景热闹非凡。平民百姓也要给祖坟上香烧纸，添把新土插上挂钱。清代以后，清明节祭祖活动尤为盛行。北京城郊外人来人往，家家扶老携幼成群结伙，提着竹篮、扛着铁锹赶往墓地。白花花的挂钱成为郊野凄凉一景。老北京人扫墓时头上要插戴柳枝，其意是希望祖坟有风水，保家人人丁兴旺、叶茂根深。清明上坟被老北京看成是一种尊老崇祖的品德，它告诫人们勿忘先辈建业之恩。

端午节是中华民族的传统节日，老北京的端午节从五月初一开始，持续到五月初五。除了吃粽子，插蒲艾，老北京人还讲究吃五毒饼。五毒饼是人们为端午节特制的一种圆形糕点，上面印着五毒（蛇、蜈蚣、蝎子、蜘蛛、蟾蜍）图案。据说吃了它可以增强抵抗力，灭虫免灾。老北京人还有端午节喝雄黄酒的习俗。据说，端午节喝雄黄酒是很有“说道”的。在“白蛇传”的故事里，有白娘子饮雄黄酒现出真身的描写。因此，人们认为蛇、蝎子等害虫可由雄黄酒破解。大人喝完雄黄酒后，还要蘸着雄黄酒抹在孩子的耳朵、鼻孔处，以驱邪避害。

老北京的农历六月初六，民间称为“洗晒节”。因这时天气已非常湿热，万物极易霉腐损坏。所以在这一天从皇宫到民间，从城镇到农家小院都有很多洗浴和晒物的习俗。元明清时期，农历六月六还是法定的“洗象日”。那时皇帝在朝会、祭祀或出巡时，为显示威严，要摆出一支由车马象、鼓乐幡伞组成的庞大仪仗队，每有盛大庆典，大象是不可缺少的成员。七百多年前，忽必烈在建成元大都城后，那时的属地暹罗、掸国、安南、高丽、爪哇等都带贵重礼物来朝贺，其中暹罗、掸国、安南每年都要带大象进奉。暑热天时，大象就在元大都城附近的积水潭中洗浴嬉戏，引来百姓争看围观。皇上为了便于大象的驯养与管理，还专门建立了象房、演象所和驯象所，并从缅甸招来象奴和驯象师。平时由象奴饲养并由驯象师指导训练。乾隆时期大象最多达三十多头，象奴、驯象师多达百人。象房当时就设在宣武门内西侧城墙根一带，据说旧址即现在的宣武门新华社大院处，至今留有“象来街”、“象房胡同”的美名。

[图117]
包饺子

每当六月六，如果恰逢晴天，皇宫内的全部銮驾都要陈列出来暴晒，皇史、宫内的档案、实录、御制文集等，也要摆在庭院中通风晾晒。当年，这一天也有“晾经节”之称，北京的大大小小的寺庙要在这一天举行“晾经会”，把所存的经书统统摆出来晾晒，以防经书潮湿、虫蛀鼠咬。如旧京的白云观藏经楼里，藏有道教经书五千多卷，每年的六月初一至初七，白云观要举行“晾经会”，届时道士们衣冠整洁、焚香秉烛，把藏经楼里的“道藏”统统拿出来通风翻晒。广安门内著名的善果寺每逢六月初六也要作斋，举办“晾经法会”，僧侣们要礼佛、诵经，届时开庙一天。那时看完洗象的百姓，都会涌到善果寺中观看晾经，所以寺前也形成临时集市，非常热闹。民间的轿铺、估衣铺、皮货铺、旧书铺、字画店、药店以及林林总总的各类商店，都要晾晒各种商品。城市和农村的黎民百姓要晒衣服、被褥。民谚有云:“六月六，家家晒红绿”，“红绿”就是指五颜六色的各样衣服。清代的北京居民，都在六月初六那天翻箱倒柜，拿出衣物、鞋帽、被褥晾晒。因此，有的地方也叫“晒衣节”或“晒伏”。

六月初六，老北京还有郊游和赏荷的民俗。为了防热消暑，文人墨客常到有庙宇之荫的名胜地及长河、御河两岸、东便门外二闸等地野游。旧时的二闸是通惠河上第二道闸所在地，是老北京春夏之时百姓观景旅游的胜地。当时通惠河两侧垂柳成行、水波荡漾，运粮船和各种游船穿梭往来。在二闸的闸口处，还有一个飞溅的瀑布，岸边还有楼台亭阁、私人花园和一些茶棚酒肆，恰似江南美景。清代《北京竹枝词》这样描绘:“乘舟二闸欲幽探，食小鱼汤味亦甘。最是往东楼上好，桅樯烟雨似江南。”

七月七日，牛郎会织女，称之为七巧节。这天夜晚，人们要搭建乞巧棚，悬挂牛郎织女像，或者设案焚香祭拜。老北京的妇女在祭拜后，还要在月下穿针取巧，届时家中的母亲或婆婆，将七根针七根线给女儿、儿媳，每人一份进行比赛，谁最快将线穿进针眼内，谁就是像织女一样最巧的女子。还有些妇女这天中午要在将一碗水放在院中，在水上“浮针取巧”。年轻的女子们常在这天穿上新衣，戴上新首饰，在月下聚在一起，结盟七姐妹，称为“七姐会”；摆上香案祭拜牛郎织女称为“迎仙”，祭拜后边玩乐边唱着“天皇皇，地皇皇，俺请七姐下天堂，不图你的针，不图你的线，光学你的七十二样好手段。”七夕后，姑娘们愿将自己制作的工艺品、玩具等互相赠送，以示友情。这些乞巧活动非常有趣，谁在活动中表现得最好，谁就能乞到灵巧和智慧，能与牛郎织女相见，并向织女学会更多的绣花织布技巧。当时有《乞巧歌》唱道：“乞手巧，乞容俏，乞我手如织女巧，乞我牛郎对我笑。”充分表达了乞巧活动的情景，所以七夕节又叫“乞巧节”、“女节”。

八月十三日至十五日为中秋节，又称“团圆节”、“月饼节”，起源于古代对“月神”的祭祀活动。祭月渊源于远古初民对月的崇拜，他们把天体中的月人格化，称为“月神”。中秋节的民间拜月要供月宫神码(符象)和“兔儿爷”，这一民俗与老百姓对月亮的美丽传说有关。传说月宫中有只陪伴嫦娥且为她捣药的玉兔。中秋节那天谁家淘气的小儿要是拿供桌上的兔儿爷玩，可是要挨揍的。

在老北京，自明代起建了天、地、日、月、社稷五坛，其中月坛(亦称夕月坛)于明嘉靖九年(1530 年) 建在阜成门外，由拜月坛、具服殿、神厨等建筑组成，成为明清两朝历代皇帝祈祀夜明之神和天上诸星宿神煞之处。

在民间有王府贵族祭月，文人墨客赏月、咏月，平民百姓拜月、阖家赏月，妇女走月亮的习俗。明清民国时期北京的达官贵人、文人墨客会在中秋夜前往当时风景极佳的西直门外的长河、东便门外的二闸等登临岸边的酒楼茶肆，或者去什刹海、陶然亭、天宁寺等名胜庙宇的亭阁殿堂临窗赏月、品茗饮酒、吟诗谈词、欢叙玩乐，至夜方归。四合院里的人家在庭院里拜月后亦坐在明月光下，赏月吃团圆饭，吃象征团圆和美的月饼并分吃团圆蒸饼。俗语里有“男不拜月，女不祭灶”之说，所以四合院里拜“月神娘娘”都由主妇们主祭，在月圆之夜祈盼全家幸福美满，团团圆圆、吉祥如意。

重阳节已有两千多年的历史。老北京人在重阳节时，常常用登高、佩戴茱萸、赏菊、饮菊花酒、放风筝、吃花糕、食烤肉、涮羊肉、吟诗作赋等方式来庆祝这个节日，以祈盼平安、祈求健康。在明清两代，重阳登高盛行，那时每逢阴历九月初九，皇帝要亲自到万岁山(即景山)去登高拜佛祈求福寿平安并观览京城风光，皇后妃子们则在故宫的御花园登临堆秀山登高眺望。在民间，达官贵人、文人墨客或登临自家花园的假山亭台，或在旧京城内外爬山登高一览山景和都城风景。那时主要是赴西山八大处、香山、五塔寺、北海、白塔、景山五亭、陶然亭等处所，一般全家或三五好友同行。老北京还有一风俗，要在九月初九天明时迎接女儿回娘家，取片糕搭在女儿额头上，一边搭一边还祝福女儿：“愿儿百事俱高”。所以重阳节又称为“女儿节”。

十月初一日为寒衣节，亦称冥阴节，是一年中的三大鬼节之一。老北京人照例要给亡故的祖先"送寒衣"。清末民初，北京人大多沿袭旧俗，在十月初一以前就要到纸店去买寒衣纸，它是用冥衣铺糊烧活的彩色蜡花纸，裁成布匹形状的长条，一般是一张纸破三条或四条。粉红色的印上白色图案；白色的印上青莲色的图案；黄色的则印上红色图案（一般均为牡丹、菊花、蝴蝶的连续图案)。也有用素色纸的。总之，只是象征性的东西。有的把这些寒衣纸剪成衣裤状，有的不剪，直接装在包有纸钱、冥钞的包裹里焚化。还有的更为讲究的富人，则是请冥衣铺裱糊一些皮袄、皮裤等高级冬装。不论用什么样的寒衣，都要以纸钱、纸锭为主，一并装在包裹内，供罢焚化。

冬至（阳历十二月二十一日或二十二日)，为进九之始。过去老北京有"冬至馄饨夏至面"之说。冬至之日，京师各大道观有盛大法会。道士奉经、上表，庆贺元始天尊诞辰。道教认为，元始天尊象征混沌未分，道气未显的第一大世纪。故民间有吃馄饨的习俗。《燕京岁时记》云："夫馄饨之形有如鸡卵，颇似天地混沌之象，故于冬至日食之。"实际上"馄饨"与"浑沌"谐音，故民间将吃馄饨引申为打破混沌，开辟天地。后世不再解释其原义，只流传所谓"冬至馄饨夏至面"的谚语，把它单纯看做是节令饮食而已。

与冬至有着密切关系的，有在北京流传了几百年的《九九消寒图》和《九九歌》。《九九消寒图》最简单、最普通的画法是把一张白纸先画九个大方格，上面写图名，每个大方格中，再用竹笔帽印九个红圈圈，边上写"九九歌"。由冬至那天"数九"算起，每隔九天做一单元，连数九个九天，到九九共八十一天，冬天过完，迎来春天，谓之"出九"。

时代在进步，老北京的节令风俗也要结合当代人的物质条件、审美要求和科学技术进行发展。而今，老北京的节令风俗注入了新的元素，使之赋予了现代含义。

比如，逛庙会是春节期间的老年俗。近几年，白云观、厂甸、东岳庙、龙潭等传统庙会办得红红火火，很多一度中断的传统活动在庙会上重放光彩。除传统庙会之外，一些新庙会也已渐成规模，并逐步增添了不少新项目。作为北京市最早且独具特色的室内庙会，东城文化馆室内庙会，自1991年举办至2007年已是第十七届了，2006年还被评为北京市最受群众喜爱的庙会组织奖。经过十余年的创新与发展，以其高雅温馨的环境、喜庆热烈的气氛、丰富多彩的活动和雅俗共赏的文化品位享誉京城。

人们在清明节祭奠故人的方式也在发生着改变。清明节倡导和鼓励骨灰撒散、种植纪念树、互联网上祭扫、集体或家庭"追思会"等形式，努力营造文明祭奠的社会氛围。这就为人们对先人表达孝心注入了新的时代气息。

七巧节的"快乐e行"就巧妙地将"七夕"文化融入了新意，为那些"当距离无可避免，想你便成为习惯"的现代"牛郎织女"搭起了一座"鹊桥"，使传统"七夕"的"乞巧"更具有现实意义。

第42讲

中国最生动的语言——北京话

北京的语言历经多少朝代，与世世代代的北京人相伴，最后成为普通话的基础。新中国成立后的普通话“是现代汉语的标准语，是以北京语音为标准音，以北方话为基础方言，以典范的现代白话文著作为语法规范”。一种地方性的语言成为推广到全国进行交流的语言，而且被十几亿人使用，必有其内在的深刻原因。而北京话与北京大气磅礴的城市布局、精美绝伦的建筑一样，也是北京的骄傲。

俞平伯说过：“北京话是全中国最优美的语言。”林语堂赞美北京话有“平静自然舒服悦耳的腔调儿”，老舍把北京话比喻成“清夜的小梆子”。比他们出生要晚上半个世纪的上海籍作家王安忆说：“北京人的心是藏着许多事的。他们说出话来都有些源远流长似的，他们清脆的口音和如珠妙语已经过数朝数代的锤炼，他们的俏皮话也显得那么文雅……他们个个都有些诗人的气质。”

开放型文化传统与北京话的形成

北京方言生动、鲜活、简洁、明快。北京话之所以有这样鲜明的特点，又是和隐藏在其背后的深刻的社会文化背景分不开的，也就是说，是由北京文化悠远的开放型传统决定的。

为什么说北京文化的特点是开放型的？这个命题似乎与人们惯常的认识相悖。那精巧的四合院，厚重的城墙，环围的护城河，狭窄短小的胡同，拥挤的茶园戏馆，稠聚的花市鸟市……似乎都是一个封闭式文化圈的典型形象。然而，这的确是一个耐人寻味的独特文化景观。我们仔细考察一下这些现象就会发现，这种种似乎是北京专利的文化现象却几乎没有几样是北京土生土长的。如胡同来自蒙族传统，戏园借自南国，京剧产生于徽汉，胡琴传自番邦，手工艺则与中原文化一脉相承……北京方言更是最鲜明地反映了北京文化兼容南北不同民族、不同风格语言和方言特征的集中表现。

自古以来，北京文化不仅辐射能力强，吸收能力也强。有个奇怪的现象曾经使人感到匪夷所思，在北京建都的统治者长时间为经济不发达和文化相对落后的少数民族，但北京话却成为最接近国语的语言。其实完全可以解释清楚，这些少数民族统治者不像中原统治者有那么多“华夷之防”，他们保守思想少，进取心强，对源远流长的汉文化不仅不排斥，反而认真学习。

[图118]
宣传、推广普通话

从千余年来的社会政治状况看，可以说北京是由汉族和我国北方少数民族共同建立起来的。

从辽到金，北京的政治、经济地位迅速上升，大量的北方少数民族不断涌进现在的北京地区，和外族语言长期密切接触，和广大中原地区的本族语言反而关系疏远，北京话从一千年以前就开始处于这种和其他汉语方言完全不同的特殊语言背景中。

宋金时期的北京，汉胡之间对峙是一个事实，交融也是一个事实。“两国相争龙虎斗，各为其主统貔貅”，既有战场上的刀剑相向，也有营帐间的唇舌往来，语言的交融也就在烽火间不自觉地开始了。

公元1272年，金中都燕京改建成大都，大批蒙古人来到大都。当时虽然明文规定蒙古话是国语，但汉文化的同化能力实在强大，蒙古的老百姓和王公贵族都学会了大都话，而且从心里喜欢讲大都话，于是大都话通过新的统治者得到了广泛的传播。所谓元大都话，实际是辽金两代居住在北京地区的汉族人民和契丹、女真等族经过几百年密切交往逐渐形成的，到元建大都时已趋于成熟，成为现代北京话的源头。

明朝迁都北京以后，北京官话也逐渐产生，作为国语正音的官话又再次分为南北两支。明代北京话是在元大都旧北平话的基础上，和移居北京的南京移民的南京话融合后形成，到清代受到满语的影响才逐渐成熟。

到了清代就更明显了。清朝对汉文化的宽容态度远胜过对政治经济的控制。但是如果说满族完全被汉族同化，也言过其实。就拿语言来说，就是在彼此影响、互相渗透。在满族学习汉语的同时，他们没有简单地放弃了满语、满文，而是以汉语为主，互相同化。我们见过皇帝的一些重要碑铭、文牍，很多都是用汉、满两种文字镌刻、书写的。而一种语言现象也产生了：除了有一些满语正式地进入北京话之外，更重要的是词汇、腔调、语音的融合，共同创造了大家都听得懂，都爱听的优美的北京话。

文明热情幽默的北京话

老北京人特别讲究"礼儿"，就是从呱呱坠地的婴儿算起，几天之后就要进行"洗三儿"，目的是把上世的罪孽洗涤干净。老北京人之间哪怕素不相识，都有一堆规范礼貌的见面语等着你："大爷、大妈、大叔、大婶儿、大姐、大哥、先生、小姐、老板、掌柜的……"新中国成立后，先生、小姐、老板、掌柜都不叫了，一律叫同志了，"文革"中工人阶级领导一切，都叫师傅了，改革开放后恢复了一些老北京的叫法儿。

老北京长幼有序，对年纪大的、对老师、对长辈，都要无条件地恭恭敬敬。经历过老北京的温情脉脉的人，总是怀念那个时光，比如您不经意挡住了别人的路，被挡的人会和声细语地说："劳您驾，借个光！"听了这话您怎么能不让开呢！再比如吃饭，老北京人都是对最年长者说："您先请。"饭桌上摆上酒和菜肴，还会真诚地指着最好的菜说："您来这个？"到商店买东西，只要您在柜台前一转悠，掌柜的或者伙计就会热情地问："您看上什么了？""哪个和您心意？"哪怕您不买，他也会说："买不买没有关系，您随便儿看。"所以有人说北京话是"说的艺术"。

谁都知道"您"是北京人礼貌语言的集中体现，对"你"的称谓充满着敬意，这大概是地方语言中最有人情味儿的"你"。所以"您"已经被各地语言所吸收和利用。北京人随便的甚至有点例行公事的一句"吃了吗""您遛弯儿呢"，都包含着对对方的一种关心。前些年北京流行的"没事儿"已经风靡全国，在"没事儿"之前肯定有句"对不起"，这六个字就把潜藏的矛盾化解了。

如果问问北京以外的人对北京人的印象，恐怕会有一半人说：幽默能侃。

北京人的幽默语言不是自当代始，而是世代相传。

首先，幽默的语言智慧是从老北京文化传承而来。北京人说话就是逗。幽默不分贫富，不分文化高低，好像在这块土地生活的人都有与生俱来的幽默细胞。启功是中外闻名的文化名人，但是他不仅没有名人和泰斗的架子，反而幽默的对自己进行自嘲，他给自己写的《墓志铭》短短几十字，堪称老北京人幽默的经典："中学生，副教授。博不精，专不透。名虽扬，实不够。

高不成，低不就。瘫趋左，派曾右。面微圆，皮欠厚。妻已亡，并无后。丧犹新，病照旧。六十六，非不寿。八宝山，渐相凑。计平生，谥曰陋。身与名，一齐臭。”

北京人的幽默话语多来自胡同、大杂院，来自劳动阶层。这些话虽然通俗却不粗俗，哪怕歇后语，也生动好记，让人感到轻松好笑。比如一个人喜欢上什么东西，就是“老太太喝豆汁儿——好稀饭（喜欢）”；说一个人就仗着一张嘴瞎说，就是“您是打碎的茶壶——就剩这一张嘴了”；说一个人就会空谈，就是“天桥的把式——光说不练”；说谁实在无足挂齿，就是 “马尾儿穿豆腐——提不起来”；说一个人嗓门儿大 ，就是“纸糊的驴——真能叫唤”……这些带有北京土话色彩的幽默都让人忍俊不禁。

说到这里，不少喜欢北京语言的人也有隐忧，就是北京话的确也产生了一些糟粕。这些糟粕在旧时代的流氓、痞子中也有过，但终归成不了气候。近年来一些北京的“脏话”虽然流传，但多数人还是嗤之以鼻。

被普通话同化的北京话

北京文化自古就打上了多元化、多层次的烙印，1949年中华人民共和国建都后，又经历了数次规模巨大的移民，从而又开始了语言上最大的融合。这次移民甚至使得甩着京片子的 “老北京”成为少数。尤其不能忽视的因素是，解放后政府大力推广普通话，更使北京话向普通话靠拢。1955年在北京召开了汉语规范化学术会议，这次会议对“北京语音”进行了“纠偏”。标准语是经过规范和加工的民族共同语，并非采纳北京方言里的全部内容，而要舍弃其中的土语、土音，同时又“不断地从其他方言里吸取营养，逐渐把所有有活力的、为它的发展所不可缺少的东西都采用到民族共同语里”。而电视、电影、广播的强大功能，使普通话大大削弱各地的方言，北京话也同样。建国50多年来，北京的京味儿越来越少，普通话越来越占据了难以撼动的地位。

如今，80年代出生的青年也很少听见老北京话，尤其胡同、大杂院在城市改造中大量地消失，连接触老北京话的最后场所也同时消失了。京味儿老作家汪曾祺在20世纪90年代初期颇为伤感地写道：“北京的胡同在衰败，没落。除了少数‘宅门’还在那里挺着，大部分民居的房屋都已经很残破……在商品经济大潮的席卷之下，胡同和胡同文化总有一天会消失的。也许像西安的虾蟆陵、南京的乌衣巷，还会保留一两个名目，使人怅望低徊。再见吧，胡同。”其实，和胡同一样消失和“再见”的东西很多，也包括老北京话。就像住进舒适的高楼大厦需要让胡同、四合院付出代价，让中国人交流起来更便捷也需要地方语言付出代价。我们虽然不失伤感，但也会理性地看待。更何况人们正在把那优美动听的老北京话用各种技术手段存留在这个世界上，老北京话不会和我们永别！

第 43 讲

民间自有真风情——北京的庙会

[图119]
地坛庙会

庙会，又称“庙市”，是于寺庙节日或规定日期，在佛寺道观内或其附近聚会，进行宗教祭祀、民俗娱乐和商业购物的民间聚会活动。每逢寺庙开放日期，善男信女前去拜佛烧香，祈求福佑。由于游人香客集中，商贩们便在寺庙附近设摊售货，民间艺人亦来表演杂艺。久之，庙会渐由定期向长期、流动向定点演变，范围亦从庙内延伸到庙外，形成以寺院为中心的百货杂陈、百技竞巧的商业场所。

老北京的庙寺很多，据说城内外共有840余座，因此，北京的庙会也多，截止1930年统计，城区尚存的庙会为20处，郊区为16处，合计为36处，也有专家认为有60多处。旧时的北京几乎天天有庙会，曾是庙会的天下。

北京地区庙会习俗有文献可考的历史，当为辽代“上巳”春游。金代庙宇至今仍存庙会者为土地庙与白云观。元代北京庙宇至今犹存并有庙会者，为护国寺、东岳庙、九天宫、十八狱及都城隍庙。明代定都北京，庙宇繁盛，著名庙宇有花市火神庙、隆福寺、吕祖阁、吕祖观、吕祖祠、南药王庙、北药王庙、东药王庙、财神庙、卧佛寺、蟠桃宫、灶君庙、善果寺、江南城隍庙、大钟寺等数十处。最有名的庙会有灯市和城隍庙庙市。城隍庙庙市是第一个定期庙会，每月开放。都城隍庙供奉凌驾于人间地方官之上的阴间地方官——城池守护神，“京师城隍统各府、州、县之神，以监察民之善恶而祸福之。”北京城隍先为文天祥，后则以明朝嘉靖年间弹劾严嵩的大臣杨继盛继之。北京城内有四座城隍庙，即都城隍庙、江南城隍庙、大兴县城隍庙、宛平县城隍庙。其中，每年五月初一东城的大兴县城隍庙和四月二十二西城的宛平县城隍庙都有“城隍出巡”活动。届时，将庙内城隍塑像抬出，在各种仪仗执事前呼后拥下，堂皇出巡，街上观者如潮，庙市上则百物杂陈，甚是热闹。

明末，碧霞元君信仰传入北京，民间称碧霞元君为娘娘，能为众生造福，凡穷人求温饱，富人求长寿，有求必应。碧霞元君庙建在山顶和平地上都称为顶，北京有东南西北中“五顶”。明末，高梁桥、马驹桥、中顶、西顶等四座元君庙开庙。高梁桥娘娘庙每年四月初八日即佛教浴佛节开庙，初为不孕育妇女烧香求子，后倾城妇女皆往。

[图120]
龙潭庙会

清朝定都北京，将内城划为八旗营地，分置八旗以拱卫紫禁城，将汉官、商人、平民由内城迁往外城居住营业，庙灯二市亦随之迁至外城，庙市迁到报国寺，灯市移到琉璃厂和灵佑宫。清代京师庙会著名者隆福寺、护国寺、白塔寺、土地庙、花市，此外还有厂甸、都城隍庙、财神庙、白云观、大钟寺、东岳庙等，皆属于在庙中及庙外街巷设立定期集市、每月定期轮流开放的庙会。其中东庙隆福寺和西庙护国寺最热闹，每年自正月起，每逢七、八日开西庙，九、十日开东庙，“东西两庙货真全，一日能消百万钱”是其庙会商业活动的写照。以隆福寺庙会为例，范围包括庙内的各种商摊，庙内商摊可分为三路，庙外的街上也是商摊云集。开庙之日，凡珠玉、绫罗、衣服、饮食、古玩、字画、花鸟、鱼虫及日用之物云集，各种杂技娱乐无所不有。从民国十九年（1930年）起，隆福寺庙会改为每月逢一、二、九、十日举行，一月之中有12次庙会，为北京庙会之冠。

崇文门外花市、宣武门外土地庙每月开三次，以出售日用品及妇女插戴纸花为主。前门关帝庙、五显财神庙、卧佛寺、九天宫、南药王庙、北药王庙、东药王庙、吕祖阁、厂甸、都城隍庙、白云观、大钟寺、蟠桃宫庙会等一年开市一次。每逢祭日，庙中的主持人开庙，让信众入庙进香，这种庙会多在阴历每月初一、十五开庙，接受香火，善男信女前往烧香，求签，求药，求方。吕祖阁供奉着吕洞宾塑像一尊，每月初一、十五开庙两天，进香者多为求签或求药而来。药王庙中供奉伏羲、神农、黄帝，历朝名医如韦慈藏、孙思邈、扁鹊、淳于意、张仲景、

[图121]
东岳庙会

华佗、皇甫谧、葛洪等十大名医从祀，从四月中旬起香火极盛。庙内有戏台，台上匾额为“道济群生”，每年四月二十八日药王诞辰日开庙时在此演戏。白云观庙会兴起于元末，成形于明代，盛于明末及清代。每年正月初一至十九日开放庙会，每年庙会都会有大量的游客排队摸石猴，祈求免灾、祛病、避邪、求福，香火最旺盛。白云观庙会最大特点是结合道教节日的祭祀活动，正月初八的“顺星”日，正月初九的玉皇大帝诞辰，都有相关的祭祀活动。在正月十九日丘祖诞辰开庙，是日称“宴邱”或“宴九”，上午举行的“宴邱会”也叫“燕九会”。蟠桃宫庙会又叫娘娘宫庙会，每年农历三月初一至初三开庙，据说初三这天是王母娘娘设蟠桃会的日子，最为热闹，届时蟠桃宫人山人海，香火极旺。清代北京喇嘛寺如雍和宫、黄寺、黑寺以及太阳宫等均有打鬼庙会。这些庙会都是结合佛、道两教祭祀活动循例开放的以进香敬神为主的庙会，以宗教活动为主，在此做生意的摊贩所售物均系香烛、供品及有关吉祥物。

清代京城外五顶庙会也极盛，丫髻山庙会始建于唐，鼎盛于元、明、清三朝，成为华北地区四大庙会之一。清朝皇帝多次驾幸丫髻山，御封为金顶、畿东泰岱、近畿福地、灵应宫。妙峰山碧霞元君庙会建于明末，兴盛于清末，以香道多、香客多、香会多著称，分为春庙和秋庙，春庙时间为农历四月初一至十五开庙半月。届时，数十万京都及天津、河北等地的善男信女从五条香道进香朝顶，并由数目庞大的各种文武香会，文会负责沿途设立粥棚、茶棚、馒头棚等服务，武会负责高跷、秧歌、中幡等表演，香火之盛甲于天下。

民国年间庙会亦盛，庙会融文化、商贸、娱乐、宗教、信仰等多功能于一体，并且其娱乐与经济功能日益占据主要地位。例如，内城每月逢九逢十隆福寺、逢七逢八护国寺、逢五逢六白塔寺，外城逢三土地庙、逢四花市五大庙会定期开市，北京人除了求神拜佛外，还从庙会上购买木器、家具、炼冶、铁器、交通、土石、皮革、食品、饰物、杂类及印刷品等一切日常生活用品，并且与听相声、说书、看洋片、戏法、杂耍、品尝各种类风味小吃等娱乐相结合。此外，还有二月初一太阳宫庙会，三月初三蟠桃宫庙会，三月十五天台山慈善寺庙会，三月十五东岳庙庙会，四月妙峰山、西顶、东顶、北顶庙会，五月南顶、卧佛寺、都城隍庙庙会，六月中顶、善果寺庙会，八月都城隍庙庙会，十月江南城隍庙庙会。各色庙会中，以蟠桃宫、东岳庙、厂甸、白云观庙会四大节日庙会最盛，尤其是东岳庙供奉东岳大帝、民间俗神、历史人物以及各行各业的祖师爷，庙会期间各行各业善会竞做善事，各种民间工艺品、饮食、杂技既为娱神，更为娱人。

庙会作为旧北京一种特有人文景观，从元代到明代，再到清代，因适应社会的需求而得以流传六百余年，从内容到形式都有所改变，曾经是人们经济生活、精神生活和文化生活的重要组成部分。民国以后庙会逐渐衰微，但因群众信仰和风俗习惯，新式商场仍不能完全取代庙会，一些主要庙会仍照常举办，然而多数香火已绝，逐渐演变成纯商业性、娱乐性的集市，唯妙峰山庙会一直香火旺盛。新中国成立后新的商业形式和新的商业网点应运而生，取代了传统庙会。

1951年隆福寺庙会旧址上建立了永久性市场，妙峰山、白云观等以烧香敬神活动为主的庙会也逐渐停办，1963年厂甸庙会是最后一次规模较大的传统庙会。“文革”后所有庙会停办，北京的庙会走向了衰亡。

改革开放后，随着社会进步与经济发展，北京的春节庙会开始复兴。自1985年首次举办京城最早的地坛庙会后，各色庙会纷呈，在继承古代庙会优良传统基础上，以独特的创意、崭新的布局和巧妙的构思展示着北京浓郁淳厚的传统民俗与现代风情，为新春佳节增添了更多的喜庆气氛。一些庙会从腊月二十九开始，到正月初七结束。届时，在地坛庙会上，游人可以观看仿清祭地表演、欣赏古建彩画、增加文史知识；在东岳庙春节文化庙会上，游人可以领略老北京的“福”文化特色；在龙潭庙会上京城百姓可以参与体育竞技活动，欣赏文艺文化活动，体味民风民俗活动，品尝商业小吃。一些庙会从正月初一开始，至初六结束。届时，在“全真第一丛林”白云观庙会上，游人可以重温会神仙、撞吉祥钟、打金钱眼、摸石猴、骑小毛驴等传统庙会活动，观看各处民间花会狮子、高跷、旱船的进香表演；在莲花池庙会上，游人可以通过品风味小吃、观市井绝活、赏民间花会等活动感受老北京的市井风俗风貌；在大观园红楼庙会上，游人可以品尝小粽子、吉祥果、如意糕、太君酥等红楼美食以及老北京风味小吃，同时欣赏“元妃省亲”古装游行的盛大场景以及传统婚庆典礼“宝玉成婚”、寿筵大典“贾母贺寿”的热闹场景；在北京历史上八大庙会之一、被民俗学者们亲切地称为北京的文化名片的厂甸庙会上，游人可以一边吃着大糖葫芦，一边欣赏高跷、太平鼓、小车会、五虎棍等各种花会及天桥老艺人绝活表演，感受庙会特有的娱乐气氛；也有些庙会自正月初一开始，至初七结束。届时，在红螺寺庙会上，游人可以礼佛拜祖、撞吉祥钟、打金钱眼、品尝风味小吃，欣赏书画摄影展览、观看杂技花会表演，在十里“绿色长廊”惬意漫步，感受岁寒三友所带来的浓浓绿意。

当代北京春节庙会还增添了国际风情，如初一到初七，游人可以通过逛朝阳公园洋庙会来领略异域风情，欣赏风情各异的艺术表演，品味世界各地精美食品；可以在石景山洋庙会上欣赏到欧洲歌舞表演，在洋小吃一条街上品味到巴西烤肉、韩氏烧烤等四、五十种洋小吃，为传统春节增添了时尚的情调。

可见，春节庙会已成为对外展示当代北京民俗文化景观的窗口，逛庙会也已重新成为北京人欢度节日、感受文化、感受生活、感受精彩的习俗。

第44讲

京腔京韵扬国粹——京剧

戏曲是北京文化艺术的重要组成部分，活跃在北京舞台上的戏曲艺术，有京剧、昆曲、评剧、河北梆子、豫剧等多种门类，其中以京剧和昆曲最具代表性。过去往往以“文武昆乱不挡”来形容演员能够兼演昆曲和京剧，“乱”就是“乱弹”，在这里专指京剧。而京剧获得“国剧”的地位只是晚近时期的事。

［图122］
京剧剧照

京剧艺术源远流长

［图123］
京剧［白蛇传］

［图124］
京剧［风雨同仁堂］

［图125］
京剧［三岔口］

乾隆中叶以后，除了多年活跃于北京舞台上的昆曲、京腔之外，来自山西、陕西的梆子腔（秦腔），来自安徽的徽调皮黄，以及来自湖北的楚调皮黄，先后集中到北京。乾隆五十五年（1790），徽班进京为乾隆皇帝祝寿，演出之后继续留在北京，其中以“三庆班”声名最著。徽班（徽戏）声腔曲调丰富多彩，演员身怀绝技，演出剧目题材广泛、情节生动、语言通俗易懂，武打技巧高超，深受北京观众的欢迎。他们吸收了北京舞台上流行的各种戏曲的长处，如京腔的字音、昆曲的身段和伴奏、秦腔的生活气息，为京剧的诞生开了先河。从三庆班进京到1804年和春班成立，活跃于北京舞台上的三庆、四喜、春台、和春四大徽班，呈现出压倒一切剧种、戏班的趋势。他们的寓所都在前门外大栅栏地区，三庆班在韩家潭，四喜班在陕西巷，春台班在百顺胡同，和春班在李铁拐斜街。北京从前流行着这样的俗语：“人不离路，虎不离山，唱戏的不离韩家潭。”直到现在，那里还保留着不同年代许多名演员的故居。

大约在1830年左右，流行于湖北的“汉戏”进京。汉戏演员搭入徽班演出，以二黄调为主的徽戏唱腔，与汉戏的西皮调合流，为京剧皮黄的形成奠定了基础。1840～1860年以后，经过以程长庚、余三胜、张二奎为代表的广大艺人的努力，二黄、西皮两种声腔与北京地方语言相结合，最终形成了以“皮黄”为主，兼擅昆腔、吹腔、拨子、南锣等地方戏曲腔调和板式，在

同仁堂

声腔、曲调、字音、伴奏、表演、剧目等方面都具有规范化风格的独立剧种。它所采用的艺术语言主要属于官话和京白，又诞生于首都北京，因此有“京剧”的称谓。1928年以后，北京改为北平，京剧一度被称为“平剧”。由于京剧在全国流传极广，艺术影响力最大，被人们尊为“国剧”，它融合了演唱、音乐、武功、布景、脸谱、舞蹈、杂技等艺术手段，吸收了各地戏曲的长处，从中国历史故事中提取故事情节，形成了演艺精湛、曲调优美、舞台生动、唱腔丰富的艺术特色。

京剧最终在北京形成，首先得益于自元代以来经济的繁荣与时局的相对稳定。作为首都，北京受到的战争破坏很少，商品交易繁盛，这个帝王之都，拥有大批不事生产的皇族贵胄和官员，既有“钱”也有“闲”，养得起戏班。其次，京剧获得了历代帝王的扶植和提倡。乾隆时期在圆明园、颐和园建造戏台，并征召南方名伶来京。每逢节庆日，宫中频繁演出。贵胄之家往往自设家班，一般官员就到戏园看戏。京剧艺术的魅力使有些贵族子弟或官员入迷而下海唱戏，比如，早期的名演员“老生三杰”之一的张二奎，为唱戏而弃官，终于成为梨园名角。光绪年间的名小生德珺如，是军机大臣穆彰阿的曾孙，以贵族子弟学戏而成为大家。第三，北京的文化氛围浓郁，城市居民有爱看戏的习俗，这样的人文环境也是京剧得以蓬勃兴旺的有利条件。晚清时期京剧的发展与慈禧太后的极力扶持也有很大关系，青衣行当中的陈德霖、王瑶卿，老生行当的谭鑫培、杨小楼等人多次进宫承差，“伶界大王”谭鑫培甚至有“谭贝勒”的外号。各路名角在宫内的严格要求下相互切磋，推动了京剧艺术的进步。

名家辈出、流派纷呈

在京剧发展史上，涌现了许多杰出的表演艺术家，创造出精彩纷呈的艺术流派。光绪年间，画家沈蓉圃曾绘《同光十三绝》画像，他们是：程长庚、张二奎、卢胜奎（老生）、杨月楼（武生，杨小楼之父）、谭鑫培、徐小香（小生）、梅巧玲（老旦，梅兰芳之祖父）、时小福（青衣）、余紫云（青衣兼花旦，余三胜之子，余叔岩之父）、朱莲芬（花旦）、郝兰田（老旦）、刘赶三（丑行）、杨鸣玉（丑行）。

在生行“前三杰”程长庚、余三胜、张二奎之后，谭鑫培创立的谭派艺术影响最为深远。谭鑫培之后的众多艺术流派，不论是前“四大须生”余叔岩、言菊朋、高庆奎、马连良，还是后“四大须生”的谭富英、杨宝森、奚啸伯（马连良又列为其中的第一位），无一不是受谭派的影响而又根据自身条件发展成各自的流派。此外，文武老生李少春，小生演员姜妙香、叶盛兰，净行（花脸演员）的金少山、郝寿臣、侯喜瑞、裘盛戎，丑行的杨鸣玉、刘赶三、萧长华等，都是京剧艺术史上具有开创性贡献的艺术家。

北京的旦行名家更是灿若群星，有“四大名旦”之称的梅兰芳、尚小云、程砚秋、荀慧生，各自创立了影响深远的流派。张君秋、李世芳、毛世来、

[图126]
京剧 [穆桂英挂帅]

宋德珠，又有“四小名旦”之称。各流派大多有比较优秀的传人，他们努力继承流派并勇于创新，仍活跃在今天的北京京剧舞台上。

京剧的辉煌时代是在清末与民国时期，在北京旧城里有长安戏院、吉祥戏院、广和剧场等等，还有在茶楼、酒馆里也有京戏演唱，在达官贵人府上还有“堂会”演出，京剧的影响力是其他娱乐项目难以望其项背的。在清末民初时期的北京，听戏唱戏、遛鸟闲逛也是城市的一道风景。由此还产生了“下海”、“票友”这类京剧词汇。在这里，“票友”是包括京剧在内的戏曲曲艺业余爱好者，有名的“票友”中也不乏清代没落贵族和很有京剧造诣的人物。“票友”不以唱戏为生，而以唱戏为乐。如果因为对此过于痴迷，或由于生活所迫，真的投入戏班唱戏挣钱，京城里就称之为“下海”了。比如，言菊朋、奚啸伯，就属于票友下海而最终独树一帜的京剧名家。

在“文化大革命”初期，京剧、评剧、越剧、黄梅戏等剧种的传统戏剧，纷纷被打下舞台。到了70年代中期，在特定的历史条件下，“红灯记”、“智取威虎山”、“杜鹃山”、“沙家浜”等被树立为“样板戏”，成为文艺界的“一枝独秀”。“样板戏”的出现，为部分京剧演员提供了登台演出的机会，也为年青一代灌输了“现代京剧”的样本。及至现在，在北京旧城的胡同街坊里，除了能听到古典京戏的名段清唱之外，也会听到一些“样板戏”的唱段，这也是历史在戏剧上的烙印。

现在的京剧已经逐步脱离市民的日常生活，成为部分爱好者和旅游者的观赏节目。在“样板戏”之后，上演的京剧绝大部分是古装戏，从戏剧语言、唱腔到历史人物和故事，对现代都市人而言多半感到陌生。在娱乐业形式多样、影视戏剧全面变革的时代，京剧的发展也面临着新的挑战。

第45讲

说学逗唱乐京城——北京曲艺

曲艺是民间口头文学和歌唱艺术经过长期发展演变形成的，是以“口语说唱”来叙述故事、塑造人物、表达思想感情、反映社会生活的表演艺术门类。它的特点是多以叙事为主、代言为辅，多为一人多角或说或唱，也有的是分角色拆唱，曲词自成格律。据史料记载，早在辽、金时期，北京已见说唱艺术形式的流传。

清同治、光绪年以后，由于市民文化生活需求的普遍化、多样化，北京说唱艺术种类日渐丰富，技巧逐步成熟。特别是通过一批以说唱作艺谋生的艺人对艺术的探求和创新，北京又出现了不少新的艺术形式，其中以相声、岔曲、大鼓、单弦、评书等最为有名。

相声

相声形成于道光、咸丰年间，它以“说、学、逗、唱”等为主要技能，凭借结构巧妙、出人意料的“包袱儿”吸引观众。相声的表演形式有单口、对口、群口。相声历经了几代艺人的努力，不断成熟。咸丰年间在天桥演出的艺人“穷不怕”，首创了对口相声和三人群口相声的表演新形式。对相声发展贡献最大的则是张寿臣，他从现实生活中吸取养分，创造出许多生动的人物形象，如《洋钱伤寒》中的财迷，《哏政部》中某甲接到委任状时的几次感情变化，形象逼真使人忍俊不禁。经过众多艺人们的不断钻研和改革，中国相声的格调升高了，并且开始和文化接轨。1940年在西单商场中部开设了启明茶社，京津两地相声艺人轮流献艺，启明茶社被誉为“相声大本营”。在这里艺人们不仅切磋了技艺，而且培养了一批年轻的相声演员，如刘宝瑞、郭全宝、常宝堃、朱相臣、田立和等。自相声诞生至新中国成立前，北京形成各类相声段子300多段，以诙谐幽默的语言，反映了不同时期的社会生活及各阶层人物心态。

岔曲

岔曲是八角鼓中最原始的曲种，是单弦演唱中的一部分。它起源于清初北京，兴盛于乾隆朝，流行于北京城内外。岔曲的基本唱腔结构是一段六句或八句，故又有“六八句”之称，但也可加衬句、数子等。岔曲的曲调丰富，除平岔、长岔外还有荡韵、别韵、串铃数子、琴腔等。岔曲的曲词，多采取咏赞体，或咏人，或咏物，借以抒发意兴。1795在北京出版的《霓裳续谱》收入岔曲就有148首之多，说明岔曲在当时已经是一个成熟的曲种。

岔曲的表演方式有三种，大多是由一人自击八角鼓演唱，一人操三弦伴奏；也有二人操八角鼓分饰正旦、小旦对唱；还有穿插其他曲牌的联曲形式，由多人齐唱、轮唱。清代，岔曲多在旗籍子弟"票房"走局时演唱，演唱的曲目如《今日大喜》、《游春》等。岔曲早期的撰文者多是文人墨客，子弟票友都有一定学识，所以岔曲在八角鼓中是最雅的。清末民初，岔曲往往作为单弦演员在正式节目演唱前加演的形式出现。他们经常上演的曲目《雨归舟》，因唱词华美，唱腔跌宕起伏，节奏明快而脍炙人口。此外，《春宵一刻》、《睡卧秋林下》等曲，至20世纪40年代还在流传。

[图127]
京韵大鼓

[图128]
曲艺表演
——含灯大鼓

大鼓

大鼓，又分京韵大鼓、西河大鼓、京东大鼓、梅花大鼓、乐亭大鼓（铁片大鼓）。其中京韵大鼓最有代表性。它源于河北一带流行的"木板大鼓"，以说唱中、长篇书为主。清末民初，艺人胡金堂、霍明亮、刘宝全等移植子弟将曲目搬上舞台，并逐渐变河北乡音为北京语音演唱。

京韵大鼓唱词句式为七字句或八字句，一段曲目一韵到底。在唱腔上，京韵大鼓吸收借鉴了京剧、马头调、石韵书的一些唱法，在一系列的改革过程中，确立了腔调激昂慷慨，吐字清楚有力的艺术特色。表演方式是演员自击鼓、板站唱，以大三弦、四胡、琵琶伴奏。

清末民初刘宝全、白云鹏及天津的张筱轩，以各自不同的艺术风格创下早期三大流派。其中刘宝全对京韵大鼓多有革新，他博采众长，吸收了其他戏曲的唱腔，借鉴了京剧的程式动作，形成了说中有唱，唱中有说的风格，被誉为"鼓界大王"。他的唱段以"三国"为多，其中的"刀枪架"唱出来干净利索，为人称道，此外他还擅长《大西厢》、《百山图》等。白云鹏则创造了韵味醇厚、腔调柔美婉转的白派，深为听众痴迷。刘宝全的弟子白凤鸣，吸收借鉴白派艺术特点，创造了行腔低回婉转、曲折跌宕为长的少白派。30年代后期，先学京剧后改唱京韵大鼓的“小彩舞”骆玉笙，本宗刘派，后又兼白派和少白派之长，结合自身特点创造了以音域宽阔、抒情色彩浓郁见长的骆派，并被誉为“金喉歌王”。

单弦

单弦又称单弦牌子曲。乾隆、嘉庆年间，北京的旗籍子弟流行用八角鼓击节演唱自娱娱人。单弦由若干不同腔调的小曲——曲牌连缀起来说唱故事，其曲牌众多，曲调丰富，说中有唱，唱中有说，适于表现多方面题材。

同治、光绪年间，旗籍子弟司瑞轩，艺名随缘乐，进一步发展了单弦，他创出自编、自唱、自弹三弦伴奏的“一人单弦八角鼓”，逐渐形成独立的曲种，后被称为“单弦”。1880年左右，他开始在北京的一些茶馆里演唱，如什刹海的通河轩、景泰及泰华等茶馆，并应邀在许多人家的喜庆堂会上演唱。他唱腔新鲜活泼，表演风趣幽默，演唱的词曲通俗，且都是群众喜闻乐见的故事。长篇有《燕青打擂》、《石秀探庄》，短篇有《胭脂》、《画皮》等。经他加工和铺垫，增加了不少生活气息和时代意义，因此他一登场必座无虚席。随缘乐的单弦很快在北京风靡起来。

［图 129］
相声

与随缘乐同时闻名的还有李燕宾（别名“随缘时话”）。清末民初，又有了擅长即兴编演新词的德寿山，吸收其他剧目表演动作长于表演的全如月以及曾永元、桂兰友等著称曲坛，进一步丰富了单弦的艺术表现力。20世纪20年代是单弦艺术发展的全盛时期，众多的单弦名家形成了各具特色的演唱风格，最享盛名的有荣、常、谢三大流派，创作出一大批各自拿手的曲目。

评书

形成于清代中叶，以说表细腻，情节紧张，人物生动，夹叙夹议为特点，受到市民的欢迎。清末民初评书得到空前的发展，名家辈出，书目丰富，书棚、书馆遍布九城。集大成者首推被称为“评书大王”的双厚坪。他擅说《隋唐》、《水浒》、《精忠传》、《济公传》等等。与双厚坪同负盛名的还有潘诚立，以及擅说施公案的群福庆，号称活武松的徐坪玉等。20世纪20～30年代，北京的书坛异常活跃，涌现出一批继承先辈艺术，形成自己独特艺术风格的名家。如有“净街王”美号的王杰魁，他以讲五行八作社会风情见长；被称为“品八套”的品正三，以擅说《隋唐》、《龙潭鲍骆》等八部大书而得名。还有以说《东汉》、《三国》著称的连阔如，以说《济公传》、《水浒》著名的杨云清等，他们均在北京的听众中产生广泛的影响。

评书以其独特的魅力吸引众多的听众。那时书场很多，有宽敞豁亮的书茶馆，也有市场、庙会内的露天书场。北京听书客依职业身份不同，对评书的爱好也不同。东北城的听书客以官宦人士、八旗子弟为多，他们喜欢听《袍带书》；王府井仁义轩的客人以附近的商人为多，他们爱听《施公案》一类的书；天桥的书馆以王八茶馆最有名，听书者三教九流，五行八作无所不有，那里日夜均有书场。最受欢迎的是《包公案》、《小五义》、《隋唐传》等。

新中国建立后，北京市成立大众文艺创作研究会，积极倡导包括曲艺在内的大众文艺的创作，从而激发了艺人们的政治热情和创作积极性。北京的曲艺艺术以得天独厚的有利条件获得了飞跃的发展，取得了显著的成就。过去"串街走巷"演出的数来宝，衍变成为脍炙人口的快板书，成为百姓喜闻乐见的新的艺术形式。西河大鼓新流派"马派"的形成，中央广播说唱团及北京市曲艺团对梅花大鼓音乐的改造，"歌颂型"相声的探索等，都是这一时期北京曲艺艺术的显著成果。

一大批反映社会新思想、新生活的文艺作品陆续创作出来，受到人们的普遍好评。如评书《红岩》，相声《夜行记》、《找舅舅》，单弦《单枪赴会》，北京琴书《一锅粥》，京韵大鼓《黄继光》，岔曲《红军过草原》，快板《人民首都万年青》等，在全国性的评奖、调演、汇演中创造出优异的成绩。与此同时，一批老的艺术家如侯宝林、郭启儒、刘宝瑞、连阔如、良小楼、马增芬、高凤山、关学曾等都有艺术的创新和建树，并培养了一大批新的曲艺人才。粉碎"四人帮"后，北京曲艺界发挥了自己独有的艺术手段，相声《帽子工厂》、《如此照相》等一批作品问世，锋芒犀利，在全国引起极大的反响。80年代以后，曲艺的表演形式和观众的欣赏趣味的差距，使北京曲艺面临着新的挑战和考验。

北京的曲艺艺术源远流长，是具有地域特色的宝贵文化遗产。为了抢救和保护北京的文化遗产，2006年11月和2007年6月北京市政府先后公布了两批"市级非物质文化遗产名录"，将曲艺中的相声、岔曲、单弦、京韵大鼓、密云蔡家洼村五音大鼓、平谷调和北京评书、北京琴书、联珠快书定为市级非物质文化遗产，对于继承和发扬我国优秀文化传统，丰富群众文化生活具有重要意义。

第46讲

领军中国文化市场——北京的影视

[图130]
中国电影博物馆

1904年，在慈禧七十寿辰之际，英国驻北京公使献影片祝寿。由于当时在宫中演出时发生爆炸，老佛爷一生气，宫中从此就禁止放映电影。

1905年，中国的第一部电影《定军山》在北京丰泰照相馆诞生，并于北京前门大观楼举行“首映”。晚清的子民们身着长袍大褂，熙熙攘攘聚集在大观楼，盛况空前。大观楼由此被认定为中国电影的诞生地。2005年中国电影百年庆祝活动就从这里拉开帷幕。

中国电影始于国粹京剧。《定军山》的内容就是由慈禧的御用演员、著名京剧老生谭鑫培表演的三个场面。之所以如此，大概因为京剧是当时流行的大众娱乐方式，而谭鑫培又是一个“明星”人物。

1958年，中国第一部电视剧《一口菜饼子》在北京产生。

1990年，中国第一部大型室内电视连续剧《渴望》，由北京电视台、北京电视艺术中心联合录制完成。播出后，万人空巷。

1991年，中国第一部电视系列喜剧《编辑部的故事》，由北京电视艺术中心拍摄完成，播出后引起轰动。后来颇受观众喜爱的《东北人家》、《家有儿女》都是它的翻版。

北京由于其特殊的政治文化地位，在中国影视的百年发展历程中，一直是重要的一极。从无声到有声、从黑白到彩色、从胶片到数字、从计划经济到市场经济，北京影视伴随着中国影视，在经历了风雨沧桑后，正实现着创作、生产等方面的突破，取得了前所未有的发展。

从中国电影博物馆说起

你知道电影中出现的车祸场面是怎么制作出来的吗？你知道电影《天下无贼》中，黎叔单手剥生鸡蛋皮的绝技是怎么来的吗？你知道如何拍摄骑摩托车在空中穿越的场景吗？

来到坐落于北京市朝阳区南影路9号的中国电影博物馆，你就可以得知其中的奥秘，而且能亲自当一回演员，模仿自己开车撞到树上，并体验把大树撞倒的惊奇效果。

2005年，为向中国电影诞辰100周年献礼，历时三年建造而成的中国电影博物馆正式对外开放。它占地65亩，建筑面积近38000平方米，是世界上规模最大的电影专业博物馆。馆内共设有20个展厅，展出内容涉及1500余部电影、4300余张图片、450多位电影工作者的介绍。走在长达2970米的展线中，你仿佛穿越了时空：从20世纪20年代的无声电影、四五十年代的革命电影、文革十年的样板戏电影，直到现在的商业电影。百年风云，中国电影凝结着几代电影人的心血，记录并见证着中国的现当代历史。

展厅中，你不会错过《祝福》、《永不消逝的电波》、《青春之歌》、《林家铺子》、《早春二月》、《一盘没有下完的棋》、《马可·波罗》、《末代皇帝》、《秋菊打官司》、《过年》，纪录片《中国之行》、《北京紫禁城》等影片的有关介绍。这些不同时期由北京生产的电影，不论是思想上还是艺术上，都达到了很高的水平，显示着北京影视为全国影视的发展所做出的贡献。

时至今日，中国影视已经取得了更加可喜的成绩。生产能力上，中国目前年平均生产电影300部左右，2007年达到402部。电影票房收入也以每年20%的速度递增，2007年达到33.27亿。不仅如此，中国电影在国际上也取得了一定的话语权。2006年共有27部国产影片在22个国际电影节上获得了44个奖项，2007年又创造了历史最高纪录，共有29部电影在19个国际电影节上夺得49个奖项。

附：近年来中国影片的产量情况

年度	2000	2002	2003	2004	2005	2006
数量（部）	91	100	140	212	260	330

附：近年来国内电影票房收入

年度	2000	2001	2003	2004	2005	2006
数量（亿）	9.6	2.2	2.5	15.7	20	26.2

（数据来源：《中国电影市场》）

在中国影视不断取得新的突破的同时，北京的影视也呈现出新的发展局面。2007年北京市广播影视制作经营单位共生产电影约150部，占当年全国产量的近40%。北京新影联和北京万达院线2007年全年票房收入均超过3亿元。目前，北京拥有广播电视节目制作经营机构440家。其中非公资本已经以多种形式进入了北京广播影视领域。影视产业投资形态逐步形成政府鼓励支持为主导、基金资助为辅助、社会与民营投资为主体的良好局面。影视市场主体多元化特征日趋明显，以公有制为主体、多种所有制共同发展的产业格局初步形成，诸如华谊兄弟、紫禁城、海润、小马奔腾等民营影视公司已拥有一定发展规模，并在业内产生了不错的影响。

[图131]
电影《集结号》剧照

[图132]
电影《鸦片战争》剧照

北京电视节目制作基地：文化创意产业孵化平台

中央电视台的《星光大道》、《幸运52》、《开心词典》、《非常 6＋1》，北京电视台《红楼梦中人》，重庆卫视的《第一次心动》等深受大家喜爱的电视综艺节目，它们虽属不同的电视台，但都录制于北京大兴区的星光影视园。

北京汇聚了全国最多的演艺界明星和相关影视资源。现今中国著名的导演，如张艺谋、冯小刚、陈凯歌、贾樟柯、姜文；著名的演员如巩俐、章子怡、宋丹丹、唐国强、陈道明、张国立等等；素有“票房保障”之称的编剧刘恒（代表作《贫嘴张大民的故事》、《菊豆》、《集结号》等），有“第一编剧”之称的邹静之（代表作《康熙微服私访记》、《铁齿铜牙纪晓岚》、《千里走单骑》等）；还有数以万计“不抛弃、不放弃”、热爱影视事业并为之奋斗的人们——他们有的生于北京、长于北京，有的功成名就后定居在北京，有的为了实现梦想“北漂”在这里。另外，这里还有全国表演艺术的最高学府：北京电影学院、中央戏剧学院。前者毕业生（含教师）在1990年至2003年共荣获“金鸡奖”、“百花奖”、“华表奖”580人次，获奖影片上千部次，荣获柏林、嘎纳、威尼斯等电影节各种奖项240人次，获奖影片上百部次；后者也是桃李满天下，在国内表演艺术院校中享有很高的地位，章子怡、瞿弦和、林兆华、徐帆等均毕业于该校。这两座中国艺术院校中的王牌军，也壮大了北京的影视资源。

资源的集聚必然拉动社会需求的产生。随着影视业的发展，许多外地电视台鉴于请“明星”到外地录制节目不方便，成本也高，干脆在明星的“家门口”“安营扎寨”，花2个小时把节目录制完毕后，直接送回台里。于是，他们对北京的演播厅的需求加大。但北京像这样符合节目制作要求的演播厅，一般只有电视台才有，数量有限，根本满足不了市场需要。

2005年大兴区被批准为国家新媒体产业基地。2007年北京最大的电视节目制作基地——星光影视园建成并投入使用。目前，影视园拥有一个2200平方米、全国最大的单体专业数字演播厅，还有面积为1600、1200、800平方米等20余个大小不同的演播厅和3000平方米的候播大厅，可同时容纳4000余名观众录制节目。这里目前已经成为全国规模最大的电视综艺节目制作基地。

影视园让电视台，尤其是外地电视台非常便捷地邀请到明星，并在“家门口”花几个小时就把节目录制完毕成为可能。正是看中这一点，目前，已有30余家新媒体及其相关机构入驻园区。项目投资总额超过20亿元，包括中央电视台、重庆卫视、安徽卫视、美国 NBC、韩国 LG购物频道等50多家国内外电视台及有关节目制作机构，已与影视园签订了合作意向。

不仅如此，影视园还拿下了“上星”许可，也就是拥有了卫星信号的经营权。这样，外地电视台在影视园录制完成的节目，可以通过卫星信号直接发回本地，大大提升了时效性。这更增加了影视园的吸引力。

除星光影视园之外，新媒体产业基地还包括北普陀影视园和大森林影视园，业务范围已由为电视台服务延伸到影视、动漫、游戏开发等新兴创意产业。已有800多部（集）的影视作品、300多部动漫作品在这里拍摄、创作。基地将逐渐成为集节目制作及其前后期服务、人才培训、影视交易等为主的创意孵化平台，成为北京文化创意产业的一道靓丽风景。

[图133]
话剧《茶馆》剧照

第47讲

美轮美奂大舞台——北京的剧场

[图134]
三十年代北京的老戏院

850多年帝都，北京积淀形成了自己特有的文化氛围。今天的中国，也没有任何一个城市能像北京一样，聚集着那么多艺术家和为艺术工作奋斗的人们。感受北京的文化气息，体验北京文化之都的魅力，最鲜活直感的方式莫过于走进北京的剧场，看一场经典剧目。或许你所在的城市也有剧场，甚至更华丽，也有更火的演出，但这里所特有的艺术氛围和剧场文化，却是他们所不及的。

北京目前有演出能力的剧场（包括各级党政机关、大型企事业单位及大专院校的内部礼堂）1700多家，对公众开放的80家左右，经常有演出的剧场约30家。这些经常演出的剧场中，有的是综合性剧场，如国家大剧院、保利剧院、工人体育馆、民族文化宫剧院、天桥剧场、海淀剧场、北展剧场等；有的是专业性剧场，如专演话剧的首都剧场（北京人艺）、专演戏曲的长安大戏院、专演木偶戏的中国木偶剧院，还有众多的音乐厅等。

除此之外，特别值得一提的是两个主题剧院。一个是专为舞蹈诗剧《金面王朝》量身打造的华侨剧场，一个是专演《功夫传奇》而闻名的红剧场。它们因旅游市场发展起来，代表了国内剧场建设、经营的一种新模式。

在这几十家经常演出的剧场中，有的已经形成了自己的品牌，在观众中享有不错的口碑；有的正闪亮登场，即将崛起成为中国剧场中的新秀。

[图 135]
中国国家大剧院

国家大剧院：北京新地标

2007 年 12 月，风格浪漫、现代、美轮美奂的国家大剧院正式展示在世人面前。它由歌剧厅、话剧厅、音乐厅和实验小剧场及相应的配套设施组成，座位6000多个，创造了中国剧场之最。

它如一个椭圆形的银色明珠，镶嵌在一湖碧水中央。阳光下，它光滑闪亮，犹如科幻影片中的飞船，指向无限的未来。在夜晚，玻璃壳体表层点点灯光闪烁，看上去像布着星星的天幕，引人无限的遐想。

国家大剧院的设计者安德鲁曾说：“当你要去剧院，你要进入一个梦的境地。这是我要让他们感觉到的。你必须要为这精彩的世界有所改变。”（中华读书报 2000 年 3 月 8 日《一个鸡蛋的故事——安氏国家大剧院方案百姓谈》）

从1958年国家大剧院被列入建国十周年十大建筑工程到今天，半个世纪已经过去了。如今她登场了，她与鸟巢、中央电视台新址，将和原有的作为民族国家象征的建筑并列在一起，表征着一个现代中国的崛起，表达着国人一种超越性的新的民族性诉求。

据说，2008 年上半年国家大剧院的档期已经排满。可以想见，在不远的将来，不管是国内的还是国外的文艺团体，如果能在国家大剧院表演一场，那都是获得了中国国家荣誉的象征。

长安大戏院：梨园乐土

“长安月明花千树，不尽弦歌百代诗。一缕梅香入梦来，天上人间两依依。”

这是《天上人间》中的四句唱词，轻缓悠扬、柔美惊艳，空灵中透出生命的绮丽。不管你有没有听过京剧，是不是京剧迷，这段唱词都会给你带来一种强烈的艺术震撼。当然，如果你听的不是唱盘，而是在长安大剧院听这一段，那就更是人生一大快事了。

[图 136]
长安大戏院

细心的外地游客，经过长安街，会发现建国门西边，摆着一个硕大的京剧脸谱，散发出一股浓郁的传统文化气息。这就是长安大戏院坐落的位置。这里经常上演着传统戏曲经典剧目，有一帮铁杆子老戏迷。可喜的是，这两年随着传统文化保护力度的加大，年轻人也渐渐走进了这家剧院。

2007 年 11 月，位于西二环边上的梅兰芳大剧院建成开业了。从此后，北京人又将多一个欣赏传统戏曲的好所在。

首都剧场（北京人艺）：戏比天大

说起“北京人艺”，普通人不一定知道。但提起濮存昕、宋丹丹、梁冠华、何冰、徐帆、陈小艺等当红演员，一定家喻户晓。他们都是北京人艺的演员，都成长在北京人艺的舞台上。

北京人艺的戏耐看，越咂摸越有味道。《龙须沟》、《茶馆》、《骆驼祥子》、《天下第一楼》等有着浓郁京味风情的优秀剧目，得到了国内外的普遍赞誉。人艺以“丰富深厚的生活基础，真实深刻的内心体验，鲜明的人物形象”（北京人艺导演焦菊隐语），再现了“戏剧对人类生活——目的、手段、得失、浮沉以及死亡——的映像”（苏珊朗格《情感与形式》），人艺话剧，风格“醇厚、严谨、炽热”，是中国话剧当之无愧的“首席小提琴”(刘厚生语）。

“戏演完了，人散了，我甚至爱那空空的舞台，微弱的灯光照着硕大无比的空间，留恋不舍。是否人生如梦，是否思索我这一生究竟为什么活着？”北京人艺老院长曹禺曾如是说道（曹禺《我爱北京人艺》）。在人艺人眼里，戏是生命的全部，那里有对事业的执著追求，有对人生的静静思考，“戏比天大”。

如今，北京人艺已经度过了55个春秋。也许有了她，我们才敢大胆地说，我们的话剧决不弱于世界上任何人。我们期待新一代人艺人能秉承老一代精神，排出好戏，继续开创中国话剧的辉煌。

保利剧院：高雅演出之地

2001 年，柴科夫斯基的《E 小调第 5 交响曲》在第四届北京国际音乐节上演。演出中，日本著名指挥家、索尼公司董事会主席大贺典雄忘情地指挥着乐团，带领千名观众静静感受着“俄罗斯音乐之魂”的美妙。突然，轰的一声，大贺典雄一头栽倒在舞台中央。观众一片“啊”地惊叫。

十几分钟后，一名中国指挥家代替他继续顺利完成演出。大贺典雄突发脑溢血被及时地送到了医院的急诊室里。

这个突发事件，就发生在位于北京东四十条的保利剧院，见证了保利作为北京一家高档演出剧院良好的管理和服务水平。

保利剧院是目前北京大型歌剧、交响乐、芭蕾舞、音乐剧等高品位演出的主要场所。曾经接待过包括意大利维罗纳歌剧院、波兰华沙国际大剧院、东京爱乐乐团、纽约爱乐乐团等世界一流的著名艺术团体近40个。每年北京国际戏剧演出季、北京国际音乐演出季、北京国际舞蹈演出季都将这里作为开闭幕式的首选场地，在国际上享有很高的知名度。

红剧场：红在《功夫传奇》

坐落在北京崇文区的红剧场在来京的外国游客中颇为有名。每晚在此上演的《功夫传奇》，成为了北京旅游演出市场中的一道景观。

早在2005年，《功夫传奇》应加拿大和美国的邀请，赴北美地区进行商业巡演。5个月共演出150场，票房收入300万美元。随后，《功夫传奇》落户北京，斥资改造了原崇文区工人文化宫大剧场为北京红剧场，专门上演这部戏。截至2007年12月14日，《功夫传奇》已经成功演出了1963场。50多个国家的百余万观众前来观看。

该剧是一部以中国功夫为主，融入舞蹈、音乐、杂技等多种艺术形式为一体的舞台剧。剧中以一个小和尚的成长故事，将中华功夫的超凡技艺完美地串连起来，同时赋予该剧克服困难、战胜自我、进入更高人生境界的主旨，打动了国内外众多观众。

立足中国传统文化，进行精心的艺术加工，再用市场模式进行商业运作，是《功夫传奇》成功的法宝。它成为中国文化走出去的成功范例，带给我们很多启示。

第48讲

三日不绝奏宫商——北京的音乐会

北京地处华夏中枢，其音乐具有悠久的历史和深厚的文化积淀。古代北京的宫廷乐舞传统悠久，近代随着传教士带入西洋音乐，新音乐随之兴起。民国时期，新兴的音乐社团和专业音乐教育机构突增，培养了诸多音乐人才，举办各种形式的音乐会。

旋律在宫廷和民间播散——音乐会的历史

北京在西周时称为燕，燕国宫廷就有乐舞及专门从事乐舞的女伶。隋、唐、五代时期民族交融繁荣，有“燕歌赵舞，观者忘疲”的美誉。辽代有契丹乐(民歌、歌舞等)、雅乐、鼓吹乐，而且已有杂剧流行于燕京。诗歌、雅乐、大乐、散乐、佛教音乐以及乐器和教坊机构等多从中原传进。金定燕京为中都，女真民族喜爱歌舞，婚嫁、宴会、宗教仪式中都有歌舞活动，还仿汉设教坊、大乐署制定典章、礼乐等。元代民间和宫廷均有歌舞，元代北京音乐艺术发展中最主要的是杂剧。明成祖朱棣迁都北京，明万历年间，弋阳、昆山两腔先后传入北京，并曾应召入宫演出，在京红极一时。始建1446年的智化寺是明代佛教音乐的传播中心，后人称智化寺音乐为“京音乐”，历代继承保留至今。其所用的曲调来自唐、宋词牌，元明南曲和北曲曲牌以及民间流传已久的器乐曲调。其保留的曲目之多及艺术价值之高，堪称中国传统鼓吹音乐的重要代表之一。清代的戏曲繁盛，先是昆曲、秦腔，后来是四大徽班和汉剧进京。徽、汉、昆、梆等声腔汇集北京，经交融、演化，吸收诸腔之长，于1821～1861年形成京剧。清代统治者十分重视宫廷音乐，宫廷音乐主要形式有祭祀乐、朝会乐、宴乐和巡幸乐，并有专人编写歌词和乐谱。

古代北京宫廷乐舞表演多在皇宫大内；民间说唱、杂戏、戏曲表演多在南城前门一带，如广和楼、广德楼等地，并无专门的音乐演出场所。北京地区产生近代新音乐始于清末。

清代天主教在北京的影响扩大，西洋音乐传入，有外国人演奏的音乐会。1673年葡籍传教士徐日升任宫廷音乐教师，为清帝讲授欧洲乐理。西方音乐文化通过教会的宗教歌咏、新式军乐队的建立、新制学堂唱歌课等途径加速传入北京。教堂和教会学校举办音乐会经常演唱许多西方著名音乐作品。1885年在海关任职的英国人赫德招收中国青年人加以训练，组建了“赫德乐队”，在官场担任礼仪式的吹奏，引人注目。之后宫廷禁卫军、袁世凯新军也建军乐队，北洋军、奉军、淮军以及保定、黄埔军校也均仿效。

民国时期，新兴的音乐社团增多。1916年我国成立了第一个大型的音乐社团“北京大学音乐团”，并举办各种形式的音乐会。从20世纪20年代到40年代，北京的院校中，外籍音乐教授经常举办独立音乐会或和中国音乐家联办音乐会，也有外国音乐家来北京正式演出。如1936年马思聪(小提琴)与德籍古普克教授(钢琴)在北师大礼堂同台举行音乐会；美籍俄裔作曲家、钢琴家齐尔品还曾在东单三条协和礼堂举行赈灾音乐会。

萧友梅是借鉴欧洲音乐文化，创办专业音乐教育机构的先驱者，1922年他创建北京大学附设音乐传习所，组织管弦乐队举办音乐会。北京大学音乐研究会成立3年中，举办30多场音乐会。另外，1928年刘天华等人的“国乐改进社”，在协和礼堂演出了一场五四以来重要的民族器乐专场音乐会。1932年，聂耳来北平与“北平左翼剧联”共同组织演出，聂耳在清华大学登台用小提琴演奏《国际歌》；1942年11月，郎毓秀在北京饭店举办了两场独唱音乐会。这一时期，学校师生演出的音乐会十分繁荣。

20世纪上半叶，北京饭店旧楼的舞厅曾有多位中外音乐家演出，如小提琴家克莱斯勒(奥)、歌唱家夏里亚平(俄)等；音乐家江文也、老志诚、茅爱立、沈湘等都曾在这里演出过。基督教亚斯礼堂也经常举行独唱、独奏、室内乐音乐会；辅仁大学礼堂也举行过独唱、独奏等音乐会，天主教传教士高司铎曾在这里指挥辅仁大学合唱团与管弦乐团演出过亨德尔的清唱剧《弥赛亚》。

[图137]
音乐的盛会——世界三大男高音歌唱家紫禁城音乐会

[图138]
北京音乐厅

盛况空前的新中国音乐会

从20世纪70年代末改革开放后，北京音乐文化进入繁荣时期，被称为阳春白雪的交响乐及各种作曲家个人作品音乐会，艺术家个人的独唱、声乐、器乐表演独奏音乐会备受欢迎；流行歌曲、爵士乐、摇滚乐演唱会也异常活跃，通俗音乐成为社会音乐的重要组成部分。这个时期北京的音乐文化呈多元化、多方位的态势，既有国家和北京市政府有关部门主办的，也有民间、社会团体、艺术院校及音乐家个人举办的，是北京音乐史上影响最大，最为灿烂的时期。

北京的音乐会。1953年2月10日智化寺“京音乐”的演奏会上，艺僧演奏了新发现的1694年的《北京智化寺音乐谱》(手抄本)，展现了唐宋燕乐和宋代鼓吹乐的遗音，这是佛教音乐首次以音乐会形式进行表演。1956年8月举行第一届“全国音乐周”开幕，音乐周除综合性音乐会外，还有民间音乐会、古典音乐会、儿童音乐会、五四以来部分优秀作品音乐会、观摩性的独唱音乐会、马思聪小提琴演奏会、中央乐团外国声乐节目观摩会等。1959年中央乐团的交响乐团和合唱团以及中央广播乐团合唱团联合演出贝多芬的《第九(合唱)交响曲》，这是这一作品首

次在中国公开演出。1964年，大型音乐舞蹈史诗《东方红》在北京人民大会堂隆重演出，获巨大成功，具有深远影响。

改革开放后，1982年、1986年和1991年，中国文化部、总政文化部、北京市文化局联合举办了三届“北京合唱节”，演出多台音乐会，成为合唱艺术前所未有的壮举。1987年3月1日，为庆祝中国音乐家协会交响乐爱好者学会成立而举行的《交响乐之春》大型音乐会，由中央乐团、交响乐团等十余个专业乐团、乐队及中央音乐学院800人组成的大型乐团在首都体育馆联袂演出，气势宏大。1987年9月北京举行第一届中国艺术节，艺术节中共演出了44台剧(节)目155场。音乐节目有民族乐队音乐会，民族器乐独奏、重奏、小合奏专场音乐会，声乐专场音乐会，交响乐音乐会，歌剧等。

纪念音乐会。为纪念和表彰对音乐艺术作出重大贡献的中外音乐家，北京举办过许多纪念音乐会。1960年10月29日，文化部、中国文联和中国音协为纪念聂耳逝世25周年、冼星海逝世15周年联合举办纪念音乐会。周恩来总理出席了纪念会。1975年10月25日，经毛泽东主席批示，为人民音乐家聂耳逝世40周年、冼星海逝世30周年，在北京举行纪念音乐会。1985年3月，为纪念德国作曲家巴赫和亨德尔诞辰300周年，北京音乐界举行了纪念音乐会。1987年，为纪念贝多芬逝世160周年，举办了12场交响音乐会；为纪念柴科夫斯基150周年诞辰，在北京举办了“柴科夫斯基作品系列音乐会”；为纪念刘天华逝世60周年，中国文化部、广播电影电视部、中国音协在北京音乐厅和北京大学联合主办纪念“刘氏三杰”(刘半农、刘天华、刘北茂)音乐会。

外国来访的音乐会。20世纪五六十年代，苏联苏军红旗歌舞团、民主德国德斯顿交响乐团、捷克斯洛伐克交响乐团、巴西艺术团以及东欧和亚洲社会主义国家及亚、非、拉地区国家的民间歌舞团相继来京在中国舞台上演出。

1978年6月、1979年3月，以日本指挥家小泽征尔为艺术指导的美国波士顿交响乐团一年两次访问北京；1979年10月柏林交响乐团访问北京，由卡拉扬指挥的柏林交响乐团一行229人进行访问演出。1980年，德国巴伐利亚国家歌剧院、英国“威猛”摇滚乐团来访。1986年6月，帕瓦罗蒂和意大利热那亚歌剧院访问演出。1988年5月，多明戈随西班牙萨苏埃拉精英团访问演出。

异彩纷呈的新时期音乐会

20世纪末开始，北京举行的音乐会如繁星闪烁，其中最为耀眼的是1997年5月雅尼紫禁城音乐会和2004年10月让·雅尔紫禁城音乐会、2001年6月世界乐坛三大男高音歌唱家——帕瓦罗蒂、多明戈、卡雷拉斯紫禁城音乐会和每年一次的北京新年音乐会、北京国际音乐节。

北京新年音乐会始于1996年12月31日，首次演出在人民大会堂，演奏的外国曲目有施特劳斯家族作品，中国曲目有“黄河颂”、“梁山伯与祝英台”等，初期音乐会在形式上模仿维也纳音乐会，后逐渐改变成有北京特色的新年音乐会。2007年1月1日的北京新年音乐会是在中山音乐堂举行的。

北京国际音乐节，始于1998年秋，现已有10届。初期音乐节模仿奥地利萨尔斯堡音乐节的形式，现已独有北京风格并达到国际水准。2007年由中国文化部和北京市政府共同主办的第十届国际音乐节暨第五届北京国际交响音乐会。北京国际音乐节成为北京音乐盛事。

新中国成立以来北京音乐会及音乐表演主要场所：中山公园音乐堂，是融汇中外建筑风格及科学技术为一体的多功能国际化全封闭式剧场；北京音乐厅是我国第一座现代化的音乐厅，享有“音乐圣殿”之称，主要举办严肃、古典音乐会和专业团体演出的各种音乐会，大型音乐会演活动，并且还举办音乐作品讲座等；国图音乐厅改建后保持多元化功能，并定期举办各种形式的中外音乐会、学生音乐普及专场音乐会、周末音乐会等；北京新天桥剧场是专业歌剧、芭蕾舞剧场，主要演出大型歌舞、戏剧和交响乐。此外，中国剧院、北京展览馆剧场、民族文化宫剧场、“二七”剧场等场所也经常公演音乐会。北京还有一些宾馆剧院也为北京举行大型的音乐活动提供了良好的场地。如保利国际剧院是以歌剧、交响乐、芭蕾舞等为主的艺术演出场所，北京国际艺苑艺术沙龙以举办小型室内音乐会为其特色。新建的中国国家大剧院宏伟壮观，是世界一流剧院，内部歌剧院主要演出歌剧、芭蕾、舞剧；音乐厅主要演出交响乐、民乐、演唱会；戏剧场主要演出话剧、京剧、地方戏曲、民族歌舞。高雅艺术是中国国家大剧院的品位。

第49讲

千姿百态总时新——北京的时尚

一个城市的时尚从很大程度上代表了一个城市的发展程度，如今，北京在消费、休闲、娱乐、居住等方面的时尚紧跟国际潮流，极大地丰富了北京人和来京居住的外国友人的生活，北京正以其年轻的活力逐步成为一个充满时尚感和幸福感的首都城市。

北京的消费已经与国际接轨

对于忙忙碌碌的北京人来说，时尚既有形又无形。事实上，时尚就跃动在北京人生活消费的各个方面。从传统的衣食住行方面来看，北京人早已开始追求一种有质量、有品位的生活。相关部门预计，“十一五”期间，汽车、住房将成为北京市居民消费的新热点，而教育、旅游、健身等服务消费也将增加，家庭服务消费支出占消费性支出比例将超过30%。总的来说，北京人消费方面的时尚在“车时尚”、“衣时尚”、“食时尚”等几个方面体现得最为显著。

对于北京人来说，以车代步已经成为生活中的一大习惯，尽管每天坐公交出行的市民很多，但买私家车已经成为消费时尚之一。据统计，2005年，北京市每百户家庭拥有汽车近30辆，而仅2006年4月份，北京市私人购车就达2.9万辆，比2005年同月增加0.6万辆，增长29.5%。每年举办的北京国际车展也在某种程度上印证了北京市民高涨的消费热情和消费水平，超过五成的汽车未下展台就被订购，尤其是一些顶级豪华车。

逛街购物同样是北京人的一大消费时尚。近几年，北京上市的前沿消费品几乎可以达到与国际时尚同步，不论是来自欧美的化妆品、高档皮具，还是来自日韩的服饰流行风，都可以在北京街头随处找到。一眼望去，北京街头的时尚青年已经越来越具备了多元和丰富的国际特色，斑斓的色彩和反季节的穿着随处可见。发展至今的北京，已与上海、香港、广州等城市一样成为名副其实的购物天堂。王府井大街、前门、西单和东四是北京传统的四大商业区，中关村等地的商圈也正在全面展开，北京女孩还经常爱逛动物园市场、五道口市场等小铺小店，时尚个性的潮流服装往往最先出现在这些小店中，引领着北京时尚的航标。

美食自然也是北京人时尚生活中不可缺少的部分。最近几年，北京的餐饮业发展迅猛，从结构上来说，传统老字号依旧承载着北京的美食主体，而外国餐饮在北京的异军突起则为北京的美食时尚注入了新鲜血液。日本料理、韩国烧烤、法式大菜、俄式西餐、意大利风味以及越

[图 139]
三里屯酒吧街

南、印尼、泰国风味，已成为北京餐饮业的重要组成部分。著名的外国风味餐厅分布在北京的各个繁华地带：建国饭店的Justine's是京城最好的法式餐厅；凯宾斯基饭店的贡多拉和丽都假日饭店的Pinocchio Pizzeria则是京城优秀的意式餐厅；美式餐厅当数希尔顿酒店的“路易斯安那”最为地道，与Justine's合称为北京欧陆餐厅中的双璧；美式的硬石餐厅及星期五餐厅也是北京人经常光顾的地方；北京最受欢迎的德国餐厅则是凯宾斯基饭店的德国啤酒屋；位于后圆恩寺胡同的白云餐厅，不仅环境幽雅，而且在那里可品尝到原汁原味的日本料理。

散淡与活力结合的休闲生活

今天的北京是一个充满活力的现代城市，作为世界上屈指可数的大都会，北京城虽然繁忙，却有让人身心放松的休闲娱乐活动。北京的休闲时尚与其文化名城的身份密不可分，从国际高雅艺术到民族国粹，从流行时尚到古老的庙会，北京为市民和所有来宾提供了一应俱全的休闲娱乐活动和设施。

北京的休闲时尚具有浓厚的文化意味。北京拥有中国话剧水平最高的演出团体——北京人民艺术剧院，此外还有中央交响乐团、中央芭蕾舞团、中国歌剧院等中国最高级别的艺术团体。京剧是我国的国粹，也是北京的代名词之一，在北京一些公园的凉亭下，经常能欣赏到市民、票友组成的“自乐班”，自拉自唱，十分陶醉，市民还可以去中国京剧院、长安大戏院等地欣赏高水准的名家专业演出。北京的茶馆可谓久负盛名，集中了北京的民俗文化和市井文化，是集饮茶、娱乐、社交为一体的休闲之所。前门大街的老舍茶馆以著名作家老舍先生的名字命名，现已成为国际名人了解中国文化的场所，每天都有来自世界各国关心中华文化的人士来此欣赏节目，了解中国风情。

北京的休闲时尚也弥漫着国际风情。使馆区附近的三里屯酒吧街赫赫有名，一条三四百米长的街道上聚集着几十家酒吧；而什刹海酒吧街也是北京人享受夜生活的一个好去处，后海宜人的景色加上酒吧轻松的氛围让人流连忘返。除了这两大闻名的酒吧街，星吧路酒吧街、元大都酒吧街等地也已成为汇聚北京人与外国人的重要场所。酒吧之外，KTV亦是北京人放松发泄的好去处，北京的KTV经营场所数不胜数，许多餐厅包间都架起了KTV设备。据了解，钱柜、同一首歌、麦乐迪、乐圣等KTV是北京年轻人的最爱。此外，和许多大都市一样，迪吧也是北京年轻人夜生活必不可少的去处，新街口的JJ DISCO，海蓝云天购物商城的Banana，朝阳公园JJ Rock&Roll娱乐中心，海淀区蓟门桥NASA迪斯科广场等地已经成为新一代北京青年蹦迪的必去场所。

[图140]
三里屯使馆区酒吧一条街

[图141]
什刹海岸边的酒吧

北京的休闲时尚还具有浓烈的健身意味。滑雪是春冬季节京城里一项颇受欢迎的户外运动，空旷雪地上驰骋如飞的快感，冰雪飘洒中狂舞飞扬的激情，还有那不断挑战自我极限的勇气都是滑雪带给人们的无比享受。南山滑雪场、石京龙滑雪场、怀北滑雪场、渔阳滑雪场等是北京最为现代化的滑雪场所。同样，夏季钓鱼是一种非常休闲的健身活动，垂钓者呼吸着户外新鲜空气，享受着田园垂钓乐趣，身心都能得到极大的放松。而随着渔具及相关装备的升级，钓鱼成为时下最具吸引力的时尚休闲活动之一。酸枣岭秋叶残阳休闲钓场、常兴庄渔场、金海湖等是北京钓鱼爱好者最为推崇的垂钓处。

家居装修遍布每一个家庭

城市家居是体现时尚的又一窗口，在2000年至2006年的7年间，北京的家居时尚经历了纷繁复杂的变迁史，几乎每一年都有一个新花样，这也从一个侧面展现了北京人对时尚的追求。2000年，北京家居时尚的主题是探索新空间，在这一年，空间设置的比例、关系与出现方式被重新规划、传统的空间分割与功能定义被完全颠覆；2001年，属性、特定、风格等成为家居生活关键词，诸如LOFT、SOHO、有氧等名词及其代表的居住新方式风靡一时；2002年，人们开始用与艺术形式有关的词语来形容自己的居住形态，随兴而为的装饰和按照美学构图指导精

Heineken
Heineken

心制造的场景主导了家居时尚的风格；2003年，家居生活开始由高昂、热闹转向低调与沉静，舍弃过多的表象符号、过多的精神表演和过多修饰带来的审美包袱，拒绝家居生活概念化、公式化、商业化，开始向真挚的情怀靠拢；2004年，人们更加关注自我私生活的品质，注重上乘的高级材料，精湛的工艺与装饰性、精巧的细节、超凡的设计理念与创意等等；2005年，更富创造力的装饰思维——混搭取代了传统的家居装饰方式，为家居生活带来了全新的感官体验、强烈的时代感与全新的审美标准；而到了2006年，创造性的思维为人们展现出前所未有的广阔创意，大胆的尝试让人们用自己的想象力重新解构某种特定的家居生活，个性的彰显成为新的主题。

尽管家居时尚的关键词年年变化，但北京的家居风尚还是在近年来体现出了总体趋势，那便是环保型和个性化。据了解，环保家具已逐渐成为现代北京人购买家具的首选，当生活质量日益提高，选择家具也不再完全被款式、价格所左右时，消费者对绿色环保的要求也就越来越高。环保家具无污染，不会损害人体健康，也便于回收和再利用，其好处不可胜数，因此深受北京老百姓的喜爱。而对于年轻一族的北京人来说，个性化风尚无疑是最大的亮点。个性化风尚，大致有女性风、自然风、定制风、智能风、混搭风。如今，服装界流行的混搭风也吹到了家居界。装修风格能混搭，比如中式、欧式、古典、现代、简约、乡村各种风格共处；装修材料也可混搭，比如木头、玻璃、石头、金属和丝绸、羊毛软硬结合。

时尚是一个城市发展的指南针，也是一个城市生命活力的象征，如今的北京正以其年轻的心态踏着时尚的脚步迈向未来，北京早已不止是古老的代名词，更是现代潮流生活的中心地带。随着2008年奥运会的临近，北京将有机会向更多的友人展示它充满活力的年轻风貌。

北京100讲

第五篇

传承与发展
——科学教育文化

第50～63讲

篇目负责人
邓瑞全

主要撰稿人
赵志强　闻　风　王　娜
朱　锴　杨俊义　谢　辉
蔡　雯　曹小杰　宫超逸
朱怀强　等

第50讲

总说：中国的文化中心

古老的、现代的，传统的、异域的，一切文化的元素汇聚在这个有着悠久历史的都市——北京，让这里在每一片青砖泥瓦中透露出深厚的文化底蕴，同时，又用一流而现代化的文化设施，显示出这个古老城市的年轻生命力。

从公元前11世纪武王灭商，燕、蓟受封，北京就开始了它作为地方政权首都的历史。在秦始皇统一中国到宋代灭亡的一千多年间，北京一直作为北方的军事重镇和地方政权都城，繁荣地发展着。到了元朝定居大都，便以三代都城的身份开始了它政治、经济、文化等各个方面的辉煌历史。1949年10月1日，中华人民共和国成立，北京又成为新中国的首都。

北京地区有千余个古迹被确定为不同级别的文物，加以保护，其中有234项被列为市级文物，60多项被列为全国重点文物，更有周口店北京人遗址、明清皇宫、长城、天坛、颐和园、明清皇家陵墓6项被收入世界文化遗产名录。清代乾隆皇帝曾在北京绝佳的8个风景古迹树碑立文，御笔题字，成为后代所称颂的“燕京八景”——琼岛春阴、卢沟晓月、太液秋风、玉泉垂虹、居庸叠翠、西山晴雪、蓟门飞雨、金台夕照。1992年8月，世界上最伟大的防御城墙——万里长城，保存最完整的皇家建筑群——故宫紫禁城，最宏大的城市中心广场——天安门广场，汇聚天地之灵的世界最大的坛庙和祭天建筑群——天坛，景深丰富、保存完整的皇家园林——颐和园，历史悠久的皇家公园——北海公园，埋葬皇帝最多的帝王陵寝群——十三陵，古人类文化遗址——周口店北京猿人遗址，最古老的宗教石刻图书馆——云居寺和铭刻文字最多的大钟——永乐大钟，又被评选为“北京名胜世界之最”，见证着北京的历史和威仪。

北京的“老字号”商铺大多门脸不大，但是声名却和名胜古迹一样，远播全中国乃至全世界，如全聚德烤鸭店、东来顺涮羊肉、稻香村食品店、同仁堂药店、张一元茶庄、六必居酱园、瑞蚨祥绸布店、长安大剧院、中华书局、商务印书馆、荣宝斋等分别在不同的领域，用世代相传的独门绝活和经营模式，更重要的是世代传承的职业道德和发展精神，孕育出老北京包括饮食、娱乐在内的丰富而多元的文化氛围。而老北京天桥、厂甸庙会、茶馆等旧的休闲娱乐区虽然已经旧貌换新颜，但是它们所承载的市井娱乐文化却作为一种历史，被永远地记录下来，并且以另一种方式延续下去。

如今，围绕着故宫紫禁城这一古老建筑，北京展示了她国际化大都市的风采，金融街、CBD高楼林立，广厦千千；三里屯、什刹海等酒吧街的繁荣点亮这个古老城市的夜晚，国际化的画展、演唱会、模特表演在这里上演，北京始终微笑着展开自己的胸襟，如同大海般容纳了诸多文化支流在这里的碰撞和汇集。

[图 142]
世纪坛盛会

[图 143]
中国科技馆

自从意大利人马可·波罗在元朝时游历北京，写下了著名的《马可·波罗游记》，北京所代表的中国就成了全世界人心中财富的象征。后来，数以百计的西方人来到北京，在这里定居，大量的西方书籍也在这里翻译出版。到如今，北京更是成为中国走向世界的窗口，与72个国家的124个首都和大中城市有着密切的交往，和世界各国、各地区频繁地进行着经济、科技、文化等方面的交流。北京有17个国际组织和地区代表机构，近140个外国驻华大使馆，190多个外国新闻机构，7000多个国外驻京代表机构。数以万计的留学生来到北京，学习中国的文化，也把本国的文化带到这里。

首都北京拥有着一流的大学和先进的教学设备，拥有高校近百所之多，而其中的北京大学、清华大学、北京师范大学、中国人民大学等高校更是全国一流的学府。北京拥有独立的科研机构500多个，高校研究所150多个，国家重点实验室50余个，工程研究中心约30个，市级以上的科研机构500多个，居全国首位。北京已经成为中国最大的科学技术研究基地，中关村科技园区号称中国的“硅谷”，在世界范围内享有盛誉，和中科院等研究机构一起创造出的成果占全国成果总量的⅓。拥有亚洲最大的图书馆——国家图书馆，市区县两级公共图书馆近30家。出版单位近4000家，年出版报刊3100多种。而博物馆更是将近百家，有故宫博物院、国家博物馆、首都博物馆等，门类众多，见证着北京不朽的过去和辉煌的现在。

北京正是以它悠久的历史和独特的文化所产生的巨大的吸引力，聚拢过纪晓岚、曹雪芹、谭嗣同、康有为、李大钊、齐白石、蔡元培、老舍、鲁迅等多个历史名人和文化名人以及民间艺人，这些人物有的名垂青史，对中国的历史文化事业产生过巨大的推动力，作出过极大的贡献。有的默默无闻，如一些民间艺人没有留下他们真实的名字，却把独特的手艺作为巨大的民俗财富贡献给了世界，也因此点缀了北京的天空。

第 51 讲

儒学的殿堂——孔庙与国子监

孔子被历代尊为圣人，孔庙可以说是遍布全国。在数不清的孔庙中，级别最高的当属北京国子监孔庙。

北京孔庙于元大德十年（1306年）建成，初具规模。明嘉靖九年（1530年）建崇圣祠，用于供奉孔子五代先人。清光绪三十二年（1906年）扩建大成殿，孔庙始成今日的规模。700多年来，这里一直是元、明、清三代统治者尊孔崇儒，宣扬教化的圣地，也是读书人顶礼膜拜的殿堂。

整座孔庙分三进院落，占地约22000平方米，采用了主体建筑沿中轴线分布，左右对称的中国传统建筑布局。

[图144]
成贤街牌楼

[图145]
国子监—琉璃牌楼

先师门是孔庙的大门，基本上保留了元代的建筑风格。进入先师门，迎面看到的便是大成门。大成门创建于元代，清代重修。整座建筑坐落在高大的砖石台基上，中间的御路石上高浮雕海水龙纹图样，五龙戏珠，栩栩如生。大成门前廊两侧摆放着10枚石鼓，每枚石鼓的鼓面上都篆刻一首上古游猎诗。这是清乾隆时仿公元前8世纪周宣王时代的石鼓遗物刻制的。第一进院落是皇帝祭孔前筹备各项事宜的场所，其东侧设有宰牲亭、井亭、神厨，用于祭孔三牲的宰杀、清洗和烹制。两侧有神库、致斋所，用于祭孔礼器的存放和供品的备制。

第二进院落是孔庙的中心院落。大成殿是第二进院落的主体建筑，也是整座孔庙的中心建筑，是孔庙内最神圣的殿堂。大成殿始建于大德六年（1302年），后毁于战火，明永乐九年（1411年）重建，清光绪三十二年（1906年）将殿由7间扩建为9间。殿内金砖铺地，其规制与故宫太和殿相同。大殿内庄严肃穆，正中神龛内供奉孔子“大成至圣文宣王”木牌位，神龛两侧悬挂一副抱对：“齐家治国平天下信斯言也布在方策，率性修道致中和得其门者譬之宫墙”。神位两边设有配享的“四配十二哲”牌位。神位前置祭案，上设尊、爵、卣、笾、豆等祭器均为清乾隆时的御制真品。大殿内外高悬清康熙至宣统9位皇帝的御匾，均是皇帝亲书的对孔子的四字赞语。

孔庙的第三进院落由崇圣门、崇圣殿和东西配殿组成独立完整的院落，称为崇圣祠，是祭

成賢街

圜橋教澤

[图 146]
孔庙的大成殿

祀孔子五代先祖的家庙。建于明嘉靖九年（1530 年），清乾隆二年（1737 年）重修，并将灰瓦顶改为绿琉璃瓦顶。崇圣殿又称五代祠，殿前建有宽大的月台，月台三面建有垂带踏步各十级。殿内供奉孔子五代先人的牌位及配享的颜回、孔伋、曾参、孟轲四位先哲之父的牌位。东西配殿坐落在砖石台基上，面阔三间，进深五檩，单檐悬山顶，内奉程颢、程颐、张载、蔡沈、周敦颐、朱熹 6 位先儒之父。

三进院落及其建筑有明确的建筑等级差别和功能区域划分，和谐统一地组成一整套皇家祭祀性建筑群落，是我国古代建筑的杰出代表。

孔庙历经 700 多年的历史文化积淀，遗留下来弥足珍贵的文物，其中最负盛名的要数进士题名碑了。一走进先师门，就可以看到在东西两侧树立着 198 座高大的进士题名碑，其中元代 3 座、明代 77 座、清代 118 座。这些进士题名碑上刻着元、明、清三代各科进士的姓名、籍贯、名次，共计 51624 人。在众多的进士当中有我们熟知的一些名人，如史可法、刘墉、林则徐、李鸿章，还有曾任北京大学校长的蔡元培，七君子之一的沈钧儒等。

在孔庙与国子监之间的夹道内，有一处由 189 座高大石碑组成的碑林。石碑上篆刻着儒家经典十三经。这部石经是由雍正年间的江苏金坛贡生蒋衡手书而成，用时 12 年。全部石经共计 63 万余字，规模宏大，楷法工整，是我国目前仅有的一部最完整的十三经刻石。

孔庙内还有两处景致很值得说一说。一个是中心院落西侧的古井。由青石板组成花瓣形井台，石质井圈。由于坐落在德胜门、安定门内一带水线上，当年井水常溢到井口，水质清纯甘洌，相传进京赶考的举人们在拜谒孔子后都要饮一下井中圣水，据说饮后能文思泉涌，妙笔生花，写出一手好文章。而用井水磨墨，写出的字墨香四溢，笔劲流畅。故乾隆帝赐名“砚水湖”。另一处是大成殿月台右前方的一棵相传已有700年树龄的古柏。据说，当年明代奸相严嵩有一次代替嘉靖皇帝来孔庙祭孔。在路过这棵树时，忽然刮起一阵大风，吹得柏树枝干把严嵩的帽子打落在地。因此，人们认为这棵柏树是有灵性的，能辨别忠奸，所以就把这棵树叫做“触奸柏”。

国子监是中国古代最高的官方学府，还是元、明、清三代国家管理教育的最高行政机关。国子监始自西晋武帝咸宁四年（278年）所设国子学，北齐改名国子寺。隋文帝时改寺为学，不久又废国子学，唯立太学。隋炀帝即位后，改为国子监，唐代沿用此制，由此国子监跟随着中国古代近1500年的历史和学术文化的发展而历来为知识阶层所崇慕，也是他们追逐功名显贵的场所。

国子监始建于元朝大德十年（1306年），依“左庙右学”的建筑礼制而建，东邻孔庙。明初沿用元朝国子监，曾两次重修。其国子监建筑与现存大致相同。清代沿用明代旧址开设国子监，并大加修建：在城内八旗附近各设一所书院，由国子监派遣教官前去施教，并由此发展为八旗官学；雍正八年（1730年），始拨银6000两，为国子监师生之用，从此成为国子监经费定额；雍正九年（1731年），国子监南方家胡同官房142间拨给国子监，作为监生及教官宿舍，后发展为南学；乾隆四十八年（1783年），于彝伦堂前添建辟雍。至此，国子监之规制更加隆重完备。

国子监的整体建筑坐北朝南，中轴线上由南向北依次为集贤门、太学门、琉璃牌坊、辟雍、彝伦堂和敬一亭。东、西两侧有四厅六堂，分别是教员办公和监生上课的地方。

国子监中最有文化意义的，是被著名建筑大师梁思成称为北京“六大宫殿”之一的辟雍。辟雍是国子监的主题建筑，于乾隆四十九年（1784年）建成。辟雍建于圆形水池中央，四面架桥。其建筑风格独特，为重檐黄琉璃瓦攒尖顶的方形殿宇。外圆内方，环以园池碧水，象征天地方圆，传流教化之意。室内悬挂三方匾额，设有宝座，为皇帝临雍讲学时用。

孔庙和国子监都坐落在今天的国子监街上。国子监街位于北京东城区安定门内，原名成贤街。因为这里是国家太学所在地，取“养成贤才，以供朝廷之用”之意，因此命名为成贤街。国子监街除了孔庙和国子监，引人注目的还有矗立在街道两端和中段的四座牌坊。两端的牌坊横额书写“成贤街”，中段的两个牌坊则上书“国子监”，以标志国子监的所在。这组牌楼是北京唯一保存较为完整的过街牌楼。

孔庙、国子监，共同代表了中国科举时代的教育思想、国家最高级别的学校建制，也给后人留下了珍贵的文化遗产。国子监一直作为图书馆使用，近年北京市政府对国子监和孔庙进行了全面修缮。修缮后的国子监将在2008年作为中国古代教育博物馆对外开放。

第52讲

究天人之际——古观象台到天文馆

中国是最早产生天文学的文明古国之一，这种重视天文学的传统从古代一直延伸到现在，而其具体表现，就是北京城中东西相向、遥遥相对的一古一今两处天文场馆：建国门内的北京古观象台，与西直门外的北京天文馆。

见证天文学的历史——古观象台

北京古观象台坐落在北京建国门立交桥西南角，是明清两代和北洋政府时期的国家天文台，但其历史最早可以追溯到金代。史载金海陵王贞元二年（1154年），在攻取宋汴梁后，海陵王命令将汴梁的天文仪器全部运到北京，将铜浑仪等仪器置之于太史局候台上，此候台即北京地区最早的观象台。

元代取得政权，设立太史院，以天文学家郭守敬为太史令，在今建国门观象台北侧建立了一座司天台，用以观察天象。郭守敬说："历之本在于测验，而测验之器莫先仪表。"因此，制作了浑仪、简仪、圭表等观测仪器，这些仪器"臻于精妙，卓见绝识，盖有古人所未及者"。据说朱元璋攻克大都后，司天监向他进献了一座精美的水晶刻漏，刻漏里有两个木偶人，能按时自动击鼓鸣钟，可见当时天文水平和制作技艺之高超。

明代洪武元年（1368年），朱元璋攻破大都，推翻元朝统治，司天台作为皇权的象征，与元朝皇宫一起被明军捣毁，天文仪器作为战利品被运往南京。明成祖把首都由南京迁到北京后，永乐二十二年（1425年）在南长街织女桥南建立了"灵台"，俗称"观星台"。但台上却缺乏大型观测仪器，不能发挥观象的作用，因此至明英宗正统二年（1437年），钦天监监正皇甫仲和经英宗批准，赴南京仿制天文仪器，至正统七年（1442年）完成，并在北京城墙东南角楼旧址上修建观星台（即今古观象台所在地），归钦天监掌管，长官叫监正，从此开始了连续的天文观测活动。台下建有紫微殿、晷影堂和漏壶房。紫微殿为观星台官员议事、办公之所，晷影堂主要以圭表测量日晷影，漏壶房负责监测计时器漏壶。崇祯年间，由科学家徐光启建议，朝廷修正了历法，并制作了一大批天文仪器，如纪限仪、平悬浑仪、平面日晷等安放于台上。

清朝把观星台改称观象台。清前期使用的《时宪历》由顺治年间的监正——日耳曼传教士汤若望编定。康熙年间，由于明代天文仪器过于古旧，不堪使用，比利时传教士南怀仁按西方天文学的度量制和仪器结构，在明代仪器基础上督造了黄道经纬仪、地平经仪、象限仪等6件大型新仪。康熙五十四年（1715年），法国耶稣会教士纪理安又设计制造了地平经纬仪。该仪器集地平经仪和象限仪的构造与作用于一体，减少了由两件仪器测量所带来的误差。在外形上，采用了欧洲文艺复兴时期的法式装饰风格，洋味十足。这时由于设备增多，场地显得不足，因此将观象台向东延伸5米，重新安排了仪器的位置。乾隆认为，中国古代仪器结构合理，而西方刻画制度科学。因而乾隆十九年（1754年），增加了一件仿照古代浑仪，并采用新刻度制造的玑衡抚辰仪。这是清代铸造的最后一件大型天文仪器，代表着当时天文仪器的最高水平，也表现了中国铸造工艺的最高水准。

1900年八国联军攻占北京，观象台的设备被劫掠一空。德军统帅瓦德西，对观象台的精美仪器艳羡不已，决定掠回德国。法军统帅伏依隆也对这些仪器垂涎三尺，他以其中一件是由法国传教士设计督造为由，要求分赃，结果双方各得5座。1902年，法国由于没来得及将“战利品”运回国，迫于舆论压力归还。1918年一战结束，德国为战败国，根据《凡尔赛和约》，中国作为战胜国唯一的收获就是德国应归还掠走的5件天文仪器。但由于日本从中作梗，以日船所载的仪器作要挟想换取德国在青岛的利益，因此直至1921年，迫于国际压力，这批仪器才回到北京。

民国以后，观象台改称中央观象台。1927年，紫金山天文台筹建后，古观象台不再作观测研究，于1929年改为国立天文陈列馆，因此人们便逐渐称其为“古观象台”。1931年九一八事变后，日军进逼北京，为保护文物，遂将浑仪、简仪等7件仪器运往南京。现分别陈列于紫金山天文台和南京博物院。

[图147]
观象台

新中国成立后，政府对古观象台作了必要的修葺。1979年又拨款100万元作彻底修缮，布置了中国古代天文学成就展览，使其继续在科学和科普领域发挥作用。这座比欧洲最早的天文台——巴黎天文台早225年，比格林尼治天文台还早233年的古天文台，虽历尽沧桑，台上8件大型古代青铜天文仪器在阳光下仍闪烁着浑厚、古朴的光芒。现在人们可以置身其中，纵观我国古代几千年来天文学发展的概貌，而这里丰富悠久的天象纪事，卓有见识的天文学理论，杰出的发明创造，一定会激发参观者对中国古代天文学家们的景仰和怀念！

现代天文学的展示——天文馆

相比之下，位于西直门外的国家级自然科学类专题博物馆——北京天文馆，则以其崭新的馆舍、先进的仪器，以及多种高科技展览技术，让人们更加能够体会到现代天文学的魅力。

北京天文馆目前分老馆和新馆两大部分。老馆始建于1955年，1957年建成开放，总建筑面积约7000平方米，主要开放设施有天象厅、展览厅、影视报告厅和大众天文台。天象厅是一部完整的天象表演系统，每天巡回放映《到宇宙去旅行》等四五部天象节目。展览厅长年举办和展出天文知识展，如“神舟飞船——卫星”展。影视报告厅过去经常举办天文知识讲座和专题报告或放映天文科教影片。大众天文台原有两座：一座为太阳色球天文台，另一座为大众光学天文台，主要用于观众和青少年学生对太阳、月亮、大行星、彗星及亮星云的天文观测和教学实践活动。

进入21世纪，老馆已运行了近50年，无论其建筑规模和设备功能都很难满足和适应社会形势发展需要，北京市委、市政府决定投入巨资兴建新馆。

新馆于2001年底在天文馆原址上动工，总建筑规模20000平方米，已于2004年的第四季度建成开放。主要的公共开放设施有：数字化宇宙剧场、3D动感天文演示剧场、4D动感影院、天文展厅、太阳观测台、大众天文台、天文教室等。宇宙剧场引进国外先进的数字化天文放映设备，能生动形象地演绎壮丽的星空景象和人类探测太空的壮举。3D和4D两个动感剧场是对宇宙剧场功能的一种补充和延伸，以其强烈的动感、特殊的视听合成效果为观众营造出很强的临场感、震撼力氛围。太阳展示厅，以展出太阳和太阳系内容为主，可以手描太阳黑子白光全日面投影像；可以看到艳丽多彩的太阳光谱投影像等。新馆的主题展览内容十分丰富，2006年7月6日对外开放的“快乐探寻宇宙奥秘”主题展览，分为15个展区，很好地满足了观众、尤其是青少年学生对天文观测与教学实践活动的需要。北京天文馆已经成为我国向公众，特别是青少年公众开展天文科普宣传、教育的主要阵地。

值得一提的是，北京天文馆与时俱进，于1998年7月正式成立了“流动天文馆”，即天文科普宣传车。流动天文馆本着提高民族素质，全心全意为科普服务的宗旨，积极开展活动，把“神秘”的天文学以生动活泼、通俗易懂的形式送到公众之中。所到之处，无不受到观众的热烈欢迎，同时更激发起人们，特别是青少年对科学知识的渴望与热情，大大推动了天文科普事业的发展。

时至今日，古老的古观象台已经走过了500多年的历程，而北京天文馆则刚刚跨过它历史上的第50个年头。这两座天文建筑，一座古朴沧桑，代表着我国古代历史上高度发达的天文科学，另一座则生机勃发，成为我国新时期天文学发展的代表。正是这种古典与现代的完美结合，使得北京作为独具一格的文化名城，屹立于世界名城之林。

第53讲

中国人才的高地——北京的高等教育

始建于元朝大德十年（公元1306年）的北京国子监，是我国元、明、清三代国家管理教育的最高行政机关和国家设立的最高学府。从这个意义上说，北京传统的高等教育的历史已有700多年。

而中国现代高等教育的产生则始自清末，是鸦片战争以后“西学东渐”和“师夷长技以制夷”的产物。1862年创办于北京的京师同文馆，是最早出现的中国近代高等学校的雏形；1898年京师大学堂(辛亥革命后更名北京大学)的建立，标志着中国传统教育向现代教育转变的开始。在这场针对文化、教育进行改弦更张的变革中，北京始终引领先潮。

[图148]
教育家成仿吾

在洋务运动、维新运动的推动和影响下，延续千余年的科举取士终被废除，一批新式学堂在北京以及全国各地相继产生。这些学堂大多学习日本仿照西方高等教育的分科来设置专业和课程，在“中学为体，西学为用”的主导思想下，致力于在中国建立和传播西方的教育制度和科学技术。

辛亥革命结束了中国的帝制时代，也开启了中国教育现代化的历程。全面学习西方教育制度的小学、中学、大学学制开始在全国推行。京师大学堂改为“北京大学”，仍是中国的最高学府，也是很长一段时间内唯一的国立大学。校名虽改，实质倒没有什么变化，封建主义仍占主要地位。这种状况直到1917年著名教育家蔡元培担任校长时才彻底改变。蔡元培以“思想自由，兼容并包”的方针厉行改革，遂使北大校风、学风为之一振，进而成为新文化运动和五四运动的策源地。此时的北大才真正成为一所名副其实的现代大学。

20世纪20年代，北京高等教育进入了群雄并起的局面。用美国“退还”的部分庚子赔款建立的留美预备学校——清华学堂，1922年设立了大学部，1928年被国民政府命名为国立清华大学。源于京师大学堂的北京师范专科学校先改为师范大学，继而升格为国立大学。为数众多的私立大学也与国立大学相映生辉，如由中国人自己创办的中国大学、朝阳大学，由外国教会创办的燕京大学、辅仁大学等。这时的大学学科设置多倾向于综合；其中教会大学很值得关注，因为它在体制、机构、计划、课程、方法乃至规章制度诸多方面，更为直接地引进西方近代教育模式特别是欧美模式，从而在教育界和社会上产生了颇为深刻的影响。

进入30年代，时局更为动荡不安，“华北之大，已经容不下一张平静的课桌”。特别是1937年平津沦陷，随着北大、清华的南迁，北京的高等教育几乎处于停滞状态。这种局面直到抗战胜利才得以扭转。

中华人民共和国成立后，以中国人民大学、八大学院等一批新式大学相继组建为标志，北京的高等教育进入了一个蓬勃发展的新时期。特别是经过1952年的院系调整，私立大学全部改为公立，教会学校一律撤销；综合性大学得到整顿，基本上改变了以往高等教育重文轻工、师范缺乏的状况，建成了机械、土木、电机、化工等工科专业比较齐全的教育体系，并形成了文理科性质的综合性大学、分科性的理工学院和单科性的专门学院三类高等学校，各校的办学特色颇为鲜明。这种按照苏联模式所进行的调整，固然满足了大批国家建设人才的培养任务，但急躁冒进的拆分也为今天的改革留下了消极的影响。

但是这种发展势头并没有持续很久。十年动乱期间，高校基本处于一种无序的状态，许多高校如中国人民大学、北京外语学院、北京广播学院等一度遭到停办的厄运，这给北京的高等教育事业带来的损失不可挽回。

改革开放后，北京高等教育进入了一个多样而均衡发展的阶段。伴随着中国社会发生的巨大变化，高等教育改革的大幕也被拉开。80年代，民办高等教育如雨后春笋，日益勃兴；90年代以后，着眼于扩大规模、改善结构、提升质量的教育改革也迅猛推进。截至2006年底，北京地区普通高校达到82所，民办成人高校29所，中外合作办学高等学历教育机构超过 13个；高等教育规模已达到104万人，其中普通高校本专科在校生规模达到55.47万人（占全国的3.1%），研究生在校生为 17.81万人（占全国的16.12%）；外国留学生规模超过3万人，占全国总量40%以上，接纳外国留学生数居全国之首。

此外，成人高等教育、社区教育、网络与远程教育、高等教育自学考试等其他办学形式也持续发展，2006年参加成人本专科招生人数达10.9万人，毕业人数5.9万人，在校人数已达31万人。参加高等教育自学考试的注册人数达到64万人。各级各类高等教育基本形成了全面、协调发展的态势。

高等教育的毛入学率是衡量一个国家或地区高等教育发展水平的重要指标。按照国际通行惯例，毛入学率达到15%，即达到了高等教育的大众化。毛入学率达到50%，即达到了高等教

[图 149]
教育家吴玉章

育的普及化。2004 年，随着毛入学率达到 52%，北京高等教育迈入普及化的门槛。

在这里，民办教育和女性教育的突出特点在北京有特别的体现。

北京民办高等教育至今已有 20 多年的发展历史。截至 2006 年，全市民办高等教育机构 51 所，在校生数 22 万人，含具有独立颁发学历文凭资格的普通高校 10 所，在校生 5 万余人。其中，成立于 1984 年的北京城市学院是北京唯一一所民办本科院校，2005 年有在校生超过 2 万人，专任教师近千人。而非学历的民办高校数量从 2001 年的 85 所减少到 2005 年的 50 所，表明民办高等学校的办学层次和水平不断提升，伴随市场竞争的加剧，北京市民办高等教育开始步入追求质量目标的结构调整期。

来自北京市 2006 年的统计数据显示，2000 年以来，全市在校女大学生和女研究生比例持续增加。2003 年，普通高校在校女大学生人数首次逾越 20 万人大关，之后逐年增加 到 2005 年达到 26.27 万人，占在校大学生总数的 48.95%，比 2000 年提高 5.5 个百分点；2005 年女研究生在读人数达到5.5万人，占在读研究生的33.33%。同时，高等教育毛入学率逐年提高，2005 年达到 53% 的高水平，其中女生毛入学率达到 50%，创造了全市高等教育历史新高。数据还显示，女性接受继续教育的比例不断提高，2005年，女性平均受教育年限达到10.3年。在全市成人教育系统共有3520万人次参加了培训，其中女性占56%。

当然，北京高等教育发展并非尽善尽美，其中也存在一些有待解决的问题。比如，北京高等教育机构的空间布局就不是很合理，公办高校大都分布在城区或城乡交界处，而北京市民办高校基本上都位于北京市郊县等较为偏远的地区。大体呈现城区密集、乡镇稀少的生态群落状态，甚至在城区也是有些地区密集(如海淀区学院路、中关村地区)，别的地区相对来说就稀少多了。

从美国和日本高等教育发展实践看，发达的社区学院和二年制短期大学是他们能够顺利实现高等教育大众化和普及化的关键。一直以来，由于政策导向、人们观念陈旧等等原因，使得北京高等职业教育发展缓慢，不能适应首都社会经济发展对一线技术蓝领、第三产业从业人员的要求。近年来，针对区域特点和重点产业，北京市开办了一些高职院校或高职培训中心，使之能很好适应北京重点产业发展的需要。

经济发展依靠人才，人才培养依靠教育。在知识经济时代，教育对一个地区的发展来说，显然是尤为重要的。高等教育对北京市的经济社会发展和现代化建设功不可没。中关村发展成为中国“硅谷”，与这里高校云集是分不开的。2007年1月发布的《2007中国大学评价研究报告》表明，北京地区的高校科技创新贡献力最强、科学技术研究水平也最高，获国家重大科技奖励数遥遥领先于全国其他地区。近年来，北京市大力发展文化创意产业，高校在其中扮演着一个越来越重要的角色。例如，动漫产业，许多创意都源自于高校学生的灵感，这种灵感直接可以转化为经济效益。

当今，高等教育在首都现代化建设和构建社会主义和谐社会首善之区进程中的地位和作用越来越重要。北京已经确立了建设现代化国际性大都市的城市定位，这决定了高等教育必须加快国际化步伐。北京高校虽然位列“211”工程和“985”工程高校的数量居全国之首，但建设世界一流大学和世界知名的高水平大学，仍然任重道远。

第 54 讲

中国高校的双璧——北大与清华

[图 150]
北京大学

提起中国名校，绝大多数人脑海中首先浮现出来的，一定是两所：北京大学和清华大学。她们忧国忧民，以振兴国家为己任；她们充满创造力，引领社会的前进方向；她们敢为人先，奋进在时代前列——100年来，北大人和清华人在历史的前进和发展中留下深刻的烙印，或激情澎湃，或深沉内敛，或坚韧不拔，或深邃隽永，书写出具有北大和清华特质的不朽的传奇。

自由民主与自强不息并生

一所大学的精神是难以言说的，但又是具体可触的，它能将具有不同思想、文化、专业背景的知识分子凝聚在一个目标下，在大学遭遇艰难曲折时升华为一种顽强的亲和力和奋斗力。在这样的大学受过教育的人，会长久地怀念它。百年之前成立的北大和清华，各以其精神品质震古烁今。时至今日，仍能让我们感受其光华。

北京大学创于1898年，初名京师大学堂，是第一所国立综合性大学，也是当时中国的最高教育行政机关。辛亥革命后，于1912年改为现名。作为新文化运动的中心和五四运动的策源地，作为中国最早传播马克思主义和民主科学思想的发祥地，作为中国共产党最早的活动基地，北京大学为民族的振兴和解放、国家的建设和发展、社会的文明和进步作出了不可替代的贡献，在中国走向现代化的进程中起到了重要的先锋作用。爱国、进步、民主、科学的传统精神和勤奋、严谨、求实、创新的学风在这里生生不息、代代相传。

1917年，著名教育和民主主义革命家蔡元培出任北京大学校长，他“循思想自由原则、取兼容并包之义”，对北京大学进行了思想解放和学术繁荣的教育改革，北京大学从此日新月异。为学问而学问的精神，蓬勃一时。保守派、维新派和激进派，都同样有机会争一日之短长。背后拖着长辫，心里眷恋帝制的老先生与思想激进的新人物并坐讨论，同席笑谑。20世纪初的中国初现自由之风，而在这片小小的校园里，自由民主才得到了最好的诠释。

在知识活动的蓬勃发展气氛下，一种思想上和道德上的不安，立即在学生之中发展开来。1919年，五四运动爆发。北京学生在一群北大学生领导下举行示威，反对签订凡尔赛和约。在这场游行的影响下，全国爆发了罢课风潮。北大人以其先锋勇气和气质，成为中国青年学生的旗帜，在时代变换中猎猎飞扬。

如果说，北大人始终以极其高昂的姿态奋进在历史前列，那么清华人的开端则低调深沉，但饱含爆发力和自强心。知耻而后勇，是百年前清华人心中共同的座右铭。

清华大学的前身是清华学堂，成立于1911年，当初是清政府建立的留美预备学校。1912年，为尝试人才的本地培养，更名为清华学校。清华作为“赔款学校”，是美国用中国庚子赔款余额建立的，美国政府的本意是在中国知识分子当中培养一批“追随美国的精神领袖”，而学校却建在了被英法联军洗劫过的清华园和近春园。学生整天面对着被焚毁的断壁残垣，民族耻辱时时袭上心头。当时在学的吴宓曾有“热肠频洒伤时泪，妙手难施救国方”之叹。五四时北大已高举科学与民主大旗，而清华可称道的是闻一多贴出的岳飞《满江红》，主题还是雪耻，她们远较其他大学的学生蕴积着更深重的对于民族耻辱的痛感。1928年更名为国立清华大学后，如何摆脱美国的控制实现学术独立便成为清华建设的主题，而其深处的情感动因仍是雪耻。到了30年代，民族矛盾激化。梅贻琦任校长，第一次讲话没讲学术自由却讲了莫忘国难，到了1935年“一二·九”清华终于成为抗日救亡的中心堡垒。这种为民族雪耻的激情，在新中国成立后转化为建设祖国的献身意志。“知耻而后勇”，清华人的耻辱感是民族耻辱感与个人耻辱感的综合，博大而充实。耻不如人的品质，激励着清华人从最初到如今，诠释了水木清华的全部内涵。

[图151]
清华大学图书馆

[图152]
北大学子

诗人气质与学者风范共舞

同为中国最著名的百年学府，北大和清华的风格却截然不同。如果说北大是产生先进思想的摇篮，那么清华则更侧重于学术精神的培养。北大人具有诗人的气质，率性洒脱，桀骜不羁；清华人更仿若学者，理性沉着，冷静深思。两者共同谱写出一段文武兼具，张弛有度的铿锵旋律。

诸多北大人以诗人的率性行事，唤时代革新。新文学肇始，最需要反响，北大的钱玄同化名“王敬轩”，历数新文学的坏处；刘半农则一一予以驳斥，二人亦真亦假，协作出演轰动一时的“双簧信”。真刘半农骂倒假“王敬轩”，新文学乃告成立。钱玄同还提出一些激进主张，如废汉字等，反对者竭力反对这个提议，于是其他新思想顺利实施。

在社会主义建设的新时代，北大人更加以其敢为人先而书写出与众不同的风格。林毅夫是一个在谈到中国制度经济学时不得不谈的人，其有关中国农村改革与发展的研究成果享誉海内外。厉以宁，北大光华管理学院前院长，因较早提出并一直坚持将股份制作为所有制改革的目标模式，而被人尊称为“厉股份”。王选，汉字激光照排系统的创始人，我国普通高校唯一的国家最高科学技术奖获得者。

清華大學圖書館

历数北大校友，或如钱刘二人之张扬洒脱，或如季羡林之沉静博学，或如胡适之大气，或如李大钊之英勇，或如林毅夫、厉以宁之活跃，或如王选之厚重，他们都以各自的品格，规划出诗人一般潇洒的轨迹，留下诗歌一般行云流水、引人深思的事迹，在某种程度上，高扬地吟诵出一个时代的所有征象。

相比于北大人的诗人气质，清华人更展现了学者理性思辨的品格。

清华学校改为清华大学是在“科学与玄学”论战之后。其国学院一建立，主任吴宓就宣称本院与其他大学不同处在于重视“科学方法”。梅贻琦到任后，办校重自由，更重“科学家的眼光和态度”，强调理性和纪律，主张一切以事实为出发点。

20世纪五六十年代，蒋南翔校长实行以教学为中心的教学、科研、生产三结合，使学校成为教育与科研两个中心，并提出“争取健康地为祖国工作50年”的著名口号。90年代的王大中校长，反复强调“我们建设一流大学首先是要为国家发展和民族复兴作贡献，要把面向国家的战略需求放在首位；同时要结合我国国情和校情，实现跨越式发展”的建校思路。

其实，早在20世纪30年代，朱自清先生就说“清华的精神是实干”。直到现在，在校园的中心位置还竖立着一块碑，上书“行胜于言”。根本上说，“实干”同“后现代”时期相契合，在某种程度上代表着大学教育从“思”向“行”转变的趋势。清华被改造成为一所以工科为主的大学后，“实干”的传统进一步充实了工科的操作型特点。每一重大决定的做出，必有细密的操作程序和系统，保证决定能够获得实现，从培养计划、科研战略到校园管理都是如此。

历代清华人以其缜密的学者作风，谋划历史的大局，修缮历史的细节，留下了工笔一般细致精巧的历史画卷。

勇立潮头，同谱时代新曲

1978年以来，作为中国高校的双璧，北大、清华更是得到快速发展。两校继承优良的精神传统，勇立潮头，同谱时代新曲，成绩斐然。北大、清华的声誉是许许多多知名的或不知名的校友实干出来的，两校的精深、博大与厚重是校友们以“爱国、奉献、敬业、自强”的人生实践叠加出来的。

据不完全统计，北京大学的校友和教师有近400位两院院士，中国人文社科界有影响的人士相当多也出自北京大学，并且产生了一批重大研究成果。而清华则在教育、科学技术等方面表现突出，在中国科学院和中国工程院院士中，清华毕业生有401位；从竺可桢到梁思成、从钱学森到钱钟书，一位位学术大师，一位位科学巨擘，灿若繁星般镶嵌在中国历史的天空。

据2007年1月中国校友会网、《大学》杂志和21世纪人才报等发布的《2007中国大学评价研究报告》显示，北京大学以45项的绝对优势高居2007中国高校社会科学贡献力排行榜榜首，是我国社会科学基础研究和应用研究水平最高、社会科学创新能力最强、贡献最大、竞争力最强的高校。清华大学以拥有48项国家重大科技奖励成果的绝对优势高居2007中国高校科技贡献力排行榜榜首，是我国科技贡献最大、科研水平最高、科技竞争力最强的高校。

随着知识经济大潮的到来，北大、清华两校正日益显示出新知识孕育生长孵化器、高新技术辐射源和社会经济发展助推器的作用。沐浴着新世纪的春光，意气风发的北大人、清华人继续发扬爱国、进步、民主、科学的传统精神和勤奋、严谨、求实、创新的学风，向着建设世界一流大学的宏伟目标不懈努力。

路漫漫其修远，行者无疆

也许北大人和清华人的外在举止具有差异，但其精神内核却有许多交融和重叠——以国为重，心怀天下，才华横溢，虚怀若谷，热血和奋勇，反抗与斗争——这些精神同样也是中国的青年人在每一次国家危难和发展的时刻，所表现出来的共通的品质。从陈独秀的引领共产主义运动，到李大钊的舍身为国，从梁启超先生的“厚德载物，自强不息”，到朱自清先生宁死不屈的高洁品质，北大人和清华人作为青年人的杰出代表，唱响一曲曲爱国爱民、催人奋进的壮丽篇章。

大学精神是传统中最宝贵的部分，是大学抗打击和求发展的生命力的底蕴所在。政治制度的更替或者毁灭性灾难的降临都只能改变它的形态和部分内涵，而不能把它从根本上摧毁。时至今日，北大人和清华人都传承着各自的精神精粹，在新时代中谋求发展。很多人以为北大和清华的精神已经逐渐趋于堕落，其种种品质——青年人的理想，社会使命感和责任感——已经被现实消磨殆尽。但是如果你走进北大或者清华的校园，你仍然能够感受到具有强烈时代归属感和责任感的精神的震动。每一种精神或每一种传统，都有其深刻的时代内容，它们的本质也许不变，但它们在不同历史阶段有不同历史阶段的时代要求和表现形式。它们是一去不复返的特定时空的产物，它凝成无声的岁月，由人们不断描述、解说、诠释；它又越过沧桑的岁月沉积在人们心中，成为一种永恒的情感和报国信念，激发和帮助如今的北大人和清华人去创造新的历史。精神不会灭失，它们会在新一代的北大人和清华人心目中、行动里，得到发扬光大。

对于一个人而言，百年的历程足够双鬓尽染，但对于一所学校而言，百年的磨砺雕饰出的却是青春的轮廓。也许这最初的百年里，北大和清华是过于稚嫩的，是过于冲动的，是过于迟疑的，但只有睁开眼认清这个世界，张开嘴描述这个世界，迈出步丈量这个世界，才有可能在成长之后，用双手创造这个世界，用思想影响这个世界，用实力改变这个世界。这百年里的所有征程，都将使北大和清华在今后的岁月中，承载起国家和民族的使命，去创造更多的荣光，祭奠过去，开创未来。

[图153]
清华学子

第55讲

托起明天的太阳——中小学教育

中国的中小学分小学、初中、高中三个阶段，共12年。在北京的大街小巷，遍布着数量众多的高质量的中小学校——这里是培育优秀人才的摇篮。2007年北京市共有小学1235所；小学毕业生112332人，招生109203人，在校生666617人；教职工60973人，专任教师48192人；师生比例为13.8：1；占地面积22557亩，校舍建筑面积5392037平方米；固定资产总值63.68亿元，其中仪器设备资产6.77亿元。普通中学689所，其中：完全中学校262所，高级中学66所，初级中学300所，九年一贯制学校61所；初中毕业生108682人，招生111772人，在校生332959人；高中毕业生78408人，招生71590人，在校生243818人；中学共有教职工73945人，专任教师50107人；生师比例11.5：1；占地面积33841亩，校舍建筑面积9810563平方米；固定资产总值140.18亿元，其中仪器设备资产10.59亿元。由此看出，无论是学校的数量，还是师资力量、教育设施和教育设备，北京的中小学教育在全国都处于领先地位。

北京的中小学教育起步甚早，早在19世纪60年代，就已经有西方教会和一些社会团体，在北京设立新式中小学堂；至于19世纪末20世纪初，随着清政府的新学制的颁布，在北京地区出现了一大批著名的中小学堂，如1901年建于琉璃厂的五城中学堂，1906年建于西什库的顺天中学堂等。如果从此时算起，北京的中小学教育，到今天已经走过了长达100多年的历程，其间涌现出了一批名校，其中史家小学、北京四中等又尤为其中的佼佼者。

[图154]
昔日顺天府学
今日府学小学

最近被媒体誉为“北京最具品牌影响力的小学”史家小学始建于1939年，由一所明代祠堂改建而成。从1939年到1949年的10年间，它只是北京的一所普通小学。新中国成立之后，学校的教育教学工作获得了极大的进展，1960年被评为全国红旗单位，开始跻身于重点小学的行列。至20世纪70年代末，学校率先装备了计算机教室，开设了计算机课，并建成了校园闭路电视系统——红领巾电视台，使得教学的科技含量大大提高，一跃成为北京地区的优秀知名小学。到目前为止，学校已经建成建筑面积32000平方米的现代化新校舍，现有42个教学班，1909名学生，139名教职工，特级教师3人，中学高级教师11人，小学高级教师76人。

和谐教育是史家小学的办学特色，旨在努力创造条件让学生在和谐的氛围中愉快地学习，在和谐的兴趣乐园中发展个性，在和谐的人际关系中接受教育。促使学生的思想素质、文化素质、身体素质、心理素质和各种技能都得到发展。此外，学校还重视树立正确的教育观、教学观、人才观、质量观，积极探索考试方法改革和完善监控评价体系，实施多维立体动态评价体系，同时注重加强外语教学，普及计算机技术，注重艺术教学，精心开设体育锻炼课，以促进学生的全面发展。在这种先进的教育理念的指导下，学校在教育教学活动中取得了优异的成绩，如在近三年来，就已经取得30多个市区级先进称号，还被中国学生营养促进会评为北京市唯一的一所小学学生营养工作好单位，被教育部命名为现代教育技术实验学校。

同时，史家小学还是联合国文教科学俱乐部的成员学校，也是一个对外交流的窗口，每年都有接待不同国家学校师生来校交流学习的任务，从1995年至今，他们已经接待了5000人以上。江泽民、温家宝、贾庆林等党和国家领导人都曾到史家小学视察。2007年8月9日，在北京2008年奥运会一周年倒计时之际，国际奥委会主席罗格先生亲临史家小学，出席麦当劳助威小冠军项目的全球启动仪式，更是极大地提升了史家小学的国际影响力。

中学老师纪连海在中央电视台的《百家讲坛》上讲到清朝紫禁城里的咸安宫官学时说，“这相当于国家级重点中学，就好比今天的北京四中”，虽然说的有点儿夸张，但是证明四中还是颇有名气的。的确，北京四中一直以来就以其悠久的历史和淳朴的学风而闻名于世。它的前身是1906年由清朝顺天府筹建的“顺天中学堂”（1907年正式创校），1912年改名为京师公立第四中学校，1949年定名北京市第四中学。现校名由郭沫若题写。在这百年的时间里，四中经过自身的不断发展，到目前为止，已经成为一所设施完善，设备先进的现代化完全中学。

学校占地面积约 42400平方米，总建筑面积约35700平方米，拥有教学楼、科技实验楼、图书馆、体育馆、礼堂、饭厅、学生宿舍楼等建筑，在绿树掩映中构成了美丽的庭院式建筑群体。学校从建校之始，就拥有一批学术骨干，如1932年在四中任职的教职员40 人中，就有北大毕业者12人，北师大毕业者9人，留学归国者10人。现在，四中的90多名在岗教师中有特级教师3名，高级教师50名，35岁以下的青年教师中有博士1名、硕士10名。在这些教师的带领下，学校面向学生开设丰富多彩的选修课和活动课，内容涉及科学、技术、社会、人文、艺术等各个领域，最大限度地满足学生发展个性特长的需要。同时还经常聘请科学家、艺术家、社会各界知名人士及专家来校开设讲座或选修课，创设各种条件，使学生认识社会，感悟人生，了解科学技术的最新发展。四中有着积极参与社会实践和社会活动的优良传统，如早在1917年时，师生中就自发形成课外文艺组织“槐荫会”；在五四新文化运动中，第十级学生冯至等人于1920年创办了刊物《青年》，积极参与到新文化运动之中。新中国成立后直至今日，学校每年均组织学生到中科院、天文台、清华大学、北京大学、北师大、首师大、北大医院等单位实习，同时又带领学生到海南、内蒙、新疆、宁夏、湖南等地进行社会考察，培养了学生的社会实践能力。

在这种优秀的教学环境下，百年以来，四中已经为国家培养了近3万名学生，其中不少人

[图155]
北京四中

成为著名的科学家、文学家、艺术家和企业家，以及党政军和各行各业的领导干部、高级技术人员，如院士毛二可、涂传诒、刘广志、王文采，学者冯至、李敖，作家王蒙，画家刘玉山，书法家王之鳞，政治活动家王昆仑等，均曾在北京四中学习。北京四中自80年代末开始实行分层次教学并开设选修课，是中国大陆最早探索素质教育的高中之一。近年来，每年有95%左右的毕业生考入国家重点大学，其中40%左右进入北京大学、清华大学等著名高等学府，也有学生赴耶鲁大学、麻省理工学院等海外优秀大学学习。此外，四中每年有100余人次在市区以上各种竞赛中获奖。同时在国际奥林匹克竞赛中也屡获佳绩，共获得六枚金牌、两枚银牌、一枚铜牌。1995年，江泽民总书记和部分中央领导亲临四中视察，称赞四中“久闻大名，如雷贯耳。到这里来，真是三生有幸。”这种极高的评价，正是对四中百年来取得的成绩的充分肯定。

中国人民大学、北京大学、清华大学的附属中学也与这些大学一般齐名，特别是中国人民大学附属中学（人大附中）作为新中国创办的中学，在国内外享有盛誉，进入21世纪以来，连续多年考进北京大学、清华大学的人数占北京市的三分之一。

第56讲

北京重大文化工程——典籍

典籍是文化的载体，典籍的发展，象征着文化的繁荣。历史上的北京除了作为我国的政治中心、经济中心之外，还长期作为我国的文化中心，至今未变，这正是因为拥有一大批弥足珍贵的典籍。其中最有代表性的，莫过于明代编纂的《永乐大典》与清代编纂的《四库全书》。

［图156］
永乐大典

规模最大的类书——《永乐大典》

明永乐十九年(1421年)，永乐帝朱棣由南京启程北上，迁都北京，所携带的最庞大的一件行李是一套大书。说是大书，并不为过：以卷计算共计两万两千八百七十七卷，另目录六十卷，装订成一万一千零九十五册；以字数计算约三亿七千万。这正是永乐帝的得意之作，我国历史上规模最大的类书——《永乐大典》。

所谓类书，即是将各种资料分类摘抄，以便检索之用的一种工具书。官修类书，古已有之，三国时期魏文帝下诏编写的《皇览》，被认为是中国历史上的第一部类书，即已带有官修性质；至于宋代，官修类书的发展更显繁荣，出现了《太平御览》、《册府元龟》这样的大型类书。永乐帝朱棣继承了历史上官修类书的传统，亦继承了前代帝王的治国之道：早在宋初的时候，皇帝们就都懂得"收用旧臣，处于编修，以役其心"的道理，永乐帝的帝位乃自其侄建文帝手中夺来，得位不正，自然也要对前朝旧臣加以羁縻和安抚，于是又回到宋朝皇帝已经用过的老办法，在其即位后不久的永乐元年(1403年)七月便提出，要将凡有文字以来的"经史子集百家之书"，"天文、地志、阴阳、医卜、僧道、技艺之言"，编成一部大书，字数上"毋嫌浩繁"。并指定翰林侍读学士解缙主持其事。解缙组织了臣僚一百四十余人，立即着手编纂，到永乐二年(1404年)十一月，以仅仅一年多的时间，便编成一书，名为《文献大成》。进呈御览，永乐帝颇不满意，以为所编纂之书"尚多未备"，既不能在文化上成其万代不朽之名，也没有在政治上起到羁縻旧臣的作用。于是次年又发回重修，除了解缙之外，又增派姚广孝、郑赐为监修，并广招人才，考核录用了一大批知识分子，使得纂修队伍扩大到三百余人，加上誊写、看稿、编订等，总人数达到了两千一百八十人，以如此之大的人力物力投入，直到永乐六年(1408年)，方才完稿。这一次总算讨得了永乐帝的欢心，亲为之作序，称赞此书“因韵以求字，因字以考事，自源徂流，如射中鹄，开卷而无所隐”。

平心而论，虽然永乐帝纂修此书，其心颇为可议，但其对《永乐大典》的评价却并非过誉。在《永乐大典》之前，编修的类书虽多，但大都为将材料单纯地分类编排，而《永乐大典》则采取了“因韵以求字，因字以考事”的编排方式，以《洪武正韵》的韵部统领单字，再以单字统领与此字有关的材料，如此大大便利了后人的检索与利用。前代类书编纂时，多有对材料进行割裂、省略之处，而《永乐大典》则是将所有材料整段、整篇、甚至整本书地抄入，保持了资料的完整性。又前代的类书，收罗资料的范围有时偏于狭隘，如《册府元龟》全采正经正史，不收逸闻小说，而《永乐大典》则广收博引，不仅限于经史之类，至于“道释、医卜、杂家之书”，也“靡不收采”，真正是达到了“包括乾坤，贯通今古”的程度。

这一套大书北迁至北京后，便秘藏于皇宫文楼内，由于部头太大，刻印根本无可能，就是再抄写一部，亦无此等人力物力。因此，此书便以“孤本”的形式，在明朝的皇宫中保藏了一百余年。至明世宗嘉靖四十一年(1562年)，由于担心孤本流失，嘉靖帝总算决定，将此书重抄一部，直到明穆宗隆庆元年(1567年)才得以完工，用时整整六年。此后《大典》正本贮文渊阁，副本贮皇史宬，《大典》的保藏总算又多了一重保障。历史证明，对《大典》可能流失的担心并不是杞人忧天，明清易代之际，有一套《大典》在战乱中去向不明，有猜测说可能毁于李自成之手，亦有说藏于皇史宬夹墙中，更有说嘉靖帝将此书带入墓中，作为殉葬。不管如何，至清乾隆时，《大典》只剩了一部。然而即便是此硕果仅存的一部，仍未能完整保藏至今，清末外国侵略者侵入北京，经过数次战乱浩劫，《永乐大典》荡然无存，虽经后人收集并陆续影印出版，然而至今所收集到的，总计仍不过八百余卷，与总卷数两万余卷相比，不过约百分之四而已。

《永乐大典》虽然已绝大部分不存于世，但却不能因此而否认其在文化史上所起的作用。仅以辑佚一项而言，据统计，至今从《大典》中辑录出的亡佚之书已有590余种，如二十四正史之一的《旧五代史》，记载宋代史实的重要资料《宋会要》、《续资治通鉴长编》，都是从《大典》中辑出的。《永乐大典》的成就，至今仍为学者们所津津乐道。

丛书之最——《四库全书》

《永乐大典》成书300多年之后，又一部空前规模的大书在北京开始编纂。此时紫禁城中的主人已换成了清代的乾隆皇帝，但是编书的热情与用心却仍是一以贯之的：借编书之机以羁縻前朝旧臣，消磨英雄志气，同时成一代文治之功，留万古英名于后世。于是乾隆三十八年(1773年)下诏成立“四库全书馆”，这一部名为《四库全书》的大型丛书的修纂正式开始。

丛书的体例与《永乐大典》般的类书又有所不同，类书往往是将一部书中的各类材料拆散后重新编排；而丛书则是将若干种图书原封不动地编集在一起而成，《四库全书》便是如此。所谓四库，即经、史、子、集四类，经部收儒家正经类著作，史部收史书类著作，子部收诸子百家及佛道著作，集部则收诗文类著作。四大类著作合计三千四百六十一种，七万九千三百零九卷，分装三万六千三百册，以卷数计算，甚至超过了《永乐大典》。

当然，规模如此之大的图书修纂，是需要建立在大量的人力物力投入之上的。乾隆帝锐意文治，在修纂《四库全书》上亦如永乐帝般不计成本。修书首先需要资料，于是自乾隆三十七年(1772年)，四库全书馆尚未成立之时，搜集资料的工作便已经开始。一方面，朝廷屡下诏书，命令各省督抚学政，于各地采集遗书，进呈备用，采集之法有购用、借抄两种。当时进书最多的为浙江省，自乾隆三十七年(1772年)至三十九年(1774年)，共进书12次，总数4600余种，其次如福建、江西、云南等省亦各有进呈。同时，还鼓励各地藏书丰富的藏书家进献藏书，进书多者由朝廷予以赏赐，因此藏书家们亦纷纷献书，如浙江范懋柱，为明代著名藏书家范钦八世孙，即代表范氏天一阁献书600余种。其余如浙江鲍士恭、江苏马裕等人亦多有进献。此外，清廷内府藏书甚富，如懋勤殿、武英殿所辑之书收入四库全书者就有385种，计4900余卷。正是因为有了如此丰富的资料，才使得四库全书的纂修得以顺利进行。

[图157]
四库全书

然而，仅有丰富的资料尚且不够，纂修规模如此之大的类书，又必须有一批学者主持其事，于是开四库馆，将全国的著名学者均调集至北京，参加修纂。其中著名者如总纂官纪晓岚，其学问贯通百家，凡六经传注得失、诸史异同，下至词曲、医卜，无不一一精通，在四库馆13年，全书体例均其一手所定。又如纂修官邵晋涵，以史学著称，史称其在馆时，总裁问以某事，答以在某书某页之中，翻检之百不失一，人皆以为神，可见其学问渊博。其余诸人，如周永年精通辑佚校勘之学，姚鼐作为桐城派古文名家擅长古文，翁方纲精于金石，王念孙长于小学与校勘之学。这些人均为专门名家，先后供职于四库馆，使得四库全书的质量得到了保证。

在这样雄厚的人力物力支持之下，四库全书的修纂得以稳定有序地进行。四库馆臣们首先将集中起来的数万种书籍逐一进行校阅，确定其有无价值，是否需要收录，价值较高、需要收录者，则选择较为完善的版本，对其进行辨伪、校勘、考证，付誊录官进行统一誊写。其价值较低者，则作为存目，不收录书籍内容，仅在目录中予以保留。整部丛书在经、史、子、集四大部类之下，又分小类，计经部十类，史部十五类，子部十四类，集部五类，各小类之下若有需要，则再分子目，这种分类方法，一方面便于图书检索，另一方面又发挥了“辨章学术，考镜源流”的作用。此外，纂修官在校阅完一部图书之后，还要负责撰写一篇该书的提要置于各书之前，以介绍著作的内容大旨、优劣得失、别本异文，乃至作者事迹、典籍源流等，无不包括在内。此后总纂官纪昀等将这些提要集中起来，编订成《四库全书总目》行世。这些提要大都搜罗广泛，评论精当，对典籍有提纲挈领之功，也提升了《四库全书》整体的学术性。乾隆四十六年(1781 年)，第一部《四库全书》纂修并缮写完毕，然而鉴于《永乐大典》孤本流传，《四库全书》修成后不可不录副本，于是又动用了 3000 多名书手，将一套《四库全书》抄写七份。又部头如此之大的书不可无处置放，于是自乾隆三十九年(1774 年)，四库全书的纂修工作刚刚开始之际，便在江南江北修建藏书阁：紫禁城中建文渊阁，圆明园建文源阁，热河避暑山庄建文津阁，奉天建文溯阁，江南镇江建文宗阁，扬州大观堂建文汇阁，杭州建文澜阁。七阁皆典雅美观，堪称古代建筑典范，而又突出了其作为藏书楼的特色，如其中文渊阁仿宁波范氏天一阁之格局，上下六楹，各通为一间，取《周易》中“天一生水，地六成之”之意，以书籍保藏，防火为第一要务，而水能克火，是以作如此之设计。乾隆四十七年(1782 年)春，第一部四库全书入藏文渊阁，至于乾隆五十二年(1787 年)，七套《四库全书》终于全部抄写完毕，分置于江南江北七阁之中。《四库全书》的修纂，至此总算大功告成。

然而如《永乐大典》一样，《四库全书》也并非全无遗憾。首先，由于部头过大，抄手众多，《四库全书》中所收的典籍普遍都存在校勘不精、错漏过多的现象，有时甚至整行整段漏抄，给今人的利用造成了很多困难。再次，《四库全书》虽然抄成七份，但是亦未能在清末的动荡中全部存留下来，其中圆明园文源阁本，随着英法联军火烧圆明园而化为灰烬；镇江文宗阁、扬州文汇阁本，在太平天国之役中毁于兵火；杭州文澜阁一部，亦迭经兵火而散失极多，经藏书家丁申等积极补抄，方得补缀完全，然亦已非乾隆旧本。是以现今谈起《四库全书》，多云仅存三部半：文渊阁、文溯阁、文津阁三部全本，及文澜阁半部而已。但从积极的角度来看，《四库全书》在历史上和现实上，又都产生了重要的影响：修书之际，大批学者与珍贵典籍云集北京，进一步推动了北京文化的发展，使得北京的学术文化中心的地位更加突出；南三阁的《四库全书》对学者开放，允许天下士子入阁阅读抄写，更是嘉惠学林的盛事；馆臣为修《四库全书》，自《永乐大典》中辑出数百种已亡佚的典籍，由于《大典》的绝大部分现已不存，则显得更加弥足珍贵。即便是到了现在，随着《四库全书》的影印出版，使得学者们能够更加便利地检索利用古代典籍，200 多年前修成的《四库全书》到现在还在发挥着重要的功用。

总之，典籍的勃兴，一方面代表了一个时代的文化兴盛，另一方面又奠定了一个地区的文化底蕴。北京浓郁的学术氛围，悠久的学术历史，正是建立在以《永乐大典》和《四库全书》为代表的一大批古代典籍的基础上的。试取一函线装书，掀开一页，望其间朱墨灿然，墨香扑面而来，神交古人之感油然而生，在那一刻，才算是真正触摸到了北京文化的根源。

第 57 讲

鸿篇巨制飘书香——北京的图书馆

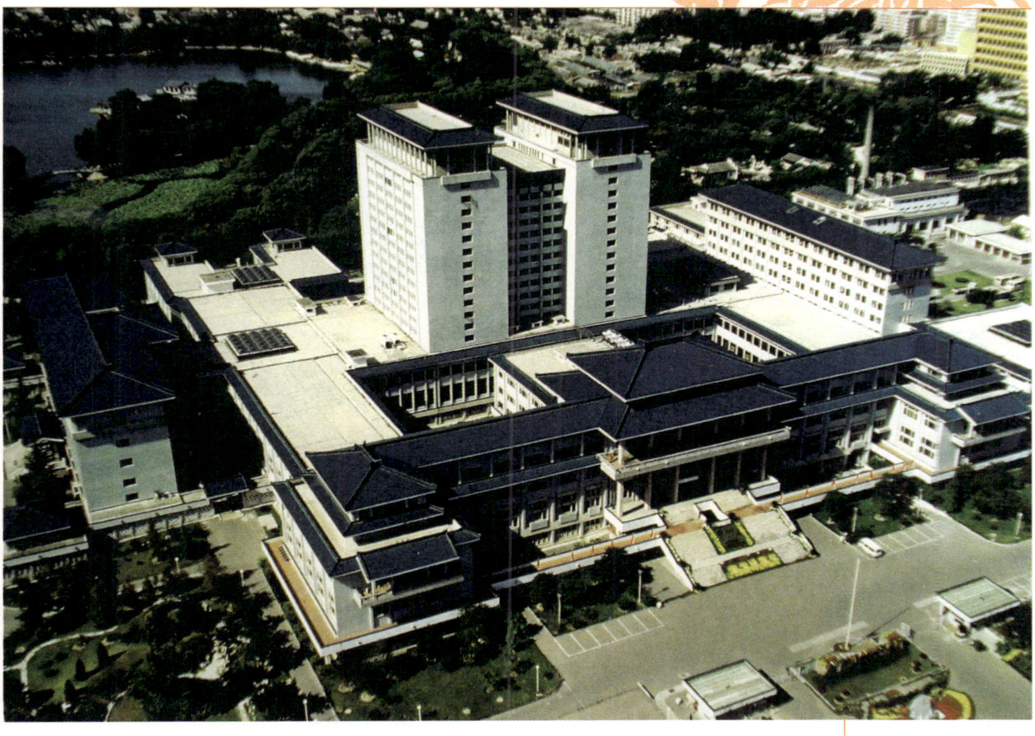

[图 158]
中国国家图书馆全貌

没有围墙的国图

世界各国的国家图书馆多属于研究图书馆，服务对象主要是科研人员。我国根据自己的国情做出了具体规定，中国国家图书馆是综合性的研究图书馆，是国家总书库。它的服务对象主要是中央党政军领导机关、科学研究部门和重点生产建设单位。

中国的国立图书馆可以追溯到商代，当时设有收藏甲骨的龟室，《尚书》载“惟殷先人，有典有册”。西周盟府的藏书也是古代国立图书馆的雏形。汉武帝时期推出了藏书的政策，由专门的官员面向全国收书，官府藏书初具规模。此后历代王朝都仿照汉代，官府藏书逐渐发达。明清两代是古代国立图书馆最为繁荣的时期。明成祖编纂《永乐大典》时，广泛利用文渊阁藏书。

清乾隆帝在编成《四库全书》后，抄写七部，分藏于文渊、文源、文宗等七大藏书阁。但中国古代的平民百姓与官府藏书无缘，因为这些藏书是不对公众开放的。

国立图书馆正式对社会读者开放，始自京师图书馆——国图的发端。它的创办与发展，也是近现代中国社会发展进程的一个缩影。

宣统元年（1909年），清政府学部奏请筹建京师图书馆，同年9月得到宣统皇帝御批。京师图书馆的创立标志着中国真正意义上第一座国立图书馆的诞生，首任监督（馆长）是四品翰林院编修缪荃孙。一年多以后，辛亥革命爆发，清帝逊位，图书馆的兴建工程倒是接续了下来。1912年，新建成的京师图书馆正式开放。

[图159]
北京图书大厦

由于京师图书馆所在的什刹海广化寺地方过于低湿，1917年迁往方家胡同原国子监南学旧址。1925年，当时的教育部与管理美国庚子赔款的中华教育文化基金会签约，决定接办京师图书馆并利用庚子赔款余额新建了一所大规模的北京图书馆，梁启超为馆长。由于北京政局混乱，教育部无力履约。1926年，基金会单独成立了北京图书馆，后更名为北海图书馆。这时的梁启超为了接办京师图书馆的事四处奔走，终于在年底正式接收了京师图书馆，两馆合并终于有了眉目。1928年，京师图书馆改称国立北平图书馆。1929年，国立北平图书馆与北海图书馆合并，仍名国立北平图书馆，时任教育部部长的蔡元培出任馆长。当时馆内藏有南宋皇家藏书楼缉熙殿和明代皇家藏书楼文渊阁，以及清廷内阁大库、翰林院及国子监南学的藏书总共10万余册，价值珍贵，但数量比起国外的近代图书馆却显得太少。

1931年，在北海西侧新建的国立北平图书馆完成。新馆的外观都是仿照宫殿式建筑的规格而建，有许多构件甚至是从圆明园遗址上迁来的旧物。这其中有个小小疏忽值得一提。原来圆明园里有两对华表，当初燕京大学要了一对，但是搬的时候一不小心，把本该一左一右的一对，错搬成了一前一后两根，因此图书馆得到的也只能是一前一后的了。另外，因图书馆藏有来自承德避暑山庄文津阁的《四库全书》，馆前的街道也因而得名文津街。

1950年，国立北平图书馆更名为国立北京图书馆。1987年，北京图书馆新馆在紫竹院公园旁落成，文津街馆改为分馆。两馆建筑面积共计17万平方米，居世界国家图书馆第五位。1998年，北京图书馆更名为国家图书馆。

国图馆藏宏富，馆内藏有很多珍贵图书，古籍善本达27万余件，如殷墟甲骨、西汉竹简、敦煌经卷、《永乐大典》残存本的大部等。1949年入藏的一部名为《赵城藏》的经卷，刻成于金代，原藏山西赵城县广胜寺。抗战时期日寇侵占赵城，到处搜寻此经并阴谋把它劫往日本。为保护宝贵的民族文化遗产，中共山西省委派队伍连夜将其秘密转移到一个山洞中保存。

自1916年以来，国图一直是国内出版物缴送本的收藏馆，保证了国图入藏国内正式出版物的主要正常来源。国图还积极地有重点地收藏国外出版物，从不同角度反映了世界各国政治、经济、科学技术的发展状况。目前，国图已经形成了具有中国特色的藏书体系。

2008年北京奥运会前，国图二期工程暨国家数字图书馆工程将投入使用，那时国图将真正成为“没有围墙的图书馆”。二期工程与原有设施融合后，将位列世界国家图书馆第三位，成为国际影响更大的现代化国家图书馆。

没有门槛的首图

要说北京的图书馆，一定要说说北京市属综合性大型图书馆——首都图书馆（以下简称“首图”）。首图的旧址在闻名遐迩的国子监，如今已迁往繁华的东三环国贸商圈十里河了。

首图是一所有着悠久历史、享誉海内外的城市中心图书馆，是首都四大文化标志性建筑之一。首图的变迁与发展，可以说是中国公共图书馆发展的一个缩影。

19世纪后期，西方思想输入中国，维新人士要求开设公共性的藏书楼，中国近代意义上的图书馆呼之欲出。1913年，民国政府教育部设立了“京师图书馆分馆”，同年10月设立“京师通俗图书馆”，第二年又设立了“中央公园图书阅览所”。三馆建立的目的是“以引起国民读书之爱感并藉副大部振兴社会教育之至意”。这三馆就是首图的前身。可以说，首图自建立之初，就确立了为广大民众服务的方向。

当时，鲁迅先生在教育部主管图书馆，为北京市图书馆的建设做了许多具体细致的工作。由于受进化论思想的影响，鲁迅认为青年总要超过老年，因此十分重视儿童教育，通俗图书馆的藏书就特地分成了普通用书和儿童用书两部分，还附设一个儿童体育场。这可以说是我国最早的儿童图书馆，是一项创举，这一特点一直延续至今。通俗图书馆藏书的另一大特色是以大众通俗读物为主。馆藏的1000多种戏曲、小说，甚至超过了京师图书馆这方面的入藏。这与鲁迅先生办馆的初衷密切相关，他说：“通俗教育以启发一般人民普通必须之知识为主，故通俗图书馆之设，实关紧要，其中采集之图书，以人民所必须且易晓者为宜。”鲁迅的思想为首图后来入藏极富特色的戏曲、小说藏书奠定了基础。

[图160]
首都图书馆

新中国成立后，上述三馆统归北平市政府管辖，1953年更名“北京市图书馆”。1956年，在周总理的直接关怀下，图书馆迁入国子监，并正式定名“首都图书馆”。随着社会发展，信息时代到来，国子监首图的设施和服务已经不能满足读者的需求。2001年，新建的首都图书馆新馆正式启用。

首图新馆的外形设计体现了科技、人文、绿色的建筑理念，入选申奥作品《北京千年城市风景画》。首图的平面为¼圆形，围合着一个圆形的中心广场，寓意首图具有包容和吸纳一切知识的力量。整个建筑坐东南朝西北呈基本对称的格局，暗含中国传统文化中庸协和的理念。从正面看，首图犹如中国古书展开的长卷，使整体建筑散发出幽幽的书香气息。主入口处以玻璃幕墙形成的中国建筑殿堂正是老馆址国子监辟雍的剪影，辟雍的形象既代表首都又代表知识的大门。饱含中国传统图形和文化元素的建筑思想与现代科学设计相结合，造就了首图独特的外形，使读者看到了“外表”与“内心”一样引人入胜的首图。2005年，首图二期工程获市政府批准，将在一期的东南侧落成。

首图的馆藏特点是以社科文献为主。北京地方文献是首图文献收藏中最具规模和特色的部分，收藏水平已达到研究级，是研究北京政治、经济、文化、历史的文献资料中心，在全国享有很高的声誉。

2004年，北京市少儿图书馆从国子监迁入首图并正式开放。这一举措是对首图服务功能的进一步完备，充分展示了城市中心图书馆的包容性，不分年龄、职业与籍贯，首图成为真正“没有门槛的图书馆”，成为把北京建设成为学习型城市的重要力量。

北京地区现有各类型图书馆7300多个，形成了公共（如首都图书馆）、高校（如北京大学图书馆）、科研（如故宫博物院图书馆）等几大系统，无论是数量还是类型，均居全国各城市之首。另外还成立了北京市图书馆学会、北京地区高校图书馆学会等机构，为图书馆事业的发展发挥了积极的作用。北京地区其他类型的图书馆还有工会图书馆、中小学图书馆等。新中国成立后，北京各区县图书馆发展迅速，逐步形成了各自的馆藏特色。东城区图书馆从1986年开始注意收集国外多种服装期刊和大量国内书刊、音像资料，20多年来已经形成图书馆的藏书重点。作为崇文区特色的“北京包装资料馆”成立于1991年，以收藏国内外包装专业图书报刊等为特色。根据宣武区历史文化底蕴厚重的特点，宣武区图书馆建立了“宣南文化”数据库，重点收集宣武区地方文献类图书。而西城区图书馆则以旅游、海淀区图书馆以装饰装潢、朝阳区图书馆以法律法规为各自的特色，为广大读者提供专项服务。

今天，图书馆的工作不断实行着重心下移的转变，唤醒公众求知的欲望。街道、村镇图书馆的设立，“三下乡”、“万村书库工程”等活动的开展，体现了图书馆为所有民众不懈争取着平等的权利，使他们能用知识获取发展的自由。2005年6月28日，北京市最大的社区图书馆丰台区花乡草桥村图书馆正式开放，图书馆藏书1万册，免费对村民开放。草桥村开展群众阅读活动已经多年，在这一年草桥村图书馆被评为北京市大众读书会先进借阅点。

第 58 讲

北京城的文化符号——博物馆

[图 161]
国家博物馆

1974 年在丹麦哥本哈根举行的第 11 届国际博协会员大会上通过的博物馆定义为："非营利的为社会和社会发展服务的向公众开放的永久性机构，为研究、教育和欣赏的目的而搜集、保存、研究、传播和陈列有关人类和人类生存环境的物证。"博物馆是一个国家、一个城市的文化符号，承载着民族和国家的历史内涵，也代表了一个国家、一个地区的文化发展水平。博物馆的发展态势能反映出国家的综合实力、人类历史进程中各时代的价值理念和精神追求。

历史进程

中国的第一座现代博物馆——南通博物苑，产生于北京，由清代状元张謇创立，距今已有 100 年历史。

北京第一座博物馆是在民国政府教育总长蔡元培倡议下，于1912年7月在北京国子监旧址筹建的历史博物馆。至 1937 年，北京已拥有各类博物馆 10 余座。新中国成立后，北京博物馆建设迎来了第一个高潮。1959 年国庆 10 周年一批大型国家级博物馆，如中国历史博物馆、中国革命博物馆、中国人民革命军事博物馆、中国美术馆、全国农业展览馆、民族文化宫等馆相继落成。在此期间，北京自然博物馆、中国地质博物馆、定陵博物馆、周口店北京猿人展览馆等也先后建成开放。改革开放以后北京博物馆事业跃上了新的阶段，80年代末北京地区已有各类博物馆、纪念馆和具有博物馆性质的文物单位 62 座。

进入 21 世纪以来，各地兴起文化建设热潮，全国博物馆数量已逾 2300 座，目前北京博物馆数量超过 130 座，馆藏文物 323.8 万件（套）。门类齐全、科目多样的博物馆系列发展格局已经形成。

遗址博物馆类从旧石器时代直至明清，形成北京地区独有的北京史遗址系列。其口有周口店猿人遗址博物馆、王府井古人类遗址博物馆、上宅文化陈列馆、西周燕都遗址博物馆、山戎文化陈列馆、大葆台西汉墓博物馆、辽金城垣遗址博物馆、颐和园文昌院博物馆等。人物纪念类博物馆有文天祥祠、曹雪芹纪念馆、郭守敬纪念馆、詹天佑纪念馆、鲁迅博物馆、郭沫若故居、梅兰芳纪念馆、老舍故居等。科技自然类博物馆日益受到社会欢迎，如中国科技馆、中华航天博物馆、中国航空博物馆、中国古动物馆、北京自然博物馆、北京天文馆。各行业产业和企业集团主办的非传统意义上的博物馆大量涌现，如中国工艺美术馆、中国铁道博物馆、中国电信博物馆、北京工艺美术博物馆、北京警察博物馆、北京自来水博物馆、北京人民艺术剧院戏剧博物馆等。民办博物馆方兴未艾，建有北京中华民族博物院、观复古典艺术博物馆、古陶文明博物馆、睦明唐古瓷标本博物馆、松堂斋民间雕刻博物馆等18座，获得了良好的社会反响。

2005年北京地区博物馆举办固定展览206项，临时展览437项，接待观众2923.7万人次。博物馆事业在法律法规、行政管理、展览工程、信息技术、社交服务等诸多领域取得了长足的进步。

新模式与新思路

随着经济的迅猛发展，社会文化消费呈现出全球化、商业化和信息化的特点，对博物馆的发展提出了新的要求。许多博物馆在管理规范、经营模式、服务理念、技术应用等方面进行了有益的尝试，开拓了博物馆新的发展空间，为文博事业未来的良性发展提供了宝贵的经验。

中华世纪坛世界艺术馆

我国博物馆主要反映本土文化，以收藏体现中华文明的遗物为主。而世界先进国家的一流博物馆都藏有外国文明遗存，或建有外国文物、艺术品专馆。北京的中华世纪坛世界艺术馆是中国第一家以世界艺术为收藏、展示、研究对象的公益性国家文化事业机构，填补了国内该领域的空白。中华世纪坛2001年1月1日建成开放，世界艺术馆坐落其中，隶属于北京歌华文化发展集团，是国内以企业模式运作博物馆的典型。

艺术馆开放以来已经形成“世界文明”、“艺术大师”、“地方文化”、“现代艺术”、“科技文化”、“奥运主题”、“民族文化”、“社会教育”等八大系列展览。“世界文明系列展”的“世纪国宝——中华的文明”、“神秘的玛雅——墨西哥古文明展”；“艺术大师系列展”的“黑白意象——毕加索版画展”；“地方文化系列”的“吴韵汉风——江苏文化艺术精品展”、“成吉思汗——中国古代北方草原游牧文化大展”；世界艺术馆所设置的专题陈列“意大利文艺复兴艺术大展”、“从莫奈到毕加索”；世界艺术基本陈列“伟大的世界文明”等展览引起了社会热烈反响。艺术馆实行会员制，招用志愿讲解员，为北京博物馆界探索社会服务的新领域开拓了良好的思路。

[图162]
首博镇馆之宝
西周堇鼎

[图163]
首都博物馆

首都博物馆

首都博物馆（以下简称首博）始建于1981年，坐落于北京孔庙。新馆位于西长安街，2005年12月建成试运行，2006年6月正式开放，是北京市政府投资兴建的面向21世纪的大型现代化文化设施，作为北京的地方性大型综合博物馆，全面地反映北京的自然环境、政治、经济、民族、科技、文化、艺术、民俗等多方面的历史遗存与社会发展轨迹。

首博新馆的基本陈列分为通史展——《古都北京·历史文化篇》、《古都北京·城建篇》、《老北京民俗展》；精品展——瓷器艺术、佛教艺术、古代绘画、古代书法、燕地青铜、古代玉器、书房珍玩。馆藏品总数134399件套（约20万件）及882743枚钱币，上展藏品的总数5622件。

首博引进展览类型多样，为首都市民提供了广阔的国际文化视野。如首博举办的“世界文明珍宝——大英博物馆之250年藏品”展出文物272组件，汇集了世界各大洲的文物精华，重点推出古埃及、古希腊和古罗马的艺术精品。在两个半月时间里，观众达到211179人次。其他外展如历史文化类的“卢浮宫珍藏展——古典希腊艺术”、“美洲豹崇拜——墨西哥古文明”、“西天诸神——古代印度瑰宝”，艺术史类的“维利·罗尼眼中的巴黎”以及艺术设计类“余震：英国当代艺术展1990～2006”，都取得了热烈的社会反响。首博每项外展都邀请专家、学者举办高水平的系列讲座，辅助参观者解读展品，并先后招收190余名高素质的志愿者讲解员。2005年12月至2007年6月，首都博物馆累计1001600人次参观，日均2104人次（不含周一闭馆日），单日最大接待量 12295 人次。

首博的“七彩坊”、“陶艺坊”等教育互动区以动手制作的形式吸引了大量青少年参观者的兴趣，展区与户外的亲子活动受到众多家庭的好评。至今教育互动区参与活动的人数达到25000余人。

首博为北京市政府的文化活动提供了优越、便利的空间，在生产开发和营销、文保技术、信息化、多媒体、网络建设等诸多领域取得的成绩都在国内博物馆界名列前茅。《北京市“十一五”时期文物、博物馆事业发展规划》提出要“把首都博物馆新馆建成北京历史文化及博物馆学理论研究中心、文物藏品科研保护中心”。

观复古典艺术博物馆

在民间收藏热兴起的过程中，北京凭借悠久的都城历史和深厚的文化底蕴始终走在全国前列。北京民间收藏家开办博物馆引领了全国性民办博物馆建设的潮流。观复古典艺术博物馆是新中国第一家私人博物馆，1996 年批准成立，由民间收藏家马未都创办。琉璃厂旧馆于 1997 年 1 月 18 日正式对外开放，2001 年迁至朝阳门内南小街华智大厦，2004 年 8 月迁至朝阳区大山子张万坟金南路 18 号。该馆始终以还原历史生活场景为理念，将陶瓷、玉器、文玩、古典家具等专项收藏品组合形成典型的古代日常生活景观，使参观者在近距离、生活化的欣赏过程中体味古人的审美情趣和价值取向。此种展陈形式超越了一般博物馆将文物与观众隔绝的僵化的陈列框架，将先进的艺术品陈列语言和特色藏品的形态较好地结合起来，对其他民办博物馆提供了示范意义。

观复古典艺术博物馆 2004 年改为理事会制，现有理事 15 人，实行与企业结合的发展模式。北京观复占地 6 亩，展览区和会员活动区 2800 平方米，展览分为陶瓷馆、油画馆、工艺馆、书画馆、门窗馆。博物馆的社会影响亦较为突出，曾经向中国印刷博物馆、北京市文物局、北京石刻艺术博物馆捐赠文物，并设立“观复文物优秀论文奖金”。2002 年博物馆创始人马未都参与了《中华人民共和国文物法》的立法论证会，2004 年该馆入选“中国十大民间博物馆”。2007 年 8 月，更名为观复博物馆。

展望未来

北京作为全国文化中心，正在向国际化大都市迈进，博物馆将传统文化和现代文明相结合，是文化产业和创意经济中较为活跃、极具潜力的因素。目前博物馆从业者需要继续转换经营思路，根据自身的资源与特点，联合专业营销团队，策划、制作、引进、宣传精品展览，进行与藏品、展览相关的商品（包含图书）开发、特种服务（包括文物鉴定、修复、复制）；提升博物馆从业人员的专业素质，完善博物馆学的学科建设，培养适于新时期博物馆事业需求、兼具研究和实操能力的人才，建设专业科技与艺术、设计结合的队伍，充分利用数字化、多媒体、网络等现代传播手段拓展博物馆的生存空间；加大博物馆之间合作与交流，共享信息、技术、经验，达成资源互补。

第59讲

记录北京的前世今生——档案馆

档案是什么？简单来说，凡具有查考使用价值、分门别类保管的各种文件材料，都是档案，包括古代的甲骨、木牍、竹简、缣帛、金石等，现代的电文、会议记录、电话记录、人事材料、技术文件、出版物原稿、财会簿册、印模、照片、影片、录音带以及具有保留价值的各种文书等。根据目前所见到的实物，可知中国从夏、商时代起，就有档案了。

有了档案，必然就有收集、整理和保管档案的地方，我们现在称之为档案馆。由于年代久远，夏商时代有没有这样的机构，我们现在还不清楚。据可靠的文献记载，周朝的天府、汉朝的兰台和东观、唐朝的史馆、宋金元三朝的架阁库、明清两朝的皇史宬等等，都是当时集中保管档案的地方。仅此而论，中国有档案馆的历史也相当悠久了。

在北京，集中收藏官方档案的历史至迟始于金朝。金代海陵王完颜亮于贞元元年（1153年）三月改燕京为中都，正式以中都为皇都以后，经元、明、清三朝，北京成为中国的政治中心，形成了各种政务档案，并建立了收藏档案的机构。有一种说法认为，自明代开始设置庋藏档案的馆库，见诸文字记载的档案库有古今通集库、皇史宬、内阁大库等。还有一种说法认为，北京地区最早见于文献记载的档案库，是明代的古今通集库。这些说法都是值得商榷的。实际上，北京地区最早见于文献记载的档案库，应该是金代的架阁库。据《金史》记载，在金代，尚书省、吏部、户部、刑部、枢密院、御史台和三司均设置架阁库。尚书省左、右二司各设郎中（正五品）、员外郎（正六品）、都事（正七品）等员。左司员外郎“掌本司奏事，总察吏、户、礼三部受事付事，兼带修起居注官，回避其间记述之事”，右司员外郎“掌本司奏事，总察兵、刑、工三部受事付事，兼带修[起居]注官，回避其间记述之事”。“每月朔朝，则先集是月秩满者为簿，名曰阙本，及行止簿、贴黄簿、并官制同进呈，御览毕则受而藏之”。都事“掌本司受事付事，检勾稽失、省署文牍，兼知省内宿直，检校架阁等事”。其“架阁库……管勾……正八品。同管勾……从八品。总掌察左右司大程官追付文牍，并提控小都监给受纸笔”。吏部“架阁库……管勾，正八品。掌吏、兵两部架阁，兼检校吏部行止”。户部“架阁库……管勾一员，正八品。掌户、礼两部架阁”。刑部“架阁库……管勾一员，正八品。掌刑、工两部架阁”。枢密院“架阁库管勾一员，正八品”。御史台“架阁库。管勾一员，从八品”。三司“泰和八年，省户部官员置三司，谓兼劝农、盐铁、度支、户部三科也。贞祐罢之。管勾架阁库一员，正八品”。在《金史》中，明确说尚书省架阁库、吏部架阁库于“大定二十一年六月设，仍以都事提控之”。大定二十一年，即公元1181年。架阁库又称架阁、架阁司。如：“吏部架阁管勾乌古论和尚”以才干可用，诏升一等，授利涉军节度副使。“架阁司管勾为流外职，或以尚书省差遣，或自本司判补……”可见，北京地区最早见于文献记载的档案库应始于金代，当无可置疑。

金亡元兴，仍设置架阁库如故。例如：中书省“架阁库管勾二员，正八品，掌庋藏省府籍帐案牍，凡备稽考之文，即掌故之任……典吏十人。蒙古架阁库兼管勾一员，典吏二人。回回架阁库管勾一员，典吏二人”。又如：“左右部架阁库，秩正八品。管勾二员，典吏十二人，掌六部文卷簿籍架阁之事”。除此之外，枢密院等机构中，均设有架阁库。据《元史》记载：“诸有司案牍籍帐，编次架阁。各路，提控案牍兼架阁库官与经历、知事同掌之；散府州县，知事、提控案牍、都史目、典史掌之。任满相沿交割，毋敢不慎。诸枢密院行省文卷，除军数及边关兵机不在考阅，余并从监察御史考阅之。”元朝政府何等重视档案，由此可见一斑。另据《元史》记载：元贞二年（1296年），有旨建五台山佛寺，皇太后将临幸，监察御史李元礼上疏反对，台臣不敢以闻。至大德元年（1297年），“侍御史万僧与御史中丞崔彧不合，诣架阁库，取前章封之，入奏曰：‘催中丞私党汉人李御史，为大言谤佛，不宜建寺。’帝大怒，遣近臣赍其章，敕右丞相完泽、平章政事不忽木等鞫问。不忽木以国语译而读之，完泽曰：‘其意正与吾同。往吾尝以此谏，太后曰：我非喜建此寺，盖以先皇帝在时，尝许为之，非汝所知也。’彧与万僧面质于完泽，不忽木抗言曰：‘他御史惧不肯言，唯一御史敢言，诚可赏也。’完泽等以章上闻。帝沉思良久曰：‘御史之言是也。’乃罢万僧，复元礼职”。至正年间，王思诚任监察御史时，“凡上章，必拆视，不可行者，以台印封置架阁库”。泰定四年（1327年），太常博士李好文“又言：‘祖宗建国以来，七八十年，每遇大礼，皆临时取具，博士不过循故事应答而已。往年有诏为《集礼》，而乃令各省及各郡县置局纂修，宜其久不成也。礼乐自朝廷出，郡县何有哉！’白长院者，选僚属数人，仍请出架阁文牍，以资采录。三年，书成，凡五十卷，名曰《太常集礼》。”有元一代，案牍籍帐藏之架阁库及其查考利用情况，斑斑可考。

明清时期，除明代的古今通集库之外，皇史宬、内阁大库为档案收藏重地。古今通集库在今故宫东华门内迤南，是明代皇帝的御用库房，主要收藏历代帝王画像。嘉靖中叶，因文渊阁失火，曾移存部分图书。皇史宬是我国现存最古老、保存最完整的档案库房。皇史宬位于南池子大街南口，嘉靖十三年（1534年）七月兴建，初名神御阁，嘉靖十五年（1536年）明世宗改为皇史宬，并亲书门额。整个建筑与装具设计完美，做工精良，功能齐全，华贵耐用，既能防火、防虫、防霉，且冬暖夏凉，极适宜保存档案文献。在明代，列朝皇帝的实录、宝训、玉牒等皇家档案以及《永乐大典》的副本等重要文献藏之于此。到了清代，将明代实录移至内阁书籍库，在此收藏清代十朝实录、圣训、玉牒各一份以及《大清会典》、《朔漠方略》和出征将领缴回的印信。在东西配殿，保存过石刻法贴、明朝实录金匮、雍正朝以后的内阁题本等。

内阁大库坐落在紫禁城内东南隅，坐南朝北，占地面积约1300平方米，砖木结构，上下两层重楼，覆以黄瓦。楼内有库房20间。其中曾保存大量重要档案，除内阁本身的档案外，还有起居注、实录、玉牒、会典等稿本及盛京旧档，数量众多，是清代中央档案的主要部分。内阁大库分为东西两库，东库又称实录库或书籍表章库，保存实录、史书、录副奏折、起居注、前代帝王功臣画像、表文、书籍等；西库又称红本库，保存红本、典籍、关防等。清末民初，北京政府和国民政府曾清理库中档案。新中国建立后，内阁大库及其档案备受重视。1971年，重修内阁大库，安装先进设备。1976年，将大库档案移入中国第一历史档案馆大楼保存，文物则归故宫博物院收藏。

[图164]
明清皇家档案馆
——皇史宬

有清一代，在紫禁城隆宗门外、咸安宫之左、武英殿之北，还有方略馆大库，主要保存军机处录副奏折、未经皇帝批示的原折、各项谕旨的存稿以及剿捕档、议复档、寄信档等。其次为人员调取、考绩、奖叙等方面的文书以及纂修书籍时所收集的各种资料和编修的各项草本、稿本等。宣统三年（1911年）四月，裁撤方略馆。民国三年（1914年），北京政府国务院将方略馆大库档案移至中南海集灵囿自行管理。十五年（1926年）一月，将军机处档案和方略馆书档拨交故宫博物院整理，其余档案移存大高玄殿。方略馆大库后被拆除。此外，清代的八旗都统衙门、六部等各自都有存放档案的地方。

民国十四年（1925年）十月十日，故宫博物院成立，下设古物馆和图书馆。图书馆之下，又分设图书部和文献部。1927年6月，文献部改称掌故部。1928年10月，掌故部改称文献馆。1951年5月，文献馆改称档案馆。1955年12月，故宫博物院档案馆划归国家档案局管理，改称第一历史档案馆。1959年10月，第一历史档案馆并入中央档案馆，改称中央档案馆明清档案部。1969年12月，明清档案部重新划归故宫博物院，称为故宫博物院明清档案部。1980年4月，明清档案部从故宫博物院分出，改称中国第一历史档案馆，现为国家档案局直属文化事业单位。

自20世纪50年代末至60年代初，中央档案馆、北京市档案馆和通县等11个远郊区县档案馆陆续建立。1959年6月，经中共中央、国务院批准，成立中央档案馆。同年10月，在北京西郊正式开馆。中央档案馆直属中共中央、国务院，负责管理党和国家中央机关的重要档案和资料，对史料进行考证、研究、编纂和出版。位于丰台区蒲黄榆路的北京市档案馆是中共北京市委、北京市人民政府直属的文化事业单位，是以集中保管北京地方政权组织机构档案为主的国家综合性档案馆。“文化大革命”期间，市档案馆工作处于瘫痪、半瘫痪状态。70年代末到80年代初，市档案馆和远郊区县档案馆得到恢复，东城、西城、崇文、宣武、丰台、石景山等城区、近郊区档案馆、北京市城市建设档案馆以及首钢档案馆等企业档案馆和清华大学档案馆等高等院校档案馆开始陆续建立。1987年《档案法》颁布后，为适应开放历史档案的需要，区县档案馆大多开始规划筹建档案馆新馆舍。截止到1995年，北京地区已有市级、区县级国家档案馆20个，其中综合档案馆19个，专门档案馆1个，档案馆建筑面积总计65489平方米，档案馆建设得到了前所未有的发展，档案在社会主义建设事业中发挥越来越重要的作用。

第60讲

科学决策的智力支持
——以中国社会科学院为代表的中国“智库”

素有“党与国家优秀的思想库与智囊团”之称的中国社会科学院，以其学术重镇、社科旗舰、人才宝库的地位成为中国社会科学领域最杰出的代表，是中国社会科学研究金字塔上的一颗明珠，并依托着北京而更加熠熠生辉。

建院三十年，而今迈步从头越

2007年5月25日，中国社科院建院三十周年大会在京举行。一时间八方来朝，此番盛况以及背后的艰辛努力，有中国社科院近代史所李瑚先生的词为证：

踏莎行·纪念建院三十周年

三秩芳龄，千秋伟绩。人文昌盛生民泽。科研自主气昂扬，从容巨著如云集。

勤奋为先，谨严自律。潜心大业甘清寂。青春志学献才华，区区老骥欣伏枥。

中国社会科学院的发端，是新中国诞生时，作为全国最高科学机构建立的中国科学院初创阶段的四个研究所：近代史研究所、考古研究所、语言研究所、社会研究所。这4个研究所6年后成为哲学社会科学学部的组成部分。

像当时许多事情一样，成立哲学社会科学学部的做法同样带有明显的苏联色彩。苏联科学院便下设有哲学社会科学学部。但自然科学与社会科学各有自己的特点，用一个以自然科学为主的中科院来统管两类不同的科研工作，显然是十分困难的。由于历史的原因，直到1977年，中央才批准在哲学社会科学学部的基础上，成立中国社会科学院，以胡乔木为院长，下辖14个研究单位，总计220余人。此后中国社科院与中科院地位并肩，取得了长足的发展。

从1977年至今，中国社科院又先后成立了工业经济研究所、农村发展研究所等20余个研究机构。苏联东欧研究所（现为东欧中亚研究所）、西亚非洲研究所和拉丁美洲研究所也在这个时期划了进来。中国社科院现有研究所31个，研究中心45个，含二、三级学科近300个，其中重点学科120个，涵盖了哲学社会科学的主要研究领域，建立起了门类齐全、布局合理的学科体系。

全院总人数4200多人，有科研业务人员3200多人，其中高级专业人员1676名，中级专业人员1200多名。这些科研人员中，既出过在国内外学术界享有盛名、学术造诣高深的专家学者，如郭沫若、范文澜、金岳霖、吕叔湘、俞平伯、季羡林、钱钟书等；又有在学术理论研究方面崭露头角的中青年科研骨干，如李扬、曹建海、房宁、吴焯等。真可谓学者云集，人才辈出，形成了一支规模宏大、素质高优的哲学社会科学研究队伍。

为了培养人文和哲学社会科学各学科博士研究生和硕士研究生，1978年，中国社科院成立研究生院。该研究生院作为我国人文和哲学社会科学学科设置最完整的研究生院，现有一级学科博士、硕士学位授权点11个，二级学科博士学位授权点80个、硕士学位授权点87个，自主设立硕士授权点5个，还有公共管理硕士和法律硕士两个专业学位授权点，在校生1600多人(其中留学生100多人)。到目前为止，研究生院共培养并授予博士学位研究生2087人、硕士学位研究生3649人，造就了一批批学科带头人和科研骨干，这些高级专门人才学成后分赴祖国各条战线并迅速成长为国家经济建设、理论建设、学术发展和社会发展的中坚力量。

只争朝夕，硕果累累

中国社科院在中国改革开放和现代化建设的进程中，肩负着从整体上提高中国人文社会科学水平的使命。建院30年来，推出了一批批高质量的学术研究成果，共完成学术著作8700余部，论文10万余篇，研究报告17000余份，译著近3000本，以及相当数量的古籍整理、校勘、注释、各种工具书和普及读物等其他形式的研究成果。

《中国社会科学》、《历史研究》、《考古》、《哲学研究》、《经济研究》、《法学研究》、《文学评论》、《世界经济》等82种学术刊物，比较集中地反映了中国社会科学研究的最新成果和学术信息。以出版学术著作为宗旨的中国社会科学出版社、社科文献出版社和经济管理出版社也出版了大量社会科学研究著作，为中国社会科学事业的发展作出了贡献。

在社科院的研究机构中，有些研究所的历史悠久，学术根基深厚，在其领域中取得了卓越的成就。如历史研究所，其前任所长李学勤，曾作为首席科学家、专家组组长，领导了国家重点项目“夏商周断代工程”。该工程结合自然科学和人文社会科学，对中国历史上夏商周三个历史时期的年代进行科学研究，得出了《夏商周年表》。此项成果将中国的历史纪年由西周晚年的共和元年（公元前841年），向前延伸了1200多年，弥补了中国古代文明研究的一大缺憾。

又如考古研究所，在全国范围内进行了大量积极的考古活动，发掘了一大批著名的遗址，河南二里头文化遗址便是其中的典型。经学者研究，该遗址拥有5个“中国之最”：这是迄今可确认的中国最早的王朝都城遗址，发现有迄今所知中国最早的大型宫殿建筑群、最早的宫城、最早的青铜器群及铸铜作坊，还发现了最早的车辙痕迹，将中国发明双轮车辆的年代前推了300多年。

除此之外，一大批在我国社会发展大潮中应运而生的新兴学科，以一批中青年学者特别是留学归国学者为骨干，积极为我国经济社会发展出谋划策。如成立于2003年的金融研究所，主要任务是系统研究国内外的金融理论、政策、法规，为国家制定宏观经济政策和货币金融政策

[图 165+166]
中国社会科学院大楼

服务。所长李扬作为当今金融研究的领军人物，其成果一直处在金融研究的最前沿。通过深入研究，他对中国金融的发展提出了一系列科学的预测和主张，例如人民币汇率改革应如何进行、银行应如何发放房地产按揭贷款，等等。

又如成立于1978年的农村发展研究所，是应我国农村发展的迫切要求而建立起来的，主要就中国农业和农村发展中重大的综合性的理论问题和实际问题进行系统研究。成立以来，为国家农村政策的制定，提供了大量的研究成果。如我国现在普遍推行的小额信用贷款，原来是由经济学家尤努斯在孟加拉国所推行的，农村发展研究所通过大量的调研，最终于1993年将这种模式引进中国。其推广深受广大农民的欢迎，有效地缓解了农民贷款难问题，为增加农民收入、支持新农村建设发挥了很好的作用，取得了明显的社会效益。

枝繁叶茂不离根，依托北京共发展

中国社科院是中国的，也是北京的。首都北京为其发展提供了各种丰富的资源和地缘上的便利，这是毋庸赘言的。中国社科院各机构和研究院也一直关注着北京经济社会的发展，做了大量有针对性的调查研究工作，形成了许多极有指导性的报告文献，为促进北京的发展作出了不可小觑的贡献。

如2007年6月，中国社科院人事局博士后办公室动员组织了20多位博士后，对包括北京在内的8大省市的32所职业院校进行了调研。调研报告指出，我国职业教育至今仍然处于“长大未成人”的状态。受历史、社会、经济、文化和政治等因素制约，职业教育对缓解教育危机和降低失业率的功能还没有被充分地发挥出来。这份调研报告引起了北京市相关部门的注意，为此后教育方面的决策提供了重要参考意见。

再如，中国社科院城市发展与环境研究中心编撰的“2007年房地产蓝皮书”——《中国房地产发展报告No.4》指出，北京等城市中心城区的租售比已达1：270～1：400左右，房价虚高倾向明显。这对北京市来说又将是一个重要的决策依据。

而今，中国社科院处于迅速发展的新时期。研究社会科学，分析社会科学，总结社会科学，探索社会科学——从而引导社会发展方向，引领民族和国家的发展方向，中国社科院以低调的姿态和严谨的作风，真正做到了以天下为己任，为国之兴亡书画蓝图。尽管建院时间仅有30余年，它却始终以自信的姿态带领北京乃至中国，不断攀登哲学社会科学高峰，昂首阔步走向未来。中国社科院作为国家哲学社会科学研究的最高殿堂、党中央与国务院的思想库和智囊团，必将会为中国经济社会的全面和谐发展作出更大的贡献。

在北京地区，作为北京市委、市政府领导下的北京市社会科学院，在推动北京地区哲学社会科学繁荣发展上发挥了重要作用。多年来，北京社科院一直以成为市委、市政府“用得上、信得过、离不开”的“思想库”和“智囊团”为发展方向，形成了一套既服务于市委、市政府的中心工作，又符合社会科学发展规律的工作模式，奉献出了一大批优秀的科研成果，为首都改革开放和现代化建设发挥了重要的参谋作用。2008年，北京社科院建院30周年，相信“而立”之后的北京社科院，经过不断的努力一定能够走在全国前列，为繁荣发展哲学社会科学作出新的贡献。

第 61 讲

自主创新的国家队
——中国科学院和中国工程院

[图 167]
神舟六号成功发射

科学技术是第一生产力，是社会发展的发动机，是人类文明进步的阶梯和标志。首都北京拥有中国最多的科研院所和高级科研人员，拥有中国规模最大数量最多的科研基地，还拥有中国最前沿的高科技园区——中关村科技园。在2006年中国区域科技实力排名中，北京科技资源、科技产出、科技贡献及科技能力指数分别为79%、81%、71%、77%，均为全国第一，成为全国科技创新的中心。说起北京的科技，不得不提到中国科学院。中国科学院是中国最高、最大、最强的科研院所，被誉为“中国科技创新的高地”。有了中国科学院的坐镇，北京宛如中国自然科学研究金字塔顶上一颗璀璨的明珠，发出耀眼的光芒。

1949年11月1日，伴随着中华人民共和国的诞生，中国科学院正式成立了。从此，北京开始了引领中国科技发展的艰巨历程。伟业初创，中国科学院即吸引了大批旅居海外的中国科学家回国参加建设，赵忠尧、葛庭燧、吴文俊、钱学森等国际知名的一流科学家陆续回国承担了研究院的重要工作。海外学子的回归大大加强了科学院的学术领导力量，科学院迅速成为中国最高最大最强的自然科学研究机构。1994年，在王大珩、师昌绪、张光斗、张维、罗沛霖、侯祥麟等院士的倡议下，中国工程院在北京成立了。中国工程院是中国工程技术界最高的荣誉性、咨询性学术机构，致力于研究中国重要工程科学与技术问题并提供决策咨询。中国工程院的创立使北京在中国科技事业发展方面的地位更加举足轻重。

北京是中国科技腾飞的见证者。回想20世纪50年代，原子能和地球卫星已经成为国际科技发展水平的标志。中国在这些高科技领域却都是空白。在物资匮乏、设备落后的条件下，刚刚成立的中国科学院毅然担负起制造“两弹一星”的重大工程。中国科学院迅速成立以钱三强、钱学森等著名专家为首的科研团队。经过艰苦卓绝的努力，科研团队终于自主研制出氟油、真空阀门、高能炸药，突破核技术最关键也最难以逾越的三大难关。1964年和1965年，中国分别取得了原子弹和氢弹试验的成功。然而，中国科学院并没有停止科技创新的脚步。1966年，中国科学院担负起自主研制卫星的重任。1970年4月24日，中国的第一颗人造卫星——“东方红”1号终于飞上了蓝天，举国上下一片欢腾，世界也为之瞩目。

“两弹一星”的成功是北京第一轮科技攻坚战的重大胜利。它开启了中国科技的新纪元，中国终于如愿以偿地跻身世界科技强国的行列，为人类科技文明的发展作出自己应有的贡献。中国科学院也因在“两弹一星”工程中的卓著贡献被世人铭记于心。1999年，在中国表彰的23位“两弹一星”元勋中，有21位是两院院士或学部委员。在中国，“两弹一星”精神已经成为一个专有名词，象征着在较差环境下坚持科学技术开发研究的创新精神。而北京，也因此成为中国人心目中的科技中心。在她的引领下，中国在世界科技的大舞台上谱写了一首首优美而动听的歌曲。

[图168]
中国科学院

[图169]
中国工程院

创新是科技发展的灵魂，也是北京发展科技的灵魂。北京从来没有停止过科技创新的步伐。她不仅通过直接的科研创新为中国经济发展提供动力，还通过为我国科技事业设计科学规划来推动科学发展。其中最为人所称道的就是“863计划”，即国家高技术研究发展计划。1955年，中国科学院成立中国科技事业最高咨询机构——中国科学院学部，为国家科学技术发展规划、计划和重大科学技术决策提供咨询和建议。1986年3月，王大珩、王淦昌、杨嘉墀、陈芳允四位老科学家给中共中央写信，提出要跟上世界先进水平，发展我国高技术的建议。这封信得到了邓小平同志的高度重视，小平同志亲自批示：此事宜速决断，不可拖延。经过广泛、全面和极为严格的科学和技术论证后，中共中央、国务院批准了《高技术研究发展计划（863计划）纲要》，每年都为“863计划”投入千亿人民币以上的巨资。15年来，通过典型示范和伞形辐射，“863计划”引导带动了中国高技术的全面发展以及相关科学技术的发展。中国迎头赶上了国际科技发展的水平，在国际高技术舞台占领一席之地。

几分耕耘，几分收获。1998年以来，北京迎来了科学技术的大丰收。这一年，中国决定启动中国科学院知识创新工程试点。多年来，中科院的科研人员坚持创新跨越，竞争合作，成果迭出。在战略高技术上，除了龙芯通用CPU芯片、曙光和深腾高性能计算机等广为人知的成果外，创新一号存储转发通信小卫星、风云系列卫星有效载荷、煤合成油、超短超强激光系统等一大批技术都处于国内领先或者国际先进水平；在重大公益性科技创新上，油气资源勘探理论与技术应用、青藏铁路冻土路基稳定性关键技术与示范工程等一系列创新成果在经济社会发展中起到了实际作用；在重要的原始科学创新上，人类基因组计划1%测序精确图、水稻基因组测序与功能研究、有机分子簇集和自由基化学研究、纳米材料的制备与结构物性研究……琳琅

中国科学院
学部主席团

中国工程院

满目，不一而足。这些前沿科技成果，表明北京的科学技术已经走在世界前列！

北京还是中国最重要的科技人才培养基地，而中国科学院则是人才培养的杰出代表。20世纪50年代，一大批海内外优秀人才聚集在中国科学院，在研制“两弹一星”的同时也为中国培养了大批的科技人才。这些人才都成了中国科技发展的中流砥柱。50年来，中国科学院累计为国家培养和输送了7万余名研究生。经过50多年的努力，中国科学院已发展成为国家科学技术方面的最高学术机构和全国自然科学与高新技术的综合研究与发展中心。中国科学院拥有一支高水平的科技人才队伍，现有中国科学院院士256人，占中国科学院院士总数的39.8%；中国工程院院士53人，占中国工程院院士总数的8.6%。全院有专业技术人员3.7万人，其中高级专业技术人员1.4万人、中级专业技术人员1.4万人、初级专业技术人员0.75万人。全院在读研究生2万余人，在站博士后1千余人。

北京，科技创新的中心。在这个中心，“两弹一星”工程开启了中国科技发展的新纪元；在这个中心，“863计划”使中国高技术迅速赶上世界水平；在这个中心，中国科学院开启了“知识创新工程试点”并取得了举世瞩目的成就。五十载的披荆斩棘，五十载的硕果累累。1949年以来，中国七大标志性重大科技成就中，两弹一星、载人航天、高性能计算机、人工合成牛胰岛素、基因组研究等5项都是中国科学院在北京艰苦劳动的成果。这一系列的尖端科研成果，使中国科学院成为我国科技创新的高地，也使北京成为世界一流的科技研究与教育中心。

第62讲

名师大家中华魂——历史文化名人

近千年的都城历史，使北京成为天下英才汇聚，一展风采的舞台。杰出的政治家、思想家、科学家、文学艺术家于北京大展雄才的风姿，今日仍可想见。这些人或者以其如椽之巨笔描绘世态人生，或者以其绘画、戏曲等作品充实了我国的艺术宝库，其成就卓著，灿若繁星。这些人所取得的成就，与北京所提供给他们的厚重的文化底蕴、丰富的世态人情以及优厚的学术资源是分不开的。

明亮世人眼睛的文学艺术大师

北京是一块灵秀之地，在都城雄阔大气的背景下，孕育出过中国文学史上的数座高峰，尤以元明清时代北京成为全国性政权的国都之后为盛。元代，伴随着散曲，元杂剧发展成为成熟的戏剧形式，一个绚烂的戏剧时代来临。王实甫的《西厢记》、关汉卿的《窦娥冤》流传至今，仍脍炙人口。明清时期，中国古典小说的创作取得了辉煌的成就，杰出的代表作品为四大文学名著：罗贯中的《三国演义》、施耐庵的《水浒传》、吴承恩的《西游记》、曹雪芹的《红楼梦》。如今，这些享有世界声誉的作品，以其对社会现实力透纸背的深刻揭示，对人物深入骨髓的刻画，仍然在濡染塑造着一代又一代后人的精神。近现代，北京更是成为一大批耳熟能详的作家成长的沃土，鲁迅、老舍、茅盾、冰心，等等，用他们的精神写就的文字，照亮着世人的眼睛。

曹雪芹（1715~1763）

清代著名文学家，少年时期曾居于南京，度过了一段江南世家大族的繁华生活。他的家庭从曾祖父到他的父亲，都担任清王朝要职。康熙皇帝五次到南方巡视，有四次住在他的家里，可见曹家的豪华以及与皇室关系的亲密。曹雪芹的家庭除了是一个百年望族外，还是一个具有文学素养的家庭。他的祖父曹寅是当时著名的藏书家，还会作诗填词写剧本。但此后，他的父亲因事受到削职抄家的处分，从此家道衰落。曹雪芹13岁迁回北京，经历了曹家盛极而衰的过程。据红学家考证，曹雪芹晚年在西郊“蓬牖茅椽、绳床瓦灶”，生活非常困顿。他由贵族上层一下跌入社会底层的巨大变化中，饱尝了世态炎凉，体察到了社会上贫富悬殊的尖锐对立，也清醒地看到了出身阶级的腐朽和罪恶。生活上的困顿并没有消磨曹雪芹的志气，相反更促使他嗜酒狂狷，对现实表现出傲岸不屈的态度，遂呕心沥血，创作出了中国古代文学史上的不朽巨著《红楼梦》。《红楼梦》内容丰富，思想深刻，艺术精湛，把中国古典小说创作推向最高峰，在文学发展史上占有十分重要的地位。它不但在国内家喻户晓，在世界文坛上也是举世公认的文学名著。

鲁迅（1881～1936）

现代著名思想家、文学家。原名周树人，字豫才，浙江绍兴人。鲁迅曾在北京多处居住、工作，知名的如今宣武区菜市口南半截胡同7号的绍兴会馆，就是鲁迅自1912年5月至1919年12月的住所。1912年鲁迅任南京临时政府教育部部员，后随政府迁往北京任教育部科长、佥事等职。1918年初任《新青年》编辑，是“五四”新文化运动主要成员。1918年5月首次用“鲁迅”的笔名发表中国现代文学史上第一篇白话小说《狂人日记》，大胆揭露人吃人的封建礼教，奠定了新文学运动的基石。1920年起先后在北京大学、北京女子师范大学讲授中国小说史。1921年12月发表的中篇小说《阿Q正传》，成为中国现代文学史上不朽的杰作。阜成门内宫门口二条19号为鲁迅在北京的最后一所住宅，鲁迅于1924年5月至1926年8月寓此。此外，鲁迅还在西直门内八道湾、砖塔胡同61号等地居住过。1926年8月，因支持北京学生爱国运动，受到北洋军阀的通缉，离开北京赴厦门大学任教。“民族魂”是中国人民对鲁迅的最高评价。

[图170]
三十年代的鲁迅

老舍（1899～1966）

现代著名作家老舍，1899年出生于北京，原名舒庆春，字舍予，老舍这一笔名最初在小说《老张的哲学》中使用。1918年老舍毕业于北京师范学校。自幼便浸润于北京独特的文化习俗之中，其创作的大量小说，如《二马》、《骆驼祥子》等等，都带有浓郁的北京文化风味，其力作《四世同堂》更是以北京地区一条小胡同的居民群为描写对象，获得了极高的艺术成就。

1951年，老舍又创作了歌颂人民政府为普通市民办实事的《龙须沟》。该剧上演后，老舍获得了北京市政府授予的“人民艺术家”荣誉称号。话剧《茶馆》把老舍的话剧艺术推向了高峰，成为我国戏剧艺术殿堂的一颗璀璨明珠。

[图171]
老舍在鉴赏文物

画中自有真豪情

这块土地上，流淌着真性情，这里培育出的美术家，以他们对世界的独

[图172]
齐白石在作画

特领悟，形象地展现着世间的一切。徐悲鸿的奔马，黄胄的驴，齐白石的花鸟虫鱼，无不伸展着生命的力量。

齐白石（1864~1957）

现代杰出的画家、书法家、篆刻家齐白石，原名纯芝，号白石，1864年生于湖南省湘潭县。1919年来到北京定居，曾任北京国立艺专教授、中央美术学院名誉教授、北京画院名誉院长、中国美术家协会主席等职。曾被授予“中国人民艺术家”的称号、荣获世界和平理事会1955年度国际和平金奖、1963年诞辰100周年之际被公推为“世界文化名人”。

齐白石主张艺术“妙在似与不似之间”，形成独特的大写意国画风格，开红花墨叶一派，尤以瓜果菜蔬花鸟虫鱼为工绝，兼及人物、山水，名重一时，与吴昌硕共享“南吴北齐”之誉。其作品以其纯朴的民间艺术风格与传统的文人画风相融合，达到了中国现代花鸟画最高峰。“妙在似与不似之间”，是齐白石对艺术的独特见解，同时解读到书画之外的自然和人生之理。齐白石就是用这句简单的话，解决了艺术界一直争论不休的关于艺术创作的基本问题。在他看来，太似则媚俗，写生不是绘“标本”，如果艺术家放弃了对自然与生活的概括提炼，就成为自然的奴隶，是对艺术创作的不负责任。太不似则欺世，艺术也是对客观自然的一种反映，歪曲自然同样是一种不负责任的行为。齐白石的成功之处就是找到了似与不似之间的巧妙连接，为中国画的创造与发展作出了不朽的贡献。

齐白石画、印、书、诗，人称四绝。一生勤奋，砚耕不辍，自食其力，留下画作三万余幅、诗词三千余首、自述及其他文稿并手迹多卷。品行高洁，尤具民族气节。抗日战争时期，北平伪警司令、大特务头子宣铁吾过生日，硬邀齐白石赴宴作画。齐白石来到宴会上，环顾了一下满堂宾客，略为思索，铺纸挥洒。 转眼之间，一只水墨螃蟹跃然纸上。众人赞不绝口，宣铁吾喜形于色。不料，齐白石笔锋轻轻一挥，在画上题了一行字——“横行到几时”，后书“铁吾将军”，然后仰头拂袖而去。

今西城区辟才胡同西北端的跨车胡同13号为齐白石30年代后在京居所，东城区雨儿胡同13号也曾为齐白石居住过。

京剧艺术中的风华绝代

中国的戏剧种类花样繁多，地方戏更是各具特色。最终在北京地区发展成熟并大放异彩的戏剧艺术形式——京剧，是中国本土成长、至今仍得到不同层次普遍认同的戏剧形式，被称为国粹。把这一艺术形式推为国粹的艺术家，他们卓绝的唱腔，经典的扮相，不仅夺目于中国，也不断地把精彩播向世界。他们的名字：马连良、张君秋、梅兰芳、程砚秋一一熟记于百姓心中。

梅兰芳（1894~1961）

1894年生于北京，出生于京剧世家，8岁就开始学戏，11岁登台在北京广和楼演出《天仙配》，1911年北京各界举行京剧演员评选活动，张贴菊榜，梅兰芳名列第三名探花。1913年他

[图 173]
京剧大师梅兰芳

首次到上海演出，在四马路大新路口丹桂第一台演出了《彩楼配》、《玉堂春》、《穆柯寨》等戏，初来上海就风靡了整个江南。回京后，梅兰芳继续排演新戏《嫦娥奔月》、《春香闹学》、《黛玉葬花》等。1916年第三次来沪，连唱45天，这是他戏剧艺术炉火纯青的顶峰时代，综合了青衣、花旦、刀马旦的表演方式，创造了醇厚流利的唱腔，形成独具一格的梅派。1915年，梅兰芳大量排演新剧目，在京剧唱腔、念白、舞蹈、音乐、服装上均进行了独树一帜的艺术创新，被称为梅派大师。

抗战爆发后，日伪想借梅兰芳收买人心、点缀太平，几次要他出场均遭拒绝。梅兰芳为了不为日伪演出，蓄须明志。

上海解放后，梅兰芳于1949年6月应邀至北平参加第一次全国文学艺术工作者代表大会，当选为政协全国委员会常委。1950年回北京定居，任文化部京剧研究院院长，1951年任中国戏曲研究院院长，1952年任中国京剧院院长，并先后当选为全国人大代表。1955年，他拍摄了《梅兰芳的舞台艺术》，收入他各个时期的代表作《宇宙锋》、《断桥》等和在工厂、舞台演出的《春香闹学》等戏的片断。著有《梅兰芳文集》、《梅兰芳演出剧本选》、《舞台生活四十年》等。

1961年8月8日，梅兰芳病逝于北京。巨星陨落，万众同悲。诗人王昆仑有诗悼曰："巨星骤殒恨难偿，举首道音似绕梁。长为新苗作雨露，梅魂兰质永留芳！"作为中国民族艺术的一面光辉旗帜，作为中国戏曲的一位杰出代表，作为真善美的一种象征，梅兰芳精神不朽，艺术长青！

总之，北京的文化名人，是北京发展的重要组成部分。一方面，北京以其政治、文化中心的地位，吸引着全国甚至世界各地各界名流纷纷前来，在这个大舞台上展示自身才华、促进自身的发展；另一方面，这些名人的活动，又使得北京作为政治文化中心的地位更加巩固与繁荣，并逐渐走向国际化。他们的贡献和事迹，为北京这座千年古都增添了不尽的风采。

第63讲

守护生命的春天——医疗卫生事业

“治病救人”是行医者自古传承的神圣使命，因为这关系着每个人的健康和生命，一直被守护在人们心中。

中西合作、名医荟萃的京城医疗史

历朝历代的京城都是全国的医疗中心。这里既有许多名医治病救人，也先后建起了一批著名医疗机构。仅以民国年间而言，就有广为人知的京城四大名医萧龙友、施今墨、孔伯华、汪逢春。

在众多医疗机构中，最具规模和医疗技术水平的当属北京协和医院。它拥有一批优秀的医学家、医学教育家和医学科研队伍，拥有大量可与世界接轨的先进设备。医院专科齐全，技术力量雄厚，医疗、科研、教学等方面均有相当的水平，综合实力在国内同行中一直处于领先地位。北京协和医院建成于1921年，当时是美国洛克菲勒财团所属的中华医学基金会开办的私立北平协和医学院附属医院，最早的院址在今豫王府一带，最初开办时，医院共有二百多名职工。据曾任中华民国大总统的黎元洪的记述，当时“收买豫王府旧址，计面积六十余亩，建筑新屋十四座，外则画栋雕梁，玉栏碧瓦，集中华建筑术之大观，内则设备周密，器械精良，收集西医医学之精粹，聘请英、美、德、奥、加、俄、荷等国名医任教，施诊给药。”

在20世纪初叶中国饱受战争蹂躏的年代里，中美两国人士齐心协力，克服种种艰难险阻，将它建成为世界一流医院，其经历却鲜为人知，充满传奇色彩。1926年，举世瞩目的“北京人”头盖骨在北京周口店出土，协和医院即为保藏与研究“北京人”化石而提供研究实验室，这为协和医院带来了国际性的声誉。而今，协和医院已经成为了全国著名的医疗机构，在中国现代医学史上占有重要的地位。

京城另一家著名医院同仁医院的历史，可以追溯到清朝末年的光绪年间。当时的北京乃至中国北方，尚没有西医眼科。一位被称为“蓝大夫”的美国医生，受基督教美以美会的派遣，于1886年在北京建立了一家眼科诊所，这就是同仁医院的前身。同仁医院开办后，以其先进的眼科技术迅速闻名于世。解放后在同仁医院成立北京市眼科研究所与北京市耳鼻喉科研究所。目前同仁医院的眼科、耳鼻喉科全国闻名，其整体水平之高，堪称国内首屈一指。

日渐完善的北京医疗卫生体系

目前，北京各级各类医疗机构976个，北京每千人口拥有医院床位6.65张、卫生技术人员10.24人、执业医师4.32人、注册护士3.66人，其医疗资源拥有量位居全国第一。现行的医疗架构是三级医疗体系，目前三级综合大医院和专科大医院起了主导作用，是人们求医治病普遍的首选，全国各地的患者、特别是疑难病患者来北京大医院就诊往往被他们看成是最后的希望，因此每年都有大量外地病人来京看病，而且人数逐年增加。先进的医疗设施，高超的技术手段，丰富的卫生资源和优良的医疗服务，使北京医疗体系在服务首都市民的同时，惠及全国，甚至世界。一、二级医院担负基层的医疗服务，起到了分流病员，减少三级医院就诊压力的作用，其基本理念与现在的“小病在社区，大病在医院”的二级医疗服务体系和模式的思路是一致的，能够方便众多普通疾病患者就医。

现在从城市到农村，覆盖城乡居民的公共卫生服务体系正在逐渐完善，已建立健全了突发公共卫生事件应急机制及疾病预防控制体系、医疗救治体系、卫生执法监督体系和卫生信息体系共四大体系，围绕提高人民健康水平这一目标，不断提高疾病预防和医疗救治服务能力。同时努力加强新城区和郊区县区域医疗中心建设工作。到2010年，实现在新城区按每30万至50万规划人口区域，建立一个由政府举办的非营利性区域医疗中心的目标。

[图174]
卫生宣传

以突发公共卫生事件应急机制为例，2003年，“非典型肺炎”在我国突然爆发，北京的医疗应急体系及时地启动，在医疗救治指挥中心的领导下，北京地区的医疗资源被极快地整合起来：一个前所未有的中枢团队迅速集结，由友谊医院、积水潭医院、朝阳医院、同仁医院、安贞医院的五位院长联合领导。一套高效率运行机制迅速建立，专家会诊组、转运组、甄别组、重症抢救组和院感组相继成立。同时一支实力雄厚、足以信赖的一流专家团队也迅速成立，专家团队多次亲赴一线，指导一线治疗。经过紧张的救治，疫情最终得到了控制，对“非典型肺炎”的抗击战取得了圆满胜利。

[图175]
协和医院

以医疗救治体系而言，北京的医疗机构建立了急诊救治的“绿色通道”，按照“急诊先急救、押金可后补”的原则，对突发急症的病人进行高效率的抢救。

各具特色的现实定位

北京有一批建国后成立的医院，虽然历史较为短暂，却都各有特色，以其先进的医疗技术闻名全国。

北京天坛医院始建于1957年，以神经外科著称。1997年，由中国医学科学院与北京市卫生局共建成为中国医学科学院北京天坛医院和中国医学科学院神经科学研究所，目前已成为世界三大神经外科研究中心之一，亚洲最大的神经外科临床、科研、教学基地，以及世界卫生组

科普宣传
计生咨询
法律咨询

[图176]
医疗专家社区义诊

织在中国的神经科学培训合作中心。其著名神经外科专家王忠诚教授于2001年获第12届世界神经外科最高奖，这是迄今为止获此殊荣的第一个中国人。

北京安贞医院成立于1984年，其特色为心肺血管疾病的治疗和器官移植。其中心脏外科从1984年10月18日成功完成第一例体外循环下心脏外科手术以来，到现在为止，共完成心脏外科手术近27000例，无论是规模，还是心脏外科年手术量，均稳居全国心脏专科医院第二位，综合医院第一位。在器官移植方面，安贞医院成功完成心、肺、肝、肾移植，是我国唯一一家能够完成四大器官移植的医院，其中肺移植工作全国领先，是国内完成肺移植例数最多、存活例数最多、存活时间最长的一家医院。

北京积水潭医院建于1956年，是一座以创伤骨科和烧伤科为重点的综合性医院，是亚洲最大的创伤骨科和烧伤外科医疗基地；中日友好医院以中西医结合治疗作为特点，肾内科、内分泌科、中医妇科等都是它比较强的科室；北京大学人民医院则是在血液病、肝病、骨关节病等方面在全国处于领先地位；北京大学第三医院以运动医学和脊柱外科最为权威；朝阳医院则是以呼吸病治疗作为特色，它的泌尿外科水平也很高，曾经完成了目前年龄最大的活体肾移植手术；治疗传染病最强的有302医院、北京佑安医院和北京地坛医院；精神病医院是以北京大学第六医院和北京安定医院为最强，宣武医院以神经内科治疗为主，中医院则是以广安门医院和东直门医院为最强。

北京100讲

第六篇

百业兴旺
——北京经济面面观

第64～79讲

篇目负责人
赵　弘

主要撰稿人
赵　弘　任丁秋　魏书华
施昌奎　凌　宁　温晓红
姚腾霄　魏　巍　梁昊光
闻　风　刘　薇　邓丽姝
唐　勇　蔡　雯　曹小杰
高　干　王晶晶　等

第 64 讲

总说：工商繁荣北京城

[图 177]
北京烤鸭销售专柜

北京城是一座古老的城市，相传五帝之一的尧帝在位时，北京地区就是最早的都邑，名幽州。到春秋战国时期，周武王灭商后，封召公于燕地，北京作为燕的首都，称为蓟。当时燕国的经济已有相当的发展，蓟已出现了规模很大的集市，近年来甚至在朝鲜和日本都发现了不少燕国的货币，可见当时燕国商贸的发达，蓟作为都城自然也就“富冠海内，为天下名都”了。

秦汉隋唐时的北京一直是北方的军事重镇，同时也是北方汉民族和东北少数民族间贸易交流的集结点，位置优越，交通发达，因此经济也十分繁荣，每年在这里集散的物资价值白银“数百万两”，贸易额可观。

元时，北京称为大都。手工业规模比较大，分工和专业化程度比较高，工匠除了从各地俘虏而来外，忽必烈还将分散在漠北等地的工匠迁来大都，在官府的统一安排下从事生产，为宫廷的生活和军事服务。大都还是元代最大的商业中心，每年收取的商税占到了全国商税总额的 1/9；城内的各种专门集市有 30 多处，已经出现了钟鼓楼、羊角市等商业区。

到明清两代，手工业方面，在专业分工、工艺技术和水平上都有很大的发展，尤其是特种手工艺，达到了北京历史上的最高峰。比如，明代景泰年间发展起来的景泰蓝，以及雕漆、玉器、牙雕等，也都是当时著名的工艺品。商业方面，明代初年，因为改朝换代的战争对社会、经济的冲击，北京商业还比较萧条。永乐十八年(1420 年)，北京新城建成后，明政府便先后在城内修建了大批民房，一方面召民居住，一方面召商贸易，北京的商业于是再次萌发了生机。为建设、

[图 178]
大栅栏商业街

大柵欄

繁荣北京，永乐年间每年从全国征调工匠，多时达四五万人，明成祖朱棣甚至直接迁江南、山西的富裕商户进京。这些举措，都直接促进了北京工商业的发展。从商业中心的发展来看，明代主要在正阳门内外和东四、西四牌楼。在清代乾隆年间，大栅栏逐渐发展起来，取代了正阳门前的棋盘街，成为北京商业中心。大栅栏还是一些北京老字号的发祥地，如开业于明嘉靖九年(1530年)的六必居酱园，清康熙八年(1669年)的同仁堂药店等，所以有“京师之精华尽在于此，热闹繁华亦莫过于此”的说法。

北京作为古老的都市，很早就有外国商人来做生意。明太祖洪武十六年（1383年），礼部曾规定外国贡使“到京后，若正贡外携来之附属货物，许其从赏赐完毕之日起，三日或五日在会同馆开市交易”。这是有关外国人在京贸易的较早记载。在那时北京的外贸活动中，俄国是比较早到来的国家，规模也比较大。1618年，沙皇政府就派遣特使到北京，要求同中国通商。1658年，俄国派两个特使携带国书，带领一个规模较大的商务使团到达北京进行贸易。历时四年，直到1622年才返回俄国。除了耗费，获利一倍以上。此后，沙皇俄国到北京进行贸易的活动次数更多，规模也越来越大，获利也越来越多。这种情况引起了清政府的警惕，因为白银流失太多，于是对俄国人到京贸易开始限制，这种限制一直持续到1840年鸦片战争爆发。

进入近代以来，北京的工商业发生了前所未有的变化。

从鸦片战争到甲午战争，外国商品逐渐在北京市场上多起来，严重冲击了北京固有的手工业和商业。一些采用进口原料的手工业工厂，和一些以外销为对象的手工业如地毯、景泰蓝等，生产都有了不同程度的发展，而一些生产土布、铁器等产品的行业，则受到了较大冲击。这一时期，随着一些旗人的没落，北京城的典当和票号相反倒有了进一步的发展，古玩、字画、文物都成了可典当的物件。

与其他沿海、沿江城市相比，北京近代机械工业的创办属于比较晚的。1883年清政府在京西三家店创办了第一个机器制造局——神机营机器局。这是一个专门生产洋枪洋炮和弹药的兵工厂，全套机器从欧洲进口，约有工人60余人。此外，清政府还设立了官办西式印刷厂、电灯公所等。总体来说，这一时期北京的近代工业还很少。

自甲午战争至20世纪20年代，是北京近代工业化最快也最集中的时期。甲午战争后，清政府容许外国资本在中国投资设厂，于是外国资本便开始进入北京，投资集中于煤矿、交通和机器制造业。同时，北京的外国商行、银行也不断增多，美孚石油公司、英国亚细亚石油公司、英美颐中烟草公司等跨国公司也纷纷在北京设立了办事机构。这一时期，除了清政府自办或以官商合办形式在北京开办的近代工业增加外，现代民族工商业也出现了。1905年，丹凤火柴公司在崇文门外建立，是1949年以前华北最大的火柴工厂。1914年，以北洋官僚资本为主，合资在广安门外建立的双合盛啤酒厂，资本20万元，是我国最早的啤酒工厂之一。

这一时期，随着外国资本不断进入北京，以及清政府的衰落，过去主要服务于皇室、贵族和官僚，以内销为主的北京文物古玩、特种工艺品，开始转向以外销为主。

自1927年4月18日国民政府在南京成立，到1949年北京成为中华人民共和国首都，这二十多年的北京城的工商业，又经历了一个波澜起伏的时期。1927年至1937年，这是抗战前国民党政府的统治时期。由于南京成为国民政府的首府，北京失去了政治中心的地位，经济也就衰落下来，工商业的发展在三十年代前都处于停顿的状态。只是在“九·一八”后，全国提倡国货运动，一些资本内迁，北京的工业才又有了一定的提高。

与工业落后的情况相反，北京的手工业、特种行业，以及商业在这一时期出现了异常繁华的景象。尤其是特种手工业品从1919年至1937年，经历了北京历史上少有的繁荣时期。商业方面，城内除了原来的商业区，又出现了新的商业区——王府井。

北京王府井自明清以来就是一个商业繁华的街市，民国后进一步发展起来。1915年，美国石油大王洛克菲勒买下了坐落在王府井三条的豫王府旧址，修建起了协和医院；1917年，中法实业银行在东长安街盖起了主要为外国人服务的六国饭店（现北京饭店的一部分），同时又在其东边办了好几家西式旅馆和一家电影院。1928年，当时的北京政府又在王府井修起了北京城内较早的柏油马路，马路两旁开设130多家商行，于是王府井一下子就变得格外热闹起来。

这一时期的北京饮食小吃业也有相当发展。清末，清宫厨师散落于民间，加上北京本来就是一个多民族城市，因而形成了风格各异的饮食和小吃。再加1927年后，居住在北京的没落贵族、军阀，虽然经济上已经衰败，但讲究吃喝的习惯未变，因此经济实惠而又品种繁多、口味地道的小吃业，就大受欢迎，迅速发展起来。

1937年，北京沦陷于日本侵略军，工商业遭到了掠夺式的摧残。这种摧残的影响，使得北京被国民党政府接管后，其经济也一直无法得到恢复。这种情况一直持续到1949年1月。1949年1月31日，北京政权和平交接，北京的工商业也进入了新的历史阶段。

据统计，20世纪40年代末期，北京有坐商22617户，摊贩56027户，其中包括服务业网点20838个，从业人员约有30万人。1949年后北京的商业，就是在这样的基础上发展起来的。

[图179]
稻香村销售专柜

20世纪50年代，北京的工业生产有所恢复，商业也经历了生产资料私有制的社会主义改造。但在历次政治运动，尤其是“文化大革命”中，北京工商业的发展受到了冲击。

北京的工业发展，随着首都城市功能定位的变化而变化。上世纪70年代末，北京初步建立了钢铁、冶金、电子、化工、汽车制造、纺织等比较齐全的工业部门；到80年代末，北京工业的规模有了很大发展，工业技术水平有了很大提高，经济效益稳步提高，北京已经成为一个具有相当规模、基础比较雄厚、门类比较齐全的新兴工业城市，在全国工业经济中占有重要位置。但工业的发展，也带来了能源紧张、环境污染等一系列问题，因此北京的工业就面临着必然的产业结构调整。这一调整，自上世纪90年代后期开始进入了有计划、大规模的实施阶段，北京城经历了一次大规模的工业企业搬迁，城市面貌得以改观。首都钢铁公司（首钢）就是这一历程的典型的缩影。首钢位于北京西部的石景山区，建厂于1919年。经过数十年的发展，首钢已经发展成为一个产业结构完整，基础设施完善的现代钢铁工业社区，并在北京的经济社会发展中发挥着举足轻重的作用。而也正是因为身在首都，这个钢铁企业的“巨无霸”是北京数十年来最大的污染源。2005年2月20日零时，首钢第一炼钢厂熊熊燃烧了近半个世纪的炉火缓缓熄灭，也宣告这个我国最早的转炉炼钢厂全面停产。首钢搬迁后，工业区旧址的功能已初步定位为“北京西部综合服务中心”和“后工业文化创意产业区”。

自改革开放以来，计划经济模式被打破，北京的商业又有了新的发展。上世纪70年代末、80年代初，“练摊”，这种作为市场经济的最原始形式的个体经济开始出现在北京的大街小巷，并逐渐形成了若干服装、电器等商品集散地。在当年的“练摊”队伍中，不乏今天的大企业的身影。比如，北京大碗茶商贸公司创建于1979年，是几名待业知青在前门箭楼脚下支起茶摊，靠卖每碗二分钱的“大碗茶”创业并发展为全国闻名的集体企业。1988年12月15日，该公司又投资创办了改革开放后京城第一家京味茶馆——老舍茶馆，成为具有浓郁传统宣南文化特征，集京味文化、茶文化、戏曲文化、食文化于一身，内设书茶馆、餐茶馆、茶艺馆的综合性大茶楼。即使今天叱咤风云的高新技术企业，也有很大一部分是从贸易起家的。联想创始人柳传志谈到联想的发展道路时，总是会强调他们得益于“贸工技”的发展策略。当初的练摊，不仅成就了若干企业家，那些自发形成的商品集散地，如今有的已经发展成了著名的“专业园区”。比如，20世纪80年代，当大多数国人还不知道计算机为何物的时候，中关村的“电子一条街”上，那些不起眼的临街商铺里，早已经营起了高科技产品，为国人开风气之先。20多年过去了，今天的中关村地区已经变成了著名的高新科技园区。

随着北京改革开放的深化与推进，北京的商业也越来越繁荣。除了传统的王府井、西单、东单等商业中心区，随着北京成为国际性都市，北京还出现了若干以外国顾客为主要客户群的商品集散地，其中的秀水街市场就是鼎鼎有名的市场之一。

“山重水复疑无路，柳暗花明又一村”，走过了3000多年的岁月，北京城作为古老帝都的繁华余音尚在，现代经济的幕布也已经拉开了。在建设国际性大都市、宜居城市的进程中，工商业继续演绎着北京今日的繁华和未来的希望。

第 65 讲

百年老店展新颜——北京老字号

[图 180]
烤肉季饭庄

北京保留下来的老字号约有 300 余家，其中百年以上历史的有 90 多家。北京老字号的经营范围甚广，遍布餐饮、食品、医药、服装服饰、文化、艺术等各个行业。

北京老字号的创立最早可追溯到明清时期，有的老字号具有上百年以至数百年历史，如鹤年堂药铺、便宜坊烤鸭店、六必居酱园等均创立于明朝年间，距今已 400～500 多年。近代以来创建的也已有数十年历史。老字号大多以家庭作坊起家，采取前店后坊形式，也有从摆小摊发展起来的。

由于老字号的聚集，北京还形成了一些著名的商业街区，如钟鼓楼、东四、前门大街、大栅栏、王府井、东单、西单等。但是，由于新中国建立前连年战乱和外国势力的入侵、新中国建国初期公私合营运动中的合并和 1960 年代中期开始的“文革”的破坏以及近年来大规模的旧城改造和其他种种原因，许多老字号已经不复存在。改革开放以来，党和政府非常重视老字号的恢复与发展，有一批老字号经过历史的磨砺和市场的洗礼，重新焕发异彩，其中一些字号与产品不仅享誉全国而且闻名世界，如瑞蚨祥的绸缎、盛锡福的帽子、荣宝斋的字画、一得阁的墨汁、亨得利的钟表、全聚德的烤鸭、稻香村的糕点、同仁堂的中药、张一元的茶叶等。

餐饮、食品业的著名老字号

其代表非全聚德莫数。全聚德创建于清同治三年（1864 年），创始人杨全仁（字全仁，本名寿山）。全聚德最初是以卖生猪肉、鸡鸭和烤小猪、驴肉的小肉铺起家。原来在前门外肉市，新中国建立后将店堂扩大到前门大街，其建筑风格古朴，极富中华民族传统特色。经过 100 多年的发展，全聚德已成长为在北京、上海、重庆等地有 50 余家成员企业的集团有限责任公司。

[图 181]
吴裕泰茶庄

由全聚德首创的挂炉烤鸭，外形美观，丰盈饱满，颜色鲜艳，色呈枣红色，皮脆肉嫩，鲜美酥香，肥而不腻，瘦而不柴。经过不断创新发展，如今已形成了以全聚德烤鸭为代表，集全鸭席及400多道特色名菜于一体的全聚德菜系。全聚德人秉承“全而无缺，聚而不散，仁德至上”的企业精神，连同其品牌享誉海内外，曾经有200多个国家的元首、政要先后光临全聚德。“不到长城非好汉，不吃烤鸭真遗憾”，全聚德与中国的长城齐名，成为中华民族的又一象征。

便宜坊烤鸭店，创建于明永乐十四年（公元1416年），已有近600年的历史，堪称京城老字号的鼻祖。便宜坊最早在菜市口米市胡同，只是一个加工活鸡鸭的小作坊，其历史远比全聚德悠久得多，但是后来没有全聚德名号响亮。便宜坊经营的“焖炉烤鸭”与全聚德经营的“挂炉烤鸭”分别是两大流派的代表。便宜坊“焖炉烤鸭”的特点是，不见明火，皮酥肉嫩，口味鲜美。数百年来，便宜坊以“方便宜人，物超所值”的经营理念，独树一帜的焖炉烤鸭技术和精美的鲁菜菜肴吸引着各方食客。如今便宜坊已成为拥有北京7家和三门峡、呼和浩特、山西3家分店的集团有限公司。

[图 182]
东来顺饭庄

[图 183]
同仁堂药店

此外，都一处的烧麦、烤肉宛和烤肉季的烤肉、东来顺的涮肉、六必居的酱菜、稻香村和祥聚公的糕点、信远斋的蜜饯、天福号和月盛斋的酱肉、双合盛的啤酒、张一元的茶叶等老字号和品牌，也享有很高的盛誉。

服饰业的著名老字号

服饰业的著名老字号和品牌包括：瑞蚨祥和谦祥益的绸缎、盛锡福的帽子、内联升的布鞋、普兰德的洗染等。“头戴马聚源，脚踩内联升，身穿瑞蚨祥……”这首老北京民谣形象地反映了这些老字号在市民心中的地位。

瑞蚨祥绸布店，由孟子第68代孙孟洛川创办于清光绪十九年（1893年），最早以经营土布起家，坐落在前门大栅栏商业街，历史上几经焚毁重建，现为巴洛克式建筑风格。100多年来，瑞蚨祥坚持“至诚至上，货真价实，言不二价，童叟无欺”的十六字方针，保持“全、新、优”的经营特点，经营的绸缎、呢绒、棉布、皮货、化纤以及服装服饰等，广受消费者好评。特别是其加工的旗袍，展示了东方女性和中国丝绸特有的风韵，深得海内外同胞的喜爱。美国前国务卿奥尔布莱特访问中国时，还专程到瑞蚨祥选购中国丝绸面料。

東來順

同仁堂

内联升鞋店，是河北武清县人赵廷于清咸丰三年（1853年）创办的，原址位于崇文门内东江米巷（今台基厂），后几经搬迁落户在前门大栅栏商业街。内联升鞋店原以做朝靴、便鞋为主，主要做清政府官员、贵族的买卖，由于选料好，做工讲究，穿着舒适好看，服务又好，深得青睐。新中国建立后则面向普通消费者，其生产制作的千层底布鞋以透气好、易吸汗、轻便等特点闻名中外，我国老一辈领导人毛泽东、周恩来、朱德等生前都喜欢穿，一些国际友人也十分钟爱。

医药业的著名老字号

同仁堂、鹤年堂与千芝堂、庆仁堂曾是京城中药业著名四大家，也是今天的著名老字号。

同仁堂是当今中药业知名度最高的老字号，由乐显杨于清康熙八年（1669年）在前门大栅栏创立，以丸、散、膏、丹等成药见长。300多年来，同仁堂一贯遵循“炮制虽繁必不敢省人工，品味虽贵必不敢减物力”的传统古训。自雍正元年（1723年）正式供奉清皇宫御药房用药后，历经8代皇帝，长达188年时间。今天，同仁堂已经拥有境内外两家上市公司，国内600余家连锁店和各地分店，遍布14个国家和地区的20家合资公司、门店，产品行销40多个国家和地区，蜚声海内外。

鹤年堂历史最为悠久，是元末明初著名诗人、医药养生大师丁鹤年于明永乐三年（1405年）创建的医馆和药铺。鹤年堂以汤剂饮片养生立店，其药材品质优良，药方经典，效果显著，受到历代各阶层人士的推崇。经过数百年发展，鹤年堂养生理论和方法逐步丰富和完善，形成了食养、药膳、动调、中医诊疗于一体的中医养生大家。鹤年堂已发展为以中药产业为龙头，以养生保健项目和产品为主，具有集团优势的综合性健康养生药业集团。

千芝堂开设于明代，原址在崇文门外大街，1991年迁至前门大街。据出版于清乾隆十年（1745年）的老店经营目录记述，当时经营成药15个门类、624种，并有饮片加工、炮制及批发业务。

庆仁堂，1912年由中药业名人王子丰最先在崇文门外大街开业，以后又相继在前门大街、东四北大街、虎坊桥建店，形成“东庆仁”“南庆仁”“北庆仁”和“西庆仁”四家。庆仁堂主要经营人参、鹿茸、牛黄、麝香、阿胶等贵重药材。

文化艺术领域的著名老字号

荣宝斋，前身松竹斋，创办于清康熙十一年（1672年），坐落在和平门外琉璃厂西街，原是一个小型南纸店，经营笔、墨、砚台、印泥，承接装裱字画，后又发展了木版水印事业。荣宝斋恪守“诚信为本，货真价实”的经营方针，一直享有很高的声誉，除经营的笔、墨、砚台、印泥等商品质量上乘外，经营的书画艺术品和文房珍宝颇丰且档次较高，木版水印画刻工精细，印刷精美，著名书画家齐白石、张大千、徐悲鸿等的书画，都曾在此经营。周恩来等国家领导人和知名人士曾多次光临并题词。荣宝斋还曾先后接待过丹麦、日本、新加坡、法国等国家的政要和友人，成为向世界展示中国传统文化艺术的窗口。今天，荣宝斋在发展传统经营业务的同时，先后在全国开设了多家分店或经销处，相继成立了荣宝斋艺术品拍卖有限公司及其他分公司。

一得阁墨汁厂，创办于清同治四年（1865年），由于是在一家阁楼内开办，因此而得名。一得阁生产和经营的墨汁，一直十分畅销，现在更是远销海内外。

戴月轩湖笔店，创立于1916年，坐落在琉璃厂东街。其制作的毛笔，以选料精良，做工讲究而著称。

此外，成文厚账簿商店、宝文堂书铺、宝古斋古玩店等，也都是知名的老字号。

为了进一步振兴老字号企业，北京市从政策、资金上加大了支持力度。为了让北京老字号的金字招牌叫响海外，全聚德、同仁堂、荣宝斋、瑞蚨祥等百余家老字号开展了征集外语翻译名称活动……展望未来，北京老字号将不断走向新的辉煌。

[图184]
荣宝斋

第 66 讲

金字招牌闪金光——北京的名品名牌

[图 185]
北大方正集团

北京名品名牌企业和名品名牌产品，是首都产业和行业发展水平的重要标志，也是推动首都经济社会发展的重要力量。北京名品名牌企业和它们的产品，在推动首都经济增长、改变和优化产业结构、促进经济效益增长、拉动消费需求、倡导商业文明等方面具有重要作用。北京实施名品名牌战略也是首都发展战略的重要组成部分。

北京名品名牌概况

北京名牌产品是指实物质量达到国际或国内同类产品先进水平、在国内同类产品中处于领先地位、市场占有率和效益居同行业前列，顾客（用户）知名度和满意程度高、具有较强市场竞争力的产品。

经过改革开放 20 多年的发展，北京产生了一系列名牌产品。这其中，既有传统“老字号”的延续，也有在社会主义市场经济条件下，企业不断发展壮大，技术水平不断提高后，所生产出来的名品名牌产品。

2006 年，同仁堂中成药、全聚德烤鸭、稻香村、六必居、联想笔记本电脑、同方威视集装箱检测系统、北大方正电子出版系统等 99 种产品被评选为北京名牌产品。

北京名品名牌，已经是北京产品的品质和质量的保证。也是北京、全国消费者和市场认同程度很高的产品。北京名品名牌已经成为首都经济的名片。

北京名品名牌的主要特点

“北京名牌”产品的品牌效益非常明显，产品的市场竞争力很强。比如，在笔记本电脑产品中，“北京名牌”联想笔记本电脑自 1999 年以来在国内笔记本电脑市场占有率连续多年排名第一，2006 年国内市场占有率超过 30%。再比如，“北京名牌”北大方正电子出版系统在国内外电子出版系统中市场占有率超过 80%。

"北京名牌"产品走进百姓生活，提高了人民生活的质量。在2006年北京市的99种名牌产品中，与人民群众消费相关的产品数量达到71种，占北京市品牌总数的70%以上。这些"北京名牌"产品既有联想笔记本电脑，又有爱国者MP3播放器；有天坛、曲美家具，也有星海钢琴；有顺美西服、滕氏女装，又有菜百牌珠宝首饰、大宝化妆品，还有古船面粉、金狮酱油等。71种名牌产品从多方面多层次满足了百姓生活需求。这些产品可以让百姓放心吃、放心穿、放心用，提高了人民群众的生活质量。

在"北京名牌"产品的生产企业中，民营企业占有很大比重。机制灵活的民营企业已经是"北京名牌"产品的主要生产力量。2006年，在99种"北京名牌"产品中，有40多种产品是北京民营企业生产的。联想集团、用友软件、同方科技、汉王科技等民营企业所生产的产品，连续多年被评为"北京名牌"产品。目前，在北京已经形成了以民营企业为主体的名牌生产群体。民营企业为北京名品名牌产品的培育、壮大和发展，作出了很大的贡献。

北京名品名牌未来发展展望

许多北京"老字号"，重新焕发青春。北京有3000多年的建城史和800多年的建都史。在北京800多年的古都历史长河中，产生了许多"老字号"，北京成为中国老字号最集中的地区之一。根据2006年年底商务部重新核定的中华老字号，首批确认了第一批"中华老字号"430个企业(品牌)，其中北京占了67席，在全国各省市中排在第一位。改革开放以来，大部分"老字号"企业，通过挖掘自身的传统品牌优势，不断发展壮大，走上发展之路，其中全聚德、稻香村、六必居、张一元、内联升等"老字号"，还被评为"北京名牌"产品。近几年来，北京市商务局等有关部门对"老字号"的继承、发扬和壮大做了大量的工作，"老字号"企业的发展环境进一步改善。"老字号"企业的市场竞争优势正在显现出来，未来发展前景看好。

[图186+187]
历史悠久的北京烤鸭

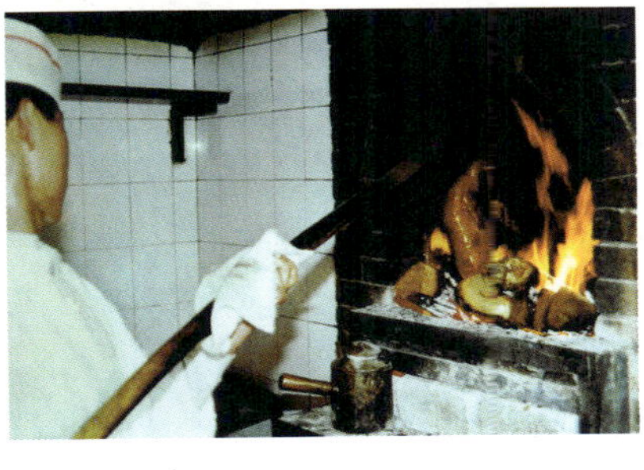

民营企业、三资企业所生产的"北京名牌"产品会更多 。民营企业占有北京企业总数的70%以上。民营经济经过20多年的发展，许多民营企业已经成为行业龙头企业。相信在未来，北京民营企业会生产出更多的"北京名牌"产品。近年来，随着北京投资环境的不断改善，外商在北京的投资力度也越来越大，三资企业的规模和技术含量也越来越高。未来会有更多的"北京名牌"出自于三资企业。

在“北京名牌”产品中，新兴行业的品牌产品不断出现。比如，随着文化创意产业在北京的发展，会有越来越多的文化创意产业的产品和服务得到更多消费者的认可，其中也会产生越来越多的文化创意产业“北京名牌”。

现代服务业成为“北京名牌”的主力之一。20世纪90年代，北京的现代服务业进入快速发展阶段，并在全国占据领先地位。1999年，中国国际信托投资公司拿下北京第一个现代服务业中国“驰名商标”。随后，中国国际旅行社和中国旅行社相继取得旅游服务类中国驰名商标。2006年，一向“深居简出”的故宫博物院也获得了观光旅游类的驰名商标。据《北京商标发展战略》2008年的最新统计显示，现代服务业名牌“入榜”份额最大，占40.4%，今后发展势头会更加强劲。

代表性的“北京名牌”产品

截止到2006年，北京市有96家企业生产的99种产品被评为“北京名牌”产品，这里仅举几个有代表性的“北京名牌”产品，以加深我们对“北京名牌”产品的认识和了解。

联想笔记本电脑 联想笔记本电脑是联想(北京)有限公司所生产的主要产品之一。联想公司于1984年在被誉为“中国硅谷”的北京中关村成立。在公司发展过程中，联想勇于创新，实现了许多重大技术突破，其中包括了研制成功可将英文操作系统翻译成中文的联想式汉卡。1994年，联想在香港证券交易所成功上市。联想在2005年5月完成对IBM个人电脑事业部的收购，走出国门，成为全球个人电脑市场的领先者。联想公司也是北京和中国民营企业的典范。

除联想之外，在电子信息产品领域，北京还有北大方正集团有限公司、同方股份有限公司、瑞星科技股份有限公司、北京江民新科技术有限公司、用友软件股份有限公司、北京华旗资讯数码科技有限公司等，这些企业所生产的产品也都进入了“北京名牌”产品的行列。

同仁堂药业 北京同仁堂是我国中药行业著名的老字号，创建于清朝康熙八年（1669年）。在300多年的历史长河中，同仁堂人凭借“修合无人见 存心有天知”的自律意识，确保了同仁堂金字招牌的长盛不衰。其产品以“配方独特、选料上乘、工艺精湛、疗效显著”而享誉海内外。

在北京的医药、医疗器械类产品生产企业中，北京同仁堂只是一个代表，另外还有北京双鹤药业股份有限公司、北京四环医药科技股份有限公司、北京紫竹药业有限公司、北京天坛生物制品股份有限公司、北京万东医疗装备股份有限公司等企业也是“北京名牌”产品的生产者，其所生产的产品享誉国内外。

牛栏山二锅头 北京市牛栏山酒厂坐落于北京市顺义区潮白河畔，这里千百年的地下甘甜水系为酿酒业提供了得天独厚的条件。该酒厂的酿酒历史远溯于明末清初的“老烧锅”，源远流长。自1952年正式建厂以来，酒业一直兴旺发达，从几百年的老字号酒厂已发展成为国有大型企业。酒厂拥有高标准的酿酒科研所及现代化的高新技术生产和管理手段，以中国传统酿酒工艺为主，主要生产以精选高粱和优质小麦等为原料且经过精心发酵酿制而成的北京二锅头（清香型）和北京醇（浓香型）两大系列白酒。“牛栏山”牌二锅头系列酒以“北京特产”为名，深受国内外华人华侨的喜爱。

除“牛栏山”外，在北京生产的食品饮料类产品系列中，也还有许多的名品名牌。既有许多传统的“老字号”如全聚德烤鸭、稻香村中式糕点、王致和牌系列腐乳、六必居酱腌菜等传统“老字号”，也有改革开放以来成长起来的，得到消费者喜爱的产品，如燕京啤酒、百花牌蜂产品、丰收牌葡萄酒、长城牌葡萄酒、华都牌调理禽肉、汇源果汁等。

北京菜市口百货的珠宝首饰 这是典型的北京商业服务业企业名牌。主要经营足金、千足金首饰、摆件、金条等商品，同时还是2008年北京奥运特许零售商、金币特许零售商，菜百公司是北京规模最大、品种最全的黄金珠宝首饰经营店。在继1997年被北京市商业委员命名为“京城黄金第一家”后，菜百公司又在2004年荣获中国商业企业管理协会授予的“中国黄金第一家”殊荣。

北京首信诺基亚公司的系列手机 北京首信诺基亚移动通信有限公司，总部设在北京经济技术开发区。2000年，以诺基亚为龙头的星网工业园在北京经济技术开发区落户，此后发展迅速。2006年，诺基亚中国园在北京经济技术开发区奠基。诺基亚中国园由诺基亚中国区总部、研发机构和手机生产基地共同组成。经过7年的发展，目前已有近20家在各自领域世界领先的配套供应商和诺基亚一起入驻星网工业园。现在，北京经济技术开发区已形成了世界上最大的集研发、生产、销售、运营、物流、地区总部于一体的移动通信高科技园区，组成了世界上最完整的手机生产链。

目前，该公司已经成为中国最大的手机生产和出口企业之一。作为中国最大的外商投资企业之一，诺基亚通过在北京的投资和发展，促进了北京电子信息产业的发展，为首都经济发展作出了积极贡献。

北京现代汽车 北京现代汽车有限公司，是由北京汽车投资有限公司、韩国现代自动车株式会社共同出资成立的企业。公司于2002年10月18日成立，位于北京市顺义区，属于中外合资经营企业。公司主要从事设计、开发、生产和销售轿车、RV、卡车整车，发动机及其零部件。目前，公司已经拥有索纳塔5个系列6款车型。随着企业的发展壮大，2006年4月，具有世界一流技术装备的北京现代第二工厂建设正式启动，北京现代发展又进入了一个新的阶段。

北京现代以“追求卓越品质，创造幸福生活”为企业宗旨，成立5年来，已经累积产销汽车 90 万辆，国内市场占有率不断提高，促进了北京汽车工业的发展，带动了首都汽车品牌的振兴。

[图 188]
北京现代汽车

第67讲

九市精华萃一衢——京城文化街

北京这座东方历史文化艺术的璀璨宝库，在上千年的城市发展过程中，逐步形成了许多具有特色的历史文化街区。北京市政府1990年公布的第一批历史文化保护街区有25个，包括琉璃厂东西街、什刹海地区、大栅栏街、国子监街、五四大街等具有悠久历史文化特色的街区。

随着北京融入国际交往的大环境，作为世界闻名的大都市，北京越来越焕发出现代光彩。以三里屯、什刹海酒吧街等为代表的年轻时尚文化街渐渐形成规模，并得到国内外游人的喜爱。

九市精华萃一衢——琉璃厂古文化街

被世人誉为“九市精华萃一衢”的琉璃厂文化街，坐落在北京和平门外南新华街，东西走向长约一公里。整条街一眼望去，蜿蜒曲折，古朴典雅，艺术地再现了昔日文化街市的魅人风姿。琉璃厂集中了100多家旧书店、古玩铺和南纸店，其中包括中国书店、北京瀚海艺术品拍卖公司等名扬海内外的文化商店及公司。这条有着300多年历史，饱经沧桑的古都文化街，成为中外文人雅士的流连忘返之地。

[图189]
老北京琉璃厂地摊

琉璃厂文化街原名“海王村”，是过去辽代城郊的一个穷僻小村。元代定都北京后，开始在这里设窑烧制皇宫用的琉璃瓦，因此而得名。在清初，琉璃厂是“京都雅游之所”，那时汉族官员多在宣武门外，而且很多会馆都在附近，官员、赶考的举子常聚集于此。《都门杂咏》中有竹枝词唱咏：“新开厂甸值新春，玩好图书百货陈。裘马翩翩贵公子，往来都是读书人。”这些都是形成琉璃厂文化街的因素。清初以来琉璃厂除书肆外，古玩书画及文化有关的行业，也随之发展起来。

1980年，国家对东、西琉璃厂进行大规模翻建，使这条古老的文化街恢复了青春。不仅东、西琉璃厂所有知名的店铺均翻建一新，而且还增加了一些新建筑。在东、西琉璃厂两街之间的马路上，凌空架起一座汉白玉仿古石桥，为古老的文化街平添一景。

琉璃厂文化街经营的商品主要有：历代书画、文房四宝、古铜珐琅、彩陶瓷器、竹刻牙雕、古玩珍宝以及复制、修复文物古玩等。

在琉璃厂文化街的文化商店中，经营历史最悠久的商店之一荣宝斋，其传统业务是收售金石字画、文房四宝与古玩，自制木板水印以及书画装潢、揭裱等。其匾额“荣宝斋”三字是由同治状元陆润庠于光绪二十年（1894年）题写的，该匾额题写时间最早，至今已有百余年历史。

文化街的中国书店，是我国最大的古旧书店，专门收集中国历代古籍、碑帖、拓片、各类旧书、报刊杂志，发售新印古籍和研究有关的各种图书及画册兼营文房四宝，还开办了京味书楼和北京民俗馆及各类书展等。

[图 190]
今天的琉璃厂

老北京的文化浓缩地——天桥民俗文化街

天桥地区是老北京民俗文化的摇篮，历史上的天桥市场一度极为繁华，有着“酒旗戏鼓天桥市，多少游人不忆家”的说法。天桥地区大致范围是珠市口以南，永定门以北，东临天坛，西濒先农坛。历史上的北京，一部分是以皇城为中心的皇家贵族的北京；一部分是由天桥为代表的平民的北京。是平民的北京创造了皇家贵族的北京。

天桥是许多民间艺术的发祥地，“三教九流、五行八作、什样杂耍和百样吃食”就是对它一个形象的描写。在天桥上演的各种民间艺术也大多迎合了底层市民的欣赏口味，其中包括了各地常见的评书、相声、评剧、梆子、大鼓书、魔术戏法，也有比较少见的洋片、训蛤蟆，甚至连市井骂街都成为天桥艺人表演的项目。

出售药品和医疗服务也是天桥市场的一大特色，一些江湖郎中，在天桥出售自制药品，兼提供拔牙、修脚等简单的医疗服务。这些郎中有时在卖药的同时还会表演武术、硬气功等，非常热闹。在北京甚至还出现了与天桥相关的歇后语：“天桥的把势——光说不练。”

在天桥文化中，值得专门提出的是戏棚，在天桥撂地卖艺的艺人，积攒一定收入具有一定经济实力后，便会组成自己的戏班并兴建戏棚，在固定场所演出，天桥的戏棚最多时达到了30余家。京剧名角荀慧生、评剧名角新凤霞都是从天桥戏棚走出去的艺人。

天桥作为北京市井文化的代表，出现在很多文化作品中，鸳鸯蝴蝶派作家张恨水的《啼笑姻缘》、老舍的《龙须沟》等都是以天桥地区为故事背景的。

古玩艺术的靓丽名片——潘家园旧货市场

鼎鼎大名的潘家园旧货市场已不再是简单的地名，而是与长城、烤鸭一起成为北京的一大城市名片和特色景点。“登长城、吃烤鸭、逛潘家园”已成为海内外游人北京之行必不可少的三件事。“潘家园”不仅是北京古玩艺术品交易最密集的地区，也是北京一张靓丽的文化名片。

潘家园旧货市场形成于1993年，最初是一个在北京东三环路边自发形成的马路市场，后来伴随着民间古玩、艺术品交易的逐渐增多，在北京市政府的支持下，经历了规范管理和改造提升，于2002年形成了现在占地4.85万平方米、经营面积2.6万平方米的大型古玩艺术品市场。

潘家园市场中最具特色的是大面积的地摊，它已形成今日北京的一道人文景观，这就是许多北京旅游介绍上写的一句话：现在北京有两处人最多的地方，天安门广场抬头看国旗，潘家园市场低头寻国宝。

潘家园市场人气旺盛，其中一个重要原因是潘家园市场上的收藏品齐全，主要物品有古家具、文房四宝、古籍字画等，而且这里还是全国最大的民间工艺品集散地，包括衡水的鼻烟壶、杨柳青的年画、台湾的交趾陶等。近几年市场上异国风情的商品也逐渐增多，如德国、美国、日本的老式钟表、座钟、相机，韩国的瓷器，斯里兰卡的银器等，形成了国内外民间工艺品的大融合。传统的古玩交易方式、独特的趣味性民俗性、千奇百怪的藏品、一流的市场设施、巨大的客流人气，是潘家园能够成为国内最大的民间工艺品集散地的几大因素。

吧中品海——什刹海酒吧文化街

先有什刹海，后有北京城。市井的喜气与飘香的红酒相安无事，古老的院落与时尚的潮流各得其所，什刹海的确是一种“北京特色”。

元朝时，什刹海作为南北大运河的终点，是重要的漕运码头，沿岸也由此形成繁盛的商业地带。明朝以后，大运河终点东移，什刹海逐渐成为高官将相的聚居地和宗教圣地，到了清代更是成了皇亲国戚的私人领地，至今保留下来的府邸有恭亲王府、庆亲王府等。

如今，什刹海内还保留有大量的老胡同和四合院，它始建于晚清的荷花市场，是当时平民游玩避暑的场所。

依靠几百年来老北京唯一一块王公贵族和平民百姓混居所形成的浓厚历史文化积淀，什刹海酒吧街迅速闻名中外。

每当夜幕降临，湖上岸边，人流如潮，霓虹闪烁。岸边，各种风情的酒吧鳞次栉比；湖上，河灯点点，二胡、琵琶悠扬之声不绝于耳。从2003年出现第一家酒吧，短短半年的时间，什刹海的酒吧就从后海南沿到前海北沿连成了一片。傍景而建，景店一体，融文化特色、地域特色于一体，是这里酒吧的最大特点。

在什刹海泡吧更多的追求的是一种由什刹海的景色升华出的精神与思想上的解脱与放纵，正所谓“醉翁之意不在酒，在乎山水之间也”。

[图 191]
老外在潘家园市场淘宝

[图 192]
潘家园古玩市场

京城夜色符号——三里屯酒吧街

三里屯位于朝阳区东部，因距内城三里而得名，作为地片名，三里屯泛指左家庄、朝外大街、呼家楼、麦子店合围地域。1962 年，三里屯地域内建起了北使馆区，20 世纪 60～70 年代又建成了外交公寓群，这一带逐渐发展成为驻华外交人员聚居、购物和外事活动的重要社区。如今的三里屯，毗邻朝外、燕莎、CBD 中央商务区，与第二使馆区的 79 个国家的使馆相连，有 500 多家规模不等的企事业单位，众多涉外宾馆、外国商社、外交公寓散落其间，形成了得天独厚的发展优势。三里屯地域内现有 10 条纵向、12 条横向街巷，工人体育场北路东段西侧和西段北侧商业、服务业网点密布。正是在这样的国际化氛围中，三里屯成为北京夜生活的起点和标志。

三里屯酒吧街位于三里屯北路东侧，街道全长 260 米，占地 1648 平方米。1989 年，三里屯出现了第一家酒吧，此后逐渐形成了北京最早的酒吧群落。由于三里屯北街毗邻北京最大的使馆区，外国人自然成了酒吧街最固定的客人。据统计，1996 年以前，光顾三里屯的顾客中，外国人的比例占到 95% 以上，而到了 2003 年，外国客人所占比例已降至 30% 左右，但其绝对数量仍在增长之中，至今，外国客人都是三里屯的稳定消费群体。也是由于外国顾客群体的影响，三里屯呈现出多元的国际特色和浓郁的异国风味，这也正是三里屯最吸引人的魅力所在。随着酒吧一条街声名的日益显赫，来这里的中国顾客也络绎不绝，其身份也呈现出不断变化的趋势，从最早的白领阶层逐渐扩大到文化艺术、演艺界人士和外地游客。其中，音乐圈和演艺圈人士是三里屯酒吧的中坚力量，一些酒吧每天晚上都有现场乐队的演出，许多著名的歌手成名前都在这里唱过歌。近几年，酒吧街的固定客人队伍正在扩大，特别是随着中国老百姓生活水平的提高，假期游玩北京的外地游客越来越多，而其中的许多人也会来三里屯感受一下真正的北京夜生活，在旅游旺季，外地游客在酒吧街的顾客中甚至能够占到一半以上。

如今，三里屯已经成为市民综合休闲的好去处。

第68讲

霓虹闪耀东西单——北京特色商业街

用“百花齐放，百家争鸣”来形容北京的商业网点，可以说是再贴切不过了。北京既有历史悠久的商业街，也有新兴而规模庞大的商品批发市场；既有以购物为主的，也有集购物、休闲于一体的。这些商业网点各有特色，共同支撑起北京城商业的繁华。

王府井大街

王府井大街被誉为“中国商业第一街”，其特点是历史悠久，文化气息浓。

王府井大街北抵五四大街，南起东长安街，全长1785米，其中从长安街到灯市口一段为步行商业街，长1150米。它因寸土寸金的寓意而被誉为“金街”，和闻名世界的巴黎香榭丽舍大道结为姊妹街，在国际上享有很高的声誉，是北京最著名的商业区和观光购物的胜地。

王府井大街有着非常悠久的历史，元代时被称为“丁字街”，明代因兴建起的十座王府而改称“十王府街”，1915年，北洋政府又把这条街划分为三段，南段因有一口甜井而得名——王府井。

作为全亚洲大型商场、酒店宾馆和专卖店密度最大、最为集中的商业中心，今天的王府井大街不仅拥有新东安商场、百货大楼和东方商场三艘“商业航母”，还有工美大楼、王府女子百货商店、利生商厦、老福爷百货、儿童用品商店等大型商场，单是三星级以上的酒店就有13家之多，难怪有人把它形象地比喻为一个“万花筒”、“聚宝盆”，一座“博物馆”。另外，为了体现东安商场以及王府井的悠久历史，这里的地下一层修建了一条装修古朴、营业面积达2700平方米的“老北京一条街”。内有中华老字号一条街、文化街和小吃街，向每一位来访的顾客展示着老北京的民俗文化风情。

[图193]
王府井步行街

为王府井增加了独特文化气息的还有王府井书店、圣若瑟教堂（东堂）和一些街头雕塑。王府井新华书店总面积达17525平方米，分地下两层、地上八层，营业面积10000平方米，全部采用计算机管理，拥有一流的硬件设施，建筑采用后现代主义风格，富于文化气息；被四棵古树环绕的圣若瑟教堂为砖木结构，是典型的欧洲古典建筑风格，教堂前的广场上使用的多种灯光，有力地衬托出教堂的庄严和神圣；而诸如唱大鼓书的父女俩、祥子拉洋车、剃头挑子等雕塑小品，虽然规模不大，却以雕塑的形式再现了老北京街头的场景，让北京城旧时的浓郁市井文化气息得以长久地留存，并且展现给全世界。

王府井，以其独特的气质交融了东方文化和现代时尚的气息，已经成为北京最著名的商业街。

动物园服装批发市场

北京有许多大型的商品批发市场，包括天意、万通小商品市场等。这些市场的特点是商品品种繁多，批发零售兼营，价格也公道，是购物的好去处。这些市场中比较有代表性的，是动物园服装批发市场。

[图194]
东方广场

北京动物园服装批发市场位于北京动物园对面，由天乐、天浩城、东鼎、新天地等几家商场组成，营业时间一般从清晨5点半到下午6点，主要经营服装鞋帽，小型配饰和一些日常用品，一般以服装的批发和零售为主，是北京有着悠久历史的、具有很高人气的大型服装批发市场。

动物园服装批发市场大约形成于上个世纪80年代末，从路边摆摊到大棚搭建，一直到现在发展成为服装商场，已经有了将近20年的光景。作为北京三大服装集散地的北京动物园批发市场最大的特点便是经营的品种丰富、款式齐全，档次价格高中低不等，价格低廉，适合城市中不同职业、不同年龄的顾客。由于是批发市场，所以这里大都以批发为主，零售为辅，也有的店面拒绝零售。从清晨五六点开始，已经有大批的批货者背着一个个硕大的黑色带子，把物色到的衣装带回自己的小店。10点以后，就会出现很多普通顾客的身影了，由于这里是服装销售的源头，所以大都价格低廉，可以还价的余地不大，游客们可以充分享受来购物源头购买衣物的乐趣。

一般比较受年轻人欢迎的是天乐市场，这里包含了众多流行的元素，一楼比较大众化一些，二楼便可以称为动物园服装市场的得风气之先的所在了。无论是追逐欧美风尚，还是日韩流行，包容各种风格就是这里的风格。天皓城市场的三楼有很多韩国风格的服饰，也是女孩子们的最爱。东鼎市场位于动物园商圈的中心，是第一批实现"退路入厅"的服装批发市场，形成了比较完整的精品屋风格。一层精品厅吸引了诸多品牌服饰的进驻，这里的服饰成熟稳练了许多，适合年龄段稍微偏上的顾客。

动物园批发市场以其较大的市场规模，非常集中的客流和非常高的日成交额，已经成为具有“商圈”规模的专业服装批发市场。这里汇聚了多种风格档次、多种流行元素，价格又比较低廉，显现出包容性和平民化的特点，受到市民的一致欢迎。

特色主题商业街

除了大型商业中心、市场外，北京还有以主题单一而闻名的特色商业街。目前，这些经过市政府命名的商业街主要有6条，包括什刹海酒吧街、高碑店村古家具街、莱太花卉特色街、马连道茶叶特色街、大洋路商业街（家居建材）、东直门餐饮街等。

什刹海酒吧街是时尚休闲的好去处。2003年前后，什刹海景区的茶艺酒吧文化蓬勃兴起，从业者也如雨后春笋般由最初的不足10家激增至百余家，进而形成了一个茶艺酒吧商业街（区）。

高碑店村古家具街是古典家具集散地。位于朝阳区城乡结合部高碑店村，以经营古典家具为主要特色，全长1000米，有商户300余户，主要经营具有明清特色的古旧家具及“老木新做”的新概念家具、装饰物品和陶瓷品。在高碑店古典家具街，能够享受到“看古典家具，品民族文化”的乐趣，体现了京城古老风韵和历史文化内涵。

莱太花卉特色街被誉为“都市中的大花园”。莱太花卉公司距机场辅路仅0.5公里，距首都机场16公里。创建于1998年的北京莱太花卉交易中心营业总面积55000平方米，由花卉商城、花卉拍卖中心和花卉街三部分组成，是我国北方花卉最大的花卉集散中心。

马连道茶叶特色街是喝茶的好去处。马连道茶叶特色街位于宣武区西南部，全长1500米，临近北京西客站，地理位置优越。马连道街以茶叶贸易为主要特色，截止到2004年底，已建成马连道茶城和京马、京闽、京鼎隆等8个大型茶叶批发市场。这里云集了全国7大重要茶叶产区的近千家茶商，全国6大类茶叶品种及“全国十大名茶”都有经营，年销售额超过10亿元，是华北地区最大的茶叶集散地，已经成为中国三大区域性茶叶批发市场之一。

大洋路商业街是经营家居建材的专业市场。处于三环路与四环路之间，全长3.5公里，经营家居建材、灯饰、汽车配件等。

闻名中外的马路市场——秀水街

除了灯红酒绿的三里屯酒吧街，另一条与使馆区息息相关的街便是著名的秀水街。秀水街服装市场是改革开放后北京诞生的闻名海内外的商品市场之一，它位于建国门以东的“第一使馆区”，北起美国驻华大使馆，西邻祁家园外交公寓，东接东大桥居民区，因其附近有很多使馆，又被称为“使馆街”。1985年8月15日，秀水集贸市场正式开业，这条街也开始了腾飞的历史。也许秀水人自己也没有想到，短短的十几年时间，这个使馆区附近的马路市

[图195]
秀水街

场创造了北京经济发展中的一段神话，被经济学家誉为“用改革开放的剪刀裁剪出来的20世纪清明上河图”。

从最初的艰难起步到逐渐发展壮大，20多年来，北京人通过秀水街的民间贸易，逐步打开了通往外面世界的商道，秀水这条小小的服装街竟然成为北京与世界通商的桥梁。20世纪90年代中后期，秀水市场有摊棚400多个，从业人员近千人，年销售额1亿多元，主要经营具有旅游文化特色的外贸服装、丝绸制品、旅游纪念品等。这里的服装类产品应有尽有，不仅能买到中国传统的丝绸制品和精致的手工艺品，而且还能买到各种外国名牌商品。由于临近使馆区，

[图196]
西单文化广场

秀水街的主要顾客多为外国人，他们与秀水商贩讨价还价的场面也算是北京街头一景。随着秀水街生意的红火，秀水的名气也越来越大，不仅打出了良好的品牌，而且在国际友人中间享有了较高的声誉。鼎盛时期的秀水街吸引了众多的外国顾客，不仅住在附近使馆和外交公寓的老外经常光顾，很多海外游客和来京出差、旅游的外地人也纷纷慕名前来。“游故宫、登长城、吃烤鸭、逛秀水”，秀水街一时与众多文化遗产一起成为了外国朋友来京旅游的热门地点。

除了这些已经建成并有了一定知名度的特色商业街，北京市还将发展图书文化街、汽车用品街、老年用品街，等等。可以想见，未来的北京特色商业街的主题将更丰富多彩。

北京的特色商业网点相互补充，交相辉映，尽情地展示着北京城的繁荣。

第 69 讲

水陆山珍八大菜——“京吃”及美食街

“吃烤鸭、逛长城、听京戏”一向被认为是了解北京历史文化的重要途径。北京是 “六朝”古都，又是现代都市。其今日之饮食，既具有悠久历史传统、浓郁地方特色，又包容了全国各地乃至各国丰富多彩的美食文化。

[图 197]
北京东方红酒楼

现在的北京餐饮可以说是“古今特色荟萃，中外品种齐全”。一方面，老字号品牌经久不衰，有以全聚德、便宜坊为代表的北京烤鸭，以丰泽园、萃华楼、同和居为代表的庄馆大菜，以东来顺、烤肉季、鸿宾楼为代表的清真风味，以仿膳为代表的宫廷风味，以隆福寺小吃和护国寺小吃为代表的北京小吃。另一方面，国内各地风味餐饮汇聚京城。湘、川、鲁、淮、粤、晋等各地菜系不胜枚举，新疆、内蒙、回族、藏族、傣家、苗家等少数民族风味斗艳京城。

同时，国外餐饮名牌纷纷落户北京。法国著名餐馆马克西姆餐厅，美国快餐麦当劳、肯德基、必胜客，德国的兰特伯爵，新加坡、韩国、日本、巴西、意大利等国的美食，数不胜数。此外，近年北京还出现了大量的酒吧、茶楼、主题餐厅、休闲餐厅等，出现了新的饮食时尚。今日之北京，完全可以堪称是集本地、全国乃至异邦之美味的首善之区。

品味各色“京吃”

宫廷菜和满汉全席　宫廷菜是北京菜系独有的，具有十足的贵族血统。宫廷“御膳”讲究清香酥嫩、色香味形。以“四大抓炒”（抓炒里脊、腰花、鱼片、大虾），“四大酱”（炒秦子酱、黄瓜酱、豌豆酱、胡萝卜酱），“四酥”（酥鱼、酥肉、酥鸡、酥海带）为代表。除了各种正名菜肴外，还有各式制作精细、小巧玲珑的小糕点，如芸豆卷、小窝头等。北京的宫廷菜馆最为著名是北海琼岛的仿膳饭庄和颐和园的听鹂馆饭庄。

满汉全席是一种凝结了丰富历史背景和民族文化的食物，在世界上恐怕是绝无仅有的。满汉全席在取材上，不仅广泛，而且珍贵，其中许多今天已经成为保护动物，永远也吃不到了。

具体包括“山八珍”、“陆八珍”、“海八珍”三种。现在北京仿膳饭庄、听鹂馆饭庄、大三元酒家都可以承办满汉全席。仿膳的满汉全席热菜134道，凉菜48道，外加果品点心等，分6次开宴用餐。大三元为38道热菜，加双烤，8冷菜，甜咸点40种，共88种，也要分4至6次进食。

官府菜和药膳 官府菜和药膳与北京过去官府多，府内讲求美食有关。这些官府各有拿手好菜，总体特点是清淡、精致、用料讲究，其中谭家菜较有代表性。他出自清末翰林谭宗浚家，后由其家厨传入民间餐馆，称为谭家菜，著名的有：黄焖鱼翅、葵花鸭子、草菇蒸鸡等。目前，北京饭店的谭家菜颇为地道。近年来出现的“红楼菜”也是官府菜，源自古典文学名著《红楼梦》。北京大观园酒店、京伦饭店、中山公园都有红楼菜宴席。另外，白肉馆砂锅居也源于满清贵族的食俗，至今仍有忠实的食客。药膳也是北京的特色，菜品有数百种，可以根据身体的需要选用。用珍贵的人参、鹿茸、熊掌等制成菜肴，既是名贵医药，又是滋补佳肴。西苑养生斋深得食客赞誉。

民间小吃 民间小吃更能代表老北京的特色，而且多是些不值钱的东西。当时，底层百姓和破落旗人爱好的多为牛羊肉和动物内脏，如：涮羊肉、爆肚、卤煮火烧等。

北京冬季的街头上，许多饭馆玻璃上都写着大红的“涮”字。涮肉馆在秋冬季节生意兴隆，热气腾腾。最正宗的老字号是东来顺。这些年，一些外地人在北京开的各式涮肉馆也开始显露头角。

烤肉在北京也很多。烤肉主要包括牛肉和羊肉，用一种叫铁炙子的工具烤制。北京传统的烤肉老字号有烤肉季、烤肉宛。这些年在韩式、日式和巴西烤肉“夹击”下，这些老字号大多处于退守之势。

爆肚吃的是牛和羊的胃。它是典型的老北京民间食品。羊肚可分为羊肚仁、散丹、肚领、蘑菇头、肚板等；牛肚则分为百叶、牛肚仁、百叶尖和厚头。牛百叶和羊散丹同属一个部位，是最好嚼的一种。水爆后的各个部位蘸之以芝麻酱、酱油、醋、香菜、葱花、香料等，放入嘴里咯吱咯吱响，那叫一个香。老北京最有名的老字号可算是“爆肚冯”了。

“小肠陈”的卤煮火烧也是老北京民间食品的代表。店里一口大锅，开张前将老汤煮三个小时。老汤里泡着猪小肠、猪肺、猪肝、烧饼等，还没到胡同口，老远就闻到香味。此外，像月盛斋的烧羊肉、沙锅居的白煮肉、瑞宾楼的褡裢火烧等也都是老北京人的最爱。

在老北京的食品中，除了上述一些响当当的老字号外，百姓日常的一些吃食也很有特色。早餐有面茶、炒肝、豆腐脑、焦圈、烧饼。上午有艾窝窝、豌豆黄、粽儿糕等甜食。午餐主要以油炸类、油煎类、火锅类食物为主。主食一般是面食，如懒龙、扒拉儿、拨鱼儿等。下午有豆汁、凉粉、扒糕、焖子等凉食。晚餐以炒菜为主、小吃辅之，有馄饨、炸豆腐、硬面饽饽、半空儿等。不同的季节，老北京人还有应时食物，如春季的春饼、夏季的各色瓜果、秋季的各种山货、冬季的羊肉汤等。

徜徉北京“美食街”

随着市场竞争的铺开、百姓生活水平的提高以及城市建设的推进，北京的美食街也在不断变化着。一些老的吃处衰落了，一些新的吃处又逐步兴起。比如，过去北京街头常见的卖各种扒糕、杏仁豆腐、酸梅汤等小摊已经被夜市、集市或庙会代替。大栅栏商业区的门框胡同过去是北京小吃的集中地，曾经风光一时。随着前门商业区的改造，集中于此的老字号店面也渐渐销声匿迹或迁往他处。此外，北京南城聚居着许多回民，从牛街一直到樱桃园、南菜园沿途清真饭馆不断，经营着涮羊肉、拉面、拉条子等。

牛街是北京最大的回民聚集区，以“清真”食品为特色，随着吐鲁番餐厅、东来顺饭庄等清真品牌店的相继入驻，北京市第一家经营清真食品的牛街清真超市建成。

前门大街汇集着京城众多老字号餐馆。这里代表着京城悠久的食文化，也是游客必去的地方之一。百年老店全聚德烤鸭店、都一处烧麦、第一楼灌汤包子、老正兴饭庄、壹条龙饭庄等，口味相当正宗。

隆福寺有众多美食。正宗京味小吃当属白魁老号。这里有正宗的豆汁、焦圈、卤煮，还有各式烤串。夜幕降临，长达百米的小吃街热闹非凡。

阜成路是“超级大饭”一条街。这里有经营杭州菜、淮阳菜、湘菜、鄂菜、川菜等各地风味的知名餐饮企业数十家。这里的每家餐厅在装修装饰上风格各异、豪华气派，有的雕梁画栋，有的富丽堂皇；有的传统古朴，也有的时尚典雅。这里是京城著名的高档餐饮区。

[图 198]
品尝北京烤鸭

[图 199]
东直门簋街

慧忠——大屯路号称京城北部的“餐饮霸主”。一到晚上，这里的生意尤其火爆。不但一些中低档酒楼需要排号等座，就连一些高档酒楼也是门庭若市。这个地段的特点是选择性强，从高档燕翅鲍到平民的东北菜，各个层次的店都有。

广安门是主打麻辣的风味食街。有以经营川菜为主的麻辣诱惑、以香辣蟹闻名京城的李老爹以及来自四川的谭鱼头等。靠近牛街附近的一些清真餐厅也是人气红火。另外，一些南城的老字号也在这条街上非常容易见到。

簋街位于东直门，是北京火得较早的食街，是当年那些“夜猫子”们深夜饕餮的地方。随着簋街的改造，不少人气挺旺的小店迁走了，簋街虽然已经不敌当年的繁华，但是人气依然还在。如今的半条簋街，仍然留存着四五十家馆子。

好运街在燕莎附近，那里汇集了20多家个性化的国际餐饮品牌店，是一条以西餐、酒吧为主的中高档餐饮文化街，被称为美食、酒吧和艺术沙龙于一条街的“国际餐饮 Mall”。

东方广场“食通天”美食街走的是国际路线，那里汇集了日本、新加坡、美国、意大利等具有异国风味的餐厅和小吃店，再加上其原有的美食街，东方广场已经成了王府井地区不可小瞧的美食地带。

此外，像方庄、云霄路、苏州街、莱太街、三里屯、什刹海等也都是日渐红火的北京美食街。这里或有各色小吃，或有各地大菜；既有“下里巴人”的餐饮，也有“阳春白雪”的佳肴，都是各类食客寻求不同情调美食的好去处。

NAGA 上院
黄记煌
旗舰店

第 70 讲

中国的“华尔街”——金融街

金融街位于北京市西城区，在长安街的北侧，紧临西二环路，在这仅1平方公里的土地上，集聚了中国的最高金融首脑机关及众多金融企业，被誉为“当代中国华尔街”。

一、古时“金城坊”

金融街史称“金城坊”。公元1267年，元世祖忽必烈按照《周礼·考工记》的原则兴建了元大都城。大都城内设立了50个坊，即街区，有金城坊、福田坊、集庆坊、安富坊、凤池坊等。金城坊位于元大都城的西南角，其含义出自《史记·秦本记》：“关中之固，金城千里，子孙万世帝王之业也。”在明、清两代，这里遍布金坊、银号，是商贾和皇亲国戚聚集财富之地。民国元年，此地的大清银行更名为中国银行。据史书《燕都丛考》记载，“其后大陆、金城、中国实业各银行，均先后设立于此。民国十年以前，各银行竞于是谋建筑，颇有作成银行街之想……”然而因军阀混战，金城坊逐渐败落，票号、金坊等转移到前门及东城区一带。

[图200]
中国人民银行大楼

[图201]
金融街

新中国成立之后，金城坊及周边区域成为中国财政、金融最高决策机构所在地。国家财政部、计划委员会和经济贸易委员会等国家重要机关均坐落于金融街周边。古老破旧的居民区变换了新颜，充斥着平房矮屋的小巷建成了宽阔的街道，昔日轩敞的王府院落改换为国家政经首脑机关的办公处所。西单、西四、复外、阜外四大商业区环绕金城坊而建，形成浓郁的商业氛围。金城坊的厚重历史沉积和快速新兴发展，为日后金融商务区的崛起和繁荣奠定了文化和物质基础。

金融街是中国的金融中枢。金融街集中了中国的最高金融决策和监管机构，包括中国的中央银行——中国人民银行总行和中国银监会、中国证监会和中国保监会三大金融监管机构。金融街也是中国金融的资金结算中心，中国人民银行清算总中心、中央证券登记结算公司和中央国债登记结算公司均设立此地。

金融街已形成金融企业总部集群。众多国内金融机构汇聚于金融街，有中国工商银行、中国银行，中国建设银行等9家商业银行总部；中国人民保险集团、中国平安保险公司等4大保

中國人民銀行

险集团总部；有中国银河证券、民生证券有限公司；有华夏基金等；有北京产权交易所；有北京银行、中信银行等。外资金融机构也云集金融街，有美国纽约银行、美国摩根大通银行、加拿大皇家银行、瑞士银行、美国高盛等。

金融街是中国的财富中心。街区内金融机构管理的金融资产规模巨大，总额达到16.2万亿元人民币，占全国金融资产的60%。金融街控制着全国90%的信贷资金和65%的保费资金，每天的资金流量超过100亿元人民币。金融街实现的税收占到西城区税收的四分之一，占北京税收的5%，年度税收额超过300亿元。金融街成为拉动区域经济增长的有力支柱。

金融街也是中国的电信指挥和运营中心。全国的电信业务是由6家电信企业分担的，其中4家企业位于金融街及其周边地区，即中国电信集团公司、中国移动通信集团公司、中国网络通信公司和中国联合通信有限公司，其销售收入约占全国电信运营收入的88%左右。金融街拥有先进、发达的通讯基础设施，为入驻企业开辟了安全快捷的信息通道，提供高质量的信息服务。金融与信息化的高度交融与汇合，使金融街成为21世纪中国最具影响力和竞争力的街区。

金融街集聚了国内外金融界的精英人士，形成浓郁的金融企业文化氛围，成为金融界人士进行信息沟通与交流的重要场所。各种学术和文化交流活动非常活跃，北京国际金融论坛、京港金融合作论坛、金融新产品推广介绍会、金融街论坛等大型活动先后在金融街成功举办，吸引了来自世界各地的金融业内人士和专家学者。2000年，金融街控股股份有限公司正式成立，并将“金融街”作为本公司股票的名称。2003年，北京金融街商会成立。金融街作为中国金融业改革开放的标志性品牌，日益声名远扬。

金融街的规划设计充分体现了生态和人性化，强调阳光、空气、绿地和水等生命的基本要素，突出了生命的宝贵与活力，追求人与自然环境的和谐统一。在金融街的中心区域，从自然采光、通风的角度规划单体建筑，利用恒温、加湿、负氧离子发生系统置换清新空气，通过无菌供水和中水处理系统，保证水质清纯，并环绕街区形成中心绿地、绿化园林和庭院绿地的立体格局，绿化率达到40%。

金融街汇聚了写字楼、商场、酒店等多种物业形态，各类高端商务设施迅速发展。这里有3家五星级酒店，即知名的利兹·卡尔顿酒店、威斯汀酒店和洲际酒店；有金融家俱乐部，配备标准网球场、地热温泉、全市唯一的天幕可开启式游泳池等；有国际会议中心，可容纳千人以上的会议活动；有大约600余套酒店式公寓；有著名的协和医院、二龙路医院等；还有实验中学、北京八中、鲁迅中学等。在金融街中心区，30000平方米的中央公园绿荫掩映，周边高档商厦鳞次栉比，影剧院、钱币博物馆等文化场所散布其间。金融街购物中心于2007年8月正式开业，以国际精品店为核心，汇聚了路易·威登等国际知名品牌，集购物、娱乐、休闲等多种功能于一体。金融街已形成多层次、全方位的消费市场供应格局，为在此地工作和生活的人士提供了高品位的购物、娱乐休闲和社交环境。

第 71 讲

商务核心聚大贾——北京 CBD

[图 202]
中央商务区（CBD）

北京CBD是指位于朝阳区中部以国际贸易大厦为中心的方圆近4平方公里的地区。北京CBD所在区域及周边地区，历史上就是商业繁盛之地，具有浓厚的商务氛围。京杭大运河的漕运终点——通惠河码头，历经元、明、清三代，成为货船停泊点和货物集散地，周边出现了许多行业会馆、仓库及店铺，形成喧闹的商业中心。朝阳门在当时号称“粮门”，专供粮车往来出入。江南的粮食沿京杭大运河运到通州，再卸船装车运入京城，存放在朝阳门附近的海运仓、东门仓和禄米仓等大仓库内。朝阳门外大街，是当年江南漕粮进京的交通干线，也是商贾云集、繁荣兴旺的商业街。到1949年，沿街已有150多家店铺、车马店及客货栈。这条街上的大有副食店、信远斋蜜食店、鸿云楼饭庄等老字号，都有上百年的经营历史。

1949年新中国成立后，北京由一个单纯消费城市转变成为工业化城市，建立起独立的工业体系。CBD所在区域形成了以电子、纺织、机械为主的传统工业区。大北窑一带集中了北京第一机床厂、北京汽车制造厂、北京金属结构厂、北京开关厂、解放军第3501工厂等军工及重工业企业。随着工业的密集发展，基础设施也日趋完善。

北京CBD所在区域，涉外资源丰富，自20世纪50年代以来，一直是我国外事活动和国际交往的中心。中国外交部和第一、二、三使馆区均坐落在北京CBD及周边地区。目前，除俄罗斯、卢森堡外，共有146个国家的驻华使馆及其商务、文化机构云集于此。还有联合国及其他国际组织的驻华机构，世界500强企业中的102家，60%以上的境外驻京代表机构，80%以上的驻京海外新闻机构以及大量星级宾馆、商务写字楼和众多涉外社交场所。全市70%的涉外资源分布在商务中心区及其周边地区。

20世纪70年代末，中国改革开放以来，伴随着首都经济发展和产业结构的调整，朝阳区的面貌发生了根本性改观，昔日的砖瓦厂房被一幢幢现代化商厦所代替。在工业时期的大北窑地区，矗立起国际贸易大厦等一批商务中心。在北京核仪器厂和解放军3501厂的旧址上，建设起北京电视台和北京财富中心。CBD拥有祁家园、秀水街、三里屯、塔园4个外交公寓；建国饭店、长城饭店、昆仑饭店、中国大饭店、希尔顿饭店等几十家涉外饭店以及国际会议中心、国际展览中心、中日友好交流中心、国际大厦、国际俱乐部、燕莎购物中心、友谊商店等涉外机构。秀水街、雅宝路服装市场、三里屯酒吧街及潘家园旧货市场等一批特色市场享誉中外。北京CBD所在区域成为众多的跨国公司、外资企业进驻北京的首选之地，初步具备了商务中心的基础条件，展露出商务中心区的雏形。

国际金融业是北京CBD的核心和龙头产业。北京CBD及周边地区集聚有104家经营性金融公司，109家外资金融机构代表处。其中，金融企业总部35家。渣打银行、法国巴黎银行、法国东方汇理银行、摩根大通银行、美国银行、新加坡大华银行等在CBD设立分行。德意志银行、韩国新韩银行等数家外资法人银行落户CBD。安邦、中意、民生、韩国现代等外资保险公司在CBD成立总部。纽约证券交易所和纳斯达克北京代表处正式入驻CBD。北京CBD及周边地区的外资银行分行及外资银行代表处数量，分别占北京市的68%及72%。

[图203]
建设中的中央商务区

[图204]
北京CBD之夜

文化创意和现代传媒业是北京CBD的支柱产业。区域内有《人民日报》、《中国日报》、中央电视台、凤凰卫视等大型传媒机构，还有27个国家的通讯社、50多种报纸、杂志等国外驻京新闻机构，网络公司31家，广告公司129家。167家国际新闻机构，包括VOA、BBC、《华尔街日报》、《纽约时报》等，早已驻扎北京CBD。

商务服务业正在北京CBD形成产业集群。众多国际知名的高端商务服务企业纷纷进驻CBD，如普华永道会计师事务所、麦肯锡管理咨询公司、美国保维斯律师事务所、爱德曼公关公司、光辉国际人力资源服务公司、奥美国际广告公司、世邦魏理仕房地产服务公司等。

北京CBD是文化交流的平台，各种会议和学术活动丰富多彩。“北京CBD国际商务节”，自2000年至今已举办7届。“国际金融服务展”“北京CBD国际论坛”是商务节创立的两大知名品牌。2004年《北京CBD》杂志正式创刊；“北京哲学社会科学CBD发展研究基地”也同期揭牌。

THE ASCOTT

第 72 讲

中国的“硅谷”——中关村

[图 205]
中关村科技园区的手印墙

中关村被誉为“中国硅谷”，位于北京市西北的海淀区。

1953 年，海淀区被确立为科教文化区。国家在此投入巨资，修建、新建了以北大、清华和“八大学院”为代表的多所大学和以中科院为代表的科研院所。经过几十年的建设，现在这里集聚了以北京大学、清华大学为代表的73所高校，以中科院为龙头的232个科研机构。海淀区也成为首都北京以科技、教育、文化产业为主的重要功能区，成为北京市乃至全国科技、智力、人才和信息最密集的区域。

20世纪80年代初，在世界新技术革命浪潮和中国改革开放的双重推动下，特别是受到美国硅谷和波士顿128号公路“技术扩散”模式的启发和影响，地处北京中关村的中科院所属研究所和北大、清华等高校的一批科技人员冲破当时传统观念和计划经济体制的束缚，自发地走向市场，开始在中关村地区创建新型的科技企业和公司，探索科研成果转化为现实生产力的新途径，拉开了中关村科技人员创新创业的序幕，开辟了北京高新技术产业发展的新篇章。

北京中关村地区是我国高新技术产业的发源地，经历了从“中关村电子一条街”到北京新技术产业开发试验区，再到中关村科技园区的三个跨越式发展阶段。

1980年10月，中科院研究人员陈春先在中关村创立了中国第一个民办科技机构。此后，一批自发创办的科技企业相继诞生，其中尤以电子行业的企业数和销售额占主导地位，大部分企业集中分布在自白石桥起沿白颐路（今天的中关村大街）向北至成府路西口和中关村路至海淀路一带，东至学院路，形成了大写的英文字母“F”型的区域。到1986年，逐步形成了闻名中外的、以开发和经营电子产品为主业的民营科技企业群体“中关村电子一条街”。在这个时期，发展最快、影响最大的民营科技企业是在中关村广为人知的“两通两海”，即四通公司、信通公司、京海公司和科海公司。

为了发挥中关村高智力密集区的整体优势，1988年5月，经国务院批准，在“中关村电子一条街”的基础上，以中关村为中心的100平方公里范围内，正式成立第一个国家级高新技术产业开发区——北京市新技术产业开发试验区。中关村企业发展进入第一次高潮期，涌现出联想、四通、北大方正等7家销售额超过百亿元的大型企业。

在北京新技术产业开发试验区10年快速发展的基础上，1999 年 6 月，国务院正式做出《关于建设中关村科技园区有关问题的批复》，并指出要把中关村科技园区建设作为发展首都高新技术产业的龙头和首都经济迈向新世纪的一项奠基性工作，由此中关村步入了一个全新的发展时期。以技术创新、科技成果转化、国有企业股份制改造、企业重组兼并和探索国际化发展为主要内容，中关村企业进入第二次创业高潮。

[图206]
建设中的中关村西区

中关村可谓中国技术创新高地，最大的特点就是创新，研究和开发新技术、新产品。2006年，中关村科技园区技术收入占总量的比重达17.6%，共输出技术29708项，成交额478.4亿元，占北京技术合同成交总金额的68.6%，占全国的26.3%，居全国首位。其中，核心区海淀园区输出技术25219项；成交额359.4亿元，占园区输出技术合同成交额的75.1%。园区输出技术合同成交额的43.4%流入本市，占园区输出技术合同成交额的43.3%辐射外省市；对外出口技术占园区输出技术合同成交额的13.2%。

中关村是创业者的乐园，高科技企业的摇篮。伴随中关村高技术产业蓬勃发展，一大批企业在这里创业成长、发展壮大，演绎着高科技创造财富的传奇。在中关村发展不同时期诞生了众多有代表性的著名企业，从联想、方正、用友、金山、新浪、搜狐、大唐到华旗、信威、百度、中星微；很多企业都拥有自主知识产权的产品，如中星微电子公司的“星光中国芯”、联想公司的“汉卡”、北大方正的“汉字激光照排系统”等；创造出“联想”、“汉王”、“北大方正”、“清华同方”等著名品牌。

中关村是“海归”们最集中的地方，他们的创业也是中关村的最大的亮点之一。目前，中关村已经吸引了9000多名海外留学人员回来创业。这9000多人创办的3800多家高新技术企业，已经成为中关村中最具活力的一股力量。他们带来了先进的理念、管理经验、研究成果，特别是国际视野。“海归”创业也成为缩短我国与世界先进技术差距、实现原始性创新的重要力量。在中关村留学生企业中诞生了一批具有国际影响力的高技术企业和产品。

随着中关村企业实力的不断上升，有代表性的企业开始在全球范围配置资源，实现企业发

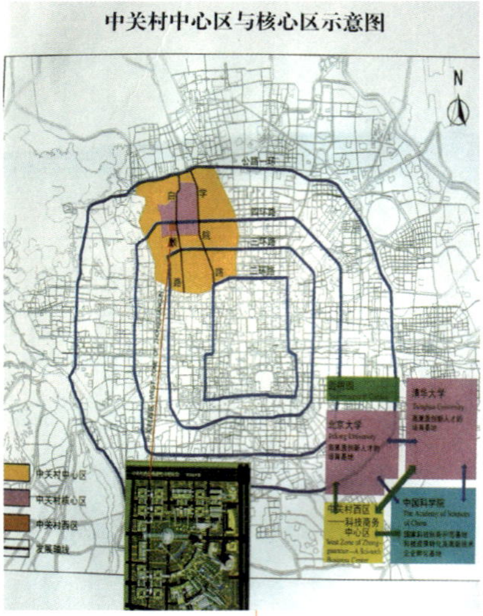

[图207]
中关村中心区与核心区示意图

展和技术跨越。以联想集团的跨国并购和一批企业到海外上市为标志，中关村高科技企业的国际化初见端倪。20世纪80年代，三大著名公司四通、联想、方正相继在香港市场上市，2000年以来，新浪、搜狐、网易、慧聪、百度等“中国网络概念股”先后在纳斯达克登陆。目前在美国纳斯达克上市的中关村企业有14家，占在纳斯达克上市的中国大陆公司总数的一半左右，一个纳斯达克的“中关村板块”正在形成。

北京中关村作为中国IT行业的“硅谷”地带，无论是在出货量、商品种类、影响规模等方面都堪称龙头。在中关村核心区域中关村大街和北四环中关村一号桥交汇处附近区域，坐落着鼎好电脑城、科贸电脑城、e世界数码城、海龙电子城、硅谷电脑城、太平洋数码城等6大IT卖场，是北京最重要的IT产品集散地，人气一直都很旺盛。在这里，你会感叹，中关村离世界很近。在北京市场上有的东西，在中关村几乎全有，美国市场上刚一出现的东西，在中关村马上也会出现——中关村与世界同步。

中关村不仅深受科技型创业企业的青睐，还是名副其实的中国研发中心。作为中国高科技产业的一面旗帜，中关村早已引起世界的关注。由于中关村研发环境与氛围，加上甲级写字楼增加以及基础设施日臻完善，中关村不仅是本土大型企业的重要研发基地，也是跨国公司在中国建立研发中心的集聚地。目前，IBM、微软、贝尔实验室、富士通、英特尔、摩托罗拉、SUN、诺和诺德、甲骨文、宝洁、法国电信、诺基亚等国际500强企业在中关村设立了70多家研发中心或研究院。与此同时，ABB、爱立信、爱普生、摩托罗拉、日立、三星、松下、索尼、西门子、诺基亚、AMD等近100家世界500强企业在中关村设立的分支机构和地区性总部超过150家。这些跨国企业分支机构和地区总部主要集中在研发、营销、资本运作、管理决策等知识技术含量高的环节，带动了中关村地区金融、保险、会计、律师、咨询、评估、信息服务、教育培训、会展等现代服务业的发展。跨国公司的选择，表明了中关村的投资价值，也说明了中关村的魅力。

20多年来，中关村的变化可谓翻天覆地。今天北京中关村已经不再局限于原来的地理意义，其内涵已经发生了重大变化。随着空间范围不断拓展，园区功能不断完善，一个“大中关村”正在形成。目前，中关村科技园区初步形成包括海淀园、丰台园、昌平园、电子城科技园、亦庄科技园、德胜园等“一区多园”的发展格局。中关村已经成为中国高科技特别是IT产业的代名词，成为中国高技术产业的引领者，她是中国现代化、国际化的象征，她正承载着中华民族复兴的希望，阔步走向更加美好的未来。

第 73 讲

北京高技术制造中心——亦庄开发区

北京经济技术开发区，又称为“亦庄开发区”，是北京市现代制造业基地，也是北京对外开放的第一门户。亦庄开发区位于市东南亦庄地区，1992 年开始建设并对外招商。经过 15 年的建设，亦庄开发区已经由建设之初的一片农田，发展成为一座初具规模的现代化产业园区。亦庄开发区1994年被国务院批准为国家级经济技术开发区，同时享受国家级经济技术开发区和国家级高新技术产业园区双重政策。

近年来，亦庄开发区在首都经济发展中的地位不断上升，并且经济与社会事业、城市建设协同发展。1995～2006 年开发区地区生产总值年均增长 70.3%，税收收入年均增长 58.4%，工业总产值年均增长 68.5%，销售收入年均增长 75.7%，出口创汇年均增长 83.9%。截至 2007 年 7 月底，累计吸引投资 155 亿美元，其中外商投资 124.7 亿美元，占 80.3%。基本形成了电子信息通信、生物技术与新医药、汽车、装备制造业四大主导产业。

亦庄开发区是一个以高新技术主导发展的开发区，已经有58家世界500强企业在区内共投资了 72 个项目，包括诺基亚、奔驰、拜耳、GE、博世、SMC、中芯国际等。高新技术企业是开发区经济发展的主导力量，产值占全区工业总产值的86%。开发区长期坚持支持企业技术创新，鼓励企业开发自主知识产权，有力地推动了高温超导线材、生物制药、基因与基因载体等国际领先技术的创新。

亦庄开发区在建设过程中，特别注重土地的集约化利用，土地利用效率和万元 GDP 低能耗位于北京市和全国开发区前列，实现了经济发展的结构、质量、效益、速度的统一。2006 年，开发区平均每公顷土地吸引投资

[图 208]
亦庄国际企业文化园

1009万美元，创造工业产值1.74亿元人民币，实现税收598万元人民币。据介绍，开发区能耗水平已经接近日、欧水平，通过在招商引资工作中坚持选择入区企业高端、高附加值、高辐射力的基本标准，不断强化土地、水、电力、能源等要素的集约利用程度，在提升产业结构、转变经济增长方式上取得明显效果。

开发区吸纳全球化的产业集聚不仅带来了特殊的空间形式，也赋予开发区一种新的发展形态。开发区累计完成固定资产投资677亿元，其中基础设施投资70.3亿元。完成土地开发30000公顷，修建道路230万米，建成一批基础设施、能源和重大公益性项目，打通开发区至东四环、路东区至东五环、核心区至南六环、核心区至路东区的新干线，轻轨建设开始启动。北京开发区在国家级经济技术开发区2006年投资环境评价中，工业产值、税收收入等主要经济指标列第5位，质量和效益指标列第2位，是我国发展又好又快的开发区之一。

亦庄开发区为入区企业提供了完备的基础设施和海关、商检、外汇管理、保税仓库、污水处理厂、商务中心、邮局、银行等系列配套功能，不断优化区域的工作、生活和人才环境，同时努力为企业和居民提供了良好的生产和生活环境。

亦庄开发区坚持科学发展观，由原先单一工业园区逐渐演变为功能完备的现代化新城区，进一步发展已形成的高新技术产业集聚区。经过15年的发展，开发区已成为国际资本投资的重要集中地。在吸引国际投资方面取得了明显成效，并成为开发区经济发展的重要力量。在未来的发展中，开发区重视吸引能够促进产业结构调整、技术水平提高、扩大就业的跨国企业的投资，并以此为重要手段积极推进制造业基地的发展，使开发区成为国内吸引国际资本最多、制造业优势突出、贸易规模大的现代化、国际化区域。

亦庄开发区具有大量适宜建设的土地，是我市三大适宜建设地之中用地比较集中的地区。作为紧临城区的一个主要发展区，在实现北京部分功能转移过程中必将起到重要的桥梁作用。今后，带动产业结构调整、技术进步和体制创新，使开发区成为我市经济增长的亮点。

新世纪，开发区面临新的发展和突破。2005年初国务院审议通过的《北京市城市总体规划(2004年～2020年)》中，提出了构建“两轴—两带—多中心”的新城市空间格局，实施多中心与新城发展的战略。位于东部发展带上的亦庄作为北京重点发展的三个新城之一，亦庄新城的功能定位是以高新技术产业和先进制造业集聚发展为依托的综合产业新城，是辐射并带动京津城镇走廊产业发展的区域产业中心。要建成高新技术产业中心，高端产业服务基地，国际宜业宜居新城。

亦庄新城将以提升高新技术产业和先进制造业的层次和国际竞争力，成为京津城际发展走廊上的高新技术产业和先进制造业基地；积极发展研发、商务、物流等生产性服务业，构建以区域产业集群为依托的高端产业服务基地；以高新技术产业和先进制造业集聚为动力推动综合产业新城可持续发展，建设具有国际水平的适宜就业和适宜生活居住的现代化新城为总体目标。规划到2010年，亦庄新城人口规模为30万人，城市建设用地规模控制在55000公顷左右，

[图 209]
北京亦庄经济技术开发区

新增城市建设用地 29000 公顷。2020 年人口控制规模 70 万人左右，城市建设用地规模控制在 100000 公顷左右。

亦庄开发区通过建立城乡协调发展机制，缩小了城乡差距，促进了小城镇和农村的现代化建设和发展，并快速提高了城市化水平和城镇发展质量，推动了城市（镇）带动农村地区发展以及生态协调、经济繁荣、土地资源集约利用，实现城乡统筹协调发展。

在亦庄开发区建设过程中，星网工业园的建设发展具有典型代表意义。诺基亚星网工业园已成为国际知名的世界级移动通讯产业基地。“星网工业园”的诞生是全球竞争的必然产物，与原有意义上的托拉斯不同的是，诺基亚及其配套商之间互为市场，是真正意义上的强强联合。

星网工业园自 2000 年 5 月 8 日正式启动以来，已有近 20 家国内外著名的手机零配件和服务供应商入驻开发区，总投资超过 100 亿人民币，已累计出口 80 多亿美元（出口比例 50%），几乎占其全球一半的销量，累计缴纳各种税金超过 18 亿人民币，并且创造了近 25000 个就业机会，2004 年，星网工业园营业额达到 250 亿元。寻求多赢的本土化策略是诺基亚企业核心竞争力的精髓所在。

星网工业园的诞生体现了当前经济全球化背景下跨国公司之间战略合作的一种趋势，即通过分包的作法，将中游的制造环节交给配套厂商，把更多人力、财力放在上游产品与技术的研发和下游市场的开拓与销售服务上。所不同的是，诺基亚星网工业园把这一切都放在了同一个空间里：以一个企业、一种产品为龙头，吸引数十家世界一流配套企业参与，并在短短时间内形成规模，却绝无仅有。

星网工业园的发展，折射了开发区企业的发展轨迹。在我们慨叹亦庄开发区辉煌发展的时候，愿在此引用欧盟贸易专员彼得 · 曼德尔森的一句话“对于未来的欧洲来说，威胁不是来源于中国的崛起，而是来自于对挑战的回避”。对于开发区同样也是这样，要摆脱威胁，就要恪守开发区一向倡导的理念——“唯有持续变革，才能持续领先”。

第 74 讲

北京文化创意产业
——798 艺术区和宋庄画家村

当代艺术先锋、新锐、独特，首都北京传统、大气、从容，它们看似无缘，却因为偶然的相遇绽放出独特的光彩。这两方面的选择和包容让北京增加了一道奇异的风景线，更加丰富、独特、富于魅力。

北京另类艺术的圣地要属798工业艺术区了，落户于工业厂房本身就显现了这批艺术家独特的眼光；而坐落于北京郊区的宋庄画家村依傍于青山绿水之间，远离了都市生活，体现出古今中外艺术家一贯的亲近自然的特点，富于艺术家的本色。

798 工厂艺术区

798，如今在北京已经成为一个彻头彻尾的文化代名词。如果您已经看遍了北京的名胜古迹，不妨来这里转转，一定可以给您的包括视觉、听觉等一系列感官系统带来非常独特的刺激，给您带来一个别样而新奇的旅程。

你是生命斑斓的舞者，
舞动世界缤纷的沉默。
天也许不真是蓝的，
是你灵魂在瞬间的折射。
你是生命潜伏的猎者，
捕捉时间瞬时的定格。
夜也许不真是黑的，
是你灵魂久违的寂寞。

[图 210]
798 厂区里的雕塑

这是一首唱给 798 艺术家们的歌。他们在这里做着他们的艺术。对于他们来说，天可以不是蓝的，夜也可以不是黑的，他们所要表现的是自己喜欢的颜色。

798 艺术区的建筑，原是由德意志民主共和国设计、施工，由前苏联政府支援建设的轻工业厂房，造型独特，为单面抛物线形薄壳屋面，装有宽大的窗户，保证厂房具有比较高的高度之余，又节省了建筑材料，但是由于复杂的施工和高昂的造价而逐渐被废弃淘汰，如今仅在中国、德国、美国等少数几个国家还保留着这种工业发展史上的“文物”。这些工厂在计划经济的年代曾经辉煌一时，但是如今这里大多数的工厂已被废弃，不再进行工业生产了。大约2002年前后，艺术家们开始选择了这里，这一选择开启了798艺术区历史性的一幕，798再也不仅仅是一个地理概念，而是一种文化的坐标和代言。

艺术家们会选择这片废弃的厂房的一个重要原因是这里的租金非常低廉，而且建筑风格非常简约、流畅、实用，具有无限再造的可能，让艺术家们可以尽情地施展他们特有的破坏力和创造力。“文革”时期的红色标语被保留了下来，工业生产所留下的废弃管道被灯光和玻璃营造的光影效果衬托出来，形成一种工业和艺术叠加的独特艺术氛围。

[图211]
宋庄画家村的大画室

这里随处都是艺术的足迹，几个风格迥异的雕塑被有意无意地放在一起，也被老厂房以巨大的反差呈现出属于艺术区的独特风采；专门从德国进口的石碾成了一个酒吧的别致摆设和标志性造型；这里举办着各种画展、摄影展、音乐表演、行为艺术以及创意文化节活动，到处洋溢着艺术新锐、独特而富于想象力的气息，吸引了媒体、观众的广泛注意。

即使是酒吧、咖啡吧，也常常本末倒置地挂满了绘画作品，摆满了雕塑造型，却藏起了餐具、饮具等必要用品。有的店面的玻璃窗上赫然贴着卖诗的广告标语：卖诗，一百元一斤，这种新锐的行为或许有些矫情、做作，但是却表现出一种798所独有的迥异姿态；这里同样充满热情，同样以自己的方式表达着对这个世界的关注，为世界杯举行的人体彩绘活动用艺术的方式表达了不同国家对足球的热情……

随着798艺术区知名度的提高，除了艺术方面的展示活动以外，商业活动也逐渐多了起来，瑞士一家知名公司在赫然写着“毛主席万岁”的大仓库中召开新品发布会，索尼公司、摩托罗拉公司都曾在这里举办过大型的推广宣传新款电子产品的活动，除此之外，很多知名的时装、手表、汽车等品牌也在这里亮相。随着交通越来越便利，媒体和观众的关注度越来越高，798俨然变成了中国北京的SOHO区。

北京798已经成为整个中国，甚至整个亚洲先锋艺术文化的领军代表，成为北京新的旅游胜地。

宋庄画家村

应该说，画家村作为一种生活模式已经在全国范围内流行起来，选择画家村，就意味着选择了一种生活方式，而这种生活方式越来越成为艺术家们的主要选择。

规模最大、最有名气的画家村——宋庄坐落于北京市通州北部，距北京CBD中央商务区十几公里，总面积达百余平方公里。从1994年大批画家迁徙于此定居开始到现在，这里已经逐渐成为中国乃至世界规模最大的当代艺术大本营。圆明园画家村作为最早的画家村解散以后，几位著名画家都进驻了宋庄的小堡村，以低廉的价格购置宽敞的房屋作为艺术工作室进行创作，相继到来的画家们使得宋庄越发活跃了起来，形成了一个以小堡村为中心，由大兴庄、辛店、喇嘛庄、小杨庄、六合等十几个村庄组成的艺术家群落，孕育着中国当代艺术。

艺术家们选择这里，就意味着选择了静谧的环境，清新的空气，简朴的生活，宽敞的房间和低廉的房价，选择了他们需要的自由而舒适的环境来放松自己的身心，从事艺术创作。他们毫不犹豫地远离都市生活的喧嚣，来到静谧的乡野，住起了乡间的四合院，并怡然自得地称自己是“村里人”，在自家的院落中种着各种花草蔬菜，饲养家禽，再养上一条大狼狗看守家门，完全脱离了都市紧张的生活节奏。顺着自己的性情，慢条斯理地生活，他们经常聚集在一起，串门聊天，品茶交流艺术创作的经验，在自己悠然自得的生活中创作出自己的作品，过着“桃花源”式的生活。

如今，宋庄画家村已经是北京目前最大的艺术家聚居区，气质比较新锐和张扬，充满着艺术的创造力，大批的艺术作品在这里产出，成为收藏家的藏品。大批的当代艺术家、媒体、收藏家和拍卖行把目光投向这里，无数艺术的和商业的行为都聚集在这里。宋庄画家村在国内外均享有盛誉，已经成为一个以当代艺术原创为特色的中国艺术品牌。

画家村逐渐成为画家以及其他艺术家的栖息地，也成为画家聚居的主要模式。大批艺术家选择了画家村，作为自己坚守艺术追求的领地。北京地图上的很多零星区域被划分出来，成为艺术的标签和代言，一起历史性地重合在这个具有丰厚内涵的城市版图中。当代艺术以星星之火的画家部落模式绽放出了自己的光芒。

“还乡就是返回与本源的亲近”，正如大哲学家海德格尔所说，艺术家们投身自然，定居乡间，在自然和人的灵性交互中分娩出自己的作品，显示出人的生命意义，也为整个社会的进步提供了感性的动力。古城北京，因为这些村落的宜人的风景，更重要的是精神的图腾，变得更加丰富、动人。

艺术可以是边缘的，先锋的，另类的，但艺术永远是艺术，是人心灵深处的表达。798工厂的艺术产品和宋庄画家村的创作，为北京这个有着沉敛气质的历史古都增加了独特的风韵。

第 75 讲

北京临空经济区——顺义空港

[图 212]
首都机场新航站楼效果图

顺义空港位于北京市顺义区，因境内拥有首都国际机场而凸显其在北京乃至全国的特殊地位。空港距市中心天安门广场25.35公里，是我国地理位置最重要、规模最大、设备最齐全、运输生产最繁忙的大型国际航空港。

位于空港内的首都国际机场始建于20世纪50年代，于1958年3月正式投入使用，建筑面积10138平方米，每小时最多进出旅客仅240人。为满足民航事业的发展及客货运量不断增长的需求，首都机场进行了大规模的扩建工程。1980年1月启用的航站楼，经过1988年和1992年的两次改造与扩建后，面积78000平方米，每小时最多进出旅客也只有3000人。现在的首都国际机场不但是中国首都北京的空中门户和对外交往的窗口，更是中国民用航空网络的辐射中心。

随着通往首都北京的国际航线数量和国际航班密度的稳步提高，1995年10月～1999年11月期间，首都机场对航站区又一次进行了扩建。1999年11月1日，使用现代化技术设备装备起来的二号航站楼正式投入使用。二号航站楼建筑面积达33.6万平方米，可以轻松地同时处理20架飞机的停靠，主要承担国内及国际航班的服务，每年可接待超过2650万人次的旅客 高峰小时旅客吞吐量可达9210人次。

2008年北京奥运为顺义空港提供了千载难逢的发展机遇。作为国家重点工程项目和举世瞩目的奥运工程，首都国际机场三号航站楼和第三条跑道于2004年3月破土动工，2008年已经建成并正式投入使用，准备迎接北京奥运会的召开。现在的首都机场可停靠当今世界民用航空所有机型，包括空中客车A380这样世界上最大的飞机。

[图213]
顺义天竺空港工业区

新建的三号航站楼，建筑面积98.6万平方米，面积是一、二号航站楼总和的两倍之多；新建停车楼及交通中心，建筑面积34万平方米，还有各种配套设施。这个巨大的“工”字形建筑周围分布着49座登机桥，同时可停降36架飞机，建成后的新航站楼可满足年旅客吞吐量3500万人次的需要。登机时间一到，旅客即可直接从候机大厅上桥登机，免去了以前要提着大包小包乘车上飞机的奔波之苦。新航站楼内设自动步道、自动扶梯、配有168个办票柜台、设有行李自动分捡、安全检查、楼宇自动化控制、内部通讯等先进的机场管理系统，能够有效解决首都机场严重超负荷运行的现状。

首都机场新航站楼

目前，顺义空港国际机场旅客吞吐量已经突破4800万，位列世界各大机场第9位。首都国际机场优越的地理位置，完备齐全的服务设施，吸引了66家国内外航空公司在首都机场运营，其中国内航空公司11家，国际航空公司55家。国内通航城市88个，国际通航城市69个，每周有5000多个定期航班从这里飞往全国和世界各地。

随着首都国际机场的扩建与发展，顺义区“依托机场、服务机场、促进临空经济发展”的思路不断清晰，围绕首都机场的航空、物流等临空产业逐步发展并不断壮大。经过近几年来的实践和探索，顺义临空经济区从无到有、由小变大，临空产业规模不断扩大，国际化特征充分彰显，国际化运行机制日益成熟。临空经济区已有来自30个国家和地区的600余家投资额在千万元以上的规模企业相继入驻。其中，60余家跨国公司和30余家世界500强企业，投资总额超过50亿美元，吸纳劳动力达4.3万人。

依托首都国际机场，顺义空港的航空产业取得了快速发展。首都机场的东扩带动了一批新航空企业的入驻，国航客运公司、首都机场集团公司、南方航空公司、汉莎飞机维修公司等一批重要的航空企业纷纷落户顺义空港。

首都国际机场的扩建与发展，也促进了顺义空港现代物流业的聚集发展。顺义空港拥有各类现代物流企业超过150家，投资总额110亿元。空港物流基地是顺义空港的重要功能区之一，目前已有荷兰TNT、日本邮船、住友等多家世界500强企业以及中外运、空中客车、宅急送、华辉国际、宝供、顺丰等多家国内外知名物流企业进驻。依托首都国际机场，凭借周边发达的公路、轻轨网络，辅以铁路运输和海运，顺义空港还吸引了从事国际国内货运分拨、整理、加工、仓储、配送、展示、展销等企业入驻，为北京进出口货物集散和中外客商国内外采购、分

[图214]
首都机场新航站停机坪

销提供完备的物流平台。空港内座座现代化的物流分拨中心拔地而起，现代化新型物流基地形象已经展现在世人面前。

同时，顺义空港以空港工业区、天竺出口加工区、林河工业区为依托的高技术产业和现代制造业，初具规模并不断发展壮大。空港工业区共有来自18个国家和地区的288家口外企业，其中跨国公司60余家，索尼、空中客车等世界500强企业20家；有电子通讯企业35家，形成了以电子信息业为主导的产业格局。林河工业区有北一大限（北京）机床有限公司、有研硅谷等63家企业入驻，形成了以微电子、数控机床、生物医药产业为核心的现代制造业产业基地。北京汽车生产基地已经吸引了包括北京现代和北汽有限两大整车企业以及摩比斯、海斯克等66家汽车零配件企业，集产、学、研、销、售后服务、配件供应等于一体的汽车产业集群化发展初显端倪。

随着北京新国际展览中心在顺义空港的落成与投入使用，将为会展、商务服务等现代服务业的发展带来新的机遇。新国际展览中心总投资84亿元，总建筑面积66万平方米，拥有10个大型展馆，是亚洲一流、世界前五位的现代化国际展览中心。在这座号称“展览城”的建筑群里，不仅有设施一流的展馆，还有高档商务酒店、会议中心、仓储租赁、主题公园等17万平方米的配套设施。据测算，新国展中心日均参观人数为3.1万人，展期日均需住宿人数4000人，极限高峰日需住宿人数为3.1万人至3.6万人，客房总数需达到4000间以上，最大的接待能力需要达到7800人。北京新国际展览中心的布局由河而生，中心主轴线与温榆河一脉相承，使展览中心成为温榆河生态走廊上的又一绿色景点。

如今，顺义空港已经初步形成了以首都机场为核心，以天竺出口加工区、空港工业区、林河工业区、国门商务区、空港物流基地、北京汽车生产基地等六个功能组团为依托，以航空产业、现代物流业、高新技术产业、会展业为代表的临空产业集群发展格局。机场北侧聚集了以中外运、宅急送、TNT为代表的现代物流集群；机场西侧汇集了以索尼、爱立信、松下为龙头的电子通讯等高科技产业集群；机场东侧发展起以现代汽车为龙头的现代制造业集群；机场南侧，以航空类总部经济和会展、金融保险等服务业为主的国门商务区正在加速建设。

北京市“十一五”规划已将顺义临空经济区确立为“十一五”时期重点建设的六大高端产业功能区之一，规划明确提出了“开发临空经济区，发展临空产业，提升会展、物流业水平，构筑引领未来发展的高端产业功能区”。这表明依托首都国际机场发展临空经济已经从区域发展战略上升到北京城市发展战略，从区域经济增长点变成首都经济的重要增长极。

按照北京市“十一五”规划赋予顺义空港的新要求，顺义空港将充分挖掘首都机场资源，强化与首都机场之间的合作，切实加强机场周边的空港工业区、国门商务区等重点功能区和已落户的新国展中心等重大项目的建设，进一步加大对航空产业、现代服务业和高科技制造业等临空产业的引进力度，基本形成以现代物流、高技术、现代制造、国际商务、展览展示等五大主导产业为目标，不断向外辐射发展的临空经济发展格局。

展望未来，扩建后的北京首都国际机场将新增建筑面积90多万平方米，新增机位73个，能够充分满足顺义空港枢纽功能的要求。到2015年，扩建后的首都机场年旅客吞吐总量可达到6000万人次，货邮吞吐量180万吨，飞机起降50万架次，高峰时每小时飞机起降124架次。

我们完全有理由相信，随着北京首都国际机场扩建工程的完成并正式投入使用，首都机场在亚太地区乃至全球的中枢机场战略地位将进一步巩固，综合竞争力将不断提升。特别是随着临空经济区的崛起与发展，未来的顺义空港将如一只腾空翱翔的雄鹰，焕发出蓬勃的发展生机与活力，区域知名度进一步提升，国际竞争水平不断提高，成为首都经济腾飞的重要增长点和助推器。

第 76 讲

走向后工业时代
——首钢与北京工业的变迁

[图 215]
首钢曹妃甸新址日出

古老而神秘的曹妃甸不再寂寞，这个名不见经传的荒凉小岛，随着首钢的大规模迁入，瞬间在国内声名鹊起。首钢的搬迁在中国工业化进程中史无前例，它标志着北京工业化程度进入了一个新的历史阶段。

首都工业的象征

首都钢铁集团，1919 年始建于北京石景山。石景山，又名石井山，相传石山之上水井众多，“石井”二字由此得名。1919年9月，段祺瑞政府在山之东麓筹建炼厂，后被日本侵略者霸占，始称石景山钢铁厂，简称“石钢”。但截至 1949 年的 30 年间，石钢累计产铁不过 28.6 万吨。1949 年以后，首钢才真正获得新生。

北京城市规划设计学会秘书长魏恪宗回忆说，同仁们谈起当年的首钢，总爱讲一个故事：解放初，每年国庆都在天安门广场搞群众集会，当时的彭真市长向检阅游行队伍的毛泽东主席介绍游行队伍时说，这是饭馆服务员方阵，这是澡堂子工人方阵。主席听后若有所思，下决心改变工人结构，要有真正的产业工人，拿掉老北京“纯粹消费城市”帽子，提出“北京要有钢铁工业，要有石化工业”。首钢建厂之后，几乎每次天安门的重大活动，都有首钢工人方队代表中国工人接受检阅。

1958年建成的我国第一座侧吹转炉，结束了首钢有铁无钢的历史。1964年，我国第一座30吨氧气顶吹转炉在首钢建成，揭开了我国炼钢生产的新篇章。“首都钢铁公司”之名，则始于新中国成立后的1967年9月13日，“首钢”二字从此被赋予了更多的政治使命。1978 年首钢进入我国十大钢铁企业行列，1994 年钢产量达到全国第一位。

经过 80 多年的发展，特别是改革开放后 20 多年的发展，首钢已成为集钢铁、采矿、机械、电子、房地产、服务业、海外贸易等产业于一身，跨行业、跨地区、跨国、跨所有制的特大型企业集团。首钢长期以来都是北京经济发展的重要支柱，为北京市、新中国的冶金工业乃至新中国的国民经济建设作出了重要贡献。

然而，为何要不惜牵扯到16万工人方方面面的问题以及几百亿元搬迁费用的巨大成本，让一个贡献如此之大的钢铁巨人在80多“高龄”迁居呢？

触动绿色底线

首钢，在为北京的GDP作出巨大贡献的同时，也给北京带来了严重的空气污染。首钢涉钢系统距北京市中心天安门只有17公里，且地处城市西部上风向的石景山地区，集中了焦化等高耗能、耗水及高排放的生产工序，对北京市区空气环境质量产生了巨大的负面影响，首钢的发展与首都环境以及产业结构的矛盾日益突出。

早在1997年，全国政协委员、民间环保组织“自然之友”会长梁从诫先生在全国政协八届五次会议上提交的提案中，就建议首钢不但不能再增加产能，还要逐步将产能迁出北京。这是关于首钢搬迁的最早的文本。2001年，北京申奥成功后，梁从诫先生再次提出首钢搬迁的建议。一直关注首钢动向的梁从诫注意到，真正的转机出现在2001年，那年7月北京提出的“绿色奥运”理念征服了大多数国际奥委会委员。北京城市发展的目标锁定在“适于居住的政治文化中心”。奥运会这颗砝码比他们早先提倡的“环保”、“宜居”这些概念重得多，“首钢搬迁”的口号以迅猛的声势登上了大众传媒，“首钢最终要搬出去”的意见形成压倒优势。此后，首钢搬迁成为大势所趋。

尽管从1995年到2004年首钢在环境治理方面做了不遗余力的投入，不断努力寻求与环境的双赢局面，然而国家有关部门和到首钢进行实地考察的许多专家依然认为，首钢的环保工作虽然已经取得较高水平，但与北京极低的大气环境容量相比，仍然存在无法彻底解决的矛盾。于是，首钢涉钢系统全部迁出北京的意见开始被包括首钢在内的各方接受。为了绿色奥运的承诺，首钢肯定不能留在首都，国务院在给首钢搬迁方案的批复中，使用了“首钢搬迁时间紧迫”的措辞。

据环保部门预计，首钢搬迁以后北京每年可减少1.8万吨可吸入颗粒物，可节省下5000多万立方米水资源，相当于25个昆明湖的水量。新首钢虽然每年耗水4000万立方米左右，但这些耗水并不使用现有水资源，而是通过两条途径解决：一是充分利用污水处理厂每天排出的大量中水，二是在曹妃甸港区设计了一个海水淡化工程，每年可淡化海水3000万立方米。首钢搬迁后，工业区旧址的功能已初步定位为“北京西部综合服务中心”和“后工业文化创意产业区”，这意味着北京西部将崛起一座承载工业文化特色和城市活力的功能区。

[图216]
首钢群明湖

搬迁到曹妃甸的首钢将是中国第一个真正意义上的沿海型钢铁企业。首钢搬迁到曹妃甸可以看到中国工业布局思路的根本转变。此前中国虽然建有紧邻东海的上海宝钢，但宝钢并无深水码头，需要将矿石原料从远洋轮上卸下来，用小吨位船舶运到长江口内的厂区，钢材出口也要倒腾两次；曹妃甸则不然，深水港离生产区不到1公里，20万吨级远洋轮可以直接用传输带把矿石运到生产线上。

今天的中国与世界主要国家都保持着良好的贸易关系，可以大规模利用海外矿石资源、发展沿海型钢铁企业，曹妃甸钢铁项目能够充分利用廉价水运，在钢铁行业中取得极大优势。北京送走了一个旧的工业首钢，而首钢又在曹妃甸获得了新生，首钢也算找到了自己应有的归宿。

后工业化阶段的北京

首钢“东渡”河北曹妃甸之后，石景山区经济和社会发展的初步设想是：通过5～10年的不懈努力，逐步将石景山区建成生态环境良好、产业重点突出、功能区特色鲜明的现代化新城区。重点发展旅游、物流、文化娱乐等现代服务业，做大做强高新技术产业，积极发展就业容量大、劳动密集型的都市型工业和社区服务业。“后首钢时代”的石景山区有望成为“京西绿色生态屏障”，这将对提高京西的生态环境质量和绿色屏障作用、大幅提升北京市宜居城市档次将产生深远影响。

从现代化的角度解读首钢搬迁，北京市积极推动首钢搬迁，说明北京进入了工业化新阶段。重工业一度是北京最重要的税源，首钢鼎盛时期，它一家的利税就曾经占到全市税收的¼。而到了2004年，北京国税、地税收入达到1800亿元，同期首钢的利税不过28亿元。在这一年，北京房地产业实现税收130.3亿元，建筑业实现税收58.8亿元，金融业实现税收54.6亿元，都把钢铁业远远地抛在了身后。以冶金、重化工为主的传统优势产业的地位逐年下降，以电子信息为龙头的高新技术产业在全市工业的比重不断递增，从前在六个主导行业中居于末位的电子信息产业如今已完全取代黑色冶金业而成为北京工业的第一支柱产业，高科技产业为成为北京工业的主导。

借奥运的契机，北京市实施了面向奥运经济的工业布局结构、产业结构、产品结构调整，形成地域工业新布局，四环路以内将成为工业营销、研发机构及无污染的都市型工业和对外交往窗口；四环路沿线将形成高新技术产业带；郊区县产业将被建设成为现代加工制造业基地和原材料工业基地。促进高新技术产业化，淘汰技术落后、能耗高、污染重、赢利水平低的企业或产品，用高新技术改造提升传统产业，使北京工业产业、产品结构明显改善，效益大幅增长，产业结构调整成效显著。

2007年8月，中国首部工业化蓝皮书《中国工业化进程报告——1995～2005年中国省域工业化水平评价与研究》披露，北京市在“十五”期间实现了从工业化后期向后工业化阶段的跨越式发展，继上海在全国率先实现工业化后，北京成为第二个实现工业化的地区。对于已处于后工业化发展阶段的北京，《蓝皮书》指出，北京应继续优化第三产业内部结构，提升产业发展质量，不断提高现代服务业在第三产业中所占比重。对于北京是否发展第二产业，《蓝皮书》则倾向于北京市原则上不宜发展重工业，但应该积极发展以高技术为核心的现代制造业。

作为传统企业的代表，首钢的变迁是在科学发展观指导下的北京工业结构调整的“缩影”。近而言之，是为了满足举办2008年奥运会对环境的要求；远而言之，是在适应作为“国家首都、国际都市、文化名城、宜居城市”的城市定位。

第 77 讲

世界瞩目的北京展——北京的会展

北京会展的特色

北京的会展以总量规模大、国际专业品牌多、会展设施齐全享誉海内外。北京会展收入占到全国的1/4，直接拉动了北京的交通、旅游、住宿、餐饮、商业、娱乐、金融、保险、电信、传媒等相关行业的发展，提供了大量就业机会，提升了北京在国际上的美誉度。目前，北京会展现有从业人员1.4万人，实现收入61.1亿元。

北京会展数量稳步增长，国际会展项目增幅显著。仅在2005年，北京就举办各类会议17.4万个，其中，国际会议6943个；举办各类展览2367个，其中国际展览322个。

北京会展品牌增多，国际专业品牌会展在全国领先。北京拥有众多全国性科研机构和行业协会，在举办行业性专业技术展览会方面具有不可替代的优势。汽车、机床、通讯等展览品牌趋于成熟。在中国内地22个被全球展览业协会(UFI)认证的展览中，北京的中国国际机床展等10个展览位列其中，国际品牌展会数量居全国首位。

北京会展设施总量居全国前列，市场格局初见端倪。北京市具一定规模的会展场馆有12座，展览面积约23.7万平方米，其中室内展厅面积18.4万平方米，会议室面积1.6万平方米，已经形成一定规模效应和市场聚集效应的会展场馆包括中国国际展览中心、国际贸易中心、全国农业展览馆、北京展览馆和北京国际会议中心等。此外，于2008年正式启用的“新国展”使北京的会展设施达到世界一流水平，现在北京的会展设施总量已经居全国第一位。

[图 217]
2004 年北京国际金融论坛

北京会展业产业聚集优势显现，业务分工趋向合理。从地域分布看，朝阳、东城、海淀、昌平和西城是北京会展业发展的重点区域，目前已初步形成东北部会议中心、东部国际会展两大产业聚集区。以朝阳、东城、海淀、昌平为核心的东北部地区是北京会议活动较为集中

[图218]
北京国际图书博览会

的区域。北京各展馆举办的展会类型已呈现分级局面。“新国展”以展示大型品牌展为主；亦庄北京经济技术开发区展馆以工程展、消防展为主；国际展览中心老馆举办中级规模的展览；1～2万平方米的展会主要在北京展览馆、全国农业展览馆等场馆举办；1万平方米以下的展会分散在中国国际贸易中心展馆等。

北京名会名展

北京正在成为国际会展名都，名会名展举不胜举，奇景奇葩美不胜收。“科博会”“文博会”和“车展”代表了北京会展的国际化水准。

中国北京国际科技产业博览会（简称科博会）是由科技部、商务部、教育部、信息产业部、中国贸促会、国家知识产权局和北京市政府共同主办的展览中国“硅谷”技术的盛会，名列国家四大高科技博览会之首。科博会以展示中国科学技术和科技产品为主，其特点是跨国公司多、科技成果多、产品技术含量高、协议成交量大。仅前七届科博会，就累计签约项目近2000个，协议总金额达300多亿美元；参会外国政府和代表团组近400个，参会人数近200万人次；参展中外机构和企业8000多家；中外演讲人2400余人；参加经贸洽谈会的中外客商40000余人。

第八届、九届、十届科博会除了规模空前以外，更是在“自主创新”和“民族品牌”上彰显出中国强大的技术实力。

北京文博会

中国北京国际文化创意产业博览会（简称文博会）是由北京市和广电总局联合举办的国际大型文化创意产业博览会，2006年12月成功地举办了第一届。文博会的主题是“创意、科技、文化”，目标是搭建一个文化创意产业信息交流、产品交易和项目合作的重要平台，为文化创意产品的市场化、产业化和国际化提供广阔的发展空间；同时，在举办的理念、模式和运作方式上向国际博览会看齐，吸引国内外文化创意的高端技术和产品，打造融创意思维、科技含量、文化底蕴于一体的世界性文化创意盛会，办成在国际上具有广泛影响和吸引力的世界精品博览会。

首届文博会就取得了巨大成就，签署产业基地建设、基地项目引进、文艺演出、出版发行、版权贸易、影视节目制作交易、设计创意、动漫与网络游戏研发制作、古玩艺术品交易、文化旅游等合作意向、协议184个，总金额37.63亿美元。

北京文博会产业化和市场化特点突出。据不完全统计，文博会期间推出的文化创意产业项目约4000多个，仅文艺演出节目就与国内外演出商签订演出意向、协议112个。北京文博会创意特色明显。

北京文博会打造了一个巨大的创意空间。从开幕文艺晚会的节目设置，到各展区的设计布展，以至展品内容、展出形式、活动策划，处处体现出组织者匠心独具的创意。

北京文博会国际化潮流涌动。文博会成为中国文化产品“走出去”的一个重要舞台。仅文艺演出展馆的舞蹈节目，就与美国、英国、法国、新西兰、日本、荷兰及台湾地区的演出商签订海外演出意向、协议15个；部分国产图书和游戏动漫作品也成功地进行了版权输出，其中人民美术出版社出版的葡文版《西游记》连环画与巴西康拉德出版公司的版权交易，开创了与南美国家的版权贸易往来。

热闹非凡的北京车展

北京国际汽车工业展览会（简称北京车展）是由中国贸促会联合多家重量级汽车展商共同举办的国际大型汽车展。从1990年至2006年共举办了九届。从第一届到第九届，展出车辆由240辆增加到556辆，参展客商由400家增加到1500多家，展出面积由2万平方米增加到12万平方米，观众流量由10万人次增长到56万人次，与会记者由50多人增加到6000多人。2008年又迎来了第十届北京车展。

北京车展汇集了一大批当代国际汽车工业的高新科技产品以及近年来国内企业开发研制的领先技术及新产品，代表了当今国内外汽车工业的发展水平。在展会期间，除了跨国巨头云集外，国内合资厂商和自主品牌企业也纷纷将其新车提前亮相，从而使“北京车展”成为名副其实的“国际汽车博览会”。

北京车展的成功举办，在国内引起了轰动，在国际上产生了较大的影响，已成为国内规模最大、国际影响力较高的国际汽车展览会。世界最著名的汽车厂商纷纷表示要将北京车展与世界五大车展连成一线，共同列为国际 A 级车展。

北京会展未来展望

北京作为国家首都，具有发展会展业的天然优势。北京是中国的政治文化中心，是中国与世界经济、技术、文化交流的重要窗口，集中了众多的驻华使馆、外国商社、中央在京单位以及全国性的专业行业机构。另外，北京具有强大的金融交易能力和巨大的市场消费示范作用，所以，各类国际国内会展都愿意在北京举行。

2008 年奥运会将为北京“做强做大”会展业带来难得的历史性机遇。奥运会筹办期间，北京将始终成为世界关注的热点，来京举办的各类与奥运主题相关的展会将愈来愈多，从事商务、旅游等活动的国内外人士亦将大量增加。奥运场馆的转化利用，也将进一步增强北京的会展的实力。

“新国展”的建成将进一步提升北京会展业在全国的地位。“新国展”总建筑面积66万平方米，由美国TVS国际设计公司与北京市建筑设计研究院联合设计，是全国规模最大、世界一流的现代化展览设施，2008年第10届北京车展将在“新国展”举行。

《北京市“十一五”时期旅游业及会展业发展规划》的颁布和实行，将大大提升会展业在北京社会经济发展中的地位。我们有理由相信，随着运营管理体制的不断完善，北京会展业将会迎来又一个发展的“春天”北京将成为名副其实的“国际会展之都”。

[图 219]
北京文化创意产业发展论坛

[图 220]
中国社会发展成就展览会

第78讲

四季常食瓜果鲜——北京的农林特产

京郊大地为京城生产和供应农副产品历史悠久。早在辽代，副食品生产就初具规模；元代形成了菜田区；明代细分成了御菜园、官菜园和民菜园；到了近代，京郊大地上的丰富物产更是享誉四海。20世纪50年代之后，随着首都农业现代化建设步伐加快，具备“名、特、优、新、稀”特色的农产品越来越多地被深度开发和生产出来。这些特色农产品具有优质、绿色、安全、环保的特点；分列在粮油、蔬菜、果品、禽畜及其产品、水产、观赏性动植物等7类农副产品中，共计100多种，广阔分布在京郊的13个区（县）。

从春到冬，京郊就像在谱写一曲优美的奉献之歌。晚春暖阳下结出颗颗晶莹小果的樱桃，不仅酸甜诱人，而且还可为游人提供丰富的亲自采摘机会，饕餮之余享受与亲朋家人劳动、休闲的乐趣。

[图221]
摘苹果的时候

夏季刚到，京城各街市就开始上市新鲜的平谷大桃，色泽光鲜、品种繁多、个大汁甜；不但口味出众，而且由于在外形上通过基因技术进行创新，开发出“福寿桃”等新品种，在市场独领风骚。不过，夏日里最为人们喜爱的，当属享誉全国的大兴西瓜。丝丝甜汁中带着瓜儿独有的清凉，颗颗黑玉周围包裹的是绵软通透的沙瓤，大大地咬一口，酷暑早就被抛到了九霄云外。

[图222]
大兴西瓜王

一过夏季，市场上的农林特产就更多了：水灵灵的京白梨，又去火又解渴，让人百吃不厌；饱满香甜的板栗，被手艺人放在独特的砂石中用糖炒制，味道更加甘美绵长，剥开一口咬下，满口生香；红红火火的大柿子，更是北方人喜欢的水果，除新鲜上市外，还会被专门制成柿饼，留到新年时食用，是招待客人的绝好佳品；还有金丝小枣和冬枣，一枚枚光洁脆生，或青红相杂，或红遍江山，都是美味宜人。

除了上述的自然物产之外，北京还有其他极富特色的特产。颜色各异、香甜美味的果脯，用宫廷传统秘方由鲜果加工精制而成，口味酸甜适中、爽口滑润、甜而不腻、果味浓郁，有杏脯、梨脯、秋海棠等上千个品种。滋补名点茯苓夹饼，配方来自于清朝宫廷御膳房，薄若蝉翼，

柔腻绝伦，形状像满月，白似雪，薄如纸，珍美甘香，风味独特。

[图 223]
平谷大桃

依山近海的北京，在气候上并不比中国的其他省份得天独厚，却拥有大自然如此众多的厚赐。它们不仅为北京带来了享誉天下的名，也为北京带来了看得到、摸得着的利，更是民众繁衍生息之外的生活乐趣。

樱桃沟樱桃

樱桃沟位于北京门头沟西部深山区，海拔高，有适于樱桃生长的独特气候资源，以盛产樱桃而得名，有数百年的种植历史。据《宸垣识略》记载："樱桃，在西山樱桃沟最多，正可谓樱桃花千树。"

1993年开始，樱桃沟村逐步引进国内外经过科学培育的红灯、大紫、那翁等几十个优良品种。樱桃沟如今种植樱桃面积66.7公顷，产量6万公斤。樱桃结果时，满园的樱桃像火一样红。

平谷大桃

平谷是中国大桃生产第一区。面积最大：达1.2万公顷，产量最多：超2.3亿斤，上市时间最长：从3月底至11月底均有鲜桃销售，品种最全：拥有黄桃、白桃、蟠桃、油桃四大系列218个品种。平谷大桃以个大、色艳、甜度高而驰名中外，大桃最大单果重达1公斤。

平谷大桃口味好的重要原因是自身有着独特的自然生长环境：平谷境内多河流，地下水资源丰富；平谷区为三面环山，西南开口的敞开型地形，且处于长辐射地带，昼夜温差大，有效地形成了大桃糖分和养分的积累；平谷平原属于微酸性沙质、透气性土壤，适合大桃生长，并能提供大量的微量营养元素。

平谷先后被国家林业局授予"中国名特优经济林桃之乡"，被农业部授予"中国桃乡"，被国家质量技术监督检验检疫总局确定为"全国大桃标准化生产示范区"。

庞各庄西瓜

400年前的明朝万历年间，大兴庞各庄镇就种植作为皇宫贡品的西瓜，史称贡瓜。西瓜的种植品种主要有三大系列：京欣系列、航兴系列和小型瓜系列。"京欣一号"西瓜，瓜皮光滑、果形周正、皮色正常、网纹清晰；上起棱、气色正、绿中挂白；皮薄汁多；口感脆、沙、甜，非常具有特色。

庞各庄地处洪积、冲积平原，多为沙性土。每年5～7月平均气温为20℃到26℃，最适宜西瓜生长。六月中、下旬西瓜的需水量约为总需水量的47%，这时该区季风雨已经来临，昼夜温差大，在西瓜的生长季节日温差可达10℃以上。这些条件为西瓜的生长提供了优越的环境。1995年，农业部授予庞各庄镇为"中国西瓜之乡"的称号。

东山京白梨

京白梨是北京水果中唯一冠以"京"字的水果，是果中的稀有珍品，原产于北京门头沟区军庄镇的东山村，有200多年的栽培历史。京白梨有独特的生长环境：三面环山，具有背风向阳的优势，光照充足、昼夜温差大，有利于京白梨糖分的积累。

京白梨果实呈扁圆形，大小整齐。果皮黄绿色，果面平滑有蜡质光泽，果梗细长，果肉黄白色，肉质细脆致密，味甜多汁，摘下经十余天后熟，果肉变细软多汁，易溶于口，味酸甜适口，微香。

如今，门头沟的东山村建起了千亩京白梨生产基地，“忽如一夜春风来，千树万树梨花开”的诗情画意真切地映入了我们的眼帘。

怀柔板栗

怀柔板栗起源于明朝万历年间，至今仍有大明板栗树20余万株。主要产于渤海、九渡河两镇。据明万历《怀柔县志》记载：怀柔板栗曾作为贡品和祭品供奉于朝廷之特需。

怀柔板栗是品质优异、营养丰富，高热量、低脂肪、高蛋白质、不含胆固醇的健康食品，是中国栗中的佼佼者。清代慈禧太后为了延年益寿，经常食用栗子面窝头，后传至民间，成为著名的北京小吃之一，经常食用，具有健脾益气、补肾强心的保健作用。

拥有500多年栽培历史的怀柔板栗，已获得“怀柔板栗”的地理商标，又列入了北京市政府公布的第二批市级非物质文化遗产名录。

房山磨盘柿子

房山是磨盘柿的故乡，早在明初朱元璋时期就栽培了磨盘柿子。张坊、青龙湖北车营、佛子庄和陈家台等地是最著名的磨盘柿子主产区，所产柿果品质极佳。

磨盘柿是目前世界上最优良的涩柿品种，果形圆而扁，缢痕明显，位于果腰，将果实分为上下两个部分，状如磨盘，因此而得名。磨盘柿具有色形鲜美、清汤薄皮、脆甜可口的特点。果皮开始着橘黄色，果实充分成熟后为橙红色，表面细腻，果肉乳黄色，硬柿肉脆，软柿多汁，味甜，果实无核，易脱涩，耐贮运。

金丝小枣

北京是古代枣树栽培中心之一，一些品种已有千年以上的历史。著名的有密云小枣、牙枣和匾枣等，在元代的《打枣谱》和《析津志》中就曾有记载；特产的璎珞枣和脆枣，分别在《广群芳谱》和《农政全书》中有过评述。

北京至今还保存着不少珍贵的名枣树和古枣树，成为活的标本和历史见证：如昌平区桃洼乡王庄村的“酸枣王”，树高14米，树冠扩展，已成为大乔木，故称之为“王”；比它还老的是崇文区上堂子胡同14号院内的酸枣树，株高21.3米，树冠9 × 10.55米，估计树龄在千年左右，现每年仍结果；大兴区黄村镇洪村一株树龄在500年左右的白枣树，每年都硕果累累且品质优良；东城区府学胡同文天祥祠堂中的老枣树，品种为璎珞枣，据传是文天祥就义前亲手栽植，并特意斜植使树冠向南，以此表达文天祥“臣心一片磁针石，不指南方不肯休”的忠贞气概。

第79讲

经济迈向一体化——京津冀经济圈

京津冀经济圈由北京、天津，河北环京津的廊坊、唐山、保定、沧州、承德、张家口、秦皇岛以及省会城市石家庄（2+8）构成，全辖区土地面积18.46万平方公里，占全国的1.92%；人口6967.8万，占全国的5.33%；2005年完成国内生产总值14118.51亿元，占全国的10.34%。京津冀是我国第三大经济增长极，环渤海的核心区域。

改革开放以后，我国逐步融入世界经济体系，区域经济一体化无疑成为经济发展的必然趋势。环渤海是我国最早提出经济一体化发展的区域之一，曾在20世纪80年代中期和90年代初期两度成为热议的话题，但由于市场化程度、经济发展水平、生产要素聚集等均处于较低水平，区域经济一体化发展还只是停留在理论层面，并没有进入实质性操作阶段。进入21世纪以来，东南部沿海地区的珠三角和长三角借助区域经济合作，犹如插上腾飞的翅膀迅速崛起，环渤海区域却被远远抛在后面，区域经济一体化问题才重新回归人们的视野。目前，京津冀经济圈、山东半岛城市群、辽东半岛城市群作为环渤海区域的三大次极区域，其区域经济一体化进程迅速推进，但环渤海区域的全面合作尚未显露端倪。

京津冀经济圈——历史与现实的紧密联系

京津冀经济圈地处华北平原，共用海河、滦河两大水系，由燕山、太行山地连接，历史上曾同属“直隶省”。京津冀资源互补，北京具有首都优势，雄厚的技术、资金、信息资源和经济基础，高科技产业、文化创意产业、现代制造业和现代服务业发达；天津是我国近代官办工业发祥地，早期的北方经济中心，港口优势明显，近年现代制造业逐步兴起；河北省劳动力和自然资源丰富，农作物产品产量位于全国前列，矿产资源及石油、天然气储量在全国占有重要地位。天然的地缘联系、传统的人脉关系、悠久的历史渊源和彼此互补的要素资源，使京津冀区域从来不乏经济合作。但那大多是由自发形成的，区域经济一体化成为自觉意识则是进入21世纪以来的事情，2004年是突破性的一年。2004年2月12日，在京津冀地区经济发展战略研讨会上，三地达成区域经济一体化发展的“廊坊共识”；2004年5月21日，北京人民大会堂召开的“环渤海经济圈合作与发展高层论坛”，达成推动环渤海地区经济一体化三点共识，并将合作机构的日常工作班子设在廊坊；2004年12月京津冀旅游局长会议达成京津冀旅游合作共识，成立了京津冀三地区域合作办事机构“京津冀旅游局秘书处”等等，拉开了京津冀以及环渤海区域经济一体化的帷幕。

目前，京津冀区域已经在产业、人才、资源等各个领域开始全面合作。产业方面，河北省已经成为京津农副产品的主要生产基地，其产品在京津的市场占有率接近或超过50%，北京在河北建立的“场地挂钩”农产品生产基地已有100多家，总面积近500亩。京津冀高速公路沿线，包括北京、天津、廊坊等经济技术开发区和一系列科技园区，已经在空间上形成新经济产业带；北京在经济结构调整过程中，一些缺乏比较优势的产业如首钢、北京焦化厂、第一机床厂等传统制造业，逐步向河北环京津的周边地区进行跨行政区的梯度转移；跨行政区的产业链开始浮现，企业将处于产业链低端的生产环节放在津冀地区，将研发、营销及企业总部等产业链的高端环节落户北京。在旅游、商业贸易、公共交通、房地产业全面开展合作的基础上，北京管理咨询、法律、会计、金融等现代服务业纷纷到津冀地区设置分支机构，成为区域制造业发展的重要支撑。人才、资金、技术方面，在北京的流动人口中，来自于河北的约占20%，而廊坊经济技术开发区外资企业管理层的白领80%来自北京；北京向河北的投资占其全省引进资金总额的50%左右，河北引进的高新技术有近一半来自北京。北京自然资源匮乏，煤、电、油等对京津冀及环渤海区域依赖程度很高，河北还是北京水资源的重要来源地和生态保护屏障。

北京——核心城市的核心作用

北京、天津是构成京津冀经济圈的双核心，北京作为首位核心城市，对京津冀区域发挥辐射和带动作用。无论经济发展水平还是产业能级，北京都远高于津冀两地。2006年，京津冀GDP总值分别为：北京7720.30亿元，人均49505元；天津4337.73亿元，人均40961元；河北11613.70亿元，人均16894元。一、二、三次产业结构之比为：北京1.3:28.7:70，天津2.7:57.3:40，河北13.8:52.3:33.9。

北京是京津冀区域的先进服务业发展中心。北京三产不但总量大，而且内部结构优化，具有较强的竞争力。北京以生产者服务业、知识密集型服务业、新兴服务业为主导，其中金融业的综合优势最强；文化、体育和娱乐业，居民服务和其他服务业等新兴服务业的综合优势明显；科学研究、技术服务和地质勘察业，信息传输、计算机服务和软件业等知识密集型服务业和生产者服务业也具有很强的竞争能力。这些产业正是北京发挥服务功能，对区域进行知识、技术、资金、信息等高级生产要素辐射的产业载体。

天津的服务业为传统和现代并重，现代服务业尤其是高级生产者服务业发展相对不足。天津以交通运输、仓储和邮政业，批发和零售业等传统服务业为主；科学研究、技术服务和地质勘察业等知识密集型服务业和金融业，信息传输、计算机服务和软件业等现代服务业有一定的竞争能力，但对区域的服务能量远不及北京。

河北以住宿、餐饮、交通运输、仓储和邮政业等传统服务业为主，科学

[图224]
京津塘高速路

研究、技术服务和地质勘察、金融、教育等产业竞争力不高，高级的产业服务有赖于京、津。

北京是京津冀经济圈的高端产业发展中心。京、津、冀三地工业的发展水平呈现出明显的高端到低端的梯度。北京的制造业已呈现出高端化的特征，通过产业链关联等方式，会产生有力的带动作用，促进区域产业结构的优化升级。

北京的工业主要由知识、技术驱动发展，并初步呈现出现代化国际大都市工业的特征。北京的优势产业主要包括通信设备、计算机及其他电子设备制造业等装备制造业和高新技术制造业；食品制造业等适宜的都市工业；化学原料及化学制品制造业等具有产业基础的重化工业。北京的优势产业呈现出鲜明的高端化特征，高科技含量、高附加值、产业关联度强，是北京发挥经济圈产业辐射、带动作用的重要载体。

天津工业的优势产业既包括通信设备、计算机及其他电子设备制造业等高新技术制造业，也包括采矿业等资源型产业和黑色金属冶炼及压延加工业等传统重化工业以及橡胶制品业等普通加工制造业。天津工业的现有优势既来源于技术，又在不小的程度上来源于资源和成本，呈现传统与现代并存的特点。电气机械及器材制造业和仪器仪表及文化、办公用机械制造业是正在成长的优势产业，竞争力尚显不足。

河北工业的优势主要依赖于其丰富的资源和较低的生产要素成本，以黑色金属冶炼及压延加工业、采矿业等资源、劳动密集的传统产业为主，装备制造业和高新技术制造业等先进制造业的竞争力较低。

北京是京津冀经济圈的创新中心城市和创新辐射区域。北京具有全国科技中心的地位和知识资本密集的战略优势，科研经费和科研人员以及专利技术申请量都远高于津冀地区，津冀地区主要接受来自于北京的创新辐射。在河北与外地技术合作中，执行技术合同、技术项目实际引资和人才引进，1/3左右来自于北京。

京津冀经济圈经济一体化发展还处于起步阶段，但同时也蕴涵着巨大的发展潜力。国家将天津滨海新区列为综合改革实验区，纳入国家总体战略发展布局；先期启动编制“十一五”时期京津冀都市圈发展规划，已经进入实质性阶段；河北唐山市曹妃甸工业区的建设、冀东南堡油田的发现和开采等重大项目的实施以及北京经济结构调整升级、2008年奥运会因素都将成为带动区域经济发展的强大引擎，加速京津冀经济圈以及环渤海区域的进一步崛起。

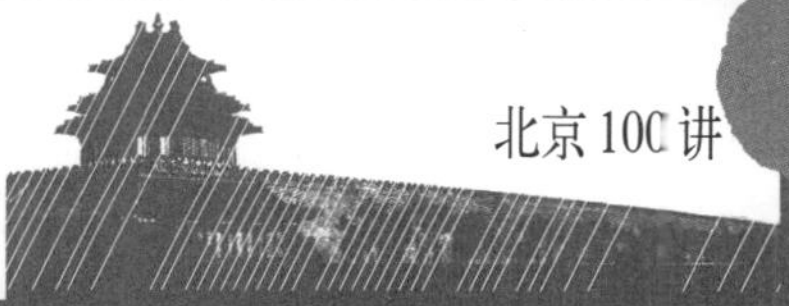

第七篇

有容乃大
——民族、宗教、社会

第80～88讲

篇目负责人
王　煜

主要撰稿人
陈战国　王　煜　滕仲日
牛金莉　郑永华　包路芳
房　房　黄煦明　张　艳等

第80讲

总说：海纳百川的北京

[图225]
各族人民大团结

在漫长的历史发展过程中，特定的地理位置，持续的城市发展和独特的都市功能，使北京形成了自己特有的城市品格，这就是海纳百川的包容心态，有容乃大的宽阔胸怀和卓尔不群的高贵气质。

山海相连的地利

北京处于华北大平原的北端，在东北大平原、华北大平原和蒙古高原的交接点上。北京北部为燕山山脉之军都山，西面为太行山余脉，两山交汇，形成弧形的山弯，自然拱卫着北京。燕山山脉往东直达渤海之滨，形成华北和东北间的天然屏障。此一路上的南口居庸关、古北口及山海关是华北通往蒙古高原、东北平原的孔道和捷径，形势险要，有"一夫当关，万夫莫开"之势。源自山西、内蒙古，流经河北、北京的永定河穿西部山地，过北京南侧，经天津流入渤海。山与河的包围，形成了半封闭的"海湾"，这就是北京湾，即北京城孕育、成长的摇篮。

北京自古就是中原汉族与北方民族的人文交界点。在长期的发展中，我国形成了主要是汉族居住生活的中原地区和北方民族居住生活的边远地区，其北部交界线大致在北京、河北、内蒙古、山西、陕西一线，约与长城持平。北方绵延伸展的长城，成为当时内外的屏障。因此，北京在地形区域上，是平原与高原的交汇点；在民族构成上，是中原汉族与北方民族的交汇点；在生产生活方式上，是农耕文化和游牧文化的交汇点。

这种交汇导致了中原农耕民族和蒙古草原民族以及东北游牧民族的冲突与融合。北京是战争争夺的要点，边关御敌的重镇。著名的涿鹿大战、阪泉大战发生于此。隋朝三征高丽，唐代东征誓师，均以幽、冀为出发点，集结兵力、屯集粮草。唐末安禄山把守幽州，拥兵自重，最后发动叛乱。明朝的土木之变，发生地离京郊亦不远。冲突的同时也有融合。曾在北京生活的突厥、契丹、奚、靺鞨、室韦、高丽、回纥、土谷浑等各族人民友好相处，在与汉族的交往中逐渐融为一体，形成共同的中华民族，推动了北京的发展。城市的发展必然伴随着人口的增加。北京的人口发展至元朝繁盛时，大都地区城市人口95万，所属州县100多万，城市人口已几近百万。明朝，随着永乐帝迁都北京，贯穿南北大运河的开通，许多农民、工匠移居京师，北京的经济有了显著的发展，与全国各地、各民族的联系也日臻密切，人口也在80万～100万之间。清朝定都北京以后，历经康乾盛世，到光绪年间城市人口已近110万。晚清到民国时期，北京的外来人口急剧增加。解放前，城市人口达到200万，所属各县还有188万，合计约400万。因此，北京发展成为一个不同民族的汇聚之地。

持续不断的北京城建设

自周朝分封诸侯以来，北京即开始了它的城市建设发展史，历经3000年。这期间又分为两个阶段，以公元1153年金迁都北京为分界。前一阶段为一般的城市建设，后一阶段为都城的城市建设。作为城市，北京的名称不断更替，人口不断增加，建设不断发展，民族不断融合。

战国时期，北京是南北贸易的中心。辽把北京定为陪都，名曰南京。南京——析津府虽然只是沿用了原来的幽州城，但是由于定为陪都，北京逐渐由单纯的军事重镇发展为北方的经济中心，继而又成为政治中心。北京大规模的城市建设是在金朝，从此开始了北京建都的历史，迄今已850多年。金中都城在规划设计上实现了从唐辽时期的封建式坊制向宋元时代开放式街巷的过渡。当时有契丹、奚、女真、渤海、回鹘、诸纠人等在北京聚居，因而在扩建城池，修建宫殿时也体现了汉文化与北方民族文化的融合。元大都在建设时放弃了燕城旧址，改变了中心点和中轴线，兴建了新城。皇城建筑宏丽，规模雄伟，成为当时世界上最宏伟繁华的城市。明北京城是在元大都的基础上建成的。紫禁城、内城、外城，层层拱卫；中轴布局，左右对称；街巷整齐，形如棋盘；九门通衢，九坛八庙。是中国古代都城建设的杰作，也是世界建筑的奇迹。到清朝，北京继续成为都城，基本上沿用了明代的北京城，并且大规模营建了西郊的皇家园林。因此，北京的建设是不断发展的。

一个特别突出的特点，北京是个民族大熔炉。唐代就有靺鞨、突厥、高丽、新罗、奚、室韦、契丹、回纥、土谷浑等民族人口先后迁入良乡、潞、昌平、蓟县、安次等北京及周边地区；安禄山拥兵自重也倚重了北方民族。元朝时更为典型。由于和平的环境，对外交往有了空前的发展，引来了各种人群。先后有帕米尔东部的伊斯兰人群，西亚——地中海东部的聂思脱里和罗马天主教徒，摩尼教徒，犹太人，各种非汉人的佛教徒，西伯利亚和东亚的萨满教信仰者，几乎居住在帕米尔以东的所有民族都有人群来到大都城。色目人进入大都，大食国人参与修建城池，东罗马的景教徒、回回人和尼泊尔人掌管星历、医药以及天文仪器的制造。当时，多种文字——契丹文、女真文和西夏文都曾使用过，所用的口语，包括了汉藏语系和阿尔泰语言，以及重要的西亚语言和某些欧洲语言。这些人的服装、举止、仪式、饮食、艺术、技艺、思想学说都呈现出五彩斑斓的壮丽景色。可以说，元大都是相当国际化的城市。到清代，北京增加了几十万满族军民。城内居民成分日趋复杂，除满、蒙、回等民族外，还有藏、维吾尔以及其他民族错杂相居。因此，北京的民族是不断融合的。

独特的都市功能——人才集结之地

在辽把北京定为陪都以后，促使辽朝的重心向南移动。金朝开始以北京为都城，都市的功能益发突出。辽、金、元、清四个朝代都是少数民族建立的政权，而且都建都北京（辽是陪都），

[图 226]
各族儿女同一个世界、同一个梦想

极大地促进了我国多民族国家的形成和定型。历史上汉民族向来是以中原为主要活动区域，长安、洛阳、开封等都城都处于中原地区的中心位置。金以后定都北京，促进了中原与北方广大地区的交往，促进了各民族的交流与融合，对华夏民族的最终形成起了极大的作用。蒙、藏、回等少数民族也作为我国民族大家庭的一员侧身其中。由于建都北京，极大地促进了相对落后的北方经济的发展，促进了草原游牧民族生产和生活方式的转变与进步。

凭借政治中心的特殊地位，北京源源不断地吸收了全国的优秀人才，在文化上作出了重要的贡献。例如：元代产生了杂剧；明代编撰了《永乐大典》；清代产生了小说《红楼梦》；后期

徽班进京，产生了京剧。由于帝王久居、文人聚集，北京的文化是兼容的，宫廷文化、贵族文化、士大夫文化、民俗文化等呈现出多层次相融共生的有机体系，是各地文化汇集而成的多元混合文化。明、清学子们进京赶考，形成了会馆文化、士子文化和戏曲文化为代表的宣南文化。各种宗教也发展起来。道教、佛教发展较早，唐、晋时代，北京已建立了最早的道观和佛寺。元朝把藏传佛教立为国教。清代皇帝多信佛，相传顺治皇帝还曾削发为僧。伊斯兰教是宋辽时期开始传入北京地区，在元朝得到较大的发展。基督教在北京的传播相对较晚，是在元朝才开始传入。景教（当时对基督教的称呼）、天主教、东正教都在北京有所发展。在北京确实能够感受到中外文化的交融，中国文化的博大宽厚。

盛世北京更包容

1949年解放时，北京人口为203万人。此后由于地域的扩大，首都功能的加强和工业的发展，北京人口快速上升，2006年常住人口已达1580万。其中外来常住人口将近380万，外来流动人口300多万，生活在北京的外来人口共计700多万。根据1985年底的统计，市区常住人口586万人中，老北京人及其后代共153万，占人口的25%多一点，新北京人却达到433万，近75%。20多年过去了，外来人口高速增长，新北京人的队伍还在逐渐扩大，北京成为最能容纳外地人的城市。现在北京不但有温州村，河南村、新疆村等外地人聚居的地区，而且出现了外国人聚居的社区，例如在望京就出现了韩国社区。可以想见，随着对外交往的扩大，将来也许还会出现日本社区、美国社区和其他社区，北京的包容会越来越广泛。

北京作为首都，其政治中心、文化中心的地位，吸引着无数的公务员、专业技术人员、企业家、农民工、外国人以至旅游的各方人士。这些人士的集中，也在客观上形成各地各国、各种风俗荟萃的局面。现在，北京的城市建设日新月异，全国56个民族都有人生活在北京，回族、满族等少数民族聚居区仍然保留。全国性宗教团体均设在北京，五大宗教都有信众和进行宗教活动的场所。千年的古刹，西式的教堂，肃立的清真寺，展示着绚丽多彩的宗教文化。

北京经历数千年的城市发展，至今仍然充满鲜活之气，博大而精深。

第 81 讲

五十六个民族一家亲——北京的民族团结

北京自古以来就多民族汇聚，是中华各民族文化融合的见证。北京地处华北平原、东北平原和内蒙古高原三大地理单元交接地带，历史上一直是中原农耕民族与北方游牧狩猎民族交流融合的地区，是南北交往、农牧交替的要冲地带，在中华民族多元一体格局的形成和发展过程中发挥着重要作用。

迄今在北京工作生活的民族成员，包含了全国所有民族成分，加之国内外来往于北京者，民族成分之多、民族文化之多样，为全国之冠。截至2005年底，全市少数民族总人口为71.8万人，少数民族人口数量和民族成分在全国少数民族杂居地区的城市中位居第一。除汉族以外，回、满、蒙古、朝鲜四族人口数均过万，千人以上的民族12个。56个民族都有人在北京工作、学习和生活。在分布上呈“大杂居、小聚居”的特点，18个区县都分布着数量不等的少数民族人口，有13个民族工作重点街道，遍布东城、西城、崇文、宣武、朝阳、海淀。一些郊区、县的少数民族聚居区还先后建立了5个民族乡，即朝阳区的长营回族乡、怀柔区喇叭沟门满族乡、怀柔区长哨营满族乡、密云县檀营满族蒙古族乡、通州区的于家务回族乡。另外还有117个民族村。

民族融合——由撞击走向交融

远古时代，黄帝炎帝的子孙就在北京地区居住。从春秋战国到秦始皇统一中国约500年间，这里一直是齐赵、边胡、乌恒、夫余、秽貉、真番和古朝鲜等各族人民交往的重地。中原与北方民族文化不断在这里进行交流与融合。从战国时起，就有多民族在这里进行贸易。魏晋以后，大量少数民族在这里定居，与汉族杂处。随着历史的发展，它又成为几个少数民族统治王朝的首都。从周代的封国都城蓟到秦汉隋唐的北方军事重镇幽州，从辽金时代的南京(燕京)、中都到元大都、明、清的北京，成为中国历史上连续建都时间最长的都城之一。元明清时代，是中国统一的多民族国家最终形成和巩固的时期，北京作为首都，为最终奠定统一的多民族国家的格局作出了突出的贡献。

数千年的历史为北京的文化留下了深厚的积淀。北京的多民族文化特色作为多元一体中国的缩影，也是北京海纳百川的象征。北京的传统民俗文化，特别是服饰、饮食、居住、竞技娱

[图 227]
各族人民欢呼雀跃庆国庆

乐、岁时节日等民俗文化，都深受少数民族，尤其是蒙、满、回等民族文化的影响。中原汉族文化与少数民族文化的交流、融合始终是北京文化的特色，这种交流和融合形成了丰富多样和博大精深的北京文化，也形成了独具地方特色的风土人情。

民族文化——亮丽装点新北京

中华人民共和国成立以来，党和国家实行了一系列平等团结、互助共荣、和谐发展的民族政策，北京成为我国民族大家庭最具代表性的缩影。20世纪50年代成立了中央民委（以后改称国家民委），是国家管理少数民族事务的专门机构；相继建立的中国民族语文翻译中心、民族文化宫、中国社会科学院民族研究所、中央民族歌舞团、民族出版社等文化科研机构，使少数民族文化得到空前的繁荣和发展；建立了中央民族大学和中央民族干部学院作为民族干部的摇篮。北京的少数民族人口不断增长，民族成分逐渐增多，成为全国唯一的56个民族会聚的地方。这是北京各民族文化交流中心的延续，也是其历史发展的崭新阶段。

改革开放以来，北京容纳了更多的民族特色文化。民族餐饮业和民族商业不断兴起。东来顺、鸿宾楼、烤肉宛等一批老字号得到保存和发展，回、满、蒙古、朝鲜、维吾尔、傣、藏、

[图 228]
民族欢乐

鄂伦春、苗、哈萨克等十几种民族风味的近200家餐馆落户京城，丰富了首都餐饮业。各具民族特色的主题专营店，如雨后春笋一样迅速发展，足不出京就可以享受到不同民族风情用品，民族文化设施不断完善。中华民族园是一座集少数民族传统建筑、民族风情、歌舞表演于一体的大型民族文化园地，生动地展现了我国56个民族的风采。成立于1997年8月的北京市民族文化交流中心，总面积11600平方米，是一所具有浓郁民族特色的大型文化活动场所。通过开展民族文化活动，弘扬各民族优秀文化，增进各民族的了解和友谊，并使中国博大精深、多姿多彩的民族文化艺术走向世界。

在文化艺术方面，自20世纪80年代中期以来，在文化部、全国文联和国家民委的领导下，北京市进行了民间故事、民间谚语、民间歌谣、民族歌曲、民族舞蹈等集成工作。90年代北京市民间文艺家协会又发起编写《北京市民俗大全》的工作。民族民间艺术受到空前的重视，许多中断多年的民间花会恢复了活动，无数身怀绝技的民间手工艺人获得了社会荣誉。现在北京市的许多小学在进行爱国主义教育的过程中，把民族艺术教育引入了课堂，受到学生和家长的欢迎。此外，在书画艺术、音乐舞蹈、戏剧表演、史学研究等诸多领域，都活跃着一大批优秀的少数民族工作者，他们为丰富民族文化，繁荣民族艺术作出了贡献。

北京少数民族古籍藏量居全国之首，各民族专家学者共挖掘整理民族古籍近20种，正式出版11种近千万字。在文学创作方面，北京市创办了全国第一个专门刊载少数民族作家作品的杂志《民族文学》，举办了少数民族文学评奖。《四世同堂》的满族作家老舍、蒙古族作家萧乾、满族红学专家端木蕻良、《李双双小传》的蒙古族作家李准、《穆斯林的葬礼》的回族女作家霍达等等，为京城带来了文学的享受和荣誉。北京市有民族中学13所、民族小学39所，还有少数民族托幼所，民族教育事业不断壮大。以北京西藏中学、通州潞河中学新疆高中班、北京回民学校为代表的民族学校成为亮点。在16所大学中设有民族班，还有一所民办的北京民族大学，民族教育网络初步形成。

北京3000多年的历史沉积，留下了深厚的文化底蕴和丰富多彩的民族传统体育运动项目。北京市民族体协编辑出版了《京华民族传统体育项目50例》一书，展示了北京市民族体协十几年来挖掘整理民族传统体育所取得的成果。先后挖掘出100多个民族、民间游戏，整理定型了30多个民族传统体育运动项目，珍珠球、木球、蹴球三项目已被定为全国少数民族运动会正式比赛项目。北京每四年举办一次全市民族体育运动会，先后举办了八届民族传统体育运动会，使民族传统体育运动项目在全市范围内得到了推广和普及。

民族政策——和谐共荣的保证

北京市政府有关部门不断制定和完善维护民族团结、保护少数民族合法权益的政策和法规。1978年12月恢复了北京市民族事务委员会，各区县也相应地建立了民族工作机构。市委、市政府根据首都民族工作的实际，对民族工作提出了“四个服务”的方针，即坚持为中央服务，为北京的少数民族服务，为来京的少数民族服务，为边疆民族地区的经济建设服务。1999年1月1日，北京市第一部民族工作的地方性法规《北京市少数民族权益保障条例》颁布实施，为保障少数民族的平等权利，发展经济、教育、文化、卫生事业，尊重民族风俗习惯等方面，提供了重要的法律依据。

2001年到2005年，市政府每年拿出1000万元扶植资金，其中60%用于农村，40%用于解决清真饮副食问题。2006年，专项资金从1000万元增加到2000万元。2006年，北京市民委与市文化局以及各区县协调，在117个民族村中确定了12个基础较好的村，扶植作为文化活动示范村。现在全市少数民族乡村年人均劳动所得高于全市农村人均劳动所得的村有44个，占少数民族乡村总数的40.4%，广大少数民族的生产生活条件得到了显著改善。北京市在“十一五”期间，为少数民族经济发展提供专项资金2000万元，为少数民族地区提供补助600万元，与“十五”期间相比，这两项资金都增加了一倍。

目前北京市已形成了40000人的少数民族干部队伍，成为首都建设的一支重要力量。在市第十一届人大代表中，有少数民族代表54人，占代表总数的7.08%；市九届政协委员中，少数民族委员62人，占委员总数的8.88%。全市5个民族乡、13个民族工作重点街道，重点民族工作部门和民族企业都配备了少数民族干部。与此同时，北京注意发展自己的区位优势和人才、资源优势，开展对口支援和与民族地区的经贸往来，与内蒙古自治区、西藏拉萨市、湖北省三峡库区巴东县、河北省张家口市等建立了经济技术协作、对口支援与帮扶关系。接待了边疆民族地区来京挂职锻炼干部20批400多名，向西藏选派援藏干部200多人，受到中央和民族地区好评。

北京的发展史就是中华民族历史发展的缩影，与统一的多民族国家的形成、发展和巩固的历史过程相吻合。要了解北京，就要了解她的民族和民族文化。北京申奥成功，为展示各民族文化提供了更广阔的舞台，奥运会将使北京更加国际化。

第 82 讲

五湖四海北京人——北京的人口变迁

“海纳百川，有容乃大”，这恐怕是对北京人口最确切的形容。每条溪流都要经历千辛万苦，跨越数不清的山川才可以汇入大海，今日北京也是经历了数千年的沉淀与历练才变得如此胸怀广博，宠辱不惊。几千年来，各个民族、各个地区、各个阶层的人们源源不断地汇入北京，他们带着不同的传统，操着不同的方言，过着习惯不同的生活，怀揣着不同的梦想，使得北京这座大都市如大海般丰富、包容。这是一段漫长的历史，它记载了千百年的民族融合，也记载了现代社会的阶层分化与互动。

都城特色——波澜壮阔的人口变迁

关于北京人口的最早记载则可以追溯到西汉时期，那时北京每平方公里平均26.2人，班固在《汉书·地理志》中将其描述为“地广民稀”。自西汉至辽代以前，北京人口的变动与政治变动密切相关，往往是社会稳定和经济繁荣带来人口的快速增长，而政治动荡和朝代更迭带来人口锐减。在人口结构上，虽然一直以汉人为主，但民族间的交往非常频繁，且多民族混居呈日益加强的趋势，尤其是在隋唐时期，国家统一，国土辽阔，作为北方重镇的北京（时称幽州城）吸引了大批北方和东北方少数民族人口，如突厥、契丹、朝鲜、靺鞨等。

[图 229]
来京务工人员举办[第二故乡运动会]

北京的建都史从鲜卑慕容氏352年建前燕定都于蓟城计算，已经有1600多年的历史了。之后，契丹族建立的辽、女真族建立的金、蒙古族建立的元、满族建立的清相继在北京建都，伴随着这些少数民族政权在北京的建立，大批相关民族的人口迁入北京，民族融合成为北京人口变迁的一个重要内容。

北京的人口变动由于都城的独特地位还具有其他一些明显的特征。首先，作为政治中心，皇室宫廷、国家机构等部门都需要大量的服务人员，同时都城的绝对重要的地位，不能不增加大量的护卫力量，军队人数也因

[图 230]
鸟巢的建设者们

此大量增加；其次，同时作为经济中心，人口的增加和财富的聚集带来对商业和服务业的需求，随之吸引众多的非农业人口。这样，作为都城的北京日益吸引着来自其他地区的各个民族的人口。明初就有人说，北京居民中“四方之民，十得六七”。这些外来人口中，既有政治、经济精英，也有各式各样的平民，甚至底层人口。

到了清政府统治时期，曾对北京实行过严格的管控措施，使得其统治的200多年中北京城市人口增长缓慢。进入到20世纪，由于自然经济和封建控制的逐步瓦解，北京人口表现出显著增长。在1908年至1948年的40年间，人口从76万增长到151万，增加了75万人。值得注意的是，据1929年市政统计公报19期统计，内外城人口共计919887人，北京市籍贯人口只有386075人，不及全市人口总数的3/7，其他4/7的人口都是他省迁来的客民。由此可见，北京人口增长的主要原因是大批外来人口的迁入。这是因为近代以来，随着中国的大门被列强国家打开，北京成为看世界的窗口，使其除了作为都城吸引外来人口之外，更多了一些其他方面的吸引力。

吸引力之一是文化：清末以后，由于城市近代化步伐的加快，在废科举、兴学校的举措中，北京兴办了大批学校，接纳了来自全国各地的莘莘学子。此外各种学有专长的专家、教授也纷纷来京从事教学、技术工作。有人统计，1917年已归国的留学生不下5000人，有相当一部分集中在北京。吸引力之二是政治和思想：这时怀揣政治梦想来到北京的已经不仅仅是求官者，而且作为急速变迁社会的政治中心和思想解放重镇，北京吸引了大批志在改革社会的政治家、思想家。众所周知的如龚自珍、康有为、梁启超、林则徐、顾炎武等，都在北京长期居留过。他们的社会建设思想在北京的熏陶濡染下，更进一步地在国家变革中发挥了积极作用。吸引力之三是经济：20世纪以后，北京的工商业有了长足的发展。据宣统年间商会的统计，全市有40个行业，4541家商铺入会。与之相伴随的是就业岗位的增加，大批外地青壮年劳动力涌入北京，尤其是服务行业，大多从业者都是外地人。有趣的是，以籍贯垄断行业是当时北京工商业的一个突出特点。比如送水的以山西人为主，洋车夫多是河北人，而裁缝则大多是浙江宁波人。与上述相关的是，清末开始，北京的职业呈现出多样化的特点，包括政府官员、军人、技术人员、教员等不同领域各种行业，其中大多数职业都是新出现的，具有很强的现代色彩，可以说北京是当时全国职业结构最丰富的城市。从人口迅速增长和人口结构变化的这一侧面可以看出，北京在本世纪初城市化的步伐在加快；而大批外省人口为就业、做工、求学以及乞食而涌入北京，更是体现了农村人口和外省人口向大城市聚集的近代化、城市化特征。

时代特色——姿彩缤纷的新容颜

新中国建立初期的50年代至60年代，随着经济的恢复，北京经历了流动人口增加和通过行政命令限制人口流动的互动过程。而到了“文化大革命”时期，京城的人口流动一度陷入混乱，知识青年下乡、工人干部下放农村、红卫兵全国大串联等导致了北京人口结构的非正常状态。

1978年改革开放至今，全国社会发展步入正轨，经济繁荣、社会稳定，北京作为首都的优势地位重新显现，稳定地吸引着来自全国各地的人口。这其中包括：一是知识精英以及从知识精英转化而成的政治、经济、文化精英。与清末民初相似，北京在文化教育方面具有其他城市不可企及的优势，吸引了最多的知识分子和莘莘学子；而其政治中心和经济中心的地位则给知识精英提供了将知识转化为政治地位和经济利益的平台。这种趋势越来越明显，每年都有大量的高校毕业生以及“海归”在北京就业或创业，他们大多会在北京永久居留，以他们为主体的政府官员、企业白领、科研人员等构成了北京的中等收入阶层，是维护北京稳定的最主要的社会力量。二是外地政府驻京办事处、外资企业和机构驻京办事处以及外地企业和机构驻京办事处的人员。这部分人大都不会在北京长久居留，他们虽然没有直接为北京创造价值，但是却是沟通北京与外地的桥梁。三是在北京的“文化追梦人”。改革开放带来了思想的更加解放，作为文化中心的北京，给文化工作者提供了巨大的发挥空间。20世纪80年代末以来，北京相继出现过“圆明园画家村”、“树村摇滚村”、“通县（今通州）作家村”等许多外地文化人聚居的地区。虽然在这些地区居住过的“文化追梦人”只有少数获得了成功，但是他们的执著和努力却给北京文化平添了许多丰富的色彩。

上述提到的外来人口只是北京外来人口很小的一部分，当我们提到北京外来人口时，学界习惯把他们称为流动人口，另外一个更形象的名称是“农民工”。据统计，2006年常住人口已达1580万，其中户籍人口1200万人，外来常住人口将近380万，外来流动人口300多万，生活在北京的外来人口共计700多万，外来人口比2000年增加123.2万人，平均每年增加20.5万人。这里提到的外来人口绝大多数是“农民工”。他们在城市中一般按照地缘关系集聚——即来自同一地区、同一乡镇，甚至同一村的流动人口集中在城市的某个街区或社区选择住房。在北京朝阳、海淀和丰台3个近郊区就出现了大量这样的“移民村落”，其中规模较大的有“浙江村”、“新疆村”、“安徽村”、“河南村”和“福建村”。除此之外，不同省份流动人口在京从事的职业各有侧重。例如，江苏省从事建筑业的占其来京从业人口的66.7%，福建省在京从业人口的63.4%是商业工作者，河南来京从事废旧物资回收人员数量占本行业人数的一半，安徽人从事家庭雇工的比重最高，来自浙江的私营个体雇主最多等等。

[图231]
农民工为北京建设添砖加瓦

近年来，在和谐社会的背景下，中央和北京市相继出台了许多保护农民工合法权益、给农民工提供社会保障、给农民工子女提供平等教育机会等文件和方案。

综上而言，不论古今，不论民族，不论职业，也不论本地还是外地人口，都为北京今天的丰富和繁荣作出了贡献，他们已经是北京不可分割的一部分。我们相信，作为国际化大都市的北京，作为生活在北京的“北京人”都会迎来更加和谐的明天。

第83讲

生机勃勃的社会力量——北京的社会组织

社会组织是指介乎政府与市场之间的非政府组织，包括城乡自治组织、行业组织、社会中介组织以及公益慈善和基层服务性组织，英语简称为NGO、NPO。在现代多元社会中，社会组织是与政府、企业并列的三大社会支柱之一，是和政府、企业同样重要的社会力量，具有不可替代的作用。

北京，作为构建和谐社会的首善之区，伴随着改革开放的进程，各类社会组织得到迅猛发展。社会组织在促进北京市的社会进步、经济发展，促进公益事业，维护社会公平，特别是在促进整个社会的和谐发展方面，发挥着不可替代的作用。

迅速发展的社会建设的有生力量

对北京市社会组织初步统计表明：截至2006年底，北京市共有社会组织5804个，其中：社会团体2835个、民办非企业单位2895个、基金会74个，这些社会组织构成北京市社会组织的主体。而同期，我国社会组织共有354393个，北京市社会组织占全国总量的比例为1.6%。

社会团体：北京市省（市）级社团数居全国首位，专业性社团数量最多，行业性社团增长迅速。北京市省级社团数为1097家，占全国省级社团总数的7%，居各地区之首。

民办非企业单位：统计总数为2895，其中市级195个，占6.73%；区（县）级2700个，占93.26%；社区级5个，占0.16%。区（县）级占绝对主体。

北京市2895个民办非企业单位所从事的行业包括教育、卫生、文化、科技、体育、劳动、民政、社会中介服务、法律服务及其他。可见，行业类别是非常齐全的。其中，教育1557个，占53.8%；卫生95个，占3.3%；文化46个，占1.6%；科技99个，占3.4%；体育118个，占4.1%。很显然，教育类民办非企业单位居于非常突出的地位。

基金会：北京市基金会占全国总数的6.5%，排在广东、浙江和上海市之后，列全国第四位。74家基金会中公募基金会为23家，占全市基金会总数的31.1%。非公募基金会达51家，占全市基金会总数的68.9%。科学文化类基金会达到32家，占总数的44.1%，是各类型中比重最大的；其次教育基金会17家，占23.5%。

科学文化类基金会原始金额及募集金额最高。在74家基金会中，科学文化类基金会的原始金额以及2006年度募集到的金额总数均居各类型基金会之首。32家科学文化类基金会原始金额居各类型基金会榜首，2005年度共募集到资金5119.4万元，是五大类基金会中募集资金最多的。

经分析，北京市的社会组织具有以下五个特征：发展势头强劲；城区的社会组织相对要比郊区发达；三级体系中，区（县）级占绝对主体，社区级相当薄弱；业态发展不均衡；社区社会组织和农村专业经济协会建设方兴未艾。

培育社会组织成长的空间

按照中共十七大政治报告精神，要加快发展社会组织。国内外社会科学理论研究和各国政府的社会管理实践证实，社会组织在政府、企业和第三部门的社会结构中是绝对不可缺少的。我国经济领域的变革（政企分离）实现了还利于民。现在要通过社会管理的变革（政社分离）还权于民。

社会组织还需培育和完善。有相当一部分人对社会组织存在着种种误解。例如有的人把民间福利仅仅看作是个人的慈善行为。在问卷调查中67%的被访者不知道什么是民办非企业单位，47%的被访者认为是个体工商户。社会公益意识的淡漠和缺乏，是阻碍社会组织发展和壮大的一大无形障碍。

北京市在全国率先成立了北京市社会建设办公室，扶持和发展社会组织是该机构的一项重要职能。要加快发展北京市社会组织，政府的扶持和管理、社会的支持和监督、社会组织自身的自律和努力是三个密不可分的要素。其中政府是关键的因素，政府将在制度上、法律法规上、人才培养上等方面促进社会事业的发展。

[图232]
北京社会科学界联合会第五次代表大会

第 84 讲

北京的佛寺

佛教于公元3世纪早期开始传播到北京地区。提起佛教，马上就会想起香烟缭绕、经声朗朗的佛寺。由佛寺为根基传播弘扬的庙宇文化伴随朝代的更替，也如那轻盈的香烟在人们的生活中弥散。

北京地区最早修建的寺庙是潭柘寺。"先有潭柘，后有幽州"的民谚一直流传，后变成俗语"先有潭柘寺，后有北京城"，在民间渲染着佛寺在北京历史发展中的先头地位。潭柘寺位于西郊潭柘山中，建于西晋时期，初名嘉福寺。潭柘寺自建寺以后，历经金、元、明、清数次整修扩建，规模宏大。寺名历代更改多变，唯独民间所称潭柘寺，是因寺后有龙潭泉，山上有柘树而得名，所以久传不衰。据说元世祖忽必烈的女儿妙严公主在此削发为尼，每天早晚虔诚修行，地砖都几乎要磨穿了，后人为纪念她的虔敬之心专门塑像供奉。大雄宝殿有两棵古老银杏树，东侧名"帝王树"，西侧称"配王树"，安然雄立，体现着王者泰然的霸气；松树粗大恣意，高入云霄；还有娑罗树、玉兰树和其他各种名贵花木，从后殿毗卢阁俯瞰全寺景观，参天的古木使寺院弥漫出凝重而又高远的神韵。寺中先后有华严禅师、从实禅师、广慧禅师、达观禅师（紫柏）等佛教尊宿住持，寺中僧众曾多达1000余人，号称"西山首刹"。

西晋之后，中国陷入了分裂的局面。北京地区虽数易其主，但这个时期仍有寺庙不断出现，红螺寺、天宁寺等先后建成。

红螺寺位于怀柔区红螺山麓，始建于公元348年，原名大明寺。唐朝进行了扩建，成为唐代北京的五大寺院之一，素称"京北第一古刹"。明正统年间，改称护国资福寺。寺西曾有一泓"珍珠泉"，据传泉中有两只大螺蛳，其色殷红，每到夕阳西下，螺蛳便吐出光焰，红光熠熠，百里可见。红螺山、红螺寺便由此而得名。红螺寺历代是佛教圣地，是净土宗著名的寺院，高僧频出，先后有第十二代祖师际醒大师、第十三代祖师印光大师在寺中住持，传说佛法超凡，香火极盛。寺内正门台阶两侧千年树龄的古槐仍然挺拔雄伟，近千年的银杏树和平顶松、紫藤等枝繁叶茂。每到暮春时节，串串紫玛瑙似的藤萝花挂满枝头，浓郁的花香溢满全寺，是北京地区绝景之一。

隋唐两代是佛教和道教的鼎盛时期，北京的庙宇也多了起来，先后有云居寺、悯忠寺（即

[图233]
碧云寺远眺

现法源寺）、灵光寺、兜率寺（即现卧佛寺）、慧聚寺（即现戒坛寺）等佛教寺院建成。云居寺位于房山区石经山，建于隋大业年间。大业初年，僧人静琬开始在石经山凿石刻经，历经隋、唐、辽、金各代僧人的努力，至清代时共刻石经14278块，为中国佛教经典铭刻之最。灵光寺位于西山八大处景区，建于唐大历年间，辽咸雍七年在寺内建招仙塔，供奉佛牙舍利。佛牙舍利是珍贵的佛教遗物，灵光寺因供奉佛牙舍利而闻名于世（辽代所建招仙塔已毁，现在的舍利塔是当代新建的）。

辽是唐朝末年建立的契丹族政权，许多制度都是仿照汉族的模式。自太祖皇帝起，辽国世代崇奉佛教，对佛教一直采取支持、保护政策。在皇帝的带动下，王公贵族、群臣百官纷纷效仿，布施建寺以建功德。因此辽代时北京地区呈现出一片佛刹林立、庵院遍布的景观，素有“僧居之寺，冠于北方”之说。著名的寺庙有清水院、白塔寺等三十六座。可惜的是这些寺院皆已荡然无存，唯有天宁寺中的佛塔保留至今。塔为密檐式，高51.8米，塔身上有精美的雕刻，是北京地区最高的汉式佛塔。

金朝是女真民族建立的政权，金代帝王皆信佛教。太宗常于内庭供奉佛像，又建斿檀于悯忠寺，每年设会斋僧。太宗天会年间开始在北京造寺，至世宗时期，中都城内的佛寺数以百计。其主要寺院有大延圣寺、西刘村寺（即现在的广济寺）、香山寺等。

元王朝是蒙古族入主的全国性政权，北京第一次成为全国的帝都。蒙古族原本信奉萨满教，

12世纪之后，随着社会的进化和向外用兵，开始接触到藏传佛教（俗称喇嘛教），在入关之前，佛教已经成为蒙古民族的一种相当普遍的信仰。立国之后，朝廷大力扶植喇嘛教，尊喇嘛教高僧八思巴为帝师，自世祖忽必烈起，每帝必先从帝师受戒，然后才能登基。元朝对其他宗教也采取宽容政策，汉传佛教和道教也受到帝室的崇信。在朝廷的大力支持下，佛教和道教的发展出现了隋唐之后的又一个高峰，元大都北京也成了佛教的中心。元代在北京所建及重建的寺院非常多，著名的有崇国寺、柏林寺、大圣寿万安寺（即现妙应寺）、广化寺、寿安山寺（俗称卧佛寺）等。

妙应寺内有一佛塔，建于元朝至元九年，为覆钵式，塔高51米，基座面积1422平方米，通体白色，气势恢弘，俗称“白塔”，是我国内地最古老、最大的瓶形佛塔。

卧佛寺位于西山北的寿安山南麓，距市区约20公里。该寺始建于唐贞观年间(627～649年)，原名兜率寺，寿安寺。以后历代有废有建，寺名也随朝代更改。崇祯年间，改称永安寺。清雍正十二年(1734年)重修后改名为普觉寺。由于唐代寺内就有檀木雕成的卧佛，后来元朝至治元年(1321年)又在寺内铸造了一尊巨大的释迦牟尼涅槃铜像，身长5.3米，重54000公斤，是我国最大的铜制卧佛。精美的铜卧佛侧身作睡卧状，头西面南，左手自然地平放在腿上，右手曲肱托头，体态安详、自如，因此民间都称“卧佛寺”。寺坐北朝南，由三组并列院落联结成整体，是中国佛寺早期的一种布局方法，在北京较少。寺内还种有几株娑罗树，每逢春末夏初之际，花朵如同无数座洁白的小玉塔倒悬枝叶之间，别有情致。

明王朝是汉族政权，藏传佛教失去了元代时的特殊地位，逐渐退回到藏蒙地区，汉传佛教再度兴盛起来。明朝皇帝除了世宗朱厚熜京城内外敕赐寺观多达639座。到

[图234]
法海寺－壁画

[图 235]
千年古刹－潭柘寺

明朝末年，北京地区已有佛教寺院1000余座，成了名副其实的佛教文化中心。当时北京最著名的寺院有：大兴隆寺、隆福寺、慈寿寺、万寿寺、大正觉寺、大佛寺（即现大慧寺）、法海寺等。

法海寺位于石景山区翠微山南麓，建于1439年（1443年完工）因存有绘制精湛的佛教壁画而闻名。壁画面积共236.7平方米。殿中扇面墙两侧、东西山墙和后檐墙分别绘诸天礼佛图、五方佛胜境图和飞天，扇面墙背面绘有水月观音、文殊、普贤三位菩萨。画中共有佛、菩萨、天神、仙女等70余众。壁画出自明代宫廷画师之手，精细入微，形象生动。壁画采用中国传统的工笔重彩法和多种用金的技巧，色彩明艳，富丽堂皇，被誉为中国明代壁画之最，至今仍然清晰完好。智化寺位于禄米仓胡同东口，建于公元1446年。自建寺之日起，智化寺的音乐就以十分严格的师徒相传的方式保存下来，至今已延续了近30代。该寺演奏的音乐既有悲怆的宗教色彩，又有典雅的宫廷情调，还揉进了浓郁淳朴的民间音乐韵味。据有关专家考证，这里的音乐历史悠久，最晚也和北宋的“鼓吹乐坊”有关，以“音乐活化石”享誉世界。

清王朝是满民族入主的全国性政权。满族在入关前就已经接触到了藏传佛教，1672年藏族喇嘛囊苏到东北传教，受到了清太祖努尔哈赤的礼遇。皇太极执政时期，清政府开始与达赖、班禅建立联系，1624年达赖遣使入盛京朝见太宗，受到了太宗的礼遇。

顺治帝和雍正帝是两个笃信佛教的皇帝，康熙帝和乾隆帝对佛教也很支持，再加上康乾时期国力强盛，清初期佛教开始大发展起来。

在这个时期，北京不仅建造了许多新的寺庙，而且对原有的寺庙也进行了全面的修复。尤为值得注意的是，清王朝为了维护对藏族和蒙族的统治，在北京修建了40余座喇嘛庙，专为藏蒙高层僧侣居住。清朝期间新建和改建的著名寺院还有：西黄寺、觉生寺、宗镜大昭之庙、察罕喇嘛庙（俗称后黑寺）、大报恩延寿寺、永安寺等。

觉生寺位于西直门外蓟门桥西，清雍正十一年（1733年）建，因永乐大钟悬挂寺内，故俗称“大钟寺”。 大钟是明永乐年间为超度战争中死去的将士亡灵而铸造，高675公分，钟口最大直径为330公分，钟唇厚18.5公分，重46.3吨，堪称我国“钟王”。钟上铸有汉文、梵文经咒、铭文100余种，计23万余字，被称为“世界上铭文字数最多的大钟”。大钟铸成后存于汉经厂内，明万历三十五年（1607年）移至万寿寺悬挂，乾隆八年（1743年）移入本寺。

雍和宫位于安定门内，原为皇帝行宫，清乾隆九年（1744年）改为喇嘛庙。内有迈达拉佛（即弥勒佛）立像一尊，佛像高18米，全身贴金，镶嵌珠宝无数。尤为珍贵的是，大佛是用一整根长26米、直径3米多的白檀木雕刻而成。这株奇木是七世达赖以重金从尼泊尔购进献给乾隆皇帝的。

近年来，政府斥资对数十座著名寺院进行了大规模的修复，使之焕然一新，更加辉煌了。

[图236]
俯瞰雍和宫

第 85 讲

北京的道观

道教是中国唯一土生土长的制度化宗教，自东汉末年正式形成后，逐步传播到中原，北京地区即开始逐渐受到其影响。南北朝时期，寇谦之改革道教，创立了“新天师道”，在北魏境内大行。在此期间，北京地区的道教活动有了一定发展，其活动的宫观场所也会随之出现，但由于时间久远，已湮没于历史的长河中，没有遗留下来。

北京现存有明确记载的最早道观，始于唐代的天长观。李唐王朝认为其本源出于道教始祖老子李聃，对道教大加尊崇。开元二十九年（741 年），唐代诸帝中最醉心于道教的唐玄宗下令在两京及各州建立玄元皇帝庙，并规定每年都要在此举行重大的道教斋醮活动，当时的幽州天长观由此奠定了北京第一道观的历史地位，其影响随着时间的延续而不断加增。白云观现存镇观之宝老子石刻像，据说就是从那时流传下来的。

延至金代，河北地区出现了三个“新道教”，并先后传入北京。河南汲县人萧抱珍创立的太一教得到发展后，在北京地区颇有活动。金世宗曾将太一教的二祖萧道熙召至燕京，命住持天长观。元代太一教继续得到统治者信用，至元十一年（1274 年）在大都建太一广福万寿宫，五祖萧居寿受命为国家设醮，不久又赐“太一掌教宗师”之印，影响臻于极盛。金元时北京流行的还有真大道教。真大道教创于山东乐陵县人刘德仁，很快在河北一带发展起来，并引起了金朝统治者的关注与重视。大定元年（1161 年）刘德仁奉召至京，并被安置于天长观内，六年后又受赐“东岳真人”封号。进入蒙元之后，真大道教五祖郦希成受到蒙古大汗的召见与恩宠，特授“太玄真人”之号，并在燕京城内修建天宝宫，作为真大道教的道观。

太一教、真大道教在元中后期很快衰败，盛极一时的太一宫、天宝宫等也随之退出了历史舞台。得以持续传承的，是作为全真教核心的长春宫。元初，全真教著名道士丘处机率十八弟子远赴雪山，“万里西行，一言止杀”，大得成吉思汗宠重。丘处机回到燕京后住于由天长观重建而成的太极宫内，成吉思汗二十二年（1227 年）得旨改为长春宫，并受赐金虎牌，有处置道教一切事务之权。丘处机逝世后，其弟子尹志平等又在长春宫东侧营建白云观为其藏蜕之所，此后随着全真教的不断发展，长春宫地位日益巩固，最终成为北京地区最著名的道观。

元代以后，原本主要在江南地区发展的正一派开始北上，并在北京修建了东岳庙等著名道观。元初第三十六代天师张宗演奉召入觐时，随行的弟子张留孙“称旨，遂留侍阙下”，大得元世祖忽必烈亲信，大都城内著名的正一道观如“汉祖天师正一祠”、崇真观等，岁时都要由其主持大型斋醮活动，成为当时大都具有相当影响力的道观。延祐六年（1319年）张留孙又在齐化门外兴建道观奉祀东岳大帝，后经其徒吴全节全力营建，于至治年间竣工，元仁宗赐以“东岳仁圣宫”之名。泰定二年（1325年），鲁国大长公主祥哥刺吉在返回封地之前，又发愿捐资兴建后殿神寝，元文宗赐名“昭德殿”。东岳庙主体建筑至此基本齐备，成为正一教在华北地区最重要的道观，一直持续到明、清以后。

[图237]
白云观

明清以来，全真、正一成为道教两个最重要的派别，在北京培育了大量信众，因此修造了许多供奉道教诸神的庙宇宫观。若以数量而言，当以关帝庙最多，据1928年的统计，北京城郊关帝庙多达286座，居佛道寺庙总数之首。其他如各种名目的七圣祠、五圣祠、龙王庙、娘娘庙、真武庙、土地庙、三圣祠、火神庙、药王庙、九圣祠、财神庙、吕祖祠，也有相当的数量。但若以规模和影响而言，北京最著名的道观，首推白云观和东岳庙，在广大民众中间产生了广泛而持久的影响。

白云观位于西城区北滨河路西白云观街，现为全国重点文物保护单位。其前身即唐代的天长观，金大定年间重建改称“十方大天长观”，泰和年间再建称太极宫。元初丘处机入住后奉旨改称长春宫，从此成为全真教三大祖庭之一。元末长春宫遭到严重破坏，洪武二十七年（1394年）以东侧白云观为中心复修，此后遂以“白云观”闻名遐迩。明宣德、正统、景泰、弘治、嘉靖诸朝，累经朝廷及中贵大僚修葺，“壮丽宏伟，虽章华阿阁弗如也。”清代全真教“龙门派”迅速兴起，又经康熙、乾隆两朝大力扩建，“峻其周垣，树植嘉木为荫，规模阔大”。白云观遂成为道教全真派的第一丛林。

累经历代的修葺与扩建，白云观逐渐成为规模宏大、布局紧凑的“首善之区”第一道观。白云观影壁上所嵌“万古长春”四字为元代大书法家赵孟頫所书，其建筑分中、东、西三路及后院。白云观有灵官殿、三官殿、玉皇殿、财神殿、药王殿、救苦殿、三清四御殿、八仙殿、吕祖殿、元君殿、文昌殿、元辰殿等殿宇，分别奉祀王灵官、“三官大帝”、文武财神、玉皇大帝、三清四御、八仙、文昌帝君诸多道教宫观共同供奉的道教神祇。而其最有特色的宫殿，一为老律堂，原名七真殿，供奉全真七子，即全真教中的七位祖师。其中座为丘处机，左边为刘处玄、谭处端、马钰，右边为王处一、郝大通、孙不二。二为邱祖殿，为奉祀全真龙门派始祖长春真人丘处机的专殿。白云观后院名云集园，又称小蓬莱，游廊迂回，假山环绕，花木葱郁。花园的中心为戒台和云集山房，是全真派“三坛大戒”的坛场与受戒弟子讲经说法之所。

自元代以来，以白云观为中心的正月十九日“燕九节”成为北京影响深远的道教民俗，往往是万人空巷，盛况空前。白云观山门中间券门浮雕中一个巴掌大小的石猴，是白云观最有名的景观之一，游人来此都用手摸摸它以求吉利。白云观原有三只石猴，现在新修的窝风桥上又雕刻了一只，于是就有了四只“不见面”的灵猴。窝风桥为旱地石桥，桥下并无水，北京向有“窝风桥上打金钱眼”的民俗。有诗记称，“白云观里会神仙，绿女红男席地眠。我不求仙占吉利，窝风桥下掷铜钱。” 白云观西院的神特，为骡身、驴面、马耳、牛蹄，人称“四不像”，传说它是一种能祛病健身的神兽，人哪儿不舒服，只要先摸摸自己，然后再摸摸神特的相同部位，即可手到病除。富有道教魅力的白云观，吸引了京城民众经久不息的香火。现在又成为中国道教协会、中国道教学院和中国道教文化研究所所在地，在全国乃至全世界都享有盛誉。

东岳庙是北京另一处最著名的道观。东岳庙位于朝阳区朝阳门外神路街，是道教正一派在华北地区最大的宫观。东岳庙建成于元代至治、天历年间，比白云观要晚上近六百年。但由于张留孙、吴全节等人受到元朝历代帝王的尊崇，所创玄教盛极一时，因而得到了宫廷与达官贵人的大力参与和资助，“显官与怯薛官人行香甚众，车马填街，最为盛都”。元代中后期东岳庙的影响得到迅速发展，一度呈现出后来居上之势。

入明后，朝廷只承认龙虎山正一天师道，不承认玄教大宗师，后来又以正一清微派道士为北京东岳庙住持。但东岳庙作为正一教代表宫观的地位始终没有改变，继续得到朝廷的认可与扶持。同时，京城民间力量也大量参与进来，经过长期的衍化，形成了以行业善会为主的 “掸尘会”。清代以后，每逢三月二十八日东岳大帝诞辰之日，朝廷都要派官员致祭，而民间结会之举更为发达，东岳庙“掸尘会”逐渐达到鼎盛时期，“借问祈福何处好，路人皆指东岳庙”。

东岳庙元末毁于战火，后经明、清两朝多次重建，清道光年间扩建。现存庙宇坐北朝南，由正院、东院、西院三部分组成，主要殿宇有岱岳殿、育德殿、广嗣殿、阜财殿、炳灵公殿、三茅君殿、七十六司庑殿，及张留孙祠堂、吴全节祠堂、山府君祠堂、蒿里丈人祠堂等，在一定程度上仍保持有元代风韵。东岳庙以“三多”即神像多、楹联多、碑刻多享誉海内外，有“东岳庙神像甲天下，东岳庙碑林数不清”之说。东岳大帝统领幽冥地府七十六司（有的又说是七十二司），最多时有神像三千多尊，故民间称“此庙水陆诸天神像最齐全，故酬神最易”。其神像据说最初是由元代最著名的塑像圣手刘元塑造的，远近闻名。东岳庙的碑刻中数量最多的是香会碑刻，当时各个香会一般有数百人，有的甚至达万人以上，上至皇亲国戚，下至贩夫走卒，网罗了北京社会的各个阶层，集中到东岳庙来礼拜祈祷。《张留孙道行碑》即广为人知的“道教碑”，由元代书法大家赵孟頫撰写并书丹，具有极高的艺术价值和史料价值。这些都为东岳庙增光添彩，使之垂名

[图238]
妙峰山

后世。东岳庙现为全国重点文物保护单位，又是北京颇有影响的民俗专题博物馆，藏有国家一级珍贵文物15件、三级文物5件、其他民俗实物数千件。广大游人在体验传统道教文化的同时，还可以了解到京城绚丽多彩的民俗风情。

除白云观、东岳庙之外，北京还有许多产生过广泛影响的道观。如地安门火神庙，在什刹海万宁桥畔，相传始于唐贞观年间，元、明、清多次重修，后来成为正一教又一重要道观，现为北京市文物保护单位。大高玄殿，成于明嘉靖二十一年（1542年），清雍正、乾隆年间复修，为明、清两朝非常重要的皇家道观，现为全国重点文物保护单位。明代晚期以来，碧霞元君庙则成为北京民间非常著名的道教神祇供奉场所，最著名者有“五顶二山”。所谓“五顶”，就是北京近郊五座最著名的碧霞元君庙。明代为西顶麦庄桥（又说为蓝靛厂）、中顶草桥、东直门外东顶、安定门外北顶（今北京奥运会主会场“鸟巢”所在地）、南顶弘仁桥。清代则以大红门外之元君庙为南顶，又称“小南顶”。“二山”即京城东边的丫髻山与西边的妙峰山，俗称东山、西山，又称“金顶”。碧霞元君是明末以来北京香火最为广泛的“娘娘”，各大“娘娘庙”都是当时极为著名的道观，“香火亟盛烟无断，昼夜不停庙不关”。清廷还特在圆明园中建有广育宫加以供奉，而妙峰山独特的庙会民俗后来又成为中国民俗文化研究起源的圣地。北京众多著名的道教宫观，不仅在历史上深刻影响过广大民众的精神生活，成为北京非常重要的文化景观，也会在今后建设和谐社会的时代潮流中继续发挥其独特作用。

第 86 讲

北京的清真寺

伊斯兰教早在宋辽时期就传入了北京，在北京有着悠久的发展历史，而作为伊斯兰教象征的清真寺更是在北京落地生根，足迹遍布北京地区的各个角落，形成了北京独特的清真寺文化。

伊斯兰教在北京的发展史

关于伊斯兰教传入北京的确切时间并没有文字记载，一般从北京最古老的清真寺——牛街清真寺建立的时间推算而来，其发展应始于元朝。据文献记载，元朝的回回占元大都总人数的1/10多，当时已有清真寺35座。到了明朝，由于明朝政府对“保国有功的回回”始终以“敬礼勋臣”相待，北京重修了许多清真寺，现在北京地区的许多古老的清真寺，大部分是明朝时期修建的。清初，伊斯兰教在清政府高压政策的统治下，开始由北京的内城向外城和近郊地区拓展。随着居住地区的扩展，北京的清真寺成倍地增加起来，所以清代反而成为伊斯兰教和北京清真寺文化的发展时期。民国时期，在京的伊斯兰教发展缓慢，在将近40年的时间里，穆斯林在北京修建的清真寺仅有鼓楼、天桥和米市等几座，但在牛街寿刘胡同兴建了北京地区第一座清真女寺。

中国伊斯兰教真正发展是在新中国成立以后。居住在北京地区的穆斯林人口居全国各大城市之首，包括全国信仰伊斯兰教的10个少数民族。北京地区的穆斯林主要以回族为主，20世纪30年代，全市共有穆斯林17万，占到全市人口的1/10多。到了20世纪末，北京地区的穆斯林已经达到20多万，其中穆斯林知名人士较多，在全国伊斯兰教中占有重要的地位。

1953年，由穆斯林知名人士包尔汉、达浦生、张杰、马玉槐、马坚等发起筹备的中国伊斯兰教协会，在北京正式成立，开办了中国伊斯兰教经学院，编辑出版了刊物《中国穆斯林》。在中国伊斯兰教协会的推动下，北京市伊斯兰教协会于1979年正式成立，其会址就设在东四清真寺内。北京市伊斯兰教协会自成立以来，使北京68座清真寺得到恢复并且大部分清真寺得到修缮，协会每年组织北京市穆斯林朝觐团赴沙特阿拉伯朝觐，还创办了北京伊斯兰教经学院，举办生产服务和公益事业，为年轻的阿訇办理出国留学事务，在国际友好往来中接待外宾达20万人次。北京市10个区县的伊斯兰教协会在其指导下相继成立，这为进一步搞好北京伊斯兰教工作提供了组织保障。

融会贯通的清真寺文化

北京的清真寺文化是中外文化相互交流与融合的产物，是各族穆斯林辛勤劳动和智慧的结晶，它集中体现了宗教、民族、教育、建筑、书法、艺术等方面的历史文化，并且形成了其特有的建筑体系与艺术风格。由于明朝以来北京的特殊政治地位，北京的清真寺文化也独具特色：从建筑外观上看，北京地区清真寺整体建筑布局对称严谨，有明显中轴线，富丽堂皇，具有皇家气派；从建筑形制看，大门、礼拜大殿、主要配殿、邦克楼和碑亭都是大木起脊、用斗拱的典型中国宫廷式建筑；从礼拜大殿内的装饰来看，则多采用中阿合璧、丰富多彩的装饰艺术，将精致的阿拉伯装饰艺术风格与中国传统建筑装饰手法融会贯通，并且突出了伊斯兰教的宗教内涵。

北京地区的清真寺绝大多数都是元朝以后，特别是明清以来修建的，从现存的60多座清真寺来看，由于清真寺始建背景不同，大小不等，故寺内建筑物的多少也不相同。尽管如此，但每座清真寺都有礼拜殿和水房，这是清真寺最基本的建筑。规模较大的清真寺还有牌坊、影壁、庭院、垂花门、望月楼、南讲堂、北讲堂、邦克楼、碑亭、石桥、图书馆和埋体房等。礼拜殿是清真寺的主体建筑，是穆斯林礼拜真主的圣殿。由于麦加在中国的西方，所以北京的清真寺内，礼拜殿都坐西朝东。礼拜殿内宽敞明亮、陈设简朴，供穆斯林礼拜的大殿地面铺满地毯。北京地区清真寺的礼拜殿为多凸字形、长方形、十字形和工字形等，礼拜殿点内吊灯形状千姿百态、十分精美。伊斯兰教反对偶像崇拜，礼拜殿内不供奉偶像，也不用动物图形来装饰，大都以阿拉伯建筑装饰风格为主。位于礼拜殿最前方的“米哈拉布”（即窑殿内，有称“圣龛”）是礼拜殿内最圣洁之处，也是阿訇领拜之处。“敏拜尔”（即宣讲台或讲经台）是清真寺礼拜殿内的必要设施，位于“米哈拉布”的左边。北京清真寺的“敏拜尔”有的前面没有门，大部分由5级或7级台阶构成。水房（沐浴室）为净身场所，即穆斯林礼拜前净身之处。南北讲堂是清真寺主要建筑之一，阿訇和海里凡的办公室、讲学室以及居住区都设在北讲堂。

北京清真寺的修造，除牛街礼拜寺、东四清真寺、锦什坊街清真普寿寺和德外法明寺四大官寺为官家敕建的以外，大部分都是穆斯林集资修建的，个别的清真寺由私人出资建造。从历史上看，无论清真寺是谁出资修建，当清真寺建造竣工后，必须交付给聚居区穆斯林之手，清真寺的管理权与使用权也是全体穆斯林的。每一座清真寺都是一轴历史的长卷，不但向人们展现着其独特的建筑风貌，而且还向世人叙述着伊斯兰教与北京清真寺文化形成与发展的历史。可以说，北京清真寺文化是北京伊斯兰教文化的载体，是北京宗教文化的重要组成部分。

[图239]
牛街清真寺

肃穆挺立的著名清真寺

牛街清真寺　牛街清真寺位于广安门内牛街，是北京规模最大、历史最久的一座清真寺。它创建于辽圣宗十三年(966年)，于宋太宗至道元年(995年)、明正统七年(1442年)重修，清康熙三十五年(1696年)又按原样进行大规模修缮。寺内主要建筑有礼拜殿、邦克楼、望月楼和碑亭等。礼拜殿有三层屋顶，殿顶衔接处有一道垂直的半弧形影壁，成为殿顶的一个特殊装饰，殿内悬挂着用玻璃串珠、彩色玻璃灯罩组成的各式大吊灯。位于寺最前面的是一座六角攒尖亭式建筑，俗称窑殿，殿内普相仿和天花板上，施以“博古”、“花齐”等彩绘。邦克楼在礼拜殿的正前方，是一座歇山重檐方亭建筑，邦克楼是做礼拜前登楼向教民报告时间的，所以又叫宣礼楼或唤醒楼，它的前身是宋元年间修建的尊经阁。碑亭在礼拜殿前的月台两旁，左右对称，亭重檐歇山顶，碑是明弘治九年(1496年)重修礼拜寺后所建。碑文原用汉阿两文刻成，现已剥落不清。寺内的重要文物还有：一座高2.70米，上铸阿拉伯文和“大清嘉庆三年秋月吉日建造”的铁香炉；一口高0.50米，上铸“道光丁未年有恒堂造重150斤”的铜香炉；重达900多公斤，清乾隆四年(1039年)造的大铜锅以及一块明万历年间记载明宣德正统年间重修礼拜寺经过的石碑。礼拜寺的建筑，采用了中国木结构的传统形式，但在主要建筑物的细部装饰上，带有伊斯兰教建筑的阿拉伯装饰风格。

东四清真寺　东四清真寺位于东城区东四南大街13号。始建年代说法有二：一是始建于元至正六年(1356年)，传说宋元期间有筛海尊哇默定的第三子筛海撒那定在北京东城建立清真寺；二是建于明正统十二年(1447年)，由明代后军都督同知陈友捐资创建。寺坐西朝东，有大门3间，现有的寺大门是1920年改建的。垂花门内的庭院有礼拜殿，可容500多人同时礼拜，大殿的3座拱门都刻有《古兰经》经文。院南北各有保存明代建筑风格的5间配殿和3间配房，均带前廊。在南配殿的资料室里，存有各种版本的《古兰经》，最为珍贵的是一本元代手抄本，文字精美，保存完好，还有埃及国王赠送的图书等珍宝。东四清真寺现为北京市伊斯兰教协会驻地。

花市清真寺　花市清真寺位于崇文区西花市大街南侧，始建于明代初期，相传为明代开国元勋常遇春所建，明、清两代曾多次修缮。寺内主要建筑原有礼拜大殿、碑亭、敬古堂、沐浴室、寻月台和经房、住房等，寻月台已拆除。礼拜大殿是该寺最大的建筑，坐西朝东，前有敞厅3间，殿面阔3间，进深4间，总面积500余平方米。第四层殿顶开六角亭式天窗，墙壁上原有古兰经文。礼拜殿正前面有一座方形碑亭，原置雍正御赐碑，现已迁出竖立墙边。寺内现保存的文物有康熙二年(1663年)裕亲王书“清真”木匾和乾隆五十二年(1787年)“真一无二”牌匾各一方，另外还有雍正皇帝御赐碑和乾隆三十五年(1770年)《重修礼拜寺碑记》石刻等。花市清真寺现为崇文区重点保护文物。

作为伊斯兰教象征的清真寺文化已经成为北京宗教文化的重要组成部分，它不仅象征着北京博大精深的历史文化，更会在未来的岁月中与北京血脉交融、共同发展。

第87讲

北京的天主教堂

天主教于元代传入北京，曾于大都建造两座教堂。但后来随着元朝廷败北而中断。明末，随着善于结交中国传统士大夫并尊重中国传统文化的著名传教士利玛窦于1601年进京，天主教在北京兴盛了100多年，陆续建起以四大堂为代表的多座教堂。后因“中国礼仪之争”导致禁教，天主教再度消沉。第二次鸦片战争之后，天主教被外国侵略者利用，激化了中外的矛盾，导致了义和团对教堂的大规模攻击。民国时期天主教的兴盛在一定程度上促进了北京文化的发展。新中国成立后，中国天主教走上健康发展的道路，目前在北京地区有天主教徒40000余人，共有天主教堂20座，还有修道院和修女院。

南堂（宣武门教堂） 位于宣武门内十字路口东北侧，是北京城里历史最悠久的堂口（北京地区现存最古老的堂口是创立于元代的后桑峪堂，但因其地处深山，对北京文化影响不大）。1605年著名耶稣会传教士利玛窦利用他购买的房屋，改建成一座小教堂，就是今天南堂的最初规模。在这里，利玛窦广交中国士大夫朋友，完成了神学著作《天主实义》，并与中国科学家徐光启合作翻译了欧几里得的《几何原本》的大部分。在他生命的最后一年，将其扩建成一座文艺复兴式与中国式结合的教堂。后来德意志耶稣会传教士汤若望住在南堂。

1650年，汤若望对这座教堂进行重建，扩大了规模。建筑含有欧式成分。他为教堂撰写了《建堂碑记》。特别值得一提的是，顺治皇帝特意为教堂题写了“钦崇天道”匾。顺治十年，皇帝又做《天主堂碑记》。现在此碑连同汤若望的《建堂碑记》仍保存在教堂院中。康熙皇帝即位后，又赐教堂“敬天”二字。1690年，北京教区成立，主教府设于该堂。

1703年到1730年间，教堂三度重建。经过“中国礼仪之争”，康熙皇帝于1717年宣布禁教。但是对于尊重中国传统的耶稣会传教士还是报以很大的宽容。之后的雍正皇帝虽然对天主教没有好感，但对于身怀技艺的传教士也相当宽容，默许其宗教活动。因此这时的北京不同于其他地区，传教士的个人宗教活动依然活跃。

乾隆皇帝即位后，这种默许和宽容依然存在。1775年，南堂失火。灾后皇帝拨款重建，并将被烧毁的康熙御笔再次赐予教堂。这次重建的教堂，一直存在到1900年。本次重建的南堂为文艺复兴式，成拉丁十字形，面阔五间，东西两间顶部各有一钟楼。内部华丽的装饰又体现了巴洛克风格的特点。在教堂月台两端各有一碑亭，内安放顺治碑和汤若望碑。道光十八年（1838年）该堂被查封。1860年《北京条约》之后，教堂发还教会。南堂仍为北京教区主教座堂，直到1866年，主教府才迁往北堂。1900年义和团运动当中，教堂被烧毁。

1904年，教堂又一次重建，就是我们今天看到的南堂。1950年代，北京教区主教姚光裕再次将主教座堂移到南堂，直到今天。

今天的南堂，坐北朝南，面阔三间，依然取文艺复兴式，但与1775年版南堂已经有了很大的差别，而且有更多与中式建筑折中的成分。尽管如此，我们对照照片，依然能从今天的南堂身上看到旧版南堂的影子。教堂内部为文艺复兴式，方形砖砌立柱外表涂成大理石花纹，明快华丽，但没有巴洛克式的繁冗；宏伟大气，但没有罗马式的沉重。正祭台上方有圣母无染原罪像，是为本堂主保，西面有主教牧座。窗户上镶彩色玻璃，立柱间悬挂的玻璃吊灯为教堂增色不少。

南堂见证了400年间中西文化的交流与冲突，今天在和平的环境与爱国爱教的宗旨下，继续为首都的文化贡献力量。

北堂　是目前北京最大、最精美，也是现存建筑最古老的天主教堂。特别值得注意的是，这是唯一建立在皇城之内的天主教堂。北堂见证了西方文化与中国传统文化的融合与碰撞，也见证了政治与宗教的复杂关系。

1693年，康熙皇帝身患疟疾。法国耶稣会传教士张诚和、洪若翰和刘应又呈上西药治好了皇帝的病。龙颜大悦，将蚕池口（中海西北面）的一块地赐予这几名传教士。由此北堂的雏形在这里建成。康熙皇帝特别题写了“万有真源”匾和一副对联。在大门上方还特别注明了“敕建天主堂”。

这时的北堂有一个很大的院子，教堂本身规模不大，内部彩绘不逊于南堂。

北堂自建成以来，就见证了中外关系的大事。“中国礼仪之争”中教皇特使铎罗曾居住于北堂；在雍正年间签订《恰克图市约》的谈判中担任翻译的传教士宋君荣也在北堂居住过。在文化方面，住在北堂的传教士无形中担任了向西方介绍中国文化的任务。宋君荣不仅翻译过多部中国经典著作，还将中国的天文学介绍给西方。另外，钱德明、冯秉正等传教士，也从不同角度向西方介绍了中国文化。北堂还拥有一座天文台和一座著名的图书馆。1811年，嘉庆皇帝下令将北堂拆除。

1860年《北京条约》签订后，1864年清政府将北堂地产发还，并于1866年重建完工。重建的北堂规模大大扩大，外表酷似巴黎圣母院。北京主教府也由南堂迁到此地。值得一提的是，当时精于科学的传教士谭道微将他从中国各地收集的生物标本陈列于北堂的一座附属建筑中。因此当时北堂被人称为“百鸟堂”。

后来慈禧太后扩建西苑，派人与主教协商，将北堂迁到了西什库重建，于1888年建成。迁

［图 240］
天主教北堂

建后的北堂，为哥特式建筑，教堂两侧有两座中式黄琉璃瓦的碑亭，分别镌刻《迁建谕旨》和满汉双文的《迁建天主堂碑记》。中式的碑亭与哥特式的教堂相映成趣。教堂还附有主教府、修女院、医院、学校、图书馆、育婴堂、若瑟院等附属建筑，成为北京第一大堂。

1900 年义和团运动中，北堂久攻不下。虽然严重受损，但成了北京唯一幸存的教堂。1901 年教会对教堂进行了全面修整，就是我们今天看到的北堂。钟楼各加高一层，凸显了哥特式的特点。与其他教堂不同的是，北堂屋顶上，树立的不是十字架，而是守护天使。内部装饰庄严、宏伟。哥特式肋状拱券与高耸的红绿相间的立柱给人以直冲云霄的感觉，阳光经过彩色玻璃射入教堂更增加了神秘感。在大堂内一间小堂里，有一幅画成身穿清朝皇太后和皇帝朝服的圣母抱耶稣像。

20 世纪前期，北堂不断扩建，堂区的图书馆和印刷厂在全国享有盛名。新中国成立后后，主教府迁出北堂。教堂经过多次修缮，焕发出它的光彩。现已成为全国重点文物保护单位。

东堂　位于王府井大街，是北京城里的第二座教堂。

明朝末年，西西里耶稣会神父利类斯和葡萄牙耶稣会神父安文斯来到中国四川地区传教，被肃亲王豪格俘获，送入京城。1651年获释，并获得朝廷赏赐住所。1655年，二人在此建起一所教堂，即为东堂。

初建成的教堂规模很小。1662年，教堂重建，并扩大规模。晚年的汤若望、南怀仁、郎世宁等著名的传教士，都在东堂居住过。

1720年，教堂因地震坍塌，当年重建。著名画家郎世宁为教堂绘制圣像多幅。重建后的教堂为典型的西洋风格，堂内圣像和壁画因有郎世宁参与绘画，极为精美。

后来的嘉庆皇帝极为排外。1807年，教堂附属建筑失火。当神父向嘉庆皇帝请旨重建时，皇帝反而下令将幸存的教堂拆除，并将地产没收。

[图241]
天主教东堂

1860年，清廷将地产发还教会。1884年，北京主教田类思筹款重建东堂。1884版东堂，就照片来看，与今天的东堂相似，只有细微的差别。1900年义和团运动中，东堂再次被毁。1905年再次重建，即为今天我们看到的东堂。东堂建筑属比较正宗的罗马风式建筑，折中成分不多。面阔三间，进深十一间，后面还有一小堂。正面有三座钟楼，上覆穹顶，颇有气势。窗户镶彩色玻璃。在正祭台上，有一华盖，在北京地区尚属仅见。

2000年，北京市政府对东堂维修，并建成“教堂广场”，使古老的东堂成为金街上一道亮丽的风景。

西堂　位于西直门内。1723年由意大利地区的遣使会神父德里格主持建造，虽然是在禁教时代，但当时的西堂规模仍很大。1811年，嘉庆皇帝下令拆毁西堂。《北京条约》签订之后，西堂地产被发还，1867年重建教堂。1900年义和团运动中，西堂被烧毁。1912年重建，是北京四大天主堂中重建得最晚的一座。奉圣母圣衣（加尔默罗圣母）为主保，即为今天的西堂。并附有毓英中学和一所备修院。

西堂是北京天主堂四大堂中最小的一座，也是折中成分最少的一座。哥特式钟楼、尖锥状的门窗和圆滑、高直的线条基本没有被横向的装饰物打断，保持了较正宗的哥特式风格。特别是正门内部和唱经楼，哥特式风格非常地道。但堂内立柱的柯林斯式柱头则做了明显的改造，体现了文化的融合。

第 88 讲

北京的基督教堂

[图 242]
基督教缸瓦市堂

基督教最早传入中国，在公元6世纪到10世纪之间，是波斯和巴格达的聂斯托里教派教会机构(Nestorians) 将传教士派往中国的。当时的中国人称基督教为景教。从敦煌经卷皇家布告记录来看，当时皇帝信佛，有将近3000名外国传教士因此被驱逐。到987年，聂斯托里教派再次来到中国，他们在中国已再找不到一名幸存的基督徒了。

到元朝时期在中国传教的基督教徒属于修道士一派(Friars)。统治者忽必烈（Khubilai 1214～1294）曾向罗马教皇要求派遣基督教徒在他们征服的土地上传播福音。1287年，北京一位传教士拉班·扫马(Rabban Sauma 1250～1294)去罗马，说服了教皇派遣法国人约翰(John of Monte Corvino 1246～1328）到中国，据罗马资料，此人到北京的时间是1294年。但当时基督教传教的语言是希腊语和拉丁文，所以到中国传教，就有语言障碍。约翰过世之后，1369年，基督教在中国被禁绝。在后来的200年里，中国没有基督教。

明朝中晚期在中国重新出现的基督教派属于天主教(Jesuits)。这个教派给中国建筑史的一大奉献，就是综合欧洲的建筑艺术为当时的中国朝廷设计和建造了北京的圆明园。可惜这美仑美奂的世界建筑遗产，被英法联军毁于1860年的鸦片战争。

基督教（新教）于19世纪初期传入中国，即嘉庆十二年（1807年），英国伦敦会传教士马礼逊（Robert Morrison）被最先派遣进入中国，新教开始传播。基督教（新教）自1861年传入北京，基督教堂也开始在北京相继建立。

与早期在京天主教传教士不同的是，新教传教士对于兴办公共事业的兴趣高于对教堂本身进行修饰的兴趣，教会附属事业建筑规模宏大。教会与附设的学校、医院、文化、慈善机构等形成教会区。如1865年伦敦会在米市大街东堂子胡同建造的礼拜堂、医院、学校、住宅统称为“双旗杆伦敦会”,1900年建造的公理会教堂以及附属育英男中、贝满女中等在灯市口连成一片,1909年修建的卫理公会亚斯立教堂和神学院以及汇文男中、慕真女中、同仁医院等在崇文门一带形成较大的特殊区域。义和团运动中,北京基督教堂同样受到冲击。

在民国年间,在京基督教兴办的各类学校和多所医院在全国享有盛名,很多至今仍为重点学校和大型医院。到新中国成立前夕,北京地区的新教堂、福音堂多达70余处,分别隶属于公理会、卫理公会、中华圣公会、中华基督教会、美国远东宣教会,中国信徒设立的堂会6处。

新中国成立后,北京的基督徒,始终坚持独立自主、爱国爱教、用三自原则办好教会。近20年来每年有5000余人领受洗礼,现在已有信徒5万余人。

崇文门堂 又称亚斯立堂,是美国卫理公会(美以美会)在北京乃至整个华北地区所建的第一所礼拜堂,位于崇文门内后沟胡同,是北京现存最大的基督教堂(原来最大的灯市口堂已无存)。1870年建成时,规模比较小,仅容纳四五百人聚会。随着教会信徒人数不断增加,经过两次重建,现存建筑为1906年建成。随着教会各项工作的开展,卫理公会又在本堂周围相继建成同仁医院、妇婴医院、汇文小学、汇文中学、汇文幼儿园、慕贞女中、护士学校、乃至汇文大学(后合并于燕京大学)、汇文神学院(后改为燕京神学院)等。

[图243]
基督教海淀堂

[图244]
基督教亚斯立堂

崇文门教堂在国内外享有一定的声誉,其建筑风格亦别具特色,整座教堂,占地面积为8246平方米,堂内分正、副两堂,正堂设有700多个座位,副堂设有300多个座位。中间有可以上下活动的闸板相隔,即亦可分开亦可联用,建筑风格极为新颖别致。1982年春在贯彻落实宗教信仰自由政策的方针下,教堂经大规模整修,正式更名为北京基督教会崇文门堂,并于当年圣诞节重新恢复聚会活动至今。1990年,经北京市人民政府批准为市级重点文物保护单位。

2001年8月由北京市人民政府拨款480万元人民币,重新修缮了礼拜堂及其附属房屋。原来该教会创办的同仁医院、汇文中学至今享有盛名。

缸瓦市堂 位于西四南大街,于1903年建堂,原属于英国伦敦传道会(属公理宗)。近代最早到中国传教的是英国伦敦会,最早到北京传教的也是英国伦敦会。1861年传教士雒魏林以英国使馆官员的名义在北京设立医院兼传教。

1863年英国伦敦会又派传教士杜德珍来北京传教,在缸瓦市租房子成立医院,也用作教堂,一面行医一面传教。1903年3月16日,英国伦敦会又用当时通用的松江银二千一百两,在缸瓦市从私人奎瑶手中购地而建堂,1922年改建新堂(就是现在仍在使用的主堂),实行自立自养,并加入“中华基督教会”。在教堂南院开办仁济医院;北院为翠文小学。形成教堂、医院、学校为一体的格局。教堂分为前厅、大厅,建筑简朴。教堂现有信徒5000多人,每个主

日有四次礼拜且一堂三会——每周有主日崇拜会、安息日崇拜会和朝鲜语崇拜会。教堂中有一台北京基督教堂中最古老的风琴，老舍先生曾在该堂居住。

2007年3月和10月，缸瓦市教堂两次为燕京神学院捐款129812.2元，所有款项都被用于神学教育。

珠市口堂 位于广安大街和前门外大街两条繁华路段的接合处，始建于1904年，是1900年以后美国卫理公会开设的八座教堂的第一座。与其他教堂不同的是，珠市口堂从建堂一开始就有中国牧师主持。1921年该堂进行了扩建，基本形成了今天珠市口教堂三层的建筑格局，可容上千人做礼拜。

教堂是简易哥特式风格的建筑，外观和内部装饰也很简朴，原本毫不起眼。但在2000年拓宽修建两广路时，为不影响教堂，专门在其南北修建了延伸辅路，使珠市口教堂原地不动，成为广安大街上的一个小环岛，后又耗资百万元对教堂作了维护修缮，使它显得颇为醒目和独特了。

此外近年来兴建的现代式教堂，规模宏大，设计前卫。成为中国现代基督教建筑的精品。

海淀堂新堂　位于北京市高新区中关村西区，2007年5月31日，新落成的北京市基督教海淀堂举行了献堂典礼。

海淀堂新堂总占地面积3900平方米，建筑面积约4000平方米。新堂在造型上由100多根洁白的立柱围合而成，寓意诺亚方舟，又象征教会合一，同时也让人联想为一卷开打的圣经。自2001年至今一直主持海淀堂工作的北京市人大代表、北京市基督教两会副主席、主任牧师吴伟庆表示：我们要把走进新堂作为我们的迦南之路的新起点，用耶稣基督对我们的爱回馈给上帝、回馈给社会、回馈给人民，为创建社会主义和谐社会贡献力量。

宽街堂　建于20世纪20年代。由中国基督教集资买房并改成礼拜堂。2000年因城市道路拓宽工程的需要重建于现址。可供1000人同时聚会。

燕京神学院教堂　位于海淀区清河镇。1953年4月，北京神学院、华北联合女子圣道学院、北平圣经神学院并入燕京宗教学院，联合成了燕京协和神学院。这是为华北、西北十省市、自治区基督教培养爱国爱教徒“三自”道路的教职人、神职人员的一所学校。2004年，由美籍华人黄光普先生捐资50万美元建成。同年9月23日举行了献堂礼拜。这是新中国成立后在北京建立的第一座基督教堂。

朝阳教堂　位于东四环路。2005年9月12日竣工，同年12月16日举行了献堂礼拜。每个礼拜有四堂礼拜，可同时容纳1200人聚会。

丰台教堂　位于京开高速辅路刚过四环路东边。2006年11月竣工，12月22日举行了献堂礼拜，可同时容纳1200人聚会。

延庆教堂　位于延庆县。2007年12月22日举行献堂礼拜。目前有安息日聚会和主日聚会。

怀柔教堂　位于怀柔县新新别墅小区。2007年12月10日开堂礼拜。

另外，北京还有南苑、通州、门头沟、房山、石景山、顺义、密云、西北旺、南口（昌平）、前大营（大兴）等地都建有礼拜堂。

北京基督教教会的主要负责人是于新粒牧师。他是全国政协委员、中国基督教三自爱国运动委员会副主席、中国基督教协会副总干事、北京市政协常委、北京市基督教三自爱国运动委员会主席、北京市教务委员会会长、燕京神学院院长兼朝阳教堂主任牧师。

最新资料统计，北京目前有基督教堂20所，聚合点740多个。北京的教会的发展，见证了中西文化的交流、碰撞与融合，也见证了中国几百年来的沧桑巨变。如今北京教堂作为凝固的北京文化的一部分，继续为构建更加文明、和谐的新北京实现其自身的价值。

北京100讲

第八篇

北京与世界
——国际交流

第89～94讲

篇目负责人
李永辉

主要撰稿人
陈春林　史泽华　张效民
张　艳　曹　韵　等

第89讲

总说：北京走向世界，世界聚焦北京

从《马可·波罗行记》(又名《马可·波罗游记》《东方闻见录》)第一次将东方中国向世界广为传播，到现代北京举办2008年奥林匹克运动会，世界瞩目的焦点再次凝聚到北京。历史总是有着相似性，但是一个城市却是在不断发展与成熟的。今日的北京，已经将自己放在了世界的坐标中重新审视自己，规划自己，一个越来越成熟的国际化大都市正在不断地成长着。它正以它开放的胸怀，独特的魅力吸引着各国人民，同时，它也在以越来越矫健的姿态走向世界！

《马可·波罗行记》是欧洲人撰写的第一部详尽描绘中国历史、文化和艺术的游记。16世纪意大利收藏家、地理学家赖麦锡说，马可·波罗在1299年写完《行记》，“几个月后，这部书已在意大利境内随处可见”。在1324年马可·波罗逝世前，《马可·波罗行记》已被翻译成多种欧洲文字，广为流传。现存的《马可·波罗行记》有各种文字共119种版本。

在《马可·波罗行记》以前，更准确地说是在13世纪以前，中西方在政治、经济、文化等方面的交流都是通过中亚这座桥梁间接地联系着。在这种中西交往中，中国一直是以积极的态度，努力去了解和认识中国以外的地方，特别是西方文明世界。最早可以追溯到周穆王西巡。尽管周穆王西巡的故事充满了荒诞和神话色彩，但至少反映了中国人已开始去了解和认识西方，西汉武帝时期张骞通西域之后，一条从中国经中亚抵达欧洲的“丝绸之路”出现了，中国对西方世界有了更进一步的认识和了解。唐朝是中国封建社会的鼎盛时期，经济、文化等都达到了空前的繁荣，一大批西方的商人来到中国，中国对西方世界的认识更深入了。但直到13世纪以前，中西交往只停留在以贸易为主的经济联系上，缺乏直接的接触和了解。而欧洲对中国的认识，在13世纪以前，一直停留在道听途说的间接接触上，他们对中国的认识和了解非常肤浅，因而欧洲人对东方世界充满了神秘和好奇的心理。《马可·波罗行记》对东方世界进行了夸大甚至神话般的描述，更激起了欧洲人对东方世界的好奇心。这又有意或者无意地促进了中西方之间的直接交往。从此，中西方之间直接的政治、经济、文化的交流的新时代开始了。马可·波罗是一个时代的象征。

改革开放30年，今日的北京已具有国际化大都市的风范。北京对外友好交往活动的开展也越来越深入：北京与世界各国友好城市的交往已经渗透到了政治、经济、社会、文化等诸多领

域，在国家对外交往中发挥着重要的作用；北京开展各种文化节，介绍外国文化和习俗，拉近了北京与世界各国的距离。北京对外交往活动的开展，为北京的建设和发展，创造了积极有利的条件和环境。开放的北京，以其独特的政治中心、文化中心的地位，吸引了各国使馆驻扎在北京；同时，法制、文明、繁荣的北京，也以其宽松的经济政策和巨大的经济效益，吸引了众多世界500强公司和外资企业在北京落户，不少著名企业在北京设立研究院，将北京作为其重要的发展基地。北京正在不断地发展自己，她将更加开放地迎接世界！

[图245]
99'北京国际旅游节盛装表演在平安大街举行

北京作为中国的首都，不仅有着辉煌的历史和宏大的气魄，更有着面向国际的未来。如今的北京更加注重自己的多元格调，积极加快自己的国际化进程。对外友好交往是北京走向世界的一大途径，北京的对外交流不仅包括官方有组织的交流，也包括民间自发的交流。友好城市、文化年活动和留学生的交流从政府和民众的两大层面入手，开启了北京与世界的对话，也拉近了北京与世界的距离。在北京的建国门外和三里屯亮马河畔，有一片绿树成荫的地方，方圆几十里的建筑显得格外庄严、肃穆，这里便是外国驻华最高机关的聚集地——使馆区。使馆区居住着日理万机的各国大使和繁忙的工作人员，世界各国与中国的交流合作很多都是从这里开始的。随着中国和越来越多的国家建立起外交关系，如今的使馆区正在不断扩大，目前，北京的使馆区已经从当初的两大使馆区扩展到了四大使馆区。

随着对外开放程度的不断加深，北京已经逐渐从政治中心转变为国际化的首都城市。北京既要充分发挥其国际政治交往中心的功能，又要发展和增强其国际经济和文化中心的功能。近年来，北京不断完善的市场经济体系和良好的经济发展空间吸引了越来越多的外资企业在北京落户，不少知名企业在北京设立自己的总部，外企逐渐在北京的经济中扮演起了重要的角色。外资企业不仅为北京的经济发展作出了巨大的贡献，更为北京加入国际化的潮流，为北京市民融入国际化的生活打开了一扇窗口。

另外，来北京投资、经商、学习、旅游的外国人也在与日俱增。漫步北京的街头，时常可以看到金发碧眼的外国人，他们在北京愉快地学习和生活，和北京市民一同享受着北京为市民提供的优良生活环境。目前在北京常住的外国人有近11万人，每天实际有外国人约20万人，居住在京城各个地区，外国人已经成为北京市人口的一部分。自2004年北京首次对外国人实行“绿卡”制度以来，已经有近300名来自美国、英国、意大利等30个国家常住北京市的公民，取得了《外国人永久居留证》。北京对外国人的开放度和包容度已经显著地提高了，外国人在北京生活也拉近了中国和世界的距离。北京也正以它的独特魅力，吸引着越来越多的外国人来北京工作和生活。

北京是古老的，它作为一个城市的历史已经有800多年了。从元大都到明清的北京城，它就一直是东亚文化的中心，具有极大的影响力和吸引力，吸引着世界各国的商人、学者、旅行家、传教者纷纷东来，把域外文明带到北京，大大丰富了中国人的物质文化生活，同时也把北京的精粹介绍到外部世界，让世界了解北京，了解中国。

如今，美丽、繁荣、富强的中国已展现在世界面前。作为首都的北京，重新焕发出了勃勃的生机。成长的北京，在全球化的背景下，正在积极地走向世界。2008年全世界将再度把目光投向北京——举世瞩目的第二十九届奥林匹克运动会将在这里举行。这是我国政治、经济、科技等综合国力发展的必然结果，是中国综合国力提高的重要表现。如果历史可以假设的话，我们不妨可以说：如果中国没有改革开放，自然就不会有今天的成就，没有现代化的成功，更不会有申奥的成功。中国五千年的灿烂文化，特别是改革开放后政治、经济发生的巨大变化，对东方以至世界产生广泛而深远的影响，引起全世界关注也是非常自然的事情。中国从古代的世界文明中心之一，到近代的世界文明的边缘，从近代世界文明的边缘再逐步走向世界文明中心之一的位置，这绝不是简单的历史轮回。

届时，北京将作为一个国际化的大都市，秉承着中国人的优秀传统，在奥林匹克精神的指引下，为人类世界的和平、友好与合作作出更大的贡献。

第 90 讲

西方人看京师

[图 246]
北京的民俗庙会吸引了外国朋友

长期以来，中国习惯于把西方称为泰西，西方把中国称为远东。尽管远东与泰西之间远隔千山万水，但没有因此阻挡住东西方的文化交流。正是有了这些交流，才使得欧洲人对东方中国有了最初的印象，增加了对中国的知识，使对中国的神秘朦胧变得骤然明朗清晰起来。早期来到东方的欧洲人远涉重洋，开榛辟莽，把一个真实的中国介绍给了欧洲，使欧洲人较早地从异源文化中接受新的文化气息。可以说，这些来到东方的欧洲人都对中国有极高的评价，甚至达到溢美的程度。在众多的旅行家、传教士和商人当中，不可不提到的有马可·波罗、利玛窦、郎世宁等人。他们惊异于中国地域之广阔，人种之殊异，钦慕于中国之富庶，并从中受到极大的鼓舞和启示，从不同的角度、以不同的方式向欧洲展示了北京和中国全貌。

正是由于他们的大力介绍和渲染，为欧洲人带去大量的有关中国的第一手材料，故而引起一代又一代欧洲人对东方的向往与追求，以至于后来地理探险家哥伦布激起对东方探险远航的热望，而德国的莱布尼茨和法国的伏尔泰等人则醉心于中国文化，中国文化成为法国启蒙思想的基本素材……在今天看来，对他们在东西方文化交流中所起的作用怎么评价都不会过高。

马可·波罗对北京的介绍

在早期中西文化交流者当中，意大利威尼斯商人和旅行家马可·波罗(1254～1324年)无疑是一位杰出的先驱。1275年马可·波罗随父亲和叔父来到中国，此后开始了在中国长达17年的旅居生活。在中国期间，他到过中国北京、云南、泉州等许多地方，眼界大开，对中国有比较全面而深入的了解。据史书记载，马可·波罗“习汉语、旁及蒙古、回鹘、西夏、西藏等文字，(元)世祖甚喜爱之，任官十七年。屡请返国，不许”。正是由于这个缘故，他对中国有许多的深切理解和体会，有许多透彻的了解和把握，成为早期向欧洲介绍中国的先行者。

马可·波罗对中国的介绍集中在《马可·波罗行记》一书当中。该书记录了他在中国的所见所闻，内容涉及元朝初期的政治、经济、宫廷轶事、民俗文化、城市建筑等等。他在元朝大都——北京的生活给他留下了深刻的不可磨灭的印象。

《马可·波罗行记》在记述元大都——北京(汗八里城)时写道：“应知汗八里城内外人户繁多……皆有华屋巨室，而数众之显贵邸舍，尚未计焉。” 他看到了北京城内整齐的街道，繁多的商品，林立的店铺，车水马龙的街市闹景。从马可·波罗的笔下可以看到当时北京城发展与市场繁荣的情况。可以说，当时的北京城无论在规模、建筑艺术、城市布局还是在人口数量上，都一直走在欧洲各国的前面。著名经济史学家亨利·皮朗在《中世纪欧洲社会经济史》中说，14世纪初，欧洲最大的城市人口可能为5万至10万左右，一个拥有2万人口的城市，就算得上是个大城市，而在大多数城市里，居民人数一般介于5000至1万之间。当时北京城内的人口数量无疑远远高于欧洲各国的最大城市。

[图247]
利玛窦和外国传教士墓

马可·波罗还对北京城的风俗民情、宗教信仰有颇多介绍：北京城民语言文雅、见面行礼甚恭的情况；元朝在宗教上采取了较为开放宽容的政策，北京城内各个民族与教派和睦相处，“汗八里城诸基督教徒、回教徒及契丹人中，有星者、巫师约五千人，大汗亦赐全年衣食……其人惟在城中执术，不为他业。”这些对

于欧洲人来说都是相当新鲜的，大大增加了欧洲人对东方的了解与兴趣。

古代中国的星象观测一直走在世界各国的前头，至元代也是如此。北京城有众多的星象观测者。《马可·波罗行记》写道："彼等有一种观象器……其预言较确者，则视其术较精，而其声誉较重。"他对观测灵验、每言有中的情况赞叹不已，故不厌其烦地作了详细描写。可以说，《马可·波罗行记》向欧洲介绍了中国北京科技发达、文明富庶的情况，产生对中国的羡慕之情，使欧洲人对东方有了进一步的了解，在很大程度上刺激了后来欧洲向东方寻求财富的地理大探险。

[图 248]
了解京味民俗

传教士在北京的事业和生活

明末清初，天主教中的耶稣会、方济各会、多明我会等相继传入，其中耶稣会的影响大，收获也最为显著。利玛窦、汤若望、郎世宁等是这些耶稣会士当中的代表人物。

在北京市委党校校园的一片翠绿掩映当中，有一座庄重肃穆的古墓，这里安葬着为中西文化交流作出了杰出贡献的意大利传教士利玛窦（1552～1610年）。利玛窦于1601年到达大明王朝的首都北京，1610年去世，前后在中国生活了28年。

利玛窦生活的西方社会在经过文艺复兴和近代科学的洗礼之后，社会发展出现了新的转机，欧洲加强了与世界的联系。利玛窦是作为传教者和万历皇帝贡使的双重身份从中国南方来到北京的。到中国后，利玛窦不仅阅读了大量中国的古典经书，借此加深对中国文化的了解。同时，他还向人们介绍和传扬西方的自然和人文两大科学，在中国当时的上层社会中讲经传道，推行了一套所谓"文化适应"政策。他凭借丰富的东西学识和锲而不舍的精神，得到了明神宗皇帝的信任，获准在宣武门内买地修建了京城内的第一座教堂。从此，利玛窦便在这里开展了他在京城的传教事业。

到1605年，北京已有百余人信奉天主教，当中有数名更是公卿大臣，这其中便有后来被称为中国天主教"三柱石"的徐光启、李之藻和杨廷筠。1608年，利玛窦同徐光启共同翻译的《几何原本》（前六卷）在京城的刻印出版，引起了京城上下的极大关注，从此，"几何"一词开始出现在中华大地上，"直线""对角线""切线"等专用词汇的也由此产生。此外，利玛窦还撰写了《坤舆万国全图》《天学实义》《二十五言》等多部著作。

由于定居北京，各方面条件便利，利玛窦有足够的时间和精力从事译介西学活动。他在向中国介绍、翻译西学时，还以通信、著书、翻译等多种途径向欧洲传播中国思想与文化，其中最引人注目的是1593年将“四书”——《论语》、《孟子》、《中庸》、《大学》等儒家经典译成拉丁文，虽说这些著作因多种原因未能出版，但却开启了以西文翻译中国儒家著作的先河。利玛窦客居中国28年，对中国的了解是全面而透彻的。他在介绍中国人的风俗习惯时说：“中国这个古老的帝国以普遍讲究温文有礼而知名于世，这是他们最为重视的五大美德之一。”“对于他们来说，办事要体谅、尊重和恭敬别人，这构成温文有礼的基础。”

利玛窦毕生从事传教与中西文化交流事业，为中西文化交流留下了一段千古佳话。

明朝天启二年（1623年），一个怀着与利玛窦同样理想的耶稣会传教士第一次来到了京城，他就是日后同样受人敬仰的德国籍传教士汤若望（1591～1666年）。精通天文历算的汤若望在入京的前两年中，便才华初显，不久便被派往西安管理教务。明崇祯三年（1630年），由礼部尚书徐光启疏荐，回京供职于历局，译著历书，天文观测和推算，还制作多种天文仪器。1634年同徐光启、李天经等完成了《崇祯历书》。而后又受大明朝廷之命用西法督造战炮，并亲自口授，经焦勖整理著成《火攻挈要》，是为当时介绍西洋火枪技术的权威著作。

1644年，清军入京，明朝灭亡。汤若望以其天文历法方面的学识和技能受到清廷的保护，受命继续修正历法，最终1645年由他修订的历书被顺治帝亲自定名为《实宪历》，颁行天下，并被敕封为钦天监监正，成为出任此职的第一位外国人。康熙三年(1664年)，汤若望等传教士被控借修历为名，内外勾连，图谋不轨。汤若望被捕入狱，次年拟凌迟处死。不久京城地震，众人以为触犯天怒，汤若望由此而豁免一死，被释放。康熙五年（1666年），出狱仅一年，病死于寓所。

汤若望在京城传教效果显著的时期，正是他出任钦天监监正的一段时期，他利用自己在朝廷中的地位和威望，不仅保护了在中国境内的传教士，还获得了皇帝的恩准，使从欧洲新来的各个修会的传教士可以不受阻拦进入中国，自由传教，致使入教的中国信徒与日俱增，天主教在华的传教活动进入了一个迅速发展的时期。

著名的宫廷画师郎世宁（1688～1766年）是意大利籍耶稣会修士，他工于山川、鸟兽、花卉以及人物画像，画作逼真，色彩鲜明，深得康熙、雍正和乾隆三位皇帝的赏识。他的画作达到了中国绘画与西方艺术的完美结合，栩栩如生，巧夺天工；他还参与过圆明园的建筑设计，称得上是一位不可多得的画坛奇才，其代表作品有《聚瑞图》、《弘历及后妃像》、《平定西域战图》、《百骏图》、《平安春信图》等。他的画作传入欧洲后，使欧洲人对中国宫廷除了有神秘感之外，又多了几分具体的了解，尤其是画作中表现出的宫廷的恢宏气势，皇帝与后妃人物的神采奕奕，京城规模的宏大，无疑强化了欧洲社会对中国的向往。

乾隆三十一年（1766年）郎世宁在北京去世，乾隆皇帝亲自为其撰写墓志铭，在来华众多的客死中国的传教士当中，由皇帝亲自撰写碑铭的人并不多。郎世宁用他特有的视角向世界介绍了中国，贡献良多，为中西文化交流起到了殊途同归的作用。

第 91 讲

万国轩辙驻节地——北京的使馆区

在北京的建国门外和三里屯亮马河畔，有一片绿树成荫的地方，方圆几十里的建筑显得格外庄严、肃穆，这里便是使馆区。随着中国和越来越多的国家建立起外交关系，使馆区正在不断扩大，目前，北京的使馆区已经从早期的两大使馆区扩展到了四大使馆区，共接纳了150多个驻华使馆（与我国建交的国家为171个，其中有些没有单独的使馆）。作为外国政府的驻华代表，这些机构担负着国家对外交往的职能，是外国观察中国的第一窗口和名副其实的“第二国境线”，在其周围几乎能“抱膝坐看风云起”。

由于使馆区聚集了大量的外国官员和工作人员，使使馆区周边也发展起了特殊的使馆区文化。贴近使馆区的三里屯因其独特的地理位置成为北京夜生活的集中地，三里屯酒吧街已经成了北京夜生活的标志；而不远处的秀水街同样因其靠近使馆区而吸引了大量的外国游客，成为北京改革开放之后经济发展的一大窗口。如今，改造后的新秀水街正以全新的面貌吸引着八方来客，三里屯也继续着北京夜生活的魅力。

四大使馆区

在日坛北路与朝外市场街的交汇处，北临朝阳区政府，南靠日坛公园，有一条南北贯穿的神路街，这便是北京人俗称的“第一使馆区”，也叫做南使馆区。这里的使馆都有着较长的历史，它们气势宏大，有很高的围墙、壮观的大门，围墙上都挂着醒目的国徽、国花、国旗。位于“第一使馆区”的大使馆主要有朝鲜大使馆、阿尔巴尼亚大使馆、越南大使馆、蒙古大使馆、新西兰大使馆、埃及大使馆、捷克大使馆、巴西大使馆、日本大使馆、美国大使馆和英国大使馆等等。

“第二使馆区”也叫做“北使馆区”，它位于东直门和燕莎商圈的交汇处，众多西方发达国家的使馆和一些亚、非、拉国家的使馆聚集此处，沿亮马河排开来。位于“第二使馆区”的大使馆主要有挪威大使馆、意大利大使馆、法国大使馆、匈牙利大使馆、南非大使馆、葡萄牙大使馆、瑞典大使馆、丹麦大使馆、瑞士大使馆、缅甸大使馆、约旦大使馆、德国大使馆、加拿大大使馆、澳大利亚大使馆等等，共计70多座。

1980年，北京规划设计研究院按照国家指示，将亮马河下游过三环路的区域规划成“第三

[图 249]
三里屯使馆区

使馆区”，但直到近几年，“第三使馆区”才真正开始建设。2004年4月，新的美国驻华大使馆正式在此开工，投资达2.75亿美元，加上早先迁入的日本、文莱、法国等国的大使馆以及2005年竣工的以色列大使馆，“第三使馆区”现已基本成型。“第三使馆区”占地约24公顷，建成后共约容纳30座外国驻华使馆。随着“第三使馆区”的兴建，这一带正逐渐形成仅次于国贸中心中央商务区的国际化区域，许多五星级酒店也在此修建营业。目前，“第三使馆区”已经具有浓郁的国际氛围，据统计，仅居住在此的德国人就有5000多，所以这里有专门提供纯德式面包和香肠的食品店。

“第四使馆区”目前尚在规划当中，它位于亮马河东北方向的望京地区。现在，望京地区已经聚集了众多的韩国企业和韩国人，俨然成为一个小型的韩国城，朝鲜语已经成为那里的第

[图 250]
使馆区的街道

一外语。

2005 年 1 月，随着挖掘机的轰鸣，这个被誉为“改革开放的活标本”的秀水露天市场因改造的需要，很快消失在人们的视野中，秀水露天市场整体内迁到附近的秀水街大厦里，一个新秀水就此诞生。尽管老秀水已经成为了历史，但它毕竟给新秀水市场留下了丰厚的遗产，那便是世界性的知名度、会做外国人生意的优秀商户和得到了外国消费者认可的质量和信誉。

使馆区作为北京最早的外国人聚集区，早已成为北京城内最具国际特色的区域，而今的使馆区，不仅在新老结合的基础上呈现出不断扩大的趋势，更在政治、经济、文化等方面继续着北京和世界的对话，为更多的国际友人提供了良好的工作环境和消费休闲的好去处。

第 92 讲

天涯若比邻——北京的友城与对外交往

北京的对外交往

1971年，我国恢复了在联合国的合法权利后，我国的外交工作也开始了崭新的局面。西方国家和日本代表团来京访问次数迅速增多，驻京外交人士和外国媒体记者的数量也急剧增加。至1979年，已有120个国家与我国建交，大批使馆在北京亮马河畔的使馆区建立起来，外国旅游者也开始大量来京旅游。自此，北京揭开了作为一个东方古城的神秘面纱，热情地欢迎八方人士的到来。

[图251]
北京奥运花车参加美国帕沙迪纳市花车大游行

北京是我国的政治中心、文化中心和国际交往中心，改革开放29年来，北京积极开展与外国首都及各国大城市的交往，大力开拓为首都的经济建设、社会发展和现代化大都市建设服务的各种途径。至2006年，北京已与世界上114个国家和地区的150多个城市开展了友好交往，并与30多个城市建立了友好城市关系；北京所辖区县对外交往亦逐步扩大，全市 18个区县分别与14个国家的64个城市或区县建立了友城关系或友好交流合作关系，积极地促进了区县各项事业的发展。

北京是我国对外交往最重要的窗口，党中央和国务院每年要在京接待大批来宾，许多大型国际会议、文化和体育交流活动也都在京举行。以世纪之交的1998～2002年为例，北京在对外交往上取得了一系列可喜的成果。这5年中，北京市协助全国人大、全国政协、外交部、中联部和中央外办等单位接待副总理级以上国宾、党宾团组共622个，安排参观游览活动1313次，提升了北京的国际形象。5年中，北京举办了中非合作论坛部长级会议、万国邮联大会、国际数学大会等大型国际会议数十个，进一步增强了北京在国际上的影响力。在奥运申办上，北京配合奥申委圆满完成了26个国际体育单项组织和国际奥委会评估团的接待工作，积极争取国际组织和友好人士支持北京的申奥工作，为北京取得2008年第29届奥运会的举办权创造了条件。

此外，北京还成功地举办了第六届世界大城市首脑会议、第二十一届世界大学生运动会、北京国际友好城市音乐会、北京高新技术产业国际周、北京国际旅游节、北京国际公路接力赛、外国使节看京城等规模大、影响深的活动，向世界展示了北京各个领域日新月异的变化，扩大了北京在国际上的影响力和知名度，北京良好的合作环境和工作能力也举世瞩目。

除了官方有组织的对外友好交往，北京与各国间自发的民间交往也日益频繁，并在多方面取得了实质性的进展，增进了北京人民与世界人民的友谊。北京市友协、市总工会、团市委、市妇联等群众团体分别与国外相应的民间友好团体和组织建立了广泛的联系，开展了多种形式的友好交流活动，并积极为首都经济建设和社会发展牵线搭桥。据统计，仅1998～2002年间这5年间，共计37个国家的60余个民间团体或专业团体来华访问320批次，来京国际友人共计18000余人次，分别应邀参加了260余次国际民间友好交流活动，市民10万余人次直接参与了这些活动；而北京也有计划地向20余个国家组派了各类出访团组65批，累计出访人数1200人次。随着民间交往的蓬勃发展，越来越多的外国人了解了北京，北京在世界各国人民中的知名度得到了很大的提升。

2001年12月中国正式加入WTO。“入世”后北京的开放程度更高了，发展的步伐更快了。随着北京现代化国际大都市建设进程的加快和2008奥运经济商机的显现，北京对世界商家的吸引力日渐提升，正在成为国际经贸交往的重要中心。在京投资的跨国公司目前已达140多家，不少跨国公司在京设立了地区总部、研发机构等组织。特别是近几年来，北京的经贸合作正在向“走出去”与“引进来”双向并进转变。在接待来访及组织的双边企业界交流活动中，介绍当地投资环境和优势，吸引北京企业到境外投资成为新的趋势。

北京的友好城市

友好城市在国际上也被称为姐妹城市，它的历史可以追溯到20世纪初。英国约克郡的凯里市和法国的普瓦市是世界上第一对友好城市，第二次世界大战之后，友好城市逐渐从欧洲蔓延至北美及发展中国家，并在国际上蓬勃发展起来。如今，友好城市已经成为了国际交流的一种重要的形式，友城合作的内容也渗透到政治、经济、社会、文化等诸多领域。

改革开放以来，友好城市逐渐成为北京对外交流与合作的主要渠道之一，在推动北京与世界主要城市的交往，提高北京的对外影响，促进城市发展与建设等方面发挥着重要的作用。

北京友好城市一览表（截止到2006年）

城市名称	国家名称	缔结日期
东京都	日本	1979年3月14日
纽约市	美国	1980年2月25日
贝尔格莱德市	塞尔维亚和黑山	1980年10月14日

利马市	秘鲁	1983年11月21日
华盛顿特区	美国	1984年5月15日
马德里市	西班牙	1985年9月16日
里约热内卢市	巴西	1986年11月24日
巴黎大区	法国	1987年7月2日
科隆市	德国	1987年9月14日
安卡拉市	土耳其	1990年6月20日
开罗省	埃及	1990年10月28日
雅加达省	印尼	1992年8月4日
伊斯兰堡市	巴基斯坦	1992年10月8日
曼谷市	泰国	1993年5月26日
布宜诺斯艾利斯市	阿根廷	1993年7月13日
首尔市	韩国	1993年10月23日
基辅市	乌克兰	1993年12月13日
柏林市	德国	1994年4月5日
布鲁塞尔大区	比利时	1994年9月22日
河内市	越南	1994年10月6日
阿姆斯特丹市	荷兰	1994年10月29日
莫斯科市	俄罗斯	1995年5月16日
巴黎市	法国	1997年10月23日
罗马市	意大利	1998年5月28日
豪登省	南非	1998年12月6日
渥太华市	加拿大	1999年10月18日
堪培拉市	澳大利亚	2000年9月14日
马德里自治区	西班牙	2005年1月17日
雅典	希腊	2005年5月10日
布达佩斯市	匈牙利	2005年6月16日
布加勒斯特市	罗马尼亚	2005年6月21日
哈瓦那	古巴	2005年9月4日
马尼拉	菲律宾	2005年11月14日
伦敦	英国	2006年4月10日
亚的斯亚贝巴	埃塞俄比亚	2006年4月17日
惠灵顿	新西兰	2006年5月10日
赫尔辛基市	芬兰	2006年07月14日
阿斯塔纳市	哈萨克斯坦	2006年11月16日
特拉维夫市	以色列	2006年11月21日

自1979年与东京结为友好城市以来，目前北京已经与世界上将近40个城市结为了友好城市，由于北京特殊的政治地位，这些城市也大多是各个国家的首都。20世纪70年代末80年代初，北京在与国外友好城市的交流上大体按照“细水长流、稳步发展”的原则，逐步增加

双方的往来与交流，加深相互了解和友谊，当时缔结的友好城市也主要集中在几个周边国家，尤其是和日本首都东京的交流比较密切。90年代，随着北京的经济发展和对外交流的不断加深，北京与欧美各友好城市和发展中国家友好城市的关系得到进一步发展，交流项目也比之前显著增加。

自1979年始，北京通过友好城市渠道不断派出访问团，也经常接待对口城市来访团。北京代表的友好交流出访考察内容涉及经济技术、经济体制、商业等方面，而友好城市的来访团也在经济、物价、卫生等方面与北京开展广泛的交流。通过互访，双方在增进了解和友谊的基础上，在上述各方面开展实质性交流与合作，取得了丰硕的成果。此外，北京市下辖区县与许多友好城市的对应区县也建立起了友好合作关系，全市18个区县全部都有固定的对外交流窗口和渠道，官方和民间的交往均很频繁。

1998年，北京提出申办2008年奥运会，北京的友好城市活动开始与奥运事业紧密相连。2001年6月北京申奥前夕，为给申奥创造良好的投票大环境，北京市在莫斯科举办了规模盛大的“北京文化节”。申奥成功后，北京的国际形象备受关注，而进一步展现“魅力北京”也成了北京市对外交流的重中之重。2001年10月，北京市在加拿大蒙特利尔市举办了“北京文化周”活动，再次展示了北京古老而又现代的风采，树立了“新世纪、新北京”的新形象。2004年，“北京风情舞动巴黎”——中法文化年北京文化周盛装游行在巴黎隆重举行，巴黎人第一次在家门口欣赏到了富有浓郁中华文化色彩的各类表演。2005年，中国文化节暨北京文化周在美国华盛顿肯尼迪艺术中心拉开帷幕，北京的京剧、杂技等表演受到了美国民众的热烈欢迎。

随着奥运会的临近，北京进一步加强了与友好城市和奥运城市的交流与合作，仅2005年，北京市接待外国市级团组57批，市级领导出席外事活动666场次。目前，北京市对外交流领域不断拓展，涉外环境持续改善，国际影响日益扩大，外事管理规范有序，呈现出全方位开放、多层次交流、宽领域合作，布局合理、形式多样、蓬勃发展的良好局面。

北京与东京

1979年3月14日，北京和东京的代表在人民大会堂举行了结为友好城市的签字仪式，东京成为北京的第一个友好城市。此后，两市在文化、经济、教育等方面进行了广泛而富有成果的交流。东京实施的垃圾分类回收和废旧物品的再利用是借鉴北京市废品回收再处理的经验，而北京为解决交通问题，也从东京的交通管制、道路设施中得到了不少启示。

1991年9月，东京都知事铃木俊一向时任北京市长赠送了一把东京的金钥匙，表示东京的大门随时向北京开放。

北京与柏林

1988年5月5日，东柏林市政府与北京市政府签署了友好合作正式协定书，在德国统一之后，这份协定书于1994年4月5日得到再次确认。此后，两大城市之间又进一步达成多项协议，多次交换备忘录，友好合作关系不断深入发展。多年来，北京和柏林在公共交通、供水、城市建设等领域开展了积极的合作，双方专家时常进行工作互访，交流经验。目前，约有100多家柏林企业在中国开展业务，涉及生物、制药、医学、光学等行业。在教育、研究及职业教育等领域，已有10对学校结为友好学校，学生和教师在两城市间定期互访。此外，来自两地大学的研究人员、大学生和教授在技术、自然科学和地质地理学等领域也开展了交流合作。

北京与伦敦

2006年4月10日，北京与伦敦签署了《北京市和伦敦市建立伙伴城市关系协议》，两市正式结为友好城市。根据这项长达5年的合作协议，北京和伦敦将在包括商业、教育、体育等多个方面进行合作。由于两个城市将分别在2008年和2012年举办夏季奥运会，奥运筹备问题自然成了两个城市合作的热门话题。目前，如何举办一届出色的奥运会是两个城市面临的共同机遇和挑战，结为友好城市将有利于双方相互切磋，相互借鉴，从而将奥运的筹备工作做得更加完善。

“十五”期间，北京市改革开放和现代化建设取得了巨大成就，对外合作的需求也不断扩大。而随着现代北京在国际上的影响力不断提高，希望与北京结为友城的城市越来越多，北京真诚地希望与更多的城市结为友好城市，增进与世界各国的友谊。

第 93 讲

舶来三百六十行——外企在北京

随着对外开放程度的不断加深，北京已经逐渐从单一的政治中心转变为国际化的首都城市，越来越多的国际知名企业在北京设立自己的总部，外企逐渐在北京的经济中扮演起了重要的角色。

外资企业不仅为北京的经济发展作出了巨大的贡献，更为北京加入国际化的潮流、为北京市民融入国际化的生活打开了一扇窗口。

世界 500 强在北京

在全球化的浪潮下，北京的经济国际化程度也越来越高，目前，世界500强企业中已有158家跨国公司“登陆”北京。翻开《世界500强在北京投资企业名录》，西门子（中国）有限公司、德国宝马汽车公司北京代表处、北京可口可乐饮料有限公司等世界知名企业赫然在目。其中，美国沃尔玛、韩国浦项、德国罗兰贝格等一批世界500强企业纷纷落户朝阳区，而清华科技园作为中关村科技园区核心区组成部分，背靠清华大学的技术和人才优势，也吸引了P&G、斯伦贝谢、SUN等世界500强企业及一批国家级研发机构在园区落户。可以说，无论是有关高科技的尖端技术、日新月异的数码产品、还是市民日常的普通消费品，在北京人的生活圈子里，已经充满了世界500强企业的身影。

沃尔玛

排名世界500强企业之首的沃尔玛自1996年通过成立合资公司进入中国以来，目前已经在中国21个城市开设了45家商场。北京自然是沃尔玛的发展重镇。2004年，北京山姆会员商店成为沃尔玛在中国已开设的所有店铺中销售增长最快的商店，这也从侧面反映出北京市消费水平在逐年提高，北京市的消费市场前景良好；

[图 252]
北京诺基亚的生产车间

2005年5月18日，沃尔玛在北京的第一家大卖场在知春路开业；2005年11月，沃尔玛另一个购物广场在宣武区SOGO旁开业。开好每一家店，服务好每一位顾客是沃尔玛的经营理念，如今，沃尔玛正在不断拓展着自己在北京的商圈。

麦当劳

位于世界500强前10位的麦当劳同样在北京遍地开花，北京已经和纽约、东京等世界大都市一样成为国际化的消费中心。1992年，麦当劳在北京开设了它的第一家中国分店。麦当劳为北京市民和各地游客提供了方便可口的西式快餐，同时也入乡随俗，加入了具有中国口味的美味佳肴，让每一位消费者满意。麦当劳在中国的发展，被认为既有百米冲刺的精神，又有马拉松的精神，所谓“百米冲刺”是指发展的速度，而“马拉松的精神”是指长远的发展规划，这也是麦当劳在北京经济发展中的真实写照。

[图253]
北电网络（中国）有限公司

诺基亚

从1985年进驻北京时的默默无闻，到今天中国每3位手机用户中就有一人使用诺基亚手机，诺基亚在中国已成了家喻户晓的品牌。作为电信行业跨国企业的代表，诺基亚为中国经济社会的发展作出了积极的贡献。自2000年起，诺基亚一直是中国移动通信领域最大的出口企业之一，6年累计出口达到134亿欧元；2003年，诺基亚的手机出口量占中国所有手机出口的$\frac{1}{3}$；2005年，诺基亚在华采购金额超过30亿元欧元；星网工业园等项目带动了超过125亿元人民币投资，并为中国创造近3万个就业机会。诺基亚始终致力于把最新技术带到中国，如GSM/GPRS/WCDMA等，积极推动新技术在中国的研发与应用。2006年，由诺基亚中国区总部、研发机构和手机生产基地组成的诺基亚中国园落户于亦庄北京经济技术开发区，诺基亚在北京又翻开了全新的一页。

[图254]
爱立信(中国)有限公司

北京的外企总部

随着全球一体化进程的加快，世界各国区域经济发生着巨大而深刻的变革。信息、金融、技术、人才等高端要素逐渐集中到中心型城市，其中，以企业总部与其生产基地分离的市场变化，逐渐形成了一种新的经济形态，这就是总部经济。随着越来越多的世界知名企业入驻北京，北京的总部经济已初现端倪。根据统计，截至2001年末，世界500强企业中已有325家以总公司名义在中国内地开办了各级代表处、办事处、实物所等501家，其中，北京293家，占总数的58%。

北京非常重视吸引跨国公司地区总部的入驻，也逐步形成CBD、中关村西区、亦庄等一批企业总部的聚集地，截至2005年底，北京有经商务部认定的跨国公司地区总部16家，外资研发中心239家。在中国和北京经济快速增长的带动下以及受中国加入WTO、北京奥运效应和奥

ERICSSON
爱立信
ERICSSON
爱立信

运经济战略实施的影响，2004年北京利用外资呈现快速增长的势头。在吸引跨国公司的同时，北京也注意到企业总部入驻所带来的经济现象，在丰台的总部基地建构的“商务花园”模式，就是北京发展总部经济的一个很好的尝试。

目前，北京总部基地正在和现有的中关村海淀园、CBD、亦庄一起，编织着北京的大总部经济区的雏形。2005年，80多家企业将自己的总部搬入基地，其中95%的企业是高科技企业，包括三洋、东芝、LG等国际知名跨国企业。

外企对北京经济发展的贡献

越来越多的外企入驻北京，已使得外资经济成为拉动北京经济增长的主要力量。2001年，北京市外商投资企业出口额占地方企业出口六成以上，外企工业企业总产值达到全市总产值一半左右，实缴税金占地方财政收入⅓强。2003年，北京市累计批准外商投资企业1.98万家，合同外资408.2亿美元，实际外商直接投资213.7亿美元。2004年，北京吸收外资呈现总体规模扩大、结构优化、质量提高的良好势头。全市新批外商投资企业1806家，吸收合同外资62.6亿美元，实际利用外资30.8亿美元，同比分别增长33%、92%、43%。经过不断发展，北京市利用外资在形式上更加多样化，初步形成了全方位、多层次、宽领域的格局。一批大项目有力推动了北京市高新技术及制造业的快速发展，投资12.5亿美元的中芯国际集成电路制造（北京）有限公司已经投产，总投资12.5亿美元的北京东方第五代薄膜晶体管液晶显示器件（TFT-LCD）项目，总投资1.44亿欧元的奔驰轿车项目都已建成投产。

外企不仅成为北京经济发展的引擎，还是北京经济转型和观念更新的催化剂，随着北京经济的不断发展，北京和外企将越来越密不可分。随着经济全球化进程的加快，必定会有更多的外企加入到北京这一充满吸引力和竞争力的东方城市，外企的加入为北京的经济发展增添了新的元素，也注入了新的活力。在北京迈向国际化的进程中，经济方面的成效已经凸显出来，而外企无疑是带动北京国际化的一股强劲的力量。

[图255]
摩托罗拉（中国）电子有限公司

第 94 讲

有朋自远方来——在京外国人群体

[图 256]
韩国人在望京小区的餐饮聚居地

改革开放后，中国的对外交往不断扩大，来京投资、经商、求学、旅游的外国人与日俱增，据北京市公安局出入境管理处统计，目前在京常住的外国人有近 11 万人，以留学生、外交人员、外国媒体驻京记者和商业人士等为主体。如果加上大量的流动游客，北京每天实有外国人约为 20 万人，他们的足迹遍及全市各个角落，已成为北京城市人口的一部分。此外，自 2004 年北京首次对外国人实行“绿卡”制度以来，已经有近 300 名来自美国、英国、意大利等 30 个国家长住北京市的公民，取得了《外国人永久居留证》。这些数据表明，北京对外国人的开放度和包容度已经得到了显著的提高，北京正以它特殊的魅力吸引着越来越多的外国人来京工作和生活。

在京外国人的主要类别

留学生 如今，在北京的外国人群体越来越多样化，但庞大的留学生队伍仍是北京外国人口的重要组成部分，外国留学生作为国际文化交流的重要资源，对于北京文化国际化的意义非同寻常。1950 年，罗马尼亚的 5 名学生来到清华大学报到，成为第一批来华留学生，也掀开了北京招收外国留学生的历史。经过50多年的发展，北京的外国留学生教育已经具有相当的规模和水平。根据北京市统计局的统计，到2004年，北京共有来自172个国家的留学生4万人，接受留学生的在京高校已达66所。其中，来自韩国的留学生最多，居各国之首，而来自亚洲国家的学生比例一直占学生总数的将近80%，其他国家和地区依次是非洲、欧美国家和澳洲。近5年来，北京的留学生教育发展一直保持旺盛的增长势头，年增长率达到15%。据预测，到2008年，来北京学习的外国留学生将增长到8万～10万人。

外交和商业人士 作为中国的首都，北京的使馆区聚集了大量的外交人士。截至2002年底，在京建立的驻华使馆共151个，名誉领馆2个，驻华国际组织17个，各类外交人员9000余人。与此同时，北京作为我国的政治外交中心，在各国新闻机构眼中的分量也越来越重。2001年，美国《芝加哥论坛报》把它的记者站从日本迁到中国，而许多小国也都把在亚洲唯一的记者站设在北京。截至2002年，北京共有外国新闻机构185家，外国记者300多人。随着中国与世界各国经济交往的加强，商业人士成为北京外国人的重要组成部分。到2001年底，北京已设立外商投资企业1.1万余户，全球500强跨国公司有150余户在京设立总部或分支机构，近1万户外国公司在京设立代表处。除此之外，在京的英美外教、日本厨师也越来越普遍；秀水街、雅宝路一带还经常能见到东欧和俄罗斯的批发商人。

游客 除了学习和工作，来北京旅游休闲的外国人更是络绎不绝，北京现已成为全球重要的旅游目的地之一。2006年，来中国观光的美国人达170万，比2005年增长了10%，这一趋势如今仍在继续。自尼克松总统1972年访问中国以来，古老的“红色中国”禁忌一直在消退，而欧美国家与中国也有着大量的商业联系，这些积极的因素促成了西方人不断来中国探寻他们想象中的美丽东方。当代的北京对于西方人来说有着全新的吸引力，八达岭、慕田峪、紫禁城、天安门，这些都成了吸引西方人旅游的经典去处，当然，还有美味的北京烤鸭和地道的北京小吃。2006年，北京旅游外汇收入首次突破40亿美元，外国游客在京人均花费达到1033美元，创下历史新高。从北京的客源国市场看，日本、美国、韩国游客位居前三，占入境客源总量的近四成，而俄罗斯、瑞典、澳大利亚等新兴客源市场也增势强劲。

在京外国人的主要居住区域

北京的开放不仅表现在吸引众多不同职业、不同国籍的人来到这里，也表现在外国人生活的自由程度上。外国人的居住环境不再像以前那样局限在专家楼、使馆区等，而是呈现出多样化的特点，最突出的体现就是在一些地方出现了外国人自发形成的侨民社区。在北京，外国人相对集中居住的地方主要有：朝阳区的望京地区、海淀区的东升地区和后沙峪地区、朝阳区的麦子店、建国门外的使馆区等。

在位于北京东北角的望京地区，居住着来自几十个国家的外国人，其中有近5万韩国人在那里生活和工作。在那里，正宗的韩式餐馆随处可见，超市、商店、医院等也是韩式的居多，整个小区已经形成了为韩国人提供配套服务的社会生活链条，俨然成了北京城里的“韩国村”。一些韩国大公司的老板、首席代表往往住在北京郊区顺义别墅区；而韩国留学生则多半住在北京语言文化大学附近的五道口等地，那里成了很多年轻韩国人和中国哈韩族的天堂。在京的日本人喜欢聚居在长富宫、发展大厦为中心的两个地区。在长富宫和发展大厦，80%的公司都是日本公司，也集中了较多的日本员工，附近便依傍了大大小小的日本餐馆、日本卡拉OK歌厅等，为在此工作和居住的日本人提供了消费和休闲的好去处。此外，在京的德国人喜欢住在以燕莎友谊商城、凯宾斯基饭店为中心的地区。随着离燕莎商城不远的德国使馆

[图257]
幼儿园里的外教

学校的落成，燕莎附近的德国中心也已日见规模，德式面包和烤肠在这里沿街飘香。

除了充满浓郁的异国风情的外国人聚居地，中外人士混居也日趋普遍起来，目前，北京正在积极探索构建国际化社区的途径。如崇文区东花市地区金桥国际公寓，就设立了英语服务热线，提供全天候语言服务，并定期向居住的外籍人士发送英文月讯。在提供优质中餐的同时，公寓还配备了西餐厅，提供不同风味的特色美食；定期举办亚洲、欧洲美食节，在逢到西方传统节日时提供不同口味的套餐。

北京的外国人政策

[图 258]
入乡随俗

从限定外国人的活动范围到为他们发放“绿卡”，如今的北京愈加以开放的心态对待外国人，外国人受益于此，可以更加自由地在中国旅游、工作和生活，一项调查显示，70%的外籍人士对北京的工作、学习和居住环境表示满意。

2004年8月15日，国务院颁布了《外国人在中国永久居留审批管理办法》，标志着中国“绿卡”制度正式实施。而对于临时居留北京的外国人，则实施公安部制定的《外国人签证和居留许可工作规范》，为在京外国人提供了更多的签证和居留便利。持有“外国人居留许可证”的外国人，可以在居留许可有效期之内多次出入境，不必再申请往返签证，在京长住的外国人最多可申请5年的居留许可。可申请居留许可的包括持有Z（工作）、X（学生）、J-1（常驻记者）等签证入境的外国人。北京市公安局出入境管理处还对部分外国人放宽了签证期限或居留许可期限。如果外国人提供相应的证明，可以申请到6个月以上、1年以内的两次或多次入境签证，而且申请的次数不限。

除了政策上提供便利，北京还通过各种渠道为在京的外国人提供生活上的服务。如北京市

[图 259]
吃烤白薯的老外

人民政府外事办公室专门编辑出版了中英文对照的《外国人在京手册》。手册涵盖了出入境、居住、就业、纳税、婚姻、收养、就学、就医、宗教、法律、旅游和日常生活咨询等各方面最新的政策规定和服务信息。北京市公安局公安交通管理局还开发了法、俄、西班牙等9种语言文字的计算机交通法规考试系统，方便了在京的外国人申请考取或换领机动车驾驶证。北京市还设立了专门为来京外籍人士提供法律服务的专线电话，以中英文两种语言为外籍人士提供有关中国政策、法规的咨询服务，为他们答疑解惑。此外，为了提升北京的国际化程度，北京市政府将进一步加快国际会展中心、国际学校、外国人公寓等设施的建设。截止2002年3月，北京已建成38家国际学校、17家中外合资的医疗机构以及50家国际中心。

在各种周到的服务下，外国人在北京的生活已经游刃有余，北京成为他们名副其实的第二故乡。外国人的加入为北京的发展注入了多元的文化和全新的活力，而北京也正以更加积极的行动迎接更多外国友人的到来。

第九篇

继往开来
——新北京新奥运

第95～100讲

篇目负责人
周　航

主要撰稿人
黄　序　叶立梅　金　汕
年　炜　唐　勇　杨俊义 等

第 95 讲

总说：新北京 新奥运

人们将永远记住这一历史时刻，2001 年 7 月 13 日的夜晚，从莫斯科传出了响彻全球的声音：2008 年第 29 届奥运会主办城市——北京。欢乐一瞬间点燃了北京，激荡了华夏大地，沸腾了整个华人世界。这个历史性的选择，不仅让百年圆梦的华夏儿女度过了一个激动的不眠之夜，而且使“奥运”成为 21 世纪前 10 年北京乃至中国最热门的词汇。

奥运会起源于古希腊。始于 1896 年的现代奥运会，在奥林匹克主义的指导下，已发展成为当今世界上规模最大、水平最高、影响最广的综合性体育盛会和文化庆典。一届成功的奥运会，将为主办城市和主办国家的经济社会发展带来深远而持久的影响力。四年一度的奥运会能够来到拥有世界⅕人口的中国，是包括北京市民在内的全体中国人的梦想与追求。

百年奥运情结

1908 年，《天津青年》杂志上的一篇文章曾向中国人提出了三个问题：中国何时能在奥运会占有一席之地？中国何时能派出一支胜利之师？中国何时能举办一届奥运会？这代表着当时处于变革和动荡中的中国渴望融入世界的声音。

1922年，中国体育领导人王正廷当选国际奥委会委员。1931 年，中华全国体育协进会被国际奥委会确认为“中国奥林匹克委员会”。1932 年，田径运动员刘长春代表中国赴洛杉矶参加了第 10 届奥运会。1984 年，同样在洛杉矶举行的第 23 届奥运会上，许海峰鸣枪开道，实现了中国奥运金牌“零的突破”。在这一届奥运会上，中国选手共获得了 15 枚金牌、8 枚银牌、9 枚铜牌，取得了令世界瞩目的战绩。

[图 260]
2004 年雅典奥运会圣火在京点燃

[图 261]
北京奥运火炬传递中

《天津青年》当初提出的前两个愿望得以实现，但“何时能举办一届奥运会”的愿望却一等就是100年！

1990年，象征亚洲人民“团结、友谊、进步”的第11届亚运会在北京举行。这次40年亚运史上规模最大的盛会，取得了空前的成功。在闭幕式上，群情激昂的中国大学生打出了“亚运成功，众盼奥运”的标语。1991年，北京以“开放的中国盼奥运”为口号，迈出了申办2000年奥运会的步伐。而遗憾的是，在1993年9月24日国际奥委会第101次全会上，一路领先的北京却在最后一轮投票中以2票之差，与第27届奥运会擦肩而过。

“花落自有花开日，蓄芳待来年。”第一次申奥是十分宝贵的经历。它让世界看到了改革开放后的北京和中国所发生的巨大变化，让世界感受到了中国人民对奥林匹克运动的热情和诚意。它同样促使北京在正视自身不足的同时，开始着手解决城市建设和环境治理等实际问题。

1998年11月，经过5年的快速发展，北京踏上了第二次申奥的征程。在中央政府和全国人民强有力的支持下，北京展开了扎扎实实的申办工作，并确定了“新北京 新奥运”的申奥口号。在强手如林的竞争者中，北京所具备的举办奥运会的实力和条件，所制定的令人振奋的奥运构想和规划以及超过95%的公众支持率，使其得以脱颖而出。尤其在2000年悉尼奥运会上，中国选手在竞赛成绩和道德风尚方面均有出色表现，更为北京申奥赢得了先机。2001年春，在对申办候选城市全面考察后，国际奥委会评估委员会给予了近乎赞美的评价 “北京能够举办一届出色的奥运会”，并“将为中国和世界体育留下独一无二的宝贵遗产”。

2001年7月13日，满怀期待的中国人终于没有失望，在国际奥委会第112次全会上，北京在第2轮投票中即以绝对优势胜出，获得了2008年奥运会的举办权。从1908年到2008年，中华儿女企盼百年的奥运会终于来到了中国，来到了北京。

北京奥运元素

自申奥成功之日起，北京就开始了为时7年的奥运筹办之旅。2004年雅典狂欢后，奥运会更是进入了紧张的“北京周期”。

代表欧洲文明的希腊文化是奥林匹克运动的文化根源，而中国则是东方文明的发源地之一，奥运会第一次来到有着5000年悠久历史和灿烂文明的中国，这意味着古典与现代相接、东方与西方相融的北京，将努力在一个良好的环境中，通过高科技手段，为世界奉献一个独具东方特色的人文奥运。

2008年8月8日将是北京奥运会开幕的日子。在这一天到来之前，北京奥组委陆续向世界公布了会徽、口号、吉祥物、奖牌、火炬及其传递路线。且不必说奥运庆典的盛宴，仅仅这些带有浓郁中国风格的奥运元素，就无一不透示着古老东方文明的魅力之光。

会徽是一届奥运会最为人注目的主题标志。北京奥运会会徽名为“中国印·舞动的北京”，从1985份参赛作品中甄选而出。会徽将肖形印、中国字和奥运五环有机结合起来，幻化成一个向前奔跑，舞动着迎接胜利的运动人形，恰似北京热情地张开双臂欢迎八方宾客的到来。图案似印非印，似“京”非“京”，潇洒飘逸，充满张力，每一个构成要素都彰显着独特的审美理念和昂扬的时代激情。

北京残奥会会徽“天地人”也让人过目难忘。其图案以书法的笔触勾勒出一个“之”字，也酷似运动的人形；其色彩也颇有含义：红色寓意太阳，蓝色寓意天空，绿色寓意大地，因而命名为“天地人”，体现了中国传统文化中“天人合一”的思想，表达了现代人追求科学发展、和谐发展的理念。

灵动的“天地人”，舞动的“中国印”，一对宛若天成的孪生姐妹，一个以自信、自立、自强、自尊的形象迈向未来，一个以和平、友谊、进步、奔放的姿态拥抱世界，他们象征着北京残奥会和北京奥运会是一个不可分割的整体，两个奥运将一样精彩。

北京奥运会的主题口号是“同一个世界 同一个梦想”(One World One Dream)。这也是北京残奥会的口号。它意味着，尽管人类肤色不同，语言不同，种族不同，但共同分享奥运的魅力和欢乐，共同追求人类和平的理想。“我们同属于一个世界，拥有共同追求的希望和梦想”，不光集中体现了奥林匹克运动的精神实质和普遍价值观——团结、友谊、进步、和谐、参与和梦想，也深刻反映了人文奥运的核心理念及其所蕴含的和谐价值观。

在中国，叠音名字是对孩子表达喜爱的一种传统方式。北京奥运会吉祥物福娃——5个可爱的亲密小伙伴，分别叫贝贝、晶晶、欢欢、迎迎和妮妮，谐音为“北京欢迎你”。福娃色彩来源于奥林匹克五环，造型分别融入了鱼、大熊猫、奥林匹克圣火、藏羚羊和燕子的形象，蕴含着海洋、森林、火、大地和天空的联系。贝贝祝福繁荣，晶晶传递快乐，欢欢饱含激情，迎迎象征健康，妮妮带来好运，福娃是可爱的奥运使者，带着北京的盛情将祝福带往世界各个角落，邀请各国人民共聚北京，欢庆 2008 奥运盛典。

北京奥运会奖牌和火炬，也与上述元素一脉相承。奖牌创意取自中国古代龙纹玉璧造型，由象征尊贵和美德的“金镶玉”组合而成，体现中华民族自古以来以玉比德的价值观、荣誉观，以其奖赠奥林匹克英雄，是一种崇高的荣誉和礼赞。火炬创意灵感来自“渊源共生、和谐共融”的“祥云”图案，造型来自中国传统的纸卷轴，颜色源于汉代的漆红色，都是在细微处显出中国文化的精妙。主题为和谐之旅的圣火传递将首次穿越珠穆朗玛峰，成为奥运史上传递路线最长、传递范围最广、参与人数最多的火炬接力活动。

北京奥运元素一出世就赢得了人们广泛的认同和喜爱，她们是奥林匹克精神与中国优秀传统文化的完美结合，是北京奉献给奥林匹克的财富。这说明，中国人民对于百年一遇的奥运会备加珍视，从一开始就为之打上了鲜明的中国烙印，使其由始而终与众不同。

世界聚焦北京

随着 2008 年奥运会日益临近，世界关注的目光逐渐聚焦在北京。

[图 262]
福娃风筝从天安门广场起飞

北京奥运会有许多让世界充满期待的理由：这是在世界上人口最多的国家举办的奥运会，会将奥林匹克理念普及到包括4亿青少年在内的13亿中国人民；这是在世界上经济高速发展的国度举办的奥运会，会为奥林匹克运动开辟一个充满生机的广阔市场；这是在世界上最大的发展中国家举办的奥运会，会给今后类似地区举办奥运会提供示范和借鉴。

人们可以从不同视角来探讨北京奥运会的特殊意义，而北京最为关心的，不仅在于奉献一个“新奥运”，还在于如何建设一个“新北京”。那么，2008年奥运会将为北京带来什么呢？

2008年，我们将看到一个更加现代的北京。奥运会是城市建设的加速器。为举办一届高水平的奥运会，北京不仅建设了一大批现代化的体育场馆，还投入巨资对城市交通、通信系统、奥运村及其辅助设施等进行了大规模的建设和改造。随着“科技奥运”和“数字北京”的推进实施，高新技术和数字网络不但在奥运场馆得到广泛应用，而且将深入人民生活的各个领域，让信息时代发展成果惠及全社会。这些都将加快北京跻身现代化国际大都市的步伐。

2008年，我们将看到一个更加美丽的北京。2000年悉尼奥运会时在垃圾场上建起来的奥林匹克公园为世人津津乐道，而“绿色奥运”理念的实践也将使北京更加美丽、和谐。经过数年的治理，现在的北京初步呈现城市青山环抱、市区森林环绕、郊区绿海田园的优美景观，从洁净的空气、清澈的河湖，到明净的天空、葱郁的绿色，北京正让城市环境一步步变得宜居。同时，北京对历史名城的重点保护，将使焕发新生命力的故宫、长城与一批地标建筑共同为古都北京增添新的风采。

2008年，我们将看到一个更加富裕的北京。从1964年东京奥运会开始，举办奥运会对经济发展的推动作用为许多国家所看重。韩国以1988年奥运会为契机，一举从默默无闻的发展中国家迅速迈进了发达国家的行列。2008年奥运会给北京带来的，不仅有商业化运作的直接经济收益，还有促进相关产业发展的推动力，更有塑造国际品牌和提升国际竞争力的机会。经济的腾飞则必然带动居民收入的较快增长和人民生活质量的提高。

2008年，我们将看到一个更加文明的北京。“迎奥运、讲文明、树新风”活动的广泛开展，正在对扭转一些不良社会风气发挥潜移默化的作用，市民的综合素质和精神风貌正在发生明显的变化。2008年，五大洲200多个国家和地区的选手云集北京，将给我们带来全球化的视野，为北京树立良好的国际形象提供难得的机会。毫无疑问，奥运会的成功，将极大地振奋民族精神，让中国人民备感自豪和更加团结。

对于北京而言，2008年奥运会是一场历史性的大事件。我们相信，北京呈现给世界的将是展现古老北京青春活力的绿色盛会，将是共享中国创新文明的科技盛会，更是现代奥林匹克精神与中国传统文化交融的人文盛会。

第 96 讲

同在北京蓝天下——绿色奥运

[图 263]
小学生前往奥林匹克森林公园植树

2008 年奥运会以“新北京、新奥运”为战略构想，突出“绿色奥运、科技奥运、人文奥运”的理念，三大理念统一于自然、社会和人类自身的内在关系中，统一于人类追求真、善、美的永恒主题中，既相互联系，又相互影响。科技奥运体现了奥运的现代化，人文奥运体现了奥运的人性化，绿色奥运则体现了对自然的尊重，三者把科学精神、文明素养、生态意识注入关心和参加奥林匹克事务的每个人心中，投射到奥运会筹备的方方面面，这是古老而年轻的北京对奥林匹克运动的一大贡献。

绿色，奥运新目标

绿色奥运符合国际奥林匹克运动的发展方向和潮流。考虑到奥运会给主办城市带来的环境冲突，进入 20 世纪 90 年代，奥林匹克运动力求在保护生态环境方面为人类社会提供一个与大自然和谐相处的榜样，这一新的奋斗目标是以1993年落成的国际奥林匹克博物馆新馆为标志的。当时，为了不破坏周围的景观和保留一棵老橡树，设计者数易其稿，修改施工方案，终使这棵与现代奥运会同龄的老橡树与博物馆共存。

1994 年，国际奥委会把环境确定为与体育和文化并列的第三大支柱。1996 年，《奥林匹克宪章》将环境保护列入国际奥委会的主要任务之一。同年，国际奥委会成立了环境委员会，并要求申办城市必须具备城市美化、环境幽雅的条件。1999 年 10 月，《奥林匹克运动 21 世纪议程》获得通过，促进可持续发展成为奥林匹克运动的根本目标之一。国际奥委会在保护环境问题上的新倾向和对申办城市环保问题的新要求，极大地刺激和促进了申办城市的环保意识和环保举措。

到了2000年悉尼奥运会时，在垃圾场上建起的奥林匹克公园和节能环保的奥运村让人感到震撼，悉尼奥组委提出的“环保主义，新的奥林匹克精神”的口号也让人印象深刻。

绿色奥运理念是北京依据悉尼奥运会的成功经验而提出的。其内涵包括三个层次：把环境保护作为奥运设施规划和建设的首要条件，制定严格的生态环境标准和系统的保障制度；广泛采用环保技术和手段，大规模、全方位地推进环境治理、城乡绿化美化和环境保护产业发展；增强社会的环境保护意识，鼓励公众自觉选择绿色消费，积极参与各项改善生态环境的活动，大幅度提高首都环境质量，建设宜居城市。

绿色奥运的提出给了我们极大的启示和教益，这里的“绿色”已经不仅仅是视觉上、听觉上和嗅觉上的绿色，它更意味着绿色的生活方式和绿色的价值观念。它在于体育文化和生态环境的协调发展，在于体育、文化和环境的共生与相互关怀，在于体育在促进文化、环境与人的和谐发展中所起到的重要作用。绿色奥运代表了奥林匹克运动的团结、平衡、协调与有序，意味着世界体育的和平与公平，是奥林匹克运动的发展以及奥运精神的弘扬的具体表现。

绿色奥运，北京进行时

城市生态环境严重失调，饱受沙尘暴的侵扰，人们的环保意识不强，城市绿化美化的整体水平不高……这就是北京开始实践绿色奥运时的“全部家底”。

[图 264]
高碑店污水处理厂

185天、203天、224天、229天、234天、241天……这不是一组简单的天数罗列，而是经过大力的整治，2001年到2006年北京的空气质量达到二级或好于二级的天数逐年增加。

[图 265]
建设中的奥林匹克公园

这一切仍在好转之中。

在申办过程中，北京承诺，让运动员在一个伟大的城市和清洁的环境中享有符合要求的生活、训练和比赛条件。北京市为此制定了《奥运生态环境保护规划》、《北京市环境污染防治目标和对策》等一系列生态环境保护和建设规划，致力于建设首都高标准的生态环境体系、高效益的绿色产业体系、高水平森林资源安全保障体系；构筑山区、平原和城市隔离地区的绿色生态屏障，形成山区青山环抱、平原林带交错、市区乔灌草有机结合的森林环绕的自然生态景观，

北京市从1998年至2007年投资达122亿美元，完成20项治理环境的重点工程。到2008年，市区空气质量达到中国国家标准；饮用水质量符合世界卫生组织指导值；城市污水处理率达到90%，污水回用率达到40%～50%；城市生活垃圾无害化处理率达到98%；城市林木覆盖率达到51%，森林将在城市诞生。

为了天更蓝，首都钢铁厂、焦化厂等为北京做出过巨大历史贡献的工厂陆续关停转产，环卫工人改进作业方式避免道路扬尘。为了水更清，北京“十五”期间建成了5座污水处理厂，治理了60余公里城市河道，建成翠湖等多处湿地生态修复系统。为了绿更浓，围绕旧城区明清城

垣，建设、拓展和完善“绿色城墙”，围绕城市环路建设环状绿化生态圈层，完善沟通环状圈层的快速路、铁路和河道绿化带的建设，形成经络分明的城市生态绿网。葱葱绿意给钢筋、水泥为主调的城市带来新鲜的感觉。蓝蓝的天空下，绿草如茵，河流湖泊清波荡漾穿行于城市的街巷间，人们或垂钓，或乘凉，或三三两两划船欣赏都市风光，将是一幅多么美好的生活画卷。

一个充满绿色气息和青春活力的新北京，将不会让人们等太久。在政府的倡导下，北京人民正在用爱心去关注环境的变化，用热情传播环保的理念，用良知阻止破坏环境的行为，用勇气调整不恰当的生活方式和消费模式，用行动带动家庭、推动社会，为绿色奥运尽一份心。人们相信，不论沙尘如何肆虐，奥运的脚步，就像已经正点发出的列车或起飞的航班，将正点抵达目的地；人们也相信，不论沙尘如何难消，环保的信念，就像春天长出来的一棵棵绿树，终将为人类带来福音。

迎接绿色，从身边做起

作为普通市民，或者来到北京的客人，我们能为绿色奥运做些什么呢?

我们可以从身边的小事做起。中国有着很好的传统的环保理念：珍惜资源，简约其行；修身养性，高尚其志；关注生命，强健其身；天人合一，和谐其境。为了发扬光大这些可贵的理念，我们至少可以做到：利用自然光，随手关灯；开窗通风，降低空调使用率；多走楼梯，少乘电梯；乘坐公交车，短距离步行或骑自行车；保护水资源，节约用水，一水多用；绿色消费，环保采购，不浪费粮食；珍惜纸张，不寄贺卡；少用一次性物品，反对过度包装；分类投放垃圾，进行电池回收；不吸烟，不嚼口香糖，不随地吐痰，维护公共卫生；不用有害化学品，如不使用含磷洗衣粉、洗涤剂；积极参与植树造林、美化环境、保护野生动植物及从事环保宣传活动，保护生态平衡，做环保志愿者，等等。用我们的眼睛去观察，用我们的知识去传播，用我们的声音去呼唤，用我们的行动去实践，带动周围更多的人，接受并积极实践绿色奥运理念。

当“同一个世界，同一个梦想”这一响亮的北京奥运会主题口号传遍世界各个角落的时候，和平进步、和谐发展、和睦相处、合作共赢、和美生活，不仅生动地表达了我们内心深处的美好愿望，表达了我们对全球共有家园美好前景的良好祝愿，更是激励我们奋力拼搏、积极参与绿色行动的号角。让我们并肩携手，团结奋斗，为圆满、出色地举办一届绿色奥运、科技奥运、人文奥运，作出自己应有的贡献。

第97讲

共享中国创新文明——科技奥运

现代奥林匹克运动与现代科学技术的发展结伴而行，相映生辉。奥运会检验着科技的最新成果，科技给奥运会插上了腾飞的翅膀。科技与奥运的结合，不仅创造了一届届精彩纷呈的体育比赛，而且缔造了一种永远铭刻在人类进步史上的灿烂文明，推动人类以“更快、更高、更强”的奥林匹克精神不断挑战自我，超越自我。随着时代的进步，科学技术与奥林匹克运动的结合越来越紧密。纵观现代奥运赛场，运动器械、设备、训练、方法，处处凝聚着现代科技的结晶。科技奥运的理念也逐渐深入人心，并得到世界各国的重视。

共享中国创新文明

北京作为2008年奥运会的主办城市，率先提出科技奥运理念，引起了国内外的极大关注。这是奥运史上首次明确地把科学技术的作用与举办奥运会相结合，将对现代奥林匹克运动的发展产生深远的影响。

科技奥运理念的核心是“以科技助奥运，以奥运促科技”，即以奥运科技需求为导向，集成全国科技资源，将现代科学技术成果多角度、多渠道地应用于奥运会，为2008年奥运会的成功举办提供安全、可靠和先进的技术保障；同时，以奥运为契机，提高北京乃至全国的科技创新能力，实现科技的跨越式发展。

科技奥运理念的内涵体现在三个方面：

以科学精神引领奥运。以科学的态度、科学的精神筹办奥运，充分尊重科学规律，使科学思维、科学方法体现在奥运建设过程的每一个环节、每一项工作中。

以科技成果支撑奥运。以科技手段、科技成果解决奥运筹办过程中在奥运场馆、赛事组织、赛事转播、奥运交通、城市环境、大型活动等方面遇到的一系列技术问题，将成熟、可靠、稳定的技术应用于奥运筹办工作中。

以科技奥运惠及社会。通过科技奥运建设，将应用于奥运中的技术成果在经济社会其他领域推广应用，带动北京及全国科技产业的发展；通过科技奥运的实施，举办一届便捷、高效、舒适、安全的奥运盛会，激发运动员发挥潜能，促进人的全面发展。

对于奥运会来说，更多的科技成果则应用于广大社会群体而非运动员或者比赛本身。主办城市的环境改善、交通管理、场馆建设、安全保卫、赛事组织、电视转播等，无一不受到科技的影响。就通信而言，东京奥运会通过卫星实现了全球范围内的电视实况转播；而互联网的应用，使得奥运会成了开放式比赛，人们几乎可以在第一时间了解到比赛的进程，远在万里却如同身临其境。

奥运科技行动计划

为了使科技奥运理念变为现实，北京获得2008年奥运会举办权后，科技部、北京市政府、北京奥组委联合有关部门，启动实施了“奥运科技（2008）行动计划”。该计划围绕与举办奥运会直接相关的大型活动、赛事组织、场馆建设、体育科技等组织开展了一系列技术攻关，同时还开展了绿色建筑、清洁能源、生态环境等技术应用示范，将各种高新技术广泛应用于2008年奥运会的方方面面。其目标是：创造清洁、安全、便捷、高效的奥运会环境，提高中国运动员在2008年奥运会上的运动成绩和中国公众的科学素养，将2008年北京奥运会办成一届科技含量最高的体育盛会。

在确定了60个科技奥运项目后，经过详细论证，“行动计划”最终确立了北京市智能交通规划及实施研究，电动汽车运行示范、研究开发及产业化项目，奥运信息安全与软件系统仿真测试关键技术等10个重大项目。实施好这批项目，不但能够保障科技奥运理念的实现，而且可以以科技奥运为契机，提高我国科技解决经济、社会实际问题的能力，促进我国在某些重大技术领域的跨越式发展。

[图266]
奥运会开幕式导演仔细研究着“鸟巢模型”

[图267]
建设中的鸟巢

“行动计划”启动后，中国科技界与北京奥组委共同成立了奥科委，成为联合全国科技力量直接介入奥运建设的重要组织。“行动计划”根据北京奥组委提出的实际需求，积极与承担奥运工程的开发商、建筑商合作，面向奥运建设组织安排研究项目，形成科技界、北京奥组委、奥运工程建设部门之间的良性互动机制和有效合作关系，保障了“行动计划”的顺利实施。同时，通过“行动计划”的实施，中国科技界数百名优秀的科学家直接参加了科技奥运建设，在奥运项目实施、研究论证、咨询服务等方面发挥了重要作用。

科技工作者还以奥运为契机，把奥运对科技提出的新需求，变成科技发展的新动力，提高我国的科技水平和技术创新能力，使科技奥运的成果最终惠及全社会。即以奥林匹克精神丰富科学思想，促进科学文化传播，提高公众科技素质；通过满足奥运科技需求，促进科技创新能力的提升，带动科技产业发展；通过奥林匹克精神与科学技术的高度融合，促进人与自然和谐发展。

科技奥运成果盘点

通过实施“科技奥运(2008)行动计划”，科技奥运理念正在变为中国科技界和全国公众的共

MAMMOET

同行动。

面向奥运的多语言智能信息服务网络系统与奥运综合信息服务关键技术研究及核心平台建设，组成了一个支持汉语、英语、法语、西班牙语等主要语言的智能信息发布、查询和定制的系统。在奥运期间，该系统可以利用呼叫中心、互联网、移动通信设备等多种方式，为工作人员及志愿者、广大观众、游客等提供安全、便捷、多语言的奥运综合信息的收集、检索、查询和信息定制服务。该系统已经在“好运北京”系列赛事赛艇、沙滩排球、皮划艇激流、皮划艇静水、现代五项、铁人三项等项目比赛中提供综合信息服务，得到了一致的好评。

北京奥运村将在奥运历史上第一次全面采用世界最先进的太阳能光热系统为运动员提供热水，奥运村内的路灯照明用电也将由太阳能产生。除了使用太阳能这一清洁能源外，另一个有代表性的环保举措是水资源综合利用系统。在奥运村主要场馆和设施、奥林匹克森林公园建设过程中，应用了各种雨水收集及回用技术，平均雨水利用率可达85%，大大节约了用水。

目前，还有一批科技成果在首都环境治理与保护工作中得到广泛应用，并产生了积极的效果。北京防沙治沙关键技术研究与示范工程是以高新技术为支撑，通过科技攻关，在土地沙化防治、林业资源开发、防沙治沙体系构建、抗性良种培育、绿色通道建设、防沙治沙示范模式方面取得重大突破，实现首都防沙治沙的集约化、精确化、科学化、信息化，为科技奥运、绿色奥运打造技术平台。

作为2008年北京奥运会的标志性建筑，椭圆形的主体育场“鸟巢”由保持钢铁原色的钢结构编制而成，是世界上跨度最大的钢结构建筑，充满阳刚之气；国家游泳中心“水立方”的膜结构也堪称世界之最，呈现出宁静、祥和、诗意的意境。两处场馆上凝聚的科技创新涵盖设计、施工等许多领域。

此外，在2008年奥运会期间，公众可以通过手机官方网站实时了解奥运赛事，享受无线移动IPV6接入网络提供的各种个性化信息服务；运动员可以乘坐纯电动客车穿梭在奥运场区；我国自主研发的燃料电池轿车将成为奥运火炬接力、马拉松等赛事的引导车。众多高科技成果在节能减排、生态环保、信息服务、智能交通等领域的应用，将使2008年奥运会成为一届科技含金量高、绿色节能环保的盛会。

最后要指出的是，北京奥运会虽然旗帜鲜明地提出科技奥运，但是对科技的应用是建立在“人文关怀”基础之上的，是应用科技为绿色奥运、人文奥运服务，也是应用科技为人类更加和谐、全面发展服务，而不会偏离以人为本原则和奥林匹克精神。

第98讲

融汇中西的体育盛会——人文奥运

[图268]
奥运推动京城健身潮

人文奥运是北京奥运会的灵魂。举办一届“有特色、高水平”的奥运会,并且充分体现“中国风格、人文风采、时代风貌、广泛参与”的特点,人文奥运无疑是其最闪光之处。人文奥运理念的提出,展现了具有中国特色的奥林匹克新理念。

人文奥运内涵

初创于欧洲,产生于工业文明背景下的奥林匹克运动,在其发展过程中就十分强调世界性。在这样的背景下,北京2008年奥运会将给奥林匹克运动的世界化带来新的发展机遇。

把握这一契机,人文奥运理念将在以下三个方面得以体现:

传播现代奥林匹克思想,展示中华民族的灿烂文化,展现北京历史文化名城风采和市民良好的精神风貌,推动中外文化交流,加深各国人民之间的了解与友谊。

突出“以人为本”的思想,以运动员为中心,以参加奥运会的各方人士为对象,提供优质服务,努力建设使奥运会参与者满意的自然和人文环境,促进人与自然、个人与社会、人的精神与体魄之间的和谐发展。

实施人文奥运行动计划,广泛、深入开展“迎奥运,讲文明,树新风”活动,普及文明礼仪,加强社会主义精神文明建设,使奥林匹克主义在世界上人口最多而历史悠久的中国广泛传播。

2008年奥运会将是一场融汇中西的体育盛会,在这里,代表西方文明的奥林匹克精神将与

[图 269]
古老的长城与新的梦想

拥有5000年传统的中华文明相互丰富和发展，东西方人文思想和和谐精神将在体育领域以及整个人类生活中得到充分贯彻和深刻体现。

人文奥运行动

中国作为东方文化的杰出代表，在申办、筹办和举办奥运会过程中通过一系列人文奥运活动，推动世界各种文化之间的交流，实现“同一个世界，同一个梦想”。

努力展现运动员队伍良好的精神风貌。运动员是竞技体育的主体，是体育精神和奥林匹克精神的集中体现者。在国际体育交往和北京奥运赛场上，中国运动员不仅代表个人，更是集体、国家的形象代表；不仅要表现出精湛的运动技艺，还要表现出应有的文化素质和文明风范。

唱响“全民健身与奥运同行”。奥林匹克运动的宗旨和目的是促进公众的身心健康和人的全面发展，这也是人文奥运的重要内涵。要在全国范围内组织开展一系列丰富多彩、群众喜闻乐见的体育健身活动，掀起群众体育的新高潮，努力使“每天锻炼一小时，健康工作五十年，幸福生活一辈子”的观念深入人心，培养健康、科学、文明的生活方式。

积极开展公众的文明教育。深入开展 “迎奥运、讲文明、树新风，我参与、我奉献、我快乐”活动，激发广大群众积极参与奥运、奉献奥运的热情。塑造公众讲文明、重礼仪、团结友善、热情好客的良好形象。引导广大观众既热情观赛、又能看懂比赛，恰如其分地给参加竞赛的各方运动员加油喝彩，展现文明礼貌的良好风范。

举办丰富多彩的文化艺术节。精心组织一批有品位、有民族风情、有地域特色的传统文化展示活动，为各国朋友认识中国的历史文化和现代文明开辟更广阔的空间。

精心策划奥运会开幕式和闭幕式。奥运会开、闭幕式是人文奥运的标志性成果。北京奥运会开闭幕式在大力弘扬中华民族优秀传统文化精髓的同时，应在编导及电视的转播形式和手法上具有国际化眼光，使之成为既体现奥林匹克运动最新发展，又独具东方魅力和中国特色的文化盛典。

做好奥运会的新闻宣传和媒体服务工作。“奥运会成功与否在很大程度上是由媒体做出评判的。”2008 年奥运会将有两万多名新闻记者参与报道，奥运会以及围绕奥运会发生的一切将通过媒体传向四面八方。在宣传中国体育成就的同时，应避免狭隘的东道主意识和单一追求金牌至上的价值导向。

奥运会的举办具有重要的战略意义。几年来，北京奥运会所激发的民族精神，正在日益成为团结和凝聚各方力量共同构建和谐社会的纽带，筹办奥运会也正在成为全国各族人民共建人文奥运、共享奥运精神的大舞台。

[图 270]
迎奥运、学英语

人文奥运遗产

人文奥运不仅是一种思想理念，而且是一种发展战略、行动规划，它同时会产生一系列的有形遗产和无形遗产。奥运遗产越来越为国际奥委会和主办国家所重视。1993年，悉尼代表团以“我们的环境，我们的奥运遗产”为题征服了国际奥委会委员，从而胜过北京获得了2000 年奥运会主办权。对于2004年雅典奥运会而言，文化遗产的重要性远远超越了奥运会本身。而2008年北京奥运会遗产所以“独一无二”之处就在于人文奥运遗产。

人文奥运要求场馆注重人性化设计，尽可能让运动员、教练员、裁判员和观众感到方便、舒适，充分体现对各类人群的关怀。拥有9.1万个座位的国家体育场之所以独创为一个没有完全封闭的鸟巢状，就是考虑既能使自然空气流通，又能为观众和运动员遮风挡雨，充分体现以人为本的思想。为迎接残奥会的举办，城市还将建设大量的无障碍设施和其他公共服务设施。

奥运会不仅是体育盛事，更是文化盛会。富含东方格调的奥运元素和人文景观，将北京独特的风土人情、悠久而崭新的容颜竞相呈现，并带到世界各个角落，与世界共享5000年的中国文化。同时，随着奥林匹克教育如火如荼地开展，奥林匹克精神也将在4亿中国青少年中普及和传承。

信息化时代使得今天的运动员获得了空前的声誉和社会关注。然而在光环的掩映下，运动员的真正价值往往被忽视，竞技运动促进人自身全面发展的目的也因此而扭曲。人文奥运主张充分尊重运动员的主体地位，尽量满足他们的合理需求，培养身心和谐发展的运动员，体现竞技运动的真谛。

北京正在迎接的不仅仅是一场国际性的体育盛会，更是一次国民素质的洗礼。人文奥运对市民文明素质的影响过程，是包括了礼仪教育、法制教育、诚信教育等内容的社会主义精神文明建设过程，它将推动以素质提高、生存方式和文化模式转型为主要内涵的中国人自身的现代化，提升中国的整体国民素质。

在张扬个性、强调自我价值的现代社会中，志愿者本着“我为人人，实现自我”的精神追求，在辛勤付出的同时体验到的是“你快乐，所以我快乐”的成就感和满足感。奥运志愿者的行动不仅弘扬奥运精神，同时也在中华大地上进一步播撒志愿精神的火种，倡导乐于助人、甘于奉献、勤于学习的社会风气，让奉献、友爱、互助、进步的志愿理念深入人心，让志愿活动得到普及。

人文奥运在以人为本的核心问题上与政府所倡导的科学发展观是统一的，它是科学发展观这一执政理念在北京2008年奥运会筹办、举办过程中的具体而集中的展现，是运用和落实科学发展观的生动实践。它将推动政府角色由权力政府向责任政府转换，公众形象由“神秘”向“透明”过渡，治理方式由“人治”向“法治”改变。

2008年奥运会在拥有13亿人口的中国举行，实现了世界上人口最多的国家普及奥林匹克理念的伟大梦想，开启了奥林匹克运动的新起点，必将在其发展史上书写下光辉的篇章。

第 99 讲

北京发展的新平台——后奥运经济

从2001年北京申办奥运会成功以来，举办与奥运会相关联的各类经济活动对北京的经济发展起到了巨大推动作用。这些作用包括：推动北京经济持续稳定高速增长，促进北京居民收入快速提高，创造大量就业岗位，带来巨额旅游外汇收入以及增加北京地方税收等。奥运会的筹办对北京经济发展的促进作用现在已经毋庸置疑，然而，奥运会后，北京经济的发展究竟何去何从却是国际国内许多人关注的焦点。

后奥运经济和后奥运低谷效应

简单地说，后奥运经济就是指奥运会结束后一段时期奥运举办城市当地经济运行的状况。从历届举办过奥运会的城市来看，一般来说，从申办奥运成功到举办奥运会之间的几年间，奥运经济效应都会给举办城市及其所在的国家带来明显的促进作用。然而，奥运会刚刚结束后的几年（一般是4年）内，很少有举办城市能逃脱经济显著下滑的厄运。这种现象就被称为后奥运低谷效应。

它表现在：固定资产投资显著下滑，导致经济增长速度明显降低；房地产价格大幅回落，房地产泡沫破灭；消费需求大幅减少；赛后场馆的运营和维护成本高，使用效率低。

[图 271]
和平奥运

奥运会后北京经济不会出现大的波动

尽管存在着上述后奥运低谷效应，但是，后奥运低谷效应不是普遍规律，北京市委书记、北京奥组委主席刘淇就曾经表示，“对于后奥运的问题，我觉得奥运会后北京的经济不会下来，城里的建设可能会少，但是北京的新城建设起来了，再加上人均收入从6000美元到10000美元，人们的消费能力提升了，因此，投资和消费两方面拉动都没有减少，北京的经济在奥运会后不会掉下来。”奥运会后，北京经济发展不会出现大的波动，主要是基于以下几点理由：

第一，从投资的角度来看

其一，2008年奥运会以后，北京将加强顺义、通州、亦庄等新城建设，基础设施投资仍将保持一定的规模，这将会部分弥补奥运场馆投资的减少；其二，北京的地铁建设不会因为奥运会的结束而停止，预计从2008年开始到2015年，北京将有好几条地铁线路建成并投入运营；其三，从2007年年初开始，北京的固定资产投资增长率已经有了一定程度的下降，这将会减少2008年以后投资减少的落差。其四，京津城际高速铁路客运专线建成和京沪高速铁路客运专线的开工建设，都将会为北京带来新的投资热点。

第二，从房地产市场来看

奥运会举办之前的最近几年，北京的房价虽然一直在快速上涨，但这并不能完全归因于奥运会的因素。经济的高速增长、人口的快速涌入、外地购房者的不断增加、人民币的加速升值等等都是近几年北京房价上涨的重要原因。奥运会以后，只要影响房价上涨的这些因素不发生根本性的改变，只要房地产市场的供求关系不发生根本性的逆转，北京的房地产市场价格就不会出现大幅下跌的现象。

第三，从消费需求的角度来看

由于北京2006年常住人口已经突破1581万人，是1964年东京奥运会以来人口总量最多的奥运会举办城市，其内在的消费需求潜力非常巨大。奥运会后外国运动员离开所导致的消费需求下降相对来说不会很大。只要我们通过举办一次成功的奥运会提升北京在国际上的地位和形象，奥运会后外国游客的数量应该也不会大幅减少，而国内游客数量会增加。

第四，从场馆建设的角度来看

其一，北京奥运会31个场馆中有⅔为改扩建和临建场馆，较好利用了原有体育设施。其二，吸取其他主办城市成熟做法，对国家体育场等6个大型场馆及相关设施项目实施了项目法人招标。这种市场化运作模式为控制政府债务压力，保障场馆赛后利用奠定了较好的基础。其三，场馆在空间布局安排上，与城市规划、大学建设、社区发展相结合，也为赛后更好利用创

[图272]
国家奥林匹克体育中心

造了有利条件。

后奥运是北京发展的新平台

2008年以后，北京的目标不仅仅是为了规避后奥运经济风险，更重要的是要借举办奥运的东风，使北京经济之船在新的航道上扬帆远航。

——积极发展体育产业

体育产业包括体育用品的制造和营销、健身娱乐业、体育竞赛的转播销售等。奥运经济为体育产业的发展开拓了广阔的空间，提供了巨大的发展机遇。奥运会的举办将会极大地提升北京市民以及国民体育锻炼的热情，促进大众的体育消费。据中国经济景气监测中心的调查数据显示：67.9%的城市居民喜欢体育运动；71.4%的居民通过电视关注体育运动；32.9%的居民在体育服装上有支出；30.2%的居民在体育书、报、刊上有支出；7.2%的居民购买过体育赛事门票。但与美国、欧洲的一些发达国家相比，北京的体育产业仍然处于刚刚起步的阶段。发展北京体育产业要做到以下几点：

第一，要将体育产业与其他产业相融合进行发展，如体育广告业，体育博彩业（包括足球彩票、体育彩票等）。

第二，奥运会后，要以由竞技体育为主转变为以大众体育为主，让更多的普通市民能够享受到奥运会带来的体育健身便利。

第三，要积极利用和开发奥运体育无形资产。要借助奥运机遇，有效地开发和利用体育的品牌、形象、专利和技术等无形资产。

——将举办奥运的科技成果积极转化为经济产出

不管是奥运场馆的设计、施工还是奥运开闭幕式的设计和排练，北京奥运会都采用了世界上先进的设计理念、先进的施工工艺、先进的科学技术，这对北京来说，无疑是一笔巨大的无形财富，在奥运会后，北京应该积极将这些优秀的科技成果加以利用，转化为经济产出，转化为现实生产力。

——借奥运机遇，积极拓展第三产业发展空间

借人文奥运的主题，大力发展北京的文化创意产业，把奥林匹克公园打造成一个文化创意产业集聚区；借绿色奥运的主题，加快发展北京的环保产业，促进循环经济的发展。使北京成为一个以服务经济和信息经济为主体的创意驱动型经济体。

——改善奥运场馆的经营模式，灵活使用场馆，提高场馆使用效率

改善奥运场馆的经营模式，就是要积极引进社会上专业的体育场馆管理公司，采用适合北京奥运场馆管理的多种经营方式，进行市场化运作。可以临时改变场馆的用途，提高场馆的使用效率。例如，有些体育场馆可以供旅游者参观，有些可以举办大型会议，有些甚至可以办演唱会、大型舞会等等。

北京目前正处于以服务性经济为主的后工业经济时代，经济发展已经跨入了一个新的发展阶段，即使在奥运会结束后，北京经济仍有很大的发展空间。据一家外国权威媒体分析报道，2008奥运会将给北京的经济和政治带来一个全新突破。一方面，由于奥运会的筹备提升了北京在国际上的知名度和形象，使北京的经济规模和软、硬件基础设施都跃上了新的台阶；另一方面，由于奥运筹办期间形成的宝贵的奥运精神，积累了丰富的管理经验，这一切都为北京的后续经济持续发展注入了新的活力。另外，北京在筹备奥运会期间所进行的市场开发、场馆建设等也为后奥运经济发展搭建了良好的平台。

第100讲

数说北京

北京是中华人民共和国的首都，是中国的政治和文化中心，也是世界历史文化名城和古都之一，它有着3000多年的建城史，800多年的建都史，曾为辽、金、元、明、清五朝帝都。如今的北京，随着经济结构的快速转型，政治和文化体制改革的不断深入，已经成为在世界上具有影响力的国际化大都市。

下面的一些数字将向您讲述有关北京的历史、经济、社会和奥运筹办各方面的情况。

一、数字回顾北京历史

70万年前——在距今大约70万年前的北京房山周口店地区，曾经生活着一群古代人类，我们称他们为“北京人”。“北京人”又叫“北京猿人”，正式名称为“中国猿人北京种”。考古学家们研究发现，北京人已经会使用火和保存火种。1987年，周口店北京人遗址被联合国教科文组织定为世界文化遗产。

公元前700年——北京最早见于文献的名称叫做蓟。公元前11世纪时，蓟国是西周王朝的一个分封国。在公元前700年前后的春秋时期，位于蓟国西南面的另一个封国燕，吞没了蓟，并迁都于蓟城。从这时起，直到燕国被强大的秦国所灭，蓟城一直是燕的都城。据考古学家考证，当年的蓟城就在现北京城区的西南部。

700多年前——在距今700多年前的1264年，元太祖成吉思汗的孙子忽必烈迁都燕京（今北京），改称大都。忽必烈统一了全国后，建国号为大元，并于1272年确定以大都为首都。

70年前——在距今70年前的1937年，震惊中外的“七七卢沟桥事变”拉开了日本帝国主义侵略中国的序幕。卢沟桥位于离北京城约15公里的永定河上，是北京通往西南各地的咽喉要道。从此，中国人民经过八年的流血牺牲、艰苦抗战，终于在1945年8月15日以日本宣布无条件投降赢得了民族解放战争的伟大胜利。

7年前——在2008年奥运会7年前的2001年，北京向全世界宣布申办奥运成功了。同时也是在这一年，中国加入了世界贸易组织。

1149年——公元1149年，金太祖的孙子、时任丞相的海陵王完颜亮发动政变，并即位为皇帝。4年后的1153年，完颜亮迁都燕京（今北京），改称中都。这是北京真正成为皇朝首都的开始。

1449年——公元1449年，也就是明正统十四年，明军在八月的土木之役中遭蒙古瓦剌军袭击，全军溃败，举朝惊惶失措。时任兵部侍郎的于谦力排众议，主张抗敌。十月初，瓦剌军分三路进攻北京。已经升任兵部尚书的于谦率领各路兵马迎敌，经过浴血奋战，把瓦剌军打得丢盔弃甲。这就是历史上有名的“北京保卫战”。

1949年——公元1949年，中国共产党率领全国人民取得了解放战争的最后胜利，并于当年10月建立中华人民共和国，正式确定北京为中国首都。

二、数字考量经济增长

经济总量快速增长

83倍——北京的地区生产总值从改革开放之初（1978年）的108.8亿元到2007年的9006.2亿元，增长了约83倍。仅仅经过了28年的时间，截止到2006年，北京就已经发展成为GDP世界排名在第33位的大城市。

7370美元——2007年北京市的人均GDP达到56044元，按年平均汇率折算成美元为7370美元，比2006年增长8.9%。根据世界银行的标准，北京已经达到“中上等”发达国家和地区的平均水平（3466美元至10725美元）。

产业结构不断优化

71.4%——北京第三产业产值占经济总量的比重在2006年首次突破70%后，于2007年进一步提升，达到71.4%，是国内第一个到达了发达国家平均水平的城市。第三产业所占比重是衡量一个国家或地区经济发达程度的一个重要指标，目前美国的这一指标是75%，英国、法国、德国、日本等是70%左右。

69.3%——2006年，北京规模以上工业企业完成增加值1767.4亿元，其中，高技术制造业、现代制造业分别完成增加值463.4亿元和731.3亿元，比2005年同期分别增长28.3%和22.1%，二者加起来占到了规模以上工业企业增加值的67.6%。高技术制造业和现代制造业的快速增长，表明北京制造业的发展不仅在数量上稳步增长，而且在增长质量上也快速提高。

消费结构升级换代

30.8%——到2006年底，北京城镇居民家庭的恩格尔系数降至30.8%。恩格尔系数是一个国家或地区居民家庭消费支出中食品支出所占的比重。一般而言，随着经济的发展，这一比重会逐渐降低。因此，国际上常常用恩格尔系数来衡量一个国家和地区人民生活水平的状况。改革开放以来，北京城镇居民家庭的恩格尔系数呈现阶段性逐步下降趋势。

300万——2007年5月26日，北京市机动车保有量突破300万辆，平均每户家庭拥有0.68

辆，这标志着汽车这个昔日“王谢堂前燕”，已经开始进入“寻常百姓家”了。1978年改革开放之初，北京市机动车保有量只有7.7万辆。1997年2月，北京机动车保有量达到了100万辆，自此以后，北京机动车的增长进入了快速发展的时期。

对比2000年和2006年北京城镇居民家庭消费支出结构的变化，我们可以看出，北京市民在衣着、医疗保健、交通通讯、教育文化娱乐服务和居住方面的消费支出比例在提高。尤其是小汽车和手机通信方面的开支显著提高，这表明，北京市民的消费结构在悄悄地发生变化，生活质量在不断提高。

物价指数保持平稳

2.4%——2007年，北京居民消费价格总水平比上年同期上涨2.4%，其中，食品类上涨9.2%，是导致居民消费价格总水平上涨的主要原因，而非食品类价格下降0.4%。总体来看，价格水平有一定程度的上涨，但与全国的同一指标相比，北京的价格水平仍然是相对平稳的。这是因为北京居民的恩格尔系数较低，即食品类支出占总消费支出的比例较低，从而食品价格的大幅上涨并未能带动北京居民消费价格总指数的大幅上涨。

城乡居民收入水平稳步增长，财产性收入快速增长

39.2%——2007年，北京市城镇居民人均可支配收入21989元，比上年增长13.9%，扣除价格因素，实际增长11.2%。城镇居民人均可支配收入占人均GDP的比重达到39.2%，工资性收入占国民收入的比重达到22.94%。人均家庭财产性收入达到480元，比2006年同期增长93.5%。农村居民人均纯收入9559元，比上年增长10.9%，扣除价格因素，实际增长8.2%。

节能降耗成果显著

5%——2007年1～3季度，北京市万元GDP能耗为0.718吨标准煤，按可比价格计算，比上年同期下降5.16%。是全国31个省、市、自治区中节能降耗成果最显著的地区。

三、数字细述社会发展

庞大的高等教育体系

82所——2006年，北京共有普通高等学校82所，比上年末增加3所；全年招收普通本专科学生15.5万人，普通本专科在校生达到55.5万人，毕业学生13.2万人。全市共有51所普通高校和115个科研机构培养研究生，全年在学研究生达到17.8万人。普通本专科在校生与在学研究生分别比上年末增加1.8 万人和1.3万人。如此庞大的高等教育体系在全国来说首屈一指。

丰富的文化艺术资源

25个——2006年，北京有公共图书馆25个，总藏数达到3719万册（件）。

6412场——2006年，北京11个市属专业艺术剧团共举办演出6412场，其中国内演出5512

场，国内演出观众人数为338.8万人次。

12.5万种——2006年，北京地区出版的报纸（不含校报）、期刊和图书分别达到255种、2809种和12.5万种。

3亿——2006年，北京地区各类电影放映单位（含二级市场）全年放映电影28万场，观众达到1221万人次，票款收入达到3亿元。

1868亿元——2005年，北京从事文化产业活动的人员达55.2万人，其业务总收入达到1868亿元。

巨大的科技创新投入

5.8%——2006年，北京市用于研究与试验发展（R&D）的经费支出达到450亿元，占到当年地区生产总值的5.8%，比2005年提高0.3个百分点。

2.7万与1.1万——2006年，北京专利申请量与授权量分别为2.7万件和1.1万件，分别比上年增长17.6%和11.3%。全市成交技术合同5.2万项，成交总额697.3亿元，分别比上年增长37.5%和60.5%。

健全的医疗卫生系统

4810个——2006年，北京市共有卫生机构4810个。其中，医院536个，卫生院152个。医疗卫生机构共有床位8.1万张，其中医院7.5万张。平均每千人拥有医院床位6.3张。

12.3万——2006年，北京市卫生技术人员总共达到12.3万人，比上年末增长2.8%。其中执业医师5.2万人，注册护士4.4万人。平均每千人拥有执业医师4.39人，平均每千人拥有注册护士3.72人。全市医疗机构共诊疗 8107.2万人次，健康检查 518.8万人次。

完善的体育基础设施

6113个——2006年，北京共有体育场馆6113个，比上年末增加1个。全民健身工程总面积达到390.2万平方米，总投资6.68亿元。全市共有专业体育运动员约900人，年内共获得国际和全国性比赛奖牌365枚，其中金牌156枚，银牌107枚。

四、数字关注北京奥运

奥运拉动经济增长

2800亿——北京举办2008年奥运会之前的8年中，总共投资2800亿元人民币用于奥运场馆建设和与奥运相关的城市基础设施建设。预计将拉动中国国内生产总值每年增加0.3到0.4个百分点。

280亿——如果只考虑奥运场馆的建设，北京的投资为280亿元，这笔投资在5年内对北京的GDP平均拉动1.3%。据北京市统计局估计，在2005~2008年的“奥运投入期”内，北京市GDP的年均增长速度将达到11.8%，较“十五”期间提高0.8个百分点。

15.7%——从申奥成功开始的6年奥运筹办期间，北京市工薪水平年均增长15.7%。据市统计局和国家统计局北京调查总队的统计，2006年，全市城镇在岗职工人均年工资达到40117元，比2001年增加20962元，增长109.4%，扣除消费价格上涨因素，年均实际增长15.7%。

奥运创造就业岗位

182万——奥运会还将为北京地区创造182万个就业岗位。从行业分布看，这些岗位集中在建筑、信息技术、现代制造、物流、流通贸易和社会服务业。北京市发改委奥运经济高级顾问黄为指出，由奥运带动的消费市场大约有3个亿，可以吸纳绝大多数就业岗位。

奥运带来巨额旅游外汇收入

45亿美元——预计2008奥运年北京将接待440余万海外游客，旅游外汇收入将达到45亿美元。

奥运增加北京地方税收

556亿元——据预测，2003～2010年，北京奥运会的举办将给北京市地方税收带来约556亿元的新增收入，相当于2002年北京全年的地方财政收入。

奥运志愿者积极报名

30万——据北京奥组委统计，北京奥运会志愿者报名人数已经突破30万人。2000年悉尼奥运会曾创下4.7万人的志愿者人数纪录；2004年雅典奥组委选拔的志愿者多出1/3，达到史无前例的6万名；而即将在北京举办的2008年奥运会再创新高，将招募7万志愿者参加北京奥运会，3万志愿者参加残奥会。

奥运即将来临，北京准备好了吗?

场馆：31个——北京奥运会将使用37个比赛场馆，56个训练场馆。37个比赛场馆中，在北京的有31个。除国家体育场因开幕式工程需要在2008年4月竣工以外，其他竞赛场馆已经全部在2007年底完工。

能源：三个100%——北京奥运会期间，奥运村的生活热水供应将100%采用太阳能，其规模和技术先进性届时将达到世界领先水平；2008年所有奥运场馆都将采用中水回用系统，污水处理再生利用率达到100%；到2008年奥运会前，北京电网将建成9座环北京的500千伏变电站，届时北京奥运期间的供电可靠性将达到99.99%，接近100%。

交通：30分钟——北京奥组委曾经承诺：奥运会期间，从运动员驻地到比赛场馆平均耗时将不超过30分钟。奥运会前，北京将对奥运期间的交通管控措施和手段进行广泛宣传，使市民自觉减少奥运赛时的不必要出行，驾车上路行驶过程中自觉遵守管理措施，礼让“奥运车辆”，保障交通运行安全。奥运会期间，所有的比赛场馆都将不提供私人停车位，观众将通过公共交通方式到达赛场。在奥运场馆周边的轨道交通站点、公共交通枢纽开通公交专线，方便观众前往场馆。同时，在奥运场馆及重要场所开设出租车定点服务，以满足不同的交通需求。另外，紧急情况下，一定的限行措施可能也是必要的。

轨道交通：200公里——奥运会时，地铁10号线一期、机场线、奥运支线将建成通车，届时北京轨道交通运营里程将达到200公里。自2007年1月1日起，北京市公交普通IC卡乘公交4折，学生卡2折；2007年10月7日开始，轨道交通实行全路网单一票制，票价为2元/人次，北京已经成为全国公交票价最低的城市。

绿化：7项——北京市园林绿化局副局长强健在2007年8月7日表示，北京目前已实现申办奥运会时承诺的全部7项绿化指标。

安保：10万——奥运会期间，大约有10万名专业安保人员和几十万名志愿者参与奥运会的安全保卫工作。另外，还有部分中国人民解放军负责应对来自非传统领域的安全威胁，重点是反核生化等恐怖袭击。

2008年奥运会即将来临，北京的发展面临千载难逢的好机会，在北京奥组委的精心组织和安排下，在全国人民的大力支持下，我们相信，北京一定能举办一届“有特色，高水平”的奥运会。

“同一个世界，同一个梦想”，让我们相聚北京，相聚2008。

后记

经过2006到2007两年的精心孕育，《走近北京——北京100讲》光彩照人地降临了。回顾成书过程，从最初的创意、提纲的拟订、作者的遴选，到图片摄影、撰稿修改，没想到任务这么繁杂，过程这么艰辛。当书稿终于交付出版社时，我们如释重负，顿感轻松。

这部书，力求全面反映古北京的辉煌历史与新北京的灿烂现实；这部书，以兼具知识性、思想性、权威性、可读性为撰写原则，以准确、平实、简洁、优美为语言风格；这部书，由文史哲经社科专家亲自撰稿，凝结了北京市社会科学院44位科研人员和首都高校及研究机构26位学者的心血；这部书能够全面展现作为中国政治文化中心的北京城的历史与现实风貌，突出新北京、新奥运的风采，图文并茂，易读好看。这也是第一部完整反映历史北京和现代北京的知识性读物，也是北京市社会科学院第一次组织科研人员编写的大部头的社会科学普及性作品。

我来北京工作时间并不长，总想多了解一点北京，到书店总是多找一找有关北京的书。写北京的书真不算少，有的非常精美，但大多是零零碎碎讲北京的胡同，讲北京的城门……而且大多讲北京的过去，新北京的辉煌讲得少。我当时萌发一个念头，北京社科院为什么不编写一本从古至今反映北京全貌的可读的书？此议与当时的朱明德院长不谋而合，朱院长当即定下由我组织编写“北京100讲”。刘牧雨院长上任后，给予了有力的支持，对篇章布局、目录大纲字斟句酌地把关，使全书更严谨科学。戚本超副院长、袁懋栓副院长给予了指导，周航副院长上任后就加入了编辑班子，殷爱平同志从出版社选定到版式印刷给予了十分专业的帮助。可以说没有北京市社科院领导班子集体的意志就没有这本书。我想，这也是作为以研究北京为专责的北京市社科院应尽的责任，也是北京社会科学工作者应尽的义务。

感谢参加此项工作的每一位学者，是他们的智慧和劳动夯实了这部书的质量和水平。感谢卓有声誉的阎崇年研究员撰写第一讲，为本书奠定了大气磅礴的基调；感谢北京市社会科学院历史所王岗所长、尹钧科研究员、李宝臣研究员、孙冬虎研究员、吴文涛副研究员和郑永华副研究员，经济所赵弘所长、满学所赵志强所长、城市所黄序所长、政治学所于燕燕副所长等学者，他们大多是一本几十万字的专著精炼成几千字一讲；感谢北京外国语大学国际关系学院李永辉院长，北京师范大学邓瑞全教授，他们在繁忙的科研和教学任务之外，又承担了本书的撰稿和组织工作，保证了本书雄厚的知识基础和高远的思想视野；感谢北京市社会科学院章永俊、许辉、唐勇和中国人民大学杨俊义等一批青年才俊，他们的勤奋和才情为本书增添的生机和活力，展现了新北京人成长中的希望和魅力。

感谢北京市社会科学院科研处高尔强处长、北京市社会科学界联合会学术学会部王彦京部长、北京市文史馆赵书研究员、北京市旅游局李庚研究员等给予本书的大力支持，并很好启迪了我们的思路。感谢关心本书，关心社会科学工作如何服务于北京市社会发展现实，关心北京市如何以一个大国首都形象呈现于世界的所有人士，你们是北京发展的力量之源。

感谢负责编务统筹的牛金莉、王娜，她们在成书过程中做了大量的组织工作和文字工作；感谢负责图片统筹的马少军，他对图片力求精美，有许多照片亲赴实地拍摄，废寝忘食。

在本书即将出版之际，我们向在本书编撰过程中，一直精诚合作的首都师范大学出版社杨学军社长、陈鹏总编，责任编辑于胭梅女士、装帧设计张朋先生表示衷心感谢！他们一直充满信心要把本书打造成精品！

在这里我也向这本书的读者致谢，不管你是北京人，还是欣赏北京的外地人、外国人，希望你读过本书后更了解更喜欢可爱的北京。

本书由于是我们初次尝试，限于经验、学识和篇幅的不足，面对博大精深的北京，难免挂一漏万，不到之处请批评指正！

梅 松

2008年3月